应用型人才培养精品教材

常用现代办公设备的使用与维护
（第3版）

主　编　王建华

副主编　杨　海

参　编　王浩然　王　燕　庄玉霞　宋逸然

电子工业出版社·

Publishing House of Electronics Industry

北京·BEIJING

内 容 简 介

本书坚持以岗位需求为导向、以社会就业为目标的职业教育理念，把"读得懂、学得会、用得实"作为本书的编写原则。

本书共 11 章，内容包括现代办公概述、计算机维护与管理、移动存储设备、显示设备、打印设备、光学输入设备、文稿复制设备、新型交互技术与应用、局域网及办公应用、互联网及办公应用、智能终端移动办公等。

本书内容新、覆盖全、入门易、实践强，适合具有初级计算机应用基础的读者使用。

本书可供各类职业院校文秘类、信息类和管理类专业的学生及各类办公人员使用，也可供社会各类现代办公技术培训使用。

图书在版编目（CIP）数据

常用现代办公设备的使用与维护 / 王建华主编. —3 版. —北京：电子工业出版社，2023.8

ISBN 978-7-121-46308-2

Ⅰ. ①常… Ⅱ. ①王… Ⅲ. ①办公设备—使用—职业教育—教材②办公设备—维护—职业教育—教材 Ⅳ. ①C931.4

中国国家版本馆 CIP 数据核字（2023）第 168726 号

责任编辑：关雅莉
印　　刷：三河市鑫金马印装有限公司
装　　订：三河市鑫金马印装有限公司
出版发行：电子工业出版社
　　　　　北京市海淀区万寿路 173 信箱　邮编　100036
开　　本：880×1 230　1/16　印张：21.75　字数：501.12 千字
版　　次：2011 年 10 月第 1 版
　　　　　2023 年 8 月第 3 版
印　　次：2023 年 8 月第 1 次印刷
定　　价：45.00 元

凡所购买电子工业出版社图书有缺损问题，请向购买书店调换。若书店售缺，请与本社发行部联系，联系及邮购电话：（010）88254888，88258888。

质量投诉请发邮件至 zlts@phei.com.cn，盗版侵权举报请发邮件至 dbqq@phei.com.cn。

本书咨询联系方式：（010）88254247，liyingjie@phei.com.cn。

前　言

　　以信息技术为基础的人工智能、大数据、量子通信、5G 等新科技变革正在积聚力量，催生出了大量新产业、新业态、新模式。在互联网的世界中，各种办公设备继续向网络化应用方向发力。在移动互联网的浪潮中，移动应用和移动办公越发普遍，物联物通正逐渐成为现实。

　　党的二十大报告提出："加快建设国家战略人才力量，努力培养造就更多大师、战略科学家、一流科技领军人才和创新团队、青年科技人才、卓越工程师、大国工匠、高技能人才。"当今中国正处于高质量发展时期，我国各类科技公司及科研院所，在国家政策引导下纷纷加大自主科研投入，努力实现设备国产化，不断在技术领域取得突破。在现代办公方面，国产软硬件替代方案不断涌现，现代办公设备、技术和服务等方面正逐步形成新的供需格局。

　　本书跟随技术变化，在第 2 版的基础上剔除了过时的技术和设备，更新了符合实际需求的办公理念和技术描述，增加了新型办公设备及应用方案。

　　本书主要介绍了常用的现代办公设备和技术，共 11 章。除计算机外，所涉及的常用现代办公设备还包括 U 盘、移动硬盘、光盘和存储卡等移动存储设备，CRT 显示器、液晶显示器、投影仪、透明屏等显示设备，针式打印机、喷墨打印机、激光打印机、LED打印机等打印设备，扫描仪、数码照相机、数码摄像机、高拍仪等光学输入设备，复印机、传真机、一体机等文稿复制设备，触摸屏、手写板、电子白板、智慧屏、智能音箱等新型交互设备，以及 UPS 电源设备。本书所介绍的常用办公技术包括大屏显示、多屏及拼接屏显示、手写输入、语音交互、即时通信、移动支付等。

　　本书由王建华担任主编，并负责编写第 1 章、第 4～5 章、第 7～8 章；王浩然编写第 2 章，王燕编写第 3 章，庄玉霞编写第 6 章，杨海编写第 9～10 章，宋逸然编写第11 章。

　　由于编者水平有限，编写时间仓促，加之现代办公设备和技术发展很快，书中难免存在一些疏漏和不足之处，敬请专家和读者批评指正。

编　者

目　　录

第 1 章

现代办公概述

本章要点

现代办公利用先进的现代科学技术，将本属于人的工作物化于自动化设备，并由设备优质高效地完成办公事务。本章主要介绍现代办公的基本概念、层次和发展，以及现代办公自动化系统设备和用电安全等基础知识。

所谓办公，就是办理公共事务。通常，办公室业务主要是对大量文件进行处理，如起草文件、通知、各种业务文本，接收外来文件存档，查询本部门文件和外来文件，复制文件，等等。

去商场购物可乘自动扶梯，到银行取款可使用自动柜员机，在宾馆可使用自动擦鞋机，等等。这些本来应由人完成的事务改由机器设备完成，人们称之为自动化。

在古代的办公活动中，人们习惯于手抄笔录、车载马递的办公方式，效率非常低下。据史书记载，秦始皇每天要批阅大量竹简，每天都要由壮汉搬运，后来历代帝王虽改为批阅绢帛或纸质文书，但仍未改变手抄笔录、车马传送的情形。如图 1-1 所示为古代竹简，如图 1-2 所示为崇祯年间的圣旨。

图 1-1　古代竹简

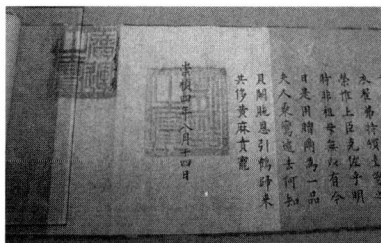

图 1-2　崇祯年间的圣旨

到了近代，一些先进的自动化办公设备如打字机、电话、电报等得到了应用，虽然极大地提高了工作效率，但仍无法满足社会发展的需要。

如今，现代通信技术的广泛应用，使计算机、智能手机、平板电脑、打印机、复印

机、扫描仪、传真机等先进的自动化
设备成为日常办公活动的重要工具。
如图 1-3 所示为某部门现代办公场景。

现代办公的自动化时代已经来临，
并且一直向着更高效、更优质、更便捷
的方向发展。

1.1 — 办公自动化简介

图 1-3　某部门现代办公场景

　　办公室自动化通常是指在办公室
中配备具有自动化功能的设备，这些设备能使某些办公活动自动化或实现某个单项业务的
自动化处理。办公自动化则是在办公室自动化的基础上发展起来的，它以办公自动化技术
为主体，将人、组织、制度、环境等因素相结合，形成完整的系统，具有更广泛的意义。

1.1.1　办公自动化概念

　　办公自动化是利用先进的科学技术，使办公室部分工作逐步物化于各种现代化设备
中，并由办公室人员与设备共同构成服务于某种目标的人机信息处理系统，其目的是尽
可能充分地利用现代技术资源与信息资源，提高生产效率、工作效率和工作质量，辅助
决策，以取得更好的效果。

　　办公自动化是信息革命的产物，是社会信息化的重要标志，主要具有以下特点。

1. 办公自动化是一门新型综合学科

　　办公自动化的四大技术支撑是指计算机技术、通信技术、系统科学和行为科学。办
公自动化以行为科学为主导，以系统科学为理论基础，综合运用计算机技术和通信技术
完成各项办公业务。办公自动化不是简单的自动化科学的分支，而是社会信息化的时代
产物，是一门综合的新型学科。

2. 办公自动化是人机信息一体系统

　　办公自动化是人、机器、信息资源三者合为一体的人机系统。在该系统中，"人"
是决定因素，是信息加工者和成果享用者；"机器"是指办公设备，是办公自动化的必
要条件，是信息加工的工具和手段；"信息资源"则是被加工的对象。办公自动化综合
并充分体现了人、机器和信息三者的关系。

3. 办公自动化对办公信息实行一体化处理

　　办公信息通常包括文字、数据、语音、图像、图形等形式，办公系统把基于不同技

术的办公设备连接成一个整体，以计算机为主体将各种形式的信息组合在一个系统中，使其真正具有综合处理这些信息的能力。

4．办公自动化的目标是提高办公质量和效率

在办公业务中大量使用各类现代化的办公技术和设备，不仅减轻了人类劳动，而且大大提高了办公效率，有效改善了办公环境，使人们从繁杂的、重复的办公事务中解脱出来，从而有更多的时间和精力去思考和解决更为复杂的问题。办公自动化是人们产生更高价值信息的一个辅助手段，使办公设备成为智能的综合性工具，能够优质和高效地处理办公信息和事务。

5．办公自动化是一个不断发展的系统

办公自动化总是利用最新的技术和办公设备为办公人员提供现代化办公条件，实现办公事务处理的自动化和智能化，力图把现代科学技术的最新科技成果尽快应用于人们办公和管理的各个领域，以求得最大的回报。这就决定了办公自动化是一个不断丰富的概念，是一个不断发展的系统。

1.1.2　办公自动化的层次

早期的办公自动化主要是使用单台设备进行单项办公业务的自动化，如打字机、电传机、复印机等。20 世纪 70 年代，美国首先提出了现代办公自动化的设想，之后流行于日本、欧洲等国家和地区。微型计算机的普及应用，通信技术和计算机网络技术的成熟，使办公自动化进入了一个新的发展阶段。20 世纪 80 年代，出现了更高层次的办公自动化，办公设备具备了较强的管理和决策功能，有的办公设备还配置了专家系统。办公自动化技术的发展，对人们的办公方式产生了重要影响。

根据应用情况，办公自动化可分为三个层次，分别是事务型办公自动化、管理型办公自动化和决策型办公自动化。

1．事务型办公自动化

组织机构的各办公部门都会存在着大量的事务，这些事务大多都是机械式不断重复的，为提高办公效率，可以把这些烦琐的事务交给办公自动化系统处理，人们将这种办公自动化称为事务型办公自动化。一般使用计算机、打印机、复印机等，即可完成这类办公业务，偶尔也可能涉及简单的网络和数据库应用。

2．管理型办公自动化

把事务型办公自动化与综合信息（数据库）紧密地结合在一起，就形成了一体化的管理型办公自动化。办公业务中常需要对信息的流动进行控制和管理，可以将组织机构内各部门日常工作所需的信息存储在综合数据库中，分布在各部门的网络终端用户可进

行查询和使用。

3. 决策型办公自动化

在管理型办公自动化的基础上加入决策模块，就形成了决策型办公自动化。利用综合数据库提供的大量信息，通过构造或选用决策数字模型，结合组织或部门的内/外部条件，就可以交由决策系统对某项工作做出决策或给出建议。

在办公自动化中，事务型办公自动化是办公业务的基础，主要完成基础数据的产生和存储；管理型办公自动化是基于事务型办公自动化之上的，主要完成对基础数据的管理和控制；决策型办公自动化是一种高层次的智能系统，它综合应用管理型办公自动化提供的信息，对事物的发展做出决策。办公自动化各层次之间的关系如图1-4所示。

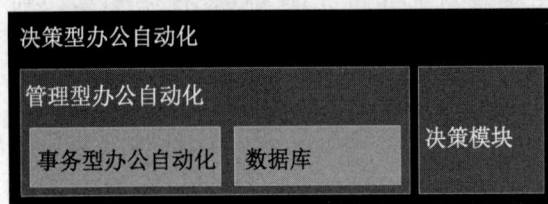

图1-4 办公自动化各层次之间的关系

办公自动化的三个层次代表了办公自动化发展水平的三个应用阶段，事务型办公自动化是普通级办公自动化，管理型办公自动化和决策型办公自动化则是高级办公自动化。办公自动化应用的初期一般用于事务处理，中期发展到信息管理，较高层次则是系统决策。这三个层化实际上还是完整的办公自动化系统的三个不同的应用级别，它们之间的相互联系可以由程序模块的调用和计算机数据网络通信手段实现。

1.1.3 办公自动化的发展

随着科技、经济及社会的不断发展与进步，管理和办公活动的重要性日渐突出，引起了人们的普遍关注。20世纪60年代以来，随着微电子技术和通信技术的迅速发展，开始了以自动化为重要内容的办公室革命，其目标是借助先进的信息处理技术和计算机网络技术来提高办公效率和质量，将管理和办公活动纳入自动化、现代化的轨道中。

1. 国外发展情况

20世纪60年代初，美国最早提出了办公室自动化，最初只具有电子数据处理（Electronic Data Processing，EDP）的簿记功能。20世纪70年代中期，随着在办公室信息处理中越来越多地使用计算机，美国又出现了办公室信息系统（Office Information System，OIS），随后又被管理信息系统（Management Information System，MIS）取代，直到20世纪70年代后期才形成了涉及多种技术的新型综合学科——办公自动化。20世纪80年代，办公自动化得到了飞速发展，不仅形成了相当大的产业规模，而且从各个方面促进了计算机及信息产业的发展。

进入20世纪90年代以后，相关发达国家都极为重视办公自动化（Office Automation，OA）系统的发展。各国政府、公司和企业不仅把OA视为提高效率、节约成本的手段，更是利用 OA 来加强经营管理，提高企业素质和企业竞争能力。

美国办公自动化技术和设备的成就具有代表性，其发展情况大体反映了国际办公自动化的发展情况。因此，可以把办公自动化的发展分为以下几个阶段。

第一阶段（20 世纪 60 年代至 20 世纪 70 年代中期）为单机阶段，其要点是采用单机设备，完成单项业务的自动化。在这个阶段，办公业务中引进了单机设备，如文字处理机、复印机、传真机等，这些设备可对应完成单项业务。

第二阶段（1975 年至 1985 年）为网络阶段，其要点是采用部分综合设备（主要采用计算机和交换机），实现办公业务关键部分的自动化。这个阶段主要有两个特点：一是个人计算机成为办公设备，形成了局域网系统，实现了办公信息处理的网络化；二是数据库技术被广泛使用，办公自动化从事务处理向信息管理和决策的方向发展。

第三阶段（1983 年至 1990 年）为集成化阶段（与第二阶段略有重叠），其要点是采用系统综合设备，实现业务综合管理自动化。在此阶段，办公自动化技术已融入了网络通信技术和自动化技术，开始采用综合设备，出现跨单位、跨地区的网络连接集成化系统，实现办公业务综合管理自动化。

第四阶段（1991 年至今）为互联网阶段，其要点是基于互联网平台，融合新技术和新设备，完成办公业务的自动化。

2．国内发展情况

我国的办公自动化技术起步较晚，20 世纪 70 年代，办公自动化技术开始传入我国，到 20 世纪 80 年代才真正得到重视和发展。1985 年，我国召开了第一次办公自动化规划会议，对我国办公自动化建设进行了规划。1986 年 5 月，在国务院电子振兴领导小组办公自动化专家组第一次专家会议上，定义了办公自动化系统功能层次和结构模式。进入 20 世纪 90 年代，我国办公自动化进入快速发展时期。

我国办公自动化的发展大致经历了四个阶段：

第一阶段的主要标志是办公过程中普遍使用现代办公设备，如传真机、打字机、复印机等；

第二阶段的主要标志是办公过程中普遍使用计算机和打印机，通过计算机和打印机进行文字处理、表格处理、文件排版输出和信息管理等；

第三阶段的主要标志是办公过程中网络技术的普遍使用，通过网络实现文件共享、网络打印共享、网络数据库管理等工作；

第四阶段的主要标志是办公过程中普遍使用互联网，在这个阶段，我国的办公自动化水平迅速提升，与世界先进水平虽有差距，但却在不断接近。

随着计算机技术的发展，办公自动化系统从最初的汉字输入、文字处理、排版编辑、查询检索等单机应用软件系统逐渐发展成为现代化的网络办公系统，通过网络将单项办公业务系统连成一个办公自动化系统，再通过远程网络将多个系统连接成更大范围的办公自动化系统。

3. 发展趋势

从办公自动化发展的过程和今后发展的趋势来讲，办公自动化已经经历了第一代和第二代发展，目前正在向着第三代发展。

从 20 世纪 80 年代中期起步的第一代办公系统以个人计算机和办公软件为主要标志，实现了数据统计和文档写作电子化，完成了办公信息载体从原始纸质方式向电子数据方式的飞跃。

从 20 世纪 90 年代中期开始，随着以 Lotus Notes 为代表的工作流技术的问世，以及网络通信技术的发展，办公自动化系统发生了第一次革命性演进。第二代办公自动化系统以网络技术和协同工作技术为主要特征，实现了工作流程自动化，收发文件从传统的手工方式向工作流自动化方式的飞跃。

第三代办公自动化将以知识管理为核心。比如公文流转业务，第二代办公自动化实现了对收发文件和档案管理一体化的自动处理，第三代办公自动化则是在此基础上为文件处理的每个环节提供所需要的相关知识，确保员工在使用过程中能够随时随地根据需要获取所需的知识。员工教育由被动变为主动，由定期变为实时，有利于提升员工素质，激发员工创造力，提高整个公司的创新和应变能力。

知识管理是信息技术发展带来的重大成就，它是计算机技术、通信技术、协同工作技术发展到一定阶段引起的管理理念的飞跃。知识管理的创造知识、发现和寻找知识及传递知识三个基本部分，构成了知识管理系统的主要内容。知识管理系统可以通过现代化的信息技术来实现，并且依靠通信技术继续发展，使知识能够更好被利用。

1.2 办公自动化系统

办公自动化系统是一个不能确切界定的概念，它随技术的发展而发展，随着人们办公方式、习惯及管理思想的变化而变化。在技术发展过程中的每个阶段，人们给办公自动化系统赋予了不同的内容和新的想象。办公自动化系统在不同的情形下包含不同的范围，有着不同的含义。

根据办公自动化系统涉及的范围，办公自动化系统分为广义系统、硬件系统和软件系统。

1. 广义系统

广义系统是指除生产控制之外的一切信息处理与管理的集合，是一个由各种计算机设备、软件及通信网络所构成的大型的、集成化的系统，如图 1-5 所示。从这个角度讲，广义系统与办公自动化具有相同的含义。

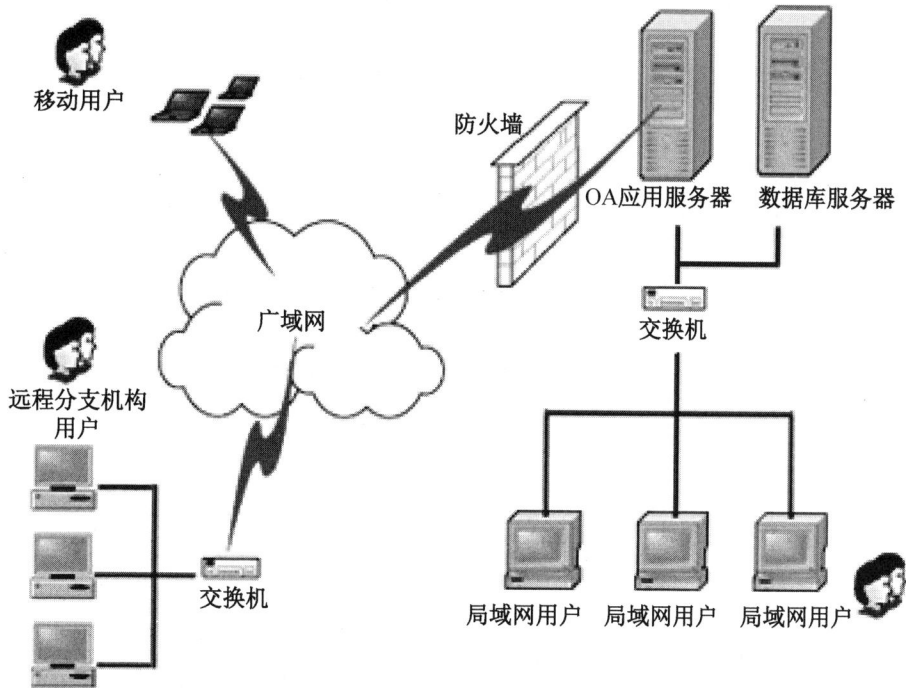

图 1-5 广义系统

2．硬件系统

硬件系统是指能够独立完成单项办公业务的系统，如复印机（见图 1-6）、文字处理机等。

3．软件系统

软件系统是指运行在计算机上的办公软件系统。软件系统既可以是单机办公软件系统，如微软开发的 Microsoft Office 办公软件包（见图 1-7）、我国金山公司开发的 WPS Office 软件（见图 1-8）等，也可以是网络办公软件系统，如 Lotus 协作软件（见图 1-9）等。

本书主要介绍常用现代办公设备，再结合常用办公软件或办公自动化系统拓展地介绍常用现代办公设备的实用技术。

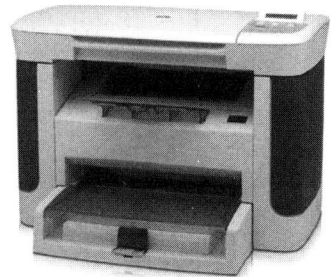

图 1-6 复印机

图 1-7 Microsoft Office 办公软件包

图 1-8 WPS Office 软件

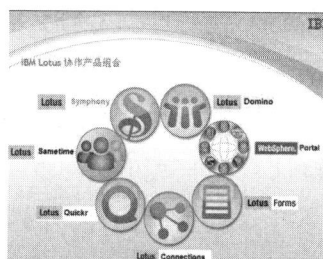

图 1-9 Lotus 协作软件

1.3 现代办公设备

1.3.1 现代办公设备分类

现代办公设备是一个很大的范畴，根据其应用功能，现代办公中常用的办公设备可以大体分为以下几类。

（1）信息处理设备

信息处理设备主要完成对文字、语音等数据的处理，如文字处理机、微型计算机等。

（2）输入/输出设备

输入/输出设备主要完成数据的输入和输出，如扫描仪、数码照相机、数码摄像机、电子白板、打印机、投影仪等。

（3）信息复制设备

信息复制设备主要完成对纸质文件的复制与保存，如复印机、速印机等。

（4）信息传输设备

信息传输设备主要完成对办公资源的远程传输和网络数据的交换，常见设备有电话机、传真机、网络适配器（网卡）、调制解调器、路由器等。

（5）其他辅助设备

这类设备虽不是现代办公的必要设备，但可以辅助办公，常见设备有考勤机、碎纸机等。

在这些设备中，对办公自动化的发展起着显著作用的设备是信息处理设备和信息传输设备。

信息处理技术得益于计算机的高速处理能力，没有计算机技术就没有现代化的信息处理技术。信息处理技术也延伸了办公室业务处理的内涵，成为现代办公自动化的主要技术手段，其内容也在不断地深化和丰富。

通信技术是现代办公的基础。现代办公是一个团队协同的工作，团队成员之间的协调、合作离不开通信技术。

1.3.2 常用现代办公设备概述

计算机是现代办公的核心设备，办公自动化系统中提供的文字、图像等处理功能都要靠计算机来完成。

打印机是现代办公的重要输出设备。打印机分为击打式和非击打式两大系列。击打式以针式打印机为主，非击打式则包括激光打印机、喷墨打印机、热升华打印机等。

投影仪是一种重要的输出设备，它可以将计算机显示的内容按比例放大，并投影到大尺寸屏幕上，以便更多的人观看。投影仪广泛应用于各类会议、教育和娱乐等场合。

扫描仪是一种光机电一体化的高科技产品，是除键盘和鼠标外，使用最广泛的输入设备之一。扫描仪可以扫描照片、图片、底片、幻灯片，也可以扫描实物，配合文字识别软件还可以识别出报纸或书籍上的图文信息，能省去键盘录入和手工绘制。

触摸屏是一种简便的输入设备，人们只需轻轻触摸屏幕，即可完成数据输入和对计算机的控制。

智能音箱是一种应用语音技术的硬件产品，实现了人机语音交互，可以作为智能家居的控制中心。

复印机是一种常用的信息复制设备，可以将文稿内容复制到其他纸张上。

传真机是一种传送静态图像的信息传输设备，通过通信线路，把文件、图表、手迹、照片等纸页式静态图像从发送端传真机传到接收端传真机，并把图像从接收端传真机打印出来，实现远程打印或文稿复印的功能。

数码照相机可以拍摄静态图像，并通过内部处理把拍摄到的光学图像转换成数字图像。

数码摄像机不仅可以拍摄静态图像，还可以捕捉动态图像及声音。

高拍仪是利用拍摄技术实现高速扫描的创新型设备。

以上简要地介绍了常用的现代办公设备，这也是本书的核心内容所在。在后续的章节中，本书将对这些设备的基本原理、基本应用、使用和维护方法等内容进行更加详尽的介绍。

1.4 办公用电及安全

现代办公设备大多以电为能源，因此，科学和安全地用电成为现代办公中一个不可忽视的内容。

1.4.1 办公用电概述

电子在导线中定向运动将产生电流，电子运动方向不发生改变的电流被称为直流电，而电子运动方向发生周期性改变的电流则被称为交流电，现代办公一般采用交流电。

交流电有单相交流电和三相交流电之分，前者主要用于小功率设备，后者主要用于较大功率设备。

单相交流电有单相二线制和单相三线制两种接法，前者由 1 根火线（相线）和 1 根零线（中性线）连接而成，后者则由 1 根火线、1 根零线和 1 根地线连接而成。办公室墙壁上的电源面板或插排中的单向二极插座和单向三极插座（见图 1-10）就分别对应上述两种接线方法。

三相交流电有三相四线制和三相五线制等接法，大功率办公设备主要采用三相四线制接法，即由 3 根火线和 1 根地线连接而成，如图 1-11 所示为三相交流电插座。

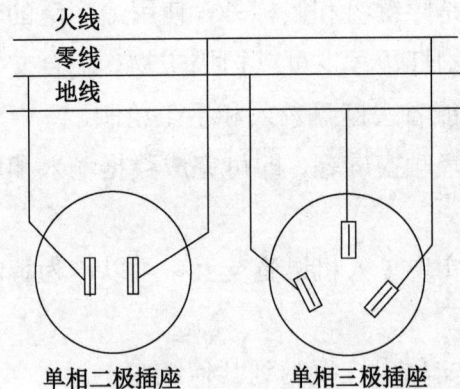

图 1-10　单相交流电插座

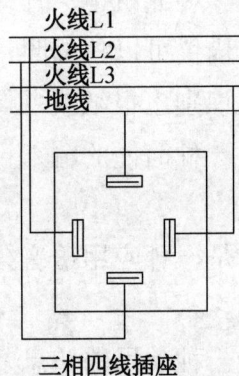

图 1-11　三相交流电插座

图 1-12　单相三极插排（250V/16A）

我国交流电用电频率为 50 赫兹（Hz），单相交流电的电压（火线与零线之间的电压）为 220 伏（V），三相交流电的电压（两根火线之间的电压）为 380 伏。

在操作规范中，电源面板或插排的供电能力通常可用其测定的额定电流来表示。例如，某插排标识为 16A（见图 1-12），则表示该插排最大可安全通过 16 安培（A）的工作电流，其负载的总电流应控制在额定电流之下。

1.4.2　办公用电安全与防护

电促进了人类文明的进步，离开了电，人们的工作、学习和生活都会受到严重影响和制约。然而，人们在工作、学习和生活中自身安全同样处处受到电的威胁，办公设备、办公环境也无时不受到电的考验。

办公用电安全涉及由办公用电引起的各类用电事故，主要包括人身安全、办公设备安全、办公环境安全等。

1. 电对人体的伤害

电对人体的伤害主要包括静电伤害、电磁场伤害、电流伤害等。

人体自身是一种电的导体，在人体不同部位施加电压，人体就会有电流通过。实验结果显示，当人体内电流达到 0.5 毫安（mA）时可被感知，在 10 毫安以下时可保证安全，但当达到 50 毫安以上时则会致命，而人体能够承受的最高安全电压约为 36 伏。电流对人的伤害主要表现为电伤和电击两种形式。体表局部受到电的灼烧而引起的伤害被称为电伤；强电流经过人体时破坏体内组织或器官引起的伤害被称为电击，电击情况严重时会致命。

物体在受外界因素影响或作用下，使本来平衡的正电荷和负电荷不再平衡，某些物体表现为带正电，某些物体表现为带负电，这就是静电。带不同电荷的物体相互靠近时，就会发生静电放电现象并伴随有高电压。静电放电作用于人体时，其瞬间强电流会强烈刺激体表，严重时会影响内脏功能，作用于微电路设备时会损坏电路。

在交流电场的周围会产生磁场，变化的磁场周围也会产生电场，人们的办公环境始终笼罩在一个不断变化的电磁场中。医学研究表明，人体长期处于较强的电磁场时，会吸收较多的电磁场辐射能量，容易引起人体组织病变。偶然受到强电磁场的辐射时，电磁场会在体内产生电磁涡流，容易使部分器官受损。较强电磁场的存在也可能会干扰某些无线电设备的正常工作。

2．触电形式

办公用电主要以 220 伏电压为主、380 伏电压为辅，虽属于低压电，但相对于人体能够承受的最高 36 伏的安全电压，220 伏和 380 伏的电压对人体来讲依然足以致命。

人体直接触碰带电体，或者接触到因绝缘材料损坏而漏电的设备，或者是站在发生接地故障的用电设备周围都能引发触电。办公环境的人体触电形式主要有单线触电和双线触电两种。

单线触电是指人体一部分碰到了带电线路（或装置），而另一部分与地面接触，此时电流从带电线路流经人体再流入大地，构成一个完整的电流回路，影响人的生命安全，如图 1-13 所示。

双线触电是指人体的不同部位同时接触到同一电力系统中的两根带电线路，如图 1-14 所示。两根带电线路通过人体构成电流回路，对人体危害极大。

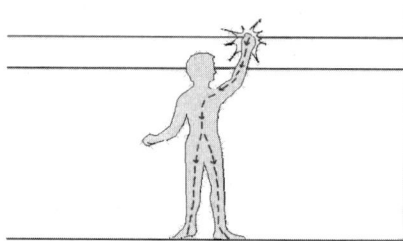

图 1-13　单线触电

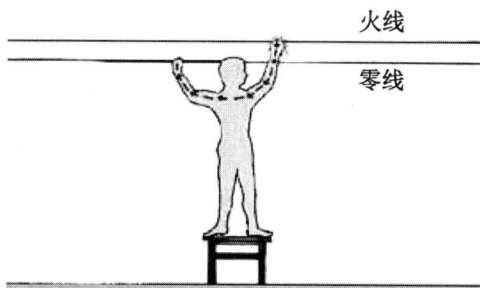

图 1-14　双线触电

3．触电急救

触电急救的要点是动作迅速、救护得法。如果遇到触电情况，要沉着冷静、迅速决断地及时进行营救。

发现有人触电时，首先观察现场环境，快速发现触电电源；其次要果断采取安全措施，尽快使触电者脱离电源，同时保护自己和他人免受更多意外伤害；最后再根据具体情况，进行相应的救治。

拉下电源闸刀或拔掉电源插头，用绝缘良好的电工钳或有干燥木柄的利器切断电线，用干燥的木棒、竹竿或硬塑料管等将电线拨开，都可帮助触电者迅速脱离电源。

触电者成功脱离电源后，如果意识清醒，应派专人照顾、观察，待情况稳定后方可正常活动。若发生以上情况，应在积极组织营救的同时，及时与医院取得联系，必要时拨打120急救电话。

如果触电者轻度昏迷或呼吸微弱，应掐住人中、十宣、涌泉等穴位。如果触电者无呼吸但心脏有跳动，应立即采用口对口人工呼吸。如果触电者有呼吸但心脏停止跳动，则应立刻进行胸外心脏按压法进行抢救。对心跳和呼吸都已停止的触电者，需要同时采取人工呼吸和俯卧压背法、仰卧压胸法、心脏按压法等措施，反复操作，交替进行。

4．触电预防

人体触电存在严重的潜在后果，避免触电应以预防为先。

良好的绝缘是保证电气设备和线路正常运行的必要条件，是防止触电事故的重要措施。选用绝缘材料必须与电气设备的工作电压、工作环境和运行条件相适应。

避免负载超标。电源的负载能力是有限的，超过其负载能力，有可能造成线路熔断，从而引起火灾。一方面可以计算负载设备的电流之和，使其不超过电源的额定电流；另一方面可以计算负载设备的功率之和，使其不超过电源的总功率（约等于220伏与额定电流之积）。

采用屏护装置，将带电体与外界隔绝开来，以杜绝不安全因素，如常用电器的绝缘外壳、金属网罩、金属外壳等。

为防止人体接触或过分接近带电体，在带电体与地面之间，以及带电体与其他设备之间，应保持一定的安全间距。安全间距的大小取决于电压高低、设备类型、安装方式等因素。

采用隔离变压器或具有同等隔离作用的发电机，使电气线路和设备的带电部分处于隔绝状态。这种情况下，即使线路或设备的绝缘材料被损坏，人站在地面上与之接触也不易触电。

在带电线路或设备上采取漏电保护、过流保护、过压或欠压保护、短路保护、接零保护等自动断电措施。当发生触电事故时，在规定时间内能自动切断电源，起到保护作用。

加强用电管理，建立健全用电安全工作的规程和制度，并严格执行。

第 2 章

计算机维护与管理

本章要点

计算机是现代办公系统中的核心设备，本章主要介绍办公计算机的类型和操作系统，计算机系统的优化概念及工具、优化方法和措施，以及计算机的日常管理、高级维护、系统克隆等内容，最后介绍不间断电源（Uninterruptible Power Supply，UPS）设备的使用和管理。

2.1 计算机概述

计算机不仅能计算，而且还能像人的大脑一样具有很强的记忆、判断和分析能力，人们常常把它亲切地称为"电脑"。

从 1946 年世界上首台电子计算机问世以来，现代科学技术不断发展，计算机技术的应用已渗透到各个领域。人们在办公时用计算机处理文件，科研中用计算机分析数据，商贸金融领域用计算机实施电子交易和电子支付，交通指挥、商铺收银等也都能见到计算机的身影。当前计算机在现代办公领域也大显身手，已成为现代办公系统中的核心设备。

2.1.1 办公计算机常用类型

在现代办公领域，主流的计算机主要有台式计算机（见图 2-1）和笔记本电脑（见图 2-2）两种。相对而言，台式计算机功能强，但占用空间大，设备之间连线多；笔记本电脑占用空间小，无须线缆连接，内置无线网卡模块方便联网，但功能相对较弱，价格相对较高。

便携式个人计算机可视为缩小体积的笔记本电脑，如图 2-3 所示。机身重量较小，屏幕尺寸多在 10 英寸（1 英寸约等于 2.54 厘米）以下，然而其性能与笔记本电脑相当，制造工艺复杂、精良，因此价格不菲。市场中曾出售的上网本可视为精减功能的笔记本电脑，主要为上网而设计，但随着更具竞争力的移动智能终端的出现，上网本基本已被市场所淘汰。

图 2-1　台式计算机

图 2-2　笔记本电脑

市场上还出现了一种介于台式计算机与笔记本电脑之间的一体式计算机（见图 2-4），相当于把台式计算机的主机与液晶显示器集成在一起，在减少显示器与主机之间连线的同时，还缩小了占用的空间。部分一体式计算机还采用了无线鼠标和键盘，带给用户更多的"无线"享受。

图 2-3　便携式个人计算机

图 2-4　一体式计算机

2.1.2　常用办公操作系统

计算机中可被看得到、摸得着的各类物理部件被称作硬件，只有在软件的支持和配合下，硬件才能正常使用。其中，操作系统（Operating System，OS）是计算机的核心软件。未安装操作系统的计算机常被人们称作"裸机"，只有在安装操作系统后，计算机才可正常运行。

计算机的操作系统有很多种，在国内办公领域，常用的操作系统主要有 Windows、macOS、Linux、deepin 等。

1. Windows

Windows 操作系统是微软公司研发的一款图形化用户界面（Graphical User Interface，GUI）的操作系统，其操作简单、入门快速、应用生态丰富。自 20 世纪 80 年的 1.0 版本以来，Windows 已经过数十年的持续发展，经历多个版本的升级变迁，现已发展为主流的桌面操作系统之一。Windows 操作系统当前主要使用的经典版本有 Windows 7、Windows 10（见图 2-5）、Windows 11 等，其中 Windows 10 是目前的主流版本。

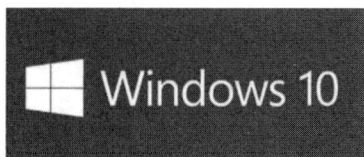

图 2-5　Windows 10

其实在 Windows 操作系统发布之前，DOS 操作系统也是微软公司主推的系统，在当时的个人计算机中应用很广，但其只有命令界面，仅能通过键盘输入命令行来操控计算机。目前，在 Windows 系统中，仍可调出 DOS 系统界面（即"命令提示符"窗口）。

2. macOS

macOS 是苹果公司开发的一款高性能的操作系统，主要运行于苹果 Macintosh 系列计算机之上。

macOS 作为一款图形化用户界面的操作系统，在图形设计、影视制作等领域有着独特的优势，深受一些专业人士的喜爱。

macOS 命名曾发生过多次变更，其中较近的一次是 2011 年由 Mac OS X 系列正式改名为 OS X 系列，2016 年又改为 macOS 系列。该系统当前主流版本是 macOS 10 系列，而之后发布的 macOS Big Sur 系统（见图 2-6）属于 macOS 11 系列。

图 2-6　macOS Big Sur 系统

3. Linux

Linux 是一款免费、开源、可自由使用的操作系统，其内核雏形是由芬兰赫尔辛基大学当时在读的学生林纳斯（Linus）编写的操作系统。从 1994 年推出完整的核心 1.0 版起，Linux 已逐渐成为功能完善、高效稳定的操作系统。

图 2-7　Linux 系统

大多数用户对 Linux 系统（见图 2-7）都比较陌生，除没有商业推广因素外，Linux 只提供操作系统内核，非专业人士使用机会较少。为方便广泛推广和应用，基于 Linux 内核的统信（UOS）、银河麒麟（Kylin）等操作系统等都提供有图形化用户界面，以方便用户使用。

4. 深度操作系统

深度操作系统（deepin 操作系统，见图 2-8）是基于 Linux 内核，以桌面应用为主的开源操作系统，支持笔记本电脑、台式计算机和一体式计算机。深度操作系统包含深度桌面环境和 30 余款

图 2-8　deepin 操作系统

深度原创应用，以及数款来自开源社区的应用软件，支撑广大用户日常的学习和工作。深度操作系统是我国首个具备国际影响力的 Linux 发行版本。

本章将重点介绍 Windows 10 系统的优化、管理、日常维护等，更多计算机基础知识和基本操作请参阅专用教材。

2.2 计算机系统优化

新安装 Windows 系统的计算机在最初一段时间会运行得比较流畅，但在使用一段时间后就变慢，这时就有必要对计算机系统进行优化了。

在 Windows 系统中，系统管理工具主要有"Windows 设置"和"控制面板"两种，微软公司有意用前者替换后者，在 Windows 10 系统中两种工具暂时并存，但前者已明显占优势。执行"开始"→"设置"命令或按"Window+I"组合键可打开"Windows 设置"窗口，如图 2-9 所示。执行"开始"→"Windows 系统"→"控制面板"命令可打开"控制面板"窗口，如图 2-10 所示。

图 2-9   "Windows 设置"窗口

图 2-10   "控制面板"窗口

2.2.1   系统优化概述

安装 Windows 10 系统要求计算机配有 1 GHz 以上的中央处理器（CPU），32 位系统要求 1 GB 以上内存（RAM），64 位系统要求 2 GB 以上内存。这样的硬件配置并不意味着 Windows 10 系统就可以顺畅运行，增加内存容量、提升中央处理器档次等均有利于保障计算机运行性能。本小节仅涉及在计算机硬件不变的情况下讲述优化系统运行性能的方法。

1. Windows 10 体检指数

Windows 10 体验指数是指针对中央处理器、内存、显卡、硬盘等关键部件对计算机各性能进行评估，并分别赋予分数（1.0～9.9）。

Windows 10 体验指数作为计算机评估的高级指标，不再为普通用户提供图形化用户界面，而只对管理员提供命令行工具。首先用户应以管理员身份登录并打开"命令提示符"窗口，然后在窗口中输入"Winsat Formal"（不区分大小写）命令并执行，最后等待评估结束，评估结果如图 2-11 所示。其中，被评估计算机的磁盘顺序读（Disk Sequential 64.0 Read）速度为 1222.53 MB/s，得分为 8.6；磁盘随机读（Disk Random 16.0 Read）速度为 382.73 MB/s，得分为 8.2。

Windows 10 体验指数更详尽的信息默认保存在"C:\Windows\Performance\WinSAT\DataStore"文件夹中，最新的结果是以评估时间开头和 Formal.Assessment/(Recent).WinSAT.xml 结尾的数据文件。用浏览器打开该文件，其局部内容如图 2-12 所示，②处的 SystemScore 代表 Windows 10 体检指数，是由①处的 GraphicsScore 决定的，意味着为当前计算机换个更好的显卡就可以提高该计算机的体检指数。

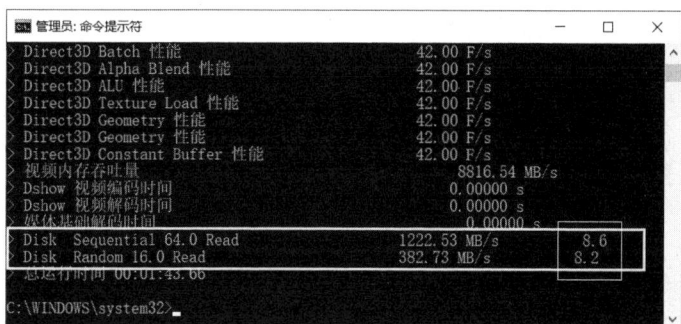

图 2-11　评分结果

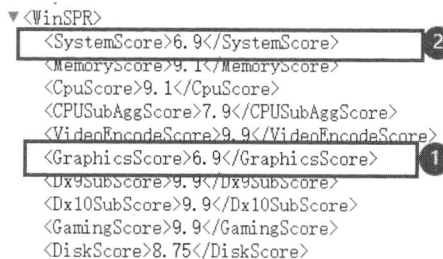

图 2-12　文件局部内容

2．查看计算机性能

通过 Windows 10 系统的"任务管理器"窗口，可以较直观地查看当前计算机系统的运行性能。右击任务栏的空白处，在弹出的快捷菜单中执行"任务管理器"命令，打开"任务管理器"窗口，切换至"性能"选项卡，如图 2-13 所示，界面中显示了 CPU、内存、磁盘、网络（以太网）和图形处理器（GPU）等核心部件的图文信息，单击相应的标签即可查看各自的监视信息。

单击"打开资源监视器"链接，打开如图 2-14 所示的"资源监视器"窗口，据此可更详尽和更全面地查看计算机中各资源的使用及变化等。

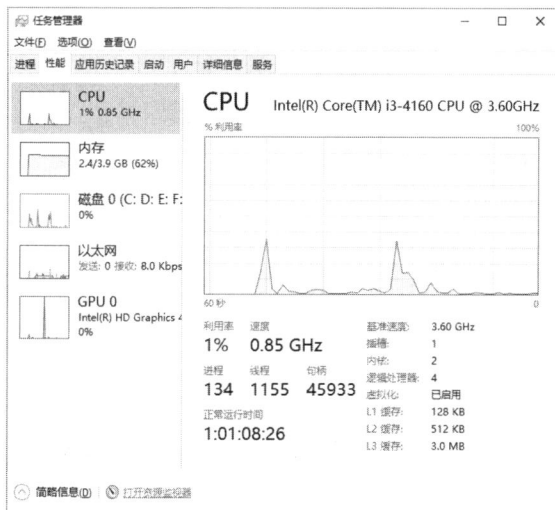

图 2-13　"性能"选项卡

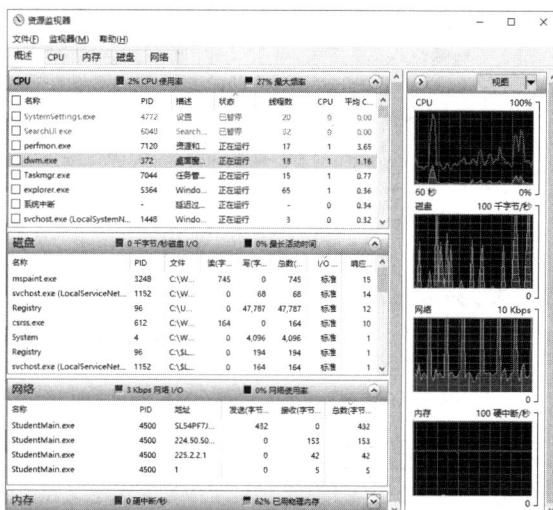

图 2-14　"资源监视器"窗口

3．检查安全和性能问题

系统优化涉及方方面面，在实施优化之前，应首先尝试利用 Windows 10 系统自有的功能检查是否存在降低计算机性能的问题。

在"Windows 设置"窗口（见图 2-9）中单击"更新和安全"按钮，打开"更新和安全"设置窗口，并在其左栏中单击"Windows 安全中心"选项，如图 2-15 所示。在打开的右栏内显示了七条相关项目清单，单击任意项目可对应查看其详细结果。

图 2-15　"更新和安全"设置窗口

单击右栏顶部的"打开 Windows 安全中心"按钮，打开"Windows 安全中心"窗口，如图 2-16 所示。图中左、右两栏均对应列出了相关项目以方便用户查看、排查安全或性能方面的问题。

图 2-16　"Windows 安全中心"窗口

2.2.2　磁盘优化

在计算机系统中，磁盘读写速度的快慢对计算机的性能影响较大，磁盘的读写速度越快，计算机的工作性能越好。

1. 磁盘清理

Windows 系统及其应用程序在工作过程中会产生大量的临时文件，如安装或卸载程序、浏览网页、编辑文件等。有些临时文件在程序运行结束后可被自动删除，但也有些临时文件可能要在磁盘中保存一段时间。如果遇到操作系统或应用程序异常，产生的临时文件有可能会变成垃圾文件。随着临时或垃圾文件的增多，计算机的工作性能会逐步下降。

磁盘上非必要的文件会占用磁盘空间，并且可能会降低计算机的运行速度。磁盘清理会删除临时文件、清空回收站并删除不再需要的各种系统文件和其他项目。

单击"开始"按钮，执行"Windows 管理工具"→"磁盘清理"命令，打开如图 2-17 所示的"磁盘清理:驱动器选择"对话框，在"驱动器"下拉列表中选择要清理的驱动器，单击"确定"按钮，系统将自动计算需要清理的资源。

图 2-17　"磁盘清理:驱动器选择"对话框

磁盘清理程序计算汇总后，打开如图 2-18 所示的对话框，在"要删除的文件"列表框中显示磁盘上可被清理的资源列表及对应可释放的磁盘空间。单击"清理系统文件"按钮，打开如图 2-19 所示的对话框，在"要删除的文件"列表框中显示了可被清理的系统文件资源列表及对应可释放的磁盘空间。

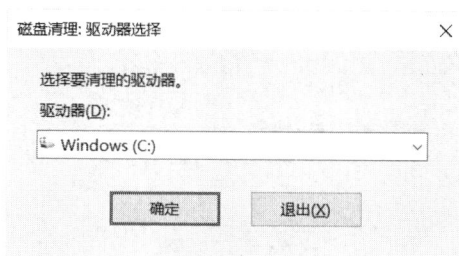

图 2-18　磁盘清理

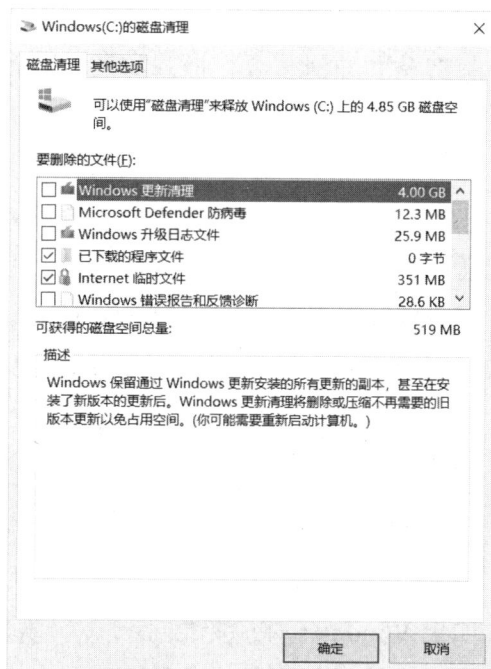

图 2-19　清理系统文件

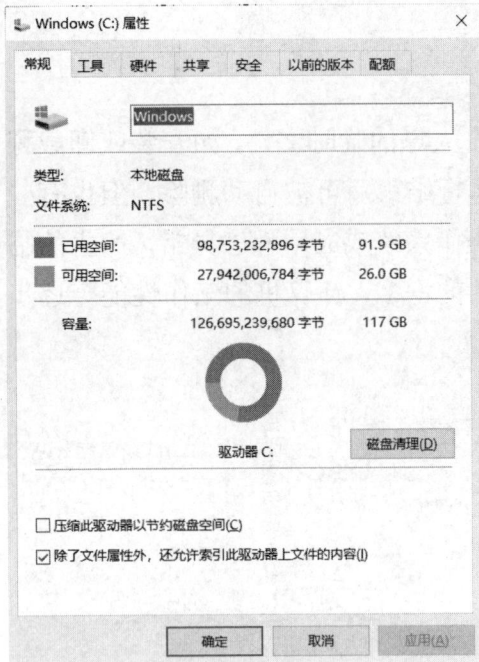

图 2-20　"Windows(C:)属性"对话框

选择要清理的资源，单击"确定"按钮，则开始执行磁盘清理操作。

打开"此电脑"窗口，右击指定磁盘分区（以 C 盘为例），在弹出的快捷菜单中执行"属性"命令，打开如图 2-20 所示的"Windows(C:)属性"对话框，其中显示了当前磁盘已用空间、可用空间和总容量等信息。单击"磁盘清理"按钮，也可实现对该分区的磁盘清理。

2．碎片整理

用户会经常在计算机中创建、修改或删除文件，计算机系统也在不断地产生和删除临时文件，最终磁盘的可用空间会变得断断续续。当需要在计算机中存储较大的文件时，计算机系统只能把文件分插到零散的存储空间中，如此就产生了文件碎片。

碎片会使磁盘执行额外的工作，降低计算机性能。磁盘碎片整理程序会将零散存储的数据变成连续存储的数据，提高了磁盘工作效率。

单击"开始"按钮，执行"Windows 管理工具"→"碎片整理和优化驱动器"命令，打开如图 2-21 所示的"优化驱动器"窗口，在该窗口中可对各磁盘驱动器进行优化管理，同时该窗口还列出了各驱动器的当前状态信息。

从"状态"列表框中选中需要被整理的驱动器，单击"分析"按钮后开始分析，同时该驱动器的当前状态栏内显示分析进度，分析完毕后将显示分区存储的碎片率。当碎片率低于 10%时一般无须整理；否则，单击"优化"按钮，对该驱动器进行碎片整理。

分析和整理磁盘碎片可能需要花费一定的时间，具体时间取决于磁盘碎片的大小和碎片化程度。在分析和整理磁盘碎片的过程中，仍然可以使用计算机。建议在执行碎片整理前先进行碎片分析，必要时再进行优化，以提高工作效率。

磁盘优化整理程序可以按计划运行。在如图 2-21 所示的"优化驱动器"窗口中，单击"更改设置"按钮，打开如图 2-22 所示的"优化驱动器"对话框，可指定优化频率（默认为每周）和要优化的驱动盘（默认为所有驱动器）。

2.2.3　性能优化

如果 Windows 体验指数不高，计算机仅能勉强运行 Windows 10 系统，那么若想获得更好的性能，就应该对其进行系统性能优化设置。

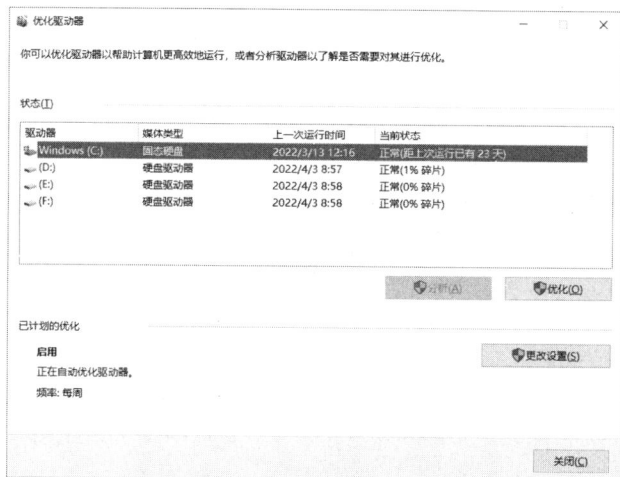

图 2-21　"优化驱动器"窗口

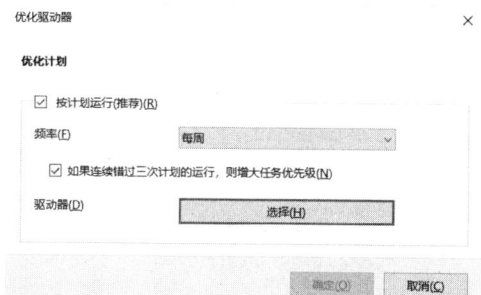

图 2-22　"优化驱动器"对话框

1．关闭视觉效果

为增强 Windows 系统的视频效果，Windows 10 系统提供了 17 个选项来控制视觉效果，如启动速览、在窗口显示阴影等。如果 Windows 系统运行缓慢，可以通过禁用某些视觉效果来提高计算机的运行速度。

在"控制面板"窗口中搜索并执行"调整 Windows 的外观和性能"命令，打开如图 2-23 所示的"性能选项"对话框。在"视觉效果"选项卡中有四个单选按钮：第一个单选按钮表示让 Windows 系统根据计算机的配置情况自动进行优化设置；第二个单选按钮表示调整计算机界面为最佳外观效果；第三个单选按钮表示调整计算机性能为最佳性能；第四个单选按钮表示用户可根据自己的喜好对列表中的选项进行个性化设置。

2．设置虚拟内存

在如图 2-23 所示的"性能选项"对话框中选择"高级"选项卡，再单击"虚拟内存"选区中的"更改"按钮，打开如图 2-24 所示的"虚拟内存"对话框。

计算机应用程序在运行前要先被载入内存，当计算机中运行程序较多或较大时，往往会出现计算机内存不足的情形，此时磁盘空间中的部分闲置空间可被虚拟成内存使用，同时该空间及其中内容被命名为分页文件（swapfile.sys）。

默认情况下虚拟内存位于系统安装盘（如 C 盘），且大小由系统自动管理。如果条件允许，应将虚拟内存设置在非系统分区中；如果计算机有多块磁盘，应将虚拟内存设置在非系统磁盘中。若将虚拟内存设为自定义大小，建议其初始大小和最大值相等，都在物理内存大小的 1.5～2 倍之间。若虚拟内存设置发生改变，需要在重启计算机后才能生效。

虚拟内存的设置主要是为了应对计算机系统内存偶尔不足的情况，因此不建议将其禁用或删除。如果系统经常出现内存不足时，则应考虑为其增加内存容量，否则系统会高频率地读写虚拟内存文件，拖慢系统运行速度，长时间还容易产生文件碎片，进一步影响系统性能。

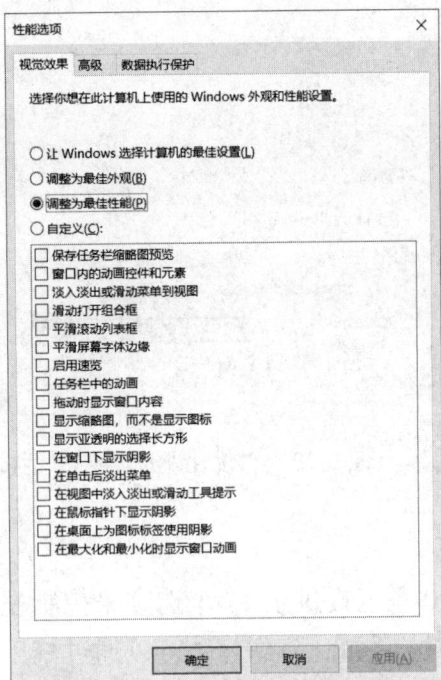

图 2-23　"性能选项"对话框

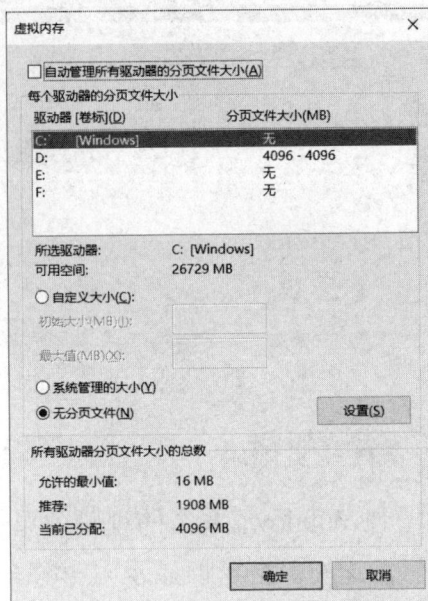

图 2-24　"虚拟内存"对话框

2.2.4　服务优化

为了丰富操作系统的功能，Windows 系统提供了大量服务，但普通用户很少能用到这些服务，况且系统每次运行一个服务就会增加对计算机资源的占用。关闭不需要的服务，可以节省更多的系统资源，并让计算机运行得更顺畅。

执行"开始"→"Windows 管理工具"→"服务"命令，打开如图 2-25 所示的"服务"窗口。

图 2-25　"服务"窗口

"服务"窗口中列出了当前系统的所有服务清单，包括服务的名称、描述、状态、启动类型等信息。其中,"状态"列显示了服务的当前状态,"启动类型"列决定了服务的启动方式。用户可以通过改变服务的启动类型和状态来优化 Windows 系统的工作性能。

单击某项服务(如 Windows Update),利用"服务"窗口顶部工具栏中的最后四个按钮,可以控制该服务的运行状态。双击该服务,打开"Windows Update 的属性(本地计算机)"对话框,如图 2-26 所示,利用该对话框可以控制服务的运行状态及改变启动类型。

在"启动类型"下拉列表中,"自动"是指计算机启动的同时加载该服务项;"自动(延迟启动)"是指在系统启动后延迟启动该服务项,以解决计算机启动缓慢或启动后响应慢的问题;"禁用"是指禁止启动该服务,除非改变启动类型;"手动"是指可在特定情况下才被启动。

单击"Windows Update 的属性(本地计算机)"对话框中的"依存关系"选项卡,如图 2-27 所示,其中显示了该服务所依赖的服务及依赖于本服务的其他服务。服务的依存关系对启动服务或停止服务有一定的影响。当停用某服务时,依赖于本服务的其他服务将被迫停止运行;类似地,当启用某"服务"时,它所依赖的服务都应全部启用。

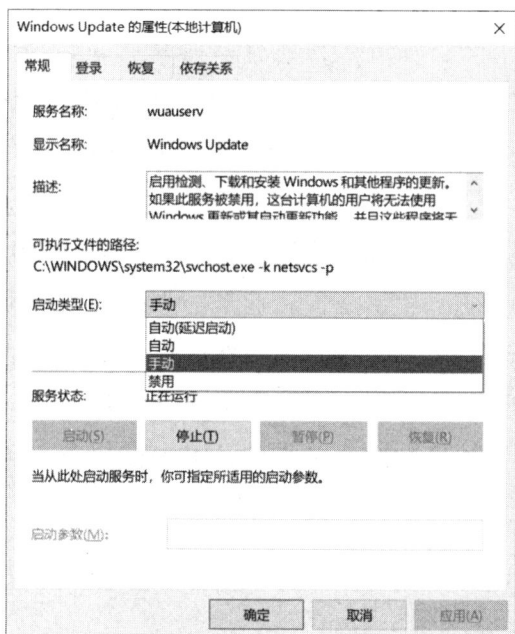

图 2-26 "Windows Update 的属性
(本地计算机)"对话框

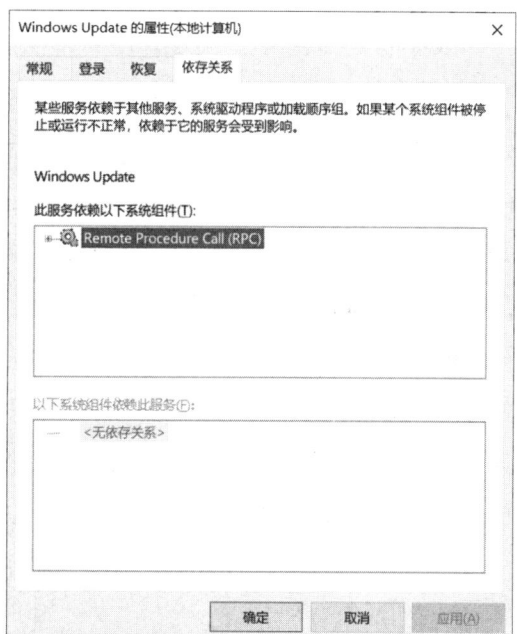

图 2-27 服务间的依存关系

另外,在"任务管理器"窗口"服务"选项卡的"服务"列表中右击某项服务,在弹出的快捷菜单中可执行"重新启动"或"停止"等命令,如图 2-28 所示。

Windows 系统服务启动的一般原则:基本或核心服务应设为"自动",非急需服务可设为"自动(延迟启动)",不用的服务应设为"禁用",可能用到的服务应设为"手动"。由于 Windows 10 系统服务较多,受教材篇幅限制,在此无法一一列举,请用户自行查阅相关资料。

需要注意的是,修改系统服务可能会造成一些意想不到的问题,建议在修改前将系统当前的服务状态进行备份。在"服务"窗口（见图 2-25）中，单击工具栏中的"导出列表"按钮，导出 CSV 或 TXT 文件即可（建议导出 CSV 文件，以便用 Excel 打开）。

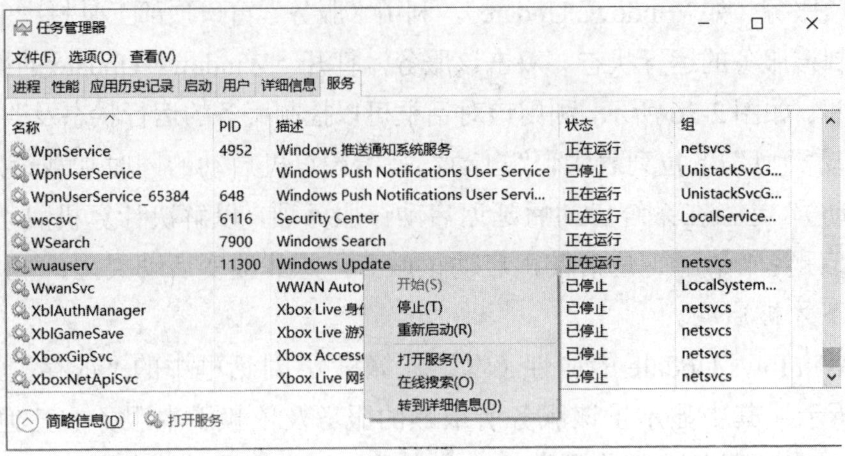

图 2-28　任务管理器中的服务管理

2.2.5　启动优化

在 Windows 系统启动过程中，可能存在部分应用程序随着系统的启动而自动运行，而额外运行的无用程序会降低计算机的工作性能，因此阻止非必要程序的自动运行有利于优化计算机的工作性能。

在"任务管理器"窗口的"启动"选项卡中可控制部分应用的启动，如图 2-29 所示，列出了当前系统所有可用的启动项目。当 Windows 系统重新启动时，已启用的项目将被自动加载，用户可通过更改启动项来优化计算机的启动。若额外加载了不必要的普通程序，将会降低计算机性能；若额外加载了病毒或木马，不仅会影响计算机性能，更会威胁计算机及其数据的安全。在启动应用清单中选中某个应用项，单击窗口右下角的按钮即可切换其启用或禁用状态。

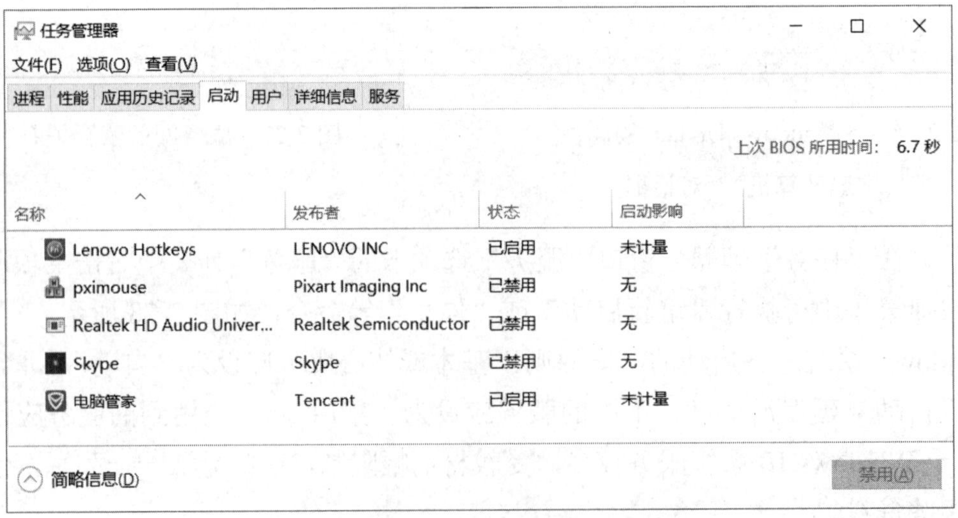

图 2-29　系统配置

2.2.6　优选浏览器

图 2-30　IE 浏览器

提到浏览器，人们经常不自觉地想到微软公司的 IE（Internet Explorer）浏览器，其典型标识如图 2-30 所示。IE 浏览器与 Windows 平台捆绑在一起，在互联网中曾经叱咤风云，对国内用户来说，IE 曾是浏览器的代名词。

然而，随着互联网技术的发展，IE 浏览器未能跟上网页技术更新的脚步，在激烈的浏览器市场竞争中逐步败落下来。虽然微软想通过 IE 11 来改变这个情况，但仍无力扭转局面。在国产浏览器中，百度浏览器、QQ 浏览器和 360 浏览器等，基本上也都采用 IE 浏览器内核。到 2022 年 6 月，微软已全面终止对 IE 浏览器的技术支持。

Chrome（谷歌浏览器）：是由谷歌（Google）公司开发的一款简单、高效的 Web 浏览器，其标识如图 2-31 所示。Chrome 基于开源 chromium 内核所编写，目标是提升稳定性、速度和安全性，并创造出简单且有效率的使用者界面。Chrome 最早发布于 2008 年 9 月，提供了 50 余种语言版本，支持 Windows、macOS、Linux、Android、iOS 等操作系统。

图 2-31　Chrome

Edge：是微软开发的新型浏览器，用于取代之前的 IE 浏览器。Edge 的发展先后经历两个技术体系，初期是基于微软自有技术的 Microsoft Edge（见图 2-32），目的是替代 IE 11 之前的旧版浏览器，但该浏览器仅能运行在 Windows 10 系统中，难以在激烈的市场竞争中达到目的，微软被迫采用开源 chromium 内核技术开发新版 Edge。2020 年 1 月，微软宣布 Windows 10 开始捆绑 Chromium Edge（见图 2-33）来替代 Microsoft Edge。

图 2-32　Microsoft Edge

图 2-33　Chromium Edge

Firefox（火狐浏览器）：是由谋智网络基金会与开源集团共同开发的自由且开放源代码的网页浏览器，其标识如图 2-34 所示。Firefox 于 2004 年 11 月开始发行，支持 Windows、macOS、Linux 等多种操作系统。

Opera（欧朋浏览器）：是一款多页面标签式浏览的网络浏览器，其标识如图 2-35 所示。Opera 可在 Windows、macOS、Linux 等操作系统平台上运行，同时支持在

Android、iOS 及 Windows Phone 等移动平台上运行。

图 2-34　Firefox

图 2-35　Opera

2.3　计算机高级维护

计算机在使用过程中常会出现运行异常，导致数据丢失、系统崩溃等状况，可能会给用户带来灾难性后果。因此，需要对重要数据或系统做好事先备份和保护，必要时可根据用户需要恢复系统或还原数据。

2.3.1　系统备份

操作系统安装及调优到位后，可考虑对该系统进行备份，以便当系统出现严重故障时可将其恢复至备份时的状态。

打开"更新和安全"设置窗口（见图 2-15），单击左栏中的"备份"选项，切换至如图 2-36 所示的"备份"界面。单击"转到'备份和还原'（Windows 7）"选项，打开如图 2-37 所示的"备份和还原（Windows 7）"窗口。

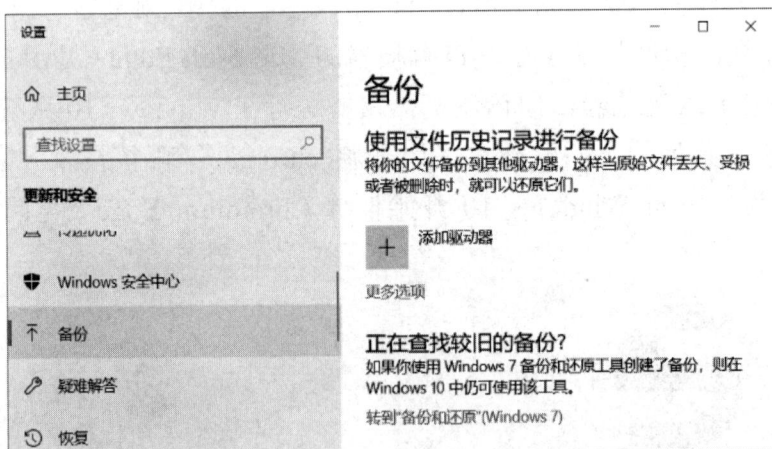

图 2-36　"备份"界面

单击左侧"创建系统映像"选项，打开如图 2-38 所示的"创建系统映像"对话框，指定保存的位置。单击"下一页"按钮，打开如图 2-39 所示的对话框，选择需要备份的驱动器。单击"下一页"按钮，在新打开的对话框中确认并单击"开始备份"按钮，系统开始备份，备份进度如图 2-40 所示。备份结束时用户可视实际需要决定是否创建恢复光盘。

图 2-37　"备份和还原（Windows 7）"窗口

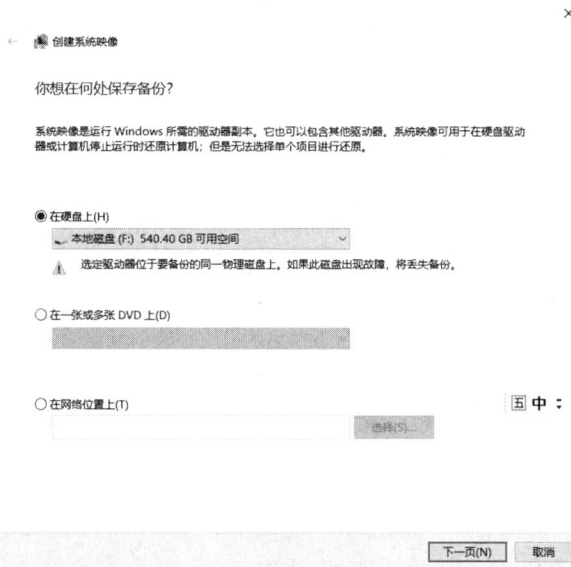

图 2-38　"创建系统映像"对话框

图 2-39　选择需要备份的驱动器

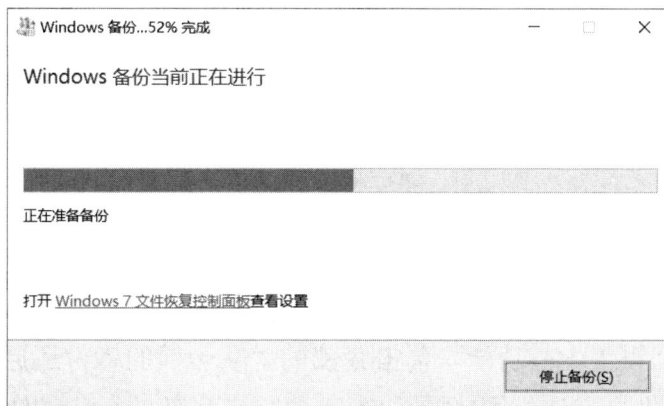

图 2-40　备份过程

系统映像文件将被自动保存在备份目标驱动器内一个名为"WindowsImageBackup"

的文件夹中。

2.3.2　个人数据备份与还原

在 Windows 10 系统中，用户创建的各类文件通常被默认分类存储在文档、图片、视频、音乐等系统库中，一旦丢失，用户将损失惨重，为此 Windows 为用户提供了个人文件夹的备份和还原功能。

在"更新和安全"设置窗口的"备份"界面中（见图 2-36）单击"+"按钮，添加驱动器，并从可用驱动器列表中选择备份的目标位置。在保证存储空间足够的情况下，用户既可备份到本地硬盘以便将来对本机系统进行恢复，也可备份到移动硬盘（或 U 盘）中。

选定备份目标驱动器后，单击"更多选项"选项后进入"备份选项"设置窗口，在该窗口中单击"请参阅高级设置"选项，打开如图 2-41 所示的"文件历史记录"窗口。用户利用窗口左侧中的相关选项可进行高级设置、排除文件夹等操作。单击"文件历史记录"窗口右侧中的"启用"选项，开启自动备份，系统将按高级设置中的计划实施备份，备份文件将被保存到备份目标驱动器的"FileHistory"文件夹中。

图 2-41　"文件历史记录"窗口

在如图 2-36 所示的"备份"界面中再次单击"更多选项"选项，打开如图 2-42 所示"备份选项"设置窗口。"备份选项"设置窗口中提供有"添加文件夹"、"排除文件夹"及"备份选项设置"等功能。单击底部的"从当前的备份还原文件"选项，打开如图 2-43 所示的"主页文件-历史记录"窗口，单击底部的绿色按钮，可把所列文件夹项目还原到各自的原位置。

图 2-42　"备份选项"设置窗口

图 2-43　"主页-文件历史记录"窗口

2.3.3　系统保护与还原

系统保护是指创建和保存计算机系统文件及设置的相关信息，以及保存被修改文件的以前版本。系统将这些文件保存在还原点中，在发生重大系统事件（如安装程序或设备驱动程序）之前创建这些还原点。

打开"控制面板"窗口（见图 2-10），在其搜索框内输入"恢复"关键字，从搜索结果中单击"恢复"选项，打开"恢复"窗口，如图 2-44 所示。

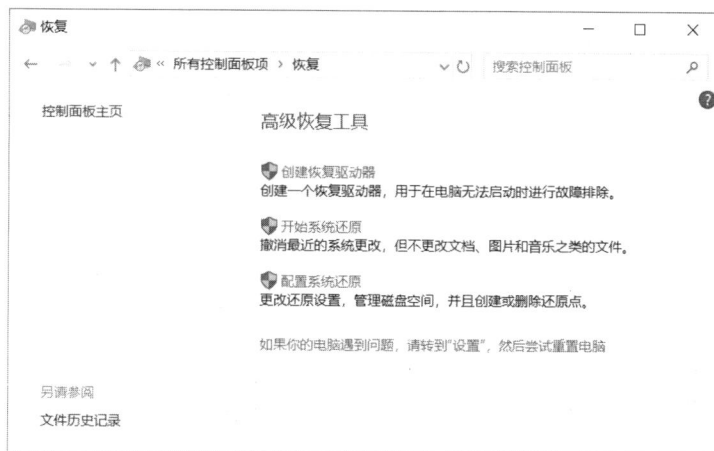

图 2-44　"恢复"窗口

单击"配置系统还原"选项，打开如图 2-45 所示的"系统属性"对话框，单击"系统保护"选项卡，其"保护设置"列表框中列出了每个驱动器的系统保护状态，在 Windows 10 系统中默认各驱动器均为未开启系统保护。

选中某驱动器（如 C 盘）后再单击"配置"按钮，打开如图 2-46 所示的"系统保护 Windows(c:)"对话框，选中"启用系统保护"单选按钮，单击"确定"按钮，此时该驱动器已开启系统保护。

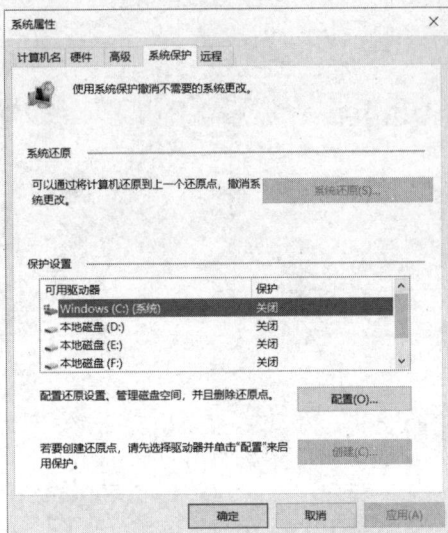

图 2-45　"系统属性"对话框

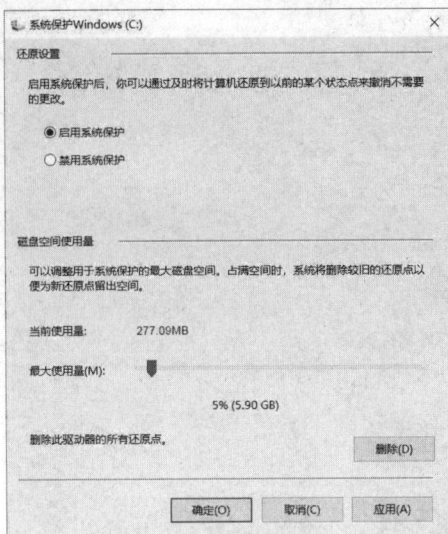

图 2-46　"系统保护 Windows(C:)"对话框

驱动器启用系统保护后，当驱动器中发生安装或卸载程序等重要事件时，系统将自动为其创建一个还原点。除此之外，用户也可随时为其创建还原点。在如图 2-45 所示的对话框中单击"创建"按钮，在打开的"系统保护"对话框（见图 2-47）中输入还原点名称，单击"创建"按钮后等待创建还原点过程（见图 2-48）的完成，受保护驱动器的当前状态就被存储在该还原点。

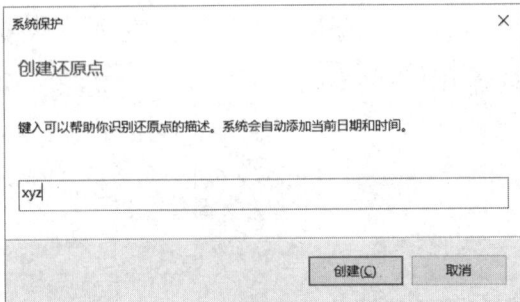

图 2-47　"系统保护"对话框

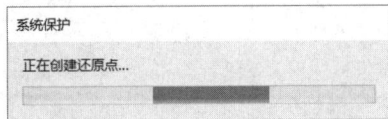

图 2-48　创建还原点过程

当计算机运行出现异常或无法正常工作时，可以使用系统还原功能将其还原到指定还原点的状态。在"恢复"窗口（见图 2-44）中单击"开始系统还原"选项，打开"系统还原"对话框，如图 2-49 所示，用户既可撤销最近一次系统还原，也可指定还原到新还原点。

选中"选择另一还原点"单选按钮，单击"下一页"按钮，切换至如图 2-50 所示的"还原点列表"界面。选中某个还原点，单击"下一页"按钮，切换至"确认还原点"界面，如图 2-51 所示。单击"完成"按钮，系统将开始还原。此时会自动重启计算机，重启之后自动进行系统还原，直到弹出如图 2-52 所示的"系统还原"提示框。

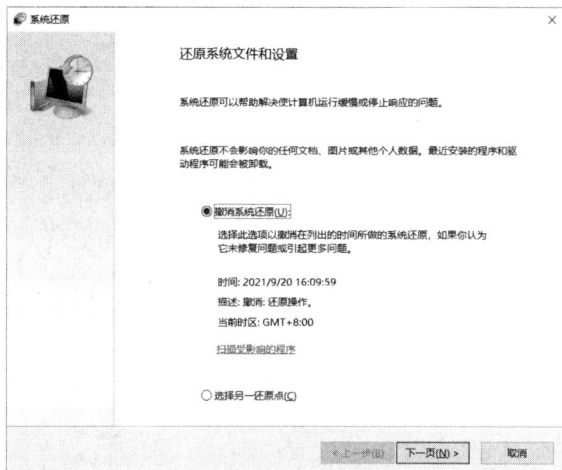

图 2-49   "系统还原"对话框

图 2-50   "还原点列表"界面

图 2-51   "确认还原点"界面

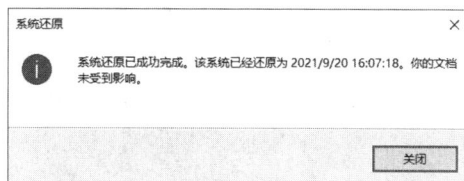

图 2-52   "系统还原"提示框

2.3.4   Windows 高级启动

Windows 系统加电后，一般默认启动至欢迎界面或直接进入桌面，但当 Windows 系统出现故障并需要排除时，就需要采取高级启动方式来应对。为方便描述，一般将 Windows 高级启动分为冷启动和热启动两种方式：冷启动是指从计算机加电开始的特殊启动方式；热启动是指从运行中的 Windows 系统发起的特殊启动方式。

1. Windows 冷启动

当 Windows 工作异常或不能正常启动时，用户应考虑通过 Windows 冷启动设置尝试系统修复或故障排除。

在 Windows 7 及之前的版本中，计算机加电且屏幕上开始显示信息时，按下键盘上的 F8 键，会出现 Windows 高级启动选项菜单，如图 2-53 所示，由此可对计算机进行启动维护。例如，执行"修复计算机"命令，将打开如图 2-54 所示的"系统恢复选项"

对话框，进而可进行系统修复。

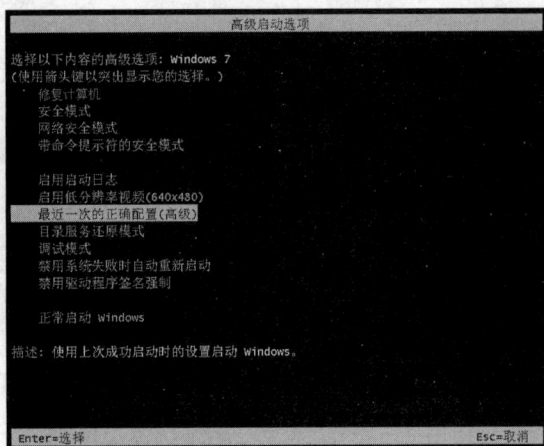

图 2-53　Windows 高级启动选项菜单

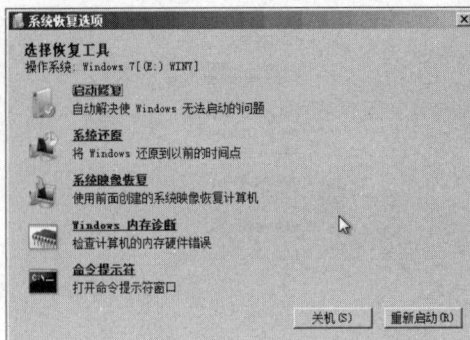

图 2-54　"系统恢复选项"对话框

在 Windows 10 系统中，上述冷启动方式已被改变。按下电源键开机，待屏幕出现 Windows 徽标时再长按电源键关机，如此重复操作 2～3 次，直到出现"正在准备自动修复"字样，如图 2-55 所示。稍后系统进入如图 2-56 所示的"自动修复"界面。

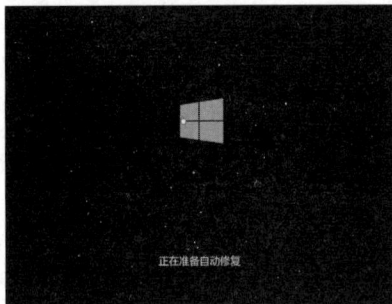

图 2-55　正在准备自动恢复

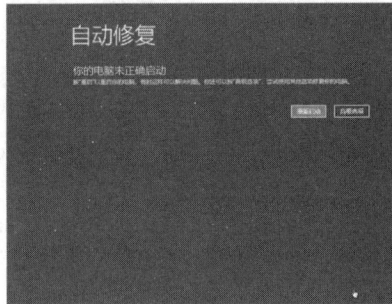

图 2-56　"自动修复"界面

在"自动修复"界面中单击"高级选项"按钮，将打开如图 2-57 所示的"选择一个选项"界面，可在该界面进行相关操作。

图 2-57　"选择一个选项"界面

2．Windows 热启动

使用冷启动模式重复开机的方式恢复计算机过于粗暴且不易成功。若计算机尚能进入 Windows 10 系统，则可在进入系统后再实施系统恢复，即热启动。

在 Windows 10 系统中，有多种方式可以进入修复模式。按住 Shift 键，再执行 Windows 的重启命令（执行"开始"→"电源"→"重启"命令）。在"更新和安全"设置窗口的左栏中单击"恢复"图标，打开如图 2-58 所示的窗口，单击"立即重新启动"按钮。

待 Windows 10 系统重新启动后，将同样会打开如图 2-57 所示的"选择一个选项"界面。

3. 高级选项

在"选择一个选项"界面（见图 2-57）中，单击"疑难解答"按钮，打开如图 2-59 所示的"疑难解答"界面，再单击"高级选项"按钮，则打开如图 2-60 所示

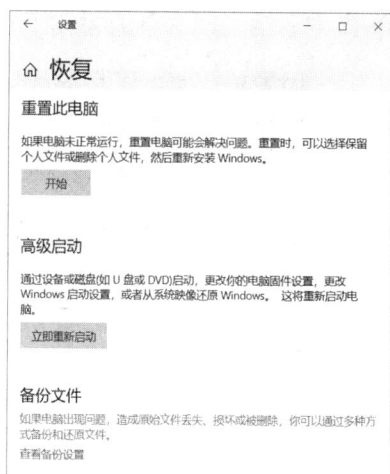

图 2-58　"恢复"设置窗口

的"高级选项"界面，其中有系统还原、系统映像恢复、启动修复、启动设置等工具，用户可按需选择使用。

图 2-59　"疑难解答"界面

图 2-60　"高级选项"界面

在"高级选项"界面中，"系统还原"用于将系统还原至系统记录的某个还原点（参见 2.3.3 节），"系统映像恢复"则是利用指定的 Windows 系统映像文件实现系统恢复。

2.3.5　重置计算机

重置计算机一般是指重新安装操作系统。重置计算机时，既可以选择从计算机中移除个人数据、应用程序等，也可以选择保留。

打开"恢复"设置窗口（见图 2-58），在"重置此电脑"功能区中单击"开始"按钮，打开如图 2-61 所示的界面，此时要求用户选择是否保留个人数据。

单击"删除所有内容"按钮，稍后将打开另一个界面，如图 2-62 所示。

单击"仅限安装了 Windows 的驱动器"按钮，将打开如图 2-63 所示的"还要清理这些驱动器吗？"界面。

图 2-61　选择是否保留个人数据

单击"删除文件并清理驱动器"按钮，直到重置计算机任务完成。

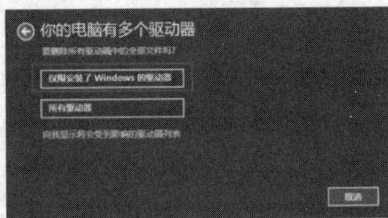

图 2-62　选择删除文件范围　　　　图 2-63　"还要清理这些驱动器吗？"界面

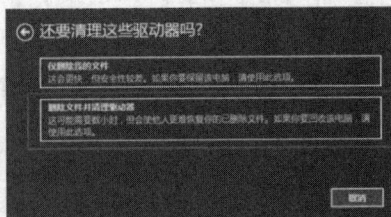

计算机重置成功后，将会恢复到刚安装系统后的初始状态。

2.3.6　系统克隆

在计算机使用过程中，常会因病毒破坏或误操作等原因造成系统崩溃，或者之前反应很快的计算机现在却变得越来越慢，即便优化也难有改观，这时可考虑重新安装系统。

安装计算机系统，可以按部就班地进行，先安装操作系统，再安装应用软件。在实践中，人们更多地使用一种叫作 GHOST 的软件来部署计算机，这样可以省时、省力、省事。

1．GHOST 简介

GHOST 是赛门铁克公司旗下的硬盘备份和还原工具，它能够完整而快速地备份和还原硬盘及分区中的数据，常被称为克隆精灵。数据备份可以有效地保护数据，系统出现故障后，凭此可快速地将硬盘数据恢复至备份点。另外，备份的系统也有利于迅速地分发系统到其他计算机，使得其他计算机都具有相同的软件配置。

GHOST 可以将计算机的整个硬盘或者分区中的数据打包到镜像文件（扩展名为 gho）中，此过程被称为备份。镜像文件可以被安全地保存到计算机硬盘、光盘或 U 盘等存储设备中。当系统出现故障时，GHOST 可以将镜像文件中的信息对应解包并恢复到硬盘或分区中，此过程被称为还原。

2．GHOST 使用方法

GHOST 基于 DOS 系统或 Windows 系统，因此运行 GHOST 前应先利用 U 盘或光盘启动 DOS 或 Windows 系统，具体实现方法将在第 3 章中介绍。

启动 GHOST 软件，在弹出的对话框中单击"OK"按钮，打开如图 2-64 所示的主界面后，就可以正常使用软件了，该软件是基于菜单实施操作的。

（1）数据备份

使用 GHOST 进行系统备份时，有硬盘（Disk）备份和分区（Partition）备份两种方式。在菜单中，执行"Local"→"Disk"→"To Image"命令，表示备份指定硬盘中的数据到镜像文件中；执行"Local"→"Partition"→"ToImage"命令，表示备份指定硬盘分区中的数据到镜像文件中。

假设执行分区备份，打开如图 2-65 所示的界面，选择分区所在的硬盘，单击"OK"按钮，打开如图 2-66 所示的界面。

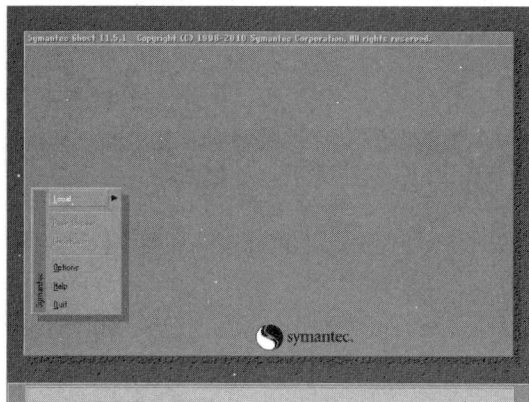

图 2-64　GHOST 主界面

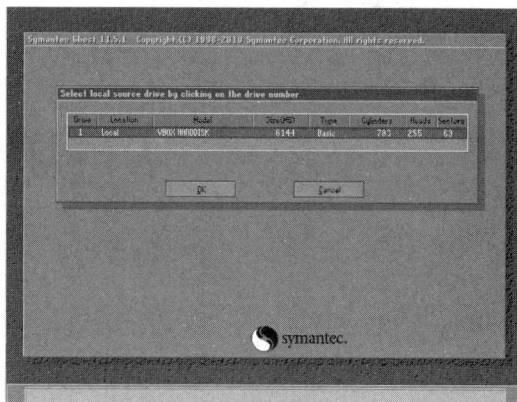

图 2-65　选择分区所在的硬盘

选择需要备份的分区，再单击"OK"按钮，打开如图 2-67 所示的界面。

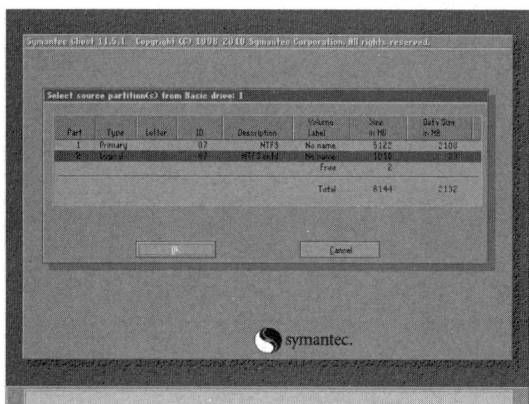

图 2-66　选择需要备份的分区

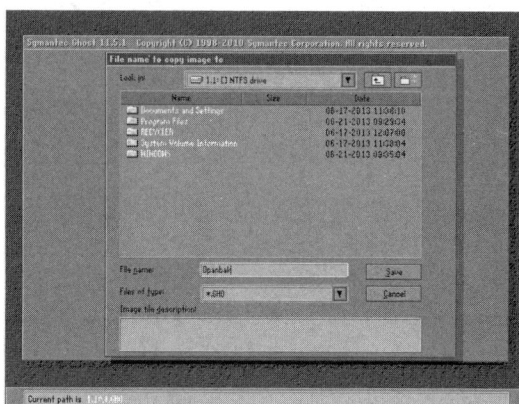

图 2-67　选定目标镜像文件

选定镜像文件的存储位置，并指定镜像文件名，单击"Save"按钮，打开如图 2-68 所示的界面，询问是否对镜像文件进行压缩及压缩方式。

No 表示不压缩，Fast 表示快速压缩，High 表示高度压缩，选择相应按钮后，软件将继续询问"Proceed with partition image creation?"（是否继续生成镜像文件？），单击"Yes"按钮，开始进行系统备份，其过程如图 2-69 所示。

（2）数据还原

在主界面中执行"Local"→"Disk"→"From Image"命令，表示将镜像文件还原到指定硬盘中；执行"Local"→"Partition"→"From Image"命令，表示将镜像文件还原到指定硬盘分区中。

假定要还原分区数据，首先指定需要还原的源镜像文件，执行"Open"命令，打开如图 2-70 所示的界面。

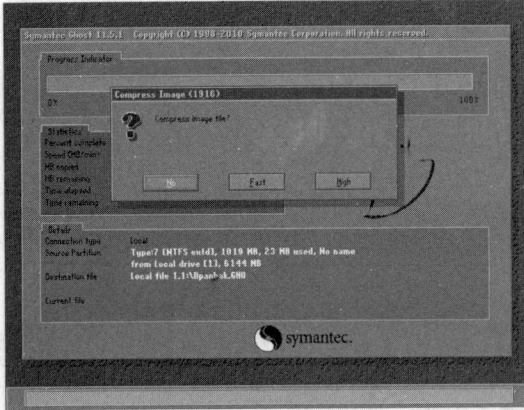

图 2-68　指定镜像文件压缩方式

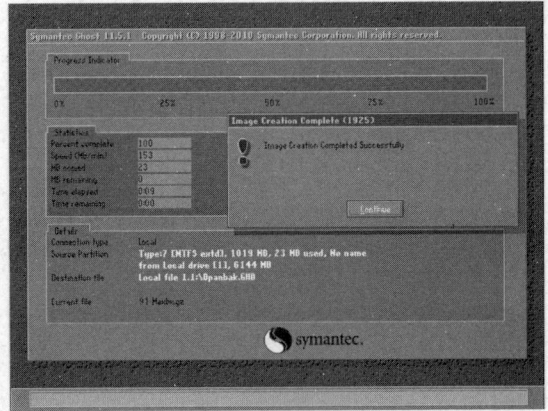

图 2-69　系统备份过程

镜像文件中可能包含多个分区数据，在此需要从若干分区中选定一个。执行"OK"命令，打开如图 2-71 所示的界面。先选定目标硬盘，确认后在打开的界面中再选定目标分区，如图 2-72 所示。

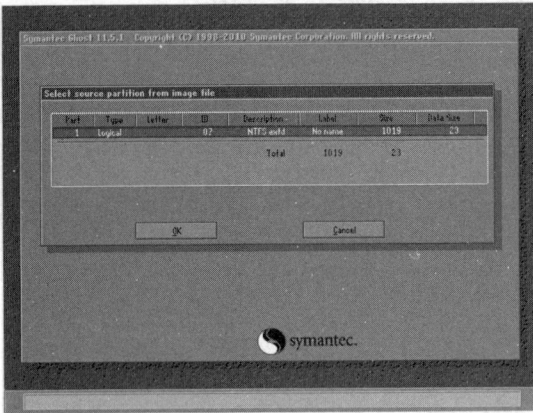

图 2-70　从镜像文件中选择分区

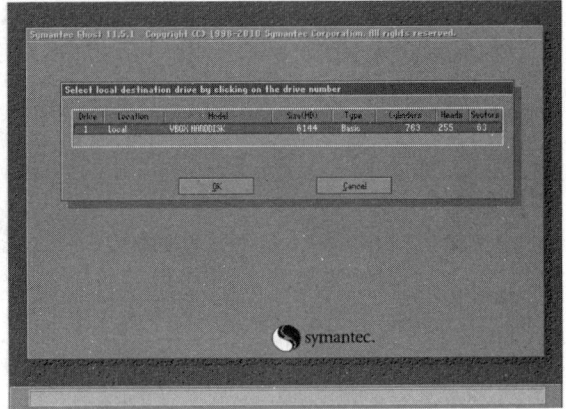

图 2-71　选择还原的目标硬盘

确认后，系统将警告目标分区中的数据会因覆盖而丢失，单击"OK"按钮，系统将开始还原，其过程如图 2-73 所示，直到结束。

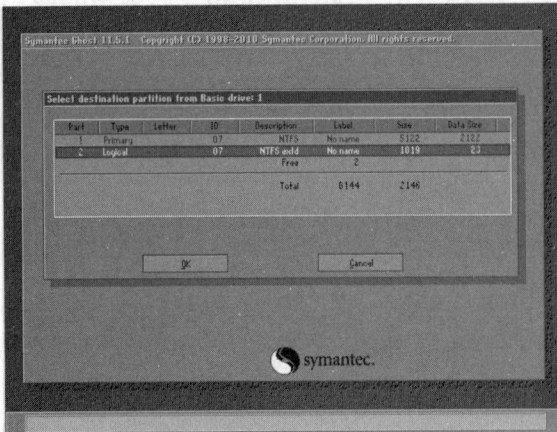

图 2-72　选择还原的目标分区

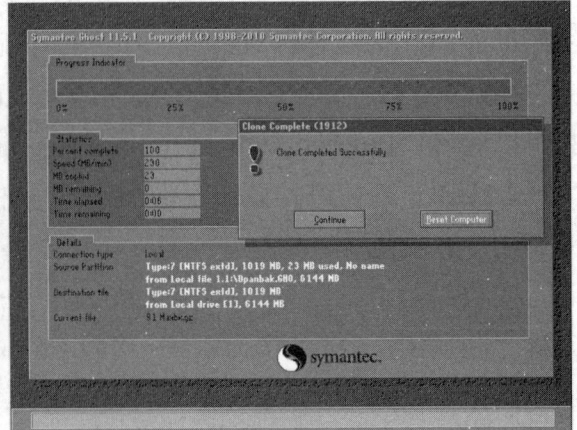

图 2-73　还原过程

3. GHOST "一键"工具

GHOST 工具功能虽然强大，使用也较为方便，但使用它确实还需要一些专业知识和技能。为了满足普通用户快速备份和还原数据的需要，在实际应用中相继出现了一批"一键"工具，以简化备份或还原操作，如"一键还原精灵""一键 GHOST"等。

有人把 GHOST 功能集成到系统的镜像文件中，并提供给用户使用，部署了这种镜像系统的计算机，时常会在启动菜单中出现 GHOST 工具（见图 2-74），普通用户执行该命令即可进行系统维护。

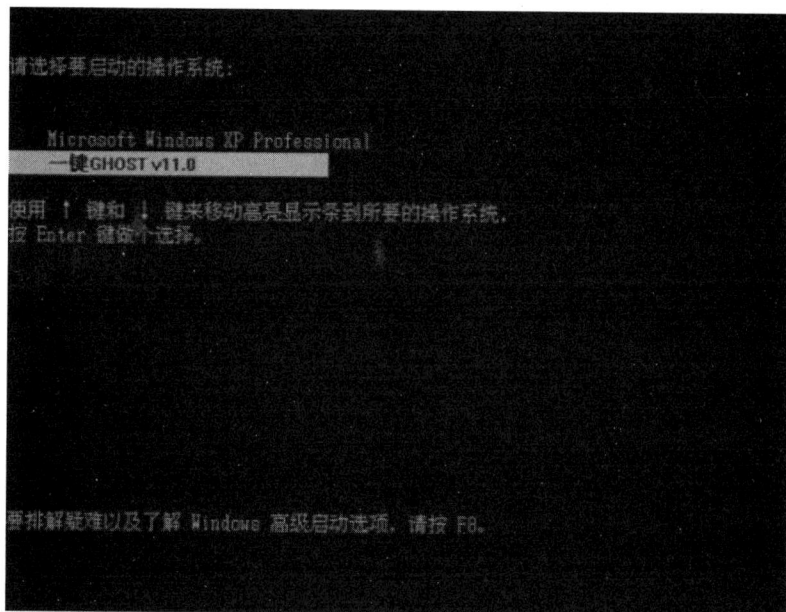

图 2-74　启动菜单

有的计算机厂商也在其品牌计算机中集成了 GHOST 功能，当计算机出现故障时，用户可以随时进行系统还原；甚至有的计算机还为 GHOST 功能设置了专门的功能键，使得用户只按一个特定键就可以快速地进行系统维护。

4. 使用 GHOST 软件的弊端

利用 GHOST 软件进行系统维护有很多优点：装机简单，备份方便，节省时间，特别是在对众多相同配置的计算机中进行同步装机时效率更高，但同时也应看到使用 GHOST 软件进行系统维护存在的问题。

首先，还原磁盘或分区数据时，GHOST 遵守相同结构复制原则，如果磁盘格式不一致，GHOST 会以镜像文件中的格式为标准，对硬盘进行分区及对分区进行格式化操作。

其次，GHOST 备份的系统版本多采用集成硬件的驱动程序，被安装到其他计算机后，由于驱动程序版本与计算机中的硬件不匹配，硬件工作就可能会出现异常，从而导致计算机系统不稳定。另外，受封装技术或光盘容量限制，GHOST 系统可能存在过度精简或过度优化的情况，进而影响系统的正常使用。

再次，由于备份和还原需要大量的数据复制操作，导致硬盘读写数据量大，GHOST软件在工作过程中出错的概率比较高，可能导致系统无法正常工作。

最后，GHOST极大地推动了盗版系统的盛行，便利了病毒或木马的隐性传播。

建议用户安装和使用正版软件，利用GHOST软件备份系统和数据，系统出现故障时使用GHOST软件对其还原。

2.4 UPS 供电及管理

在现代办公事务中，常会用到一种叫作不间断电源系统的电源设备，它可以在电源供应中断时，继续提供持续、稳定、不间断的电力供应，以便用户能够有足够的时间来保存和备份自己的工作成果，按一定程序关闭有关设备，避免造成数据丢失和设备损坏。

2.4.1 UPS 电源简介

在外部供电中断时，UPS电源能够利用自身存储的电能提供持续、稳定、不间断的电源供应。

在办公环境中，UPS电源主要起两个作用：一是应急使用，防止突然断电影响正常工作，给计算机造成损害；二是消除外部供电的波动，改善电源质量，为计算机系统提供高质量的电源。如图2-75和图2-76所示是不同品牌的UPS电源设备。

图 2-75　山特 UPS 电源设备　　　　图 2-76　APC UPS 电源设备

UPS电源主要由整流器、蓄电池、逆变器等部分组成。蓄电池是储存电能的装置，一般由若干块电池串联而成，其容量的大小决定了持续放电（供电）时间；整流器用于把交流电转换成直流电，以便向蓄电池充电；逆变器用于把直流电转换为交流电。

UPS电源主要可分为后备式、在线式和介于二者之间的在线互动式三种类型。

1. 后备式 UPS 电源

后备式UPS电源的工作原理如图2-77所示，在外电供应正常时，一方面可为其负载提供稳定电源供应，另一方面可将交流电转换成直流电并为其蓄电池充电。当外电供应中断时，该类 UPS 电源自动切换电路，将蓄电池存储的直流电转换成交流电，继续为其负载供电。虽然后备式 UPS 电源断电响应时间长（约 10 ms），其输出的交流电也并非标准的交流电，但由于其具有结构简单、价格低廉、可靠性高等优点，被广泛应用在办公领域。

2．在线式 UPS 电源

在线式 UPS 电源工作原理如图 2-78 所示。在市电供应正常时，首先通过整流器将交流电转换为直流电，一方面为蓄电池充电，另一方面通过逆变器转换为交流电为负载供电。当市电中断时，切换至蓄电池为逆变器供电以支持负载继续工作。另外，在线式 UPS 电源还设计了旁路线路，以便检修在线式 UPS 电源时直接为负载供电。在线式 UPS 电源性能完善，但结构较复杂，需要较大的投资，通常应用在对电力要求苛刻的关键设备。

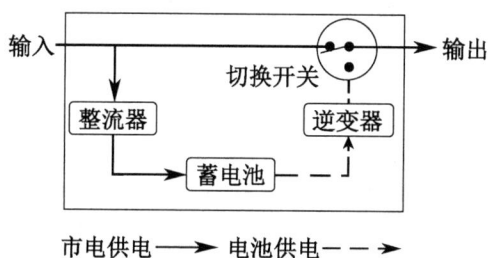

图 2-77　后备式 UPS 电源工作原理　　　　图 2-78　在线式 UPS 电源工作原理

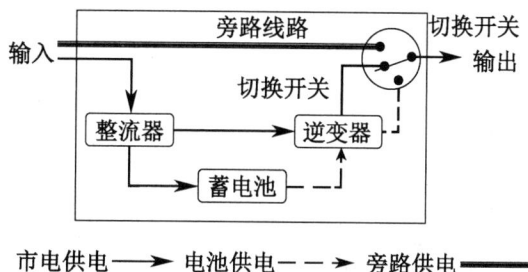

3．在线互动式 UPS 电源

在线互动式 UPS 电源是一种智能化的不间断电源，其工作原理如图 2-79 所示。相对于常规 UPS 电源，在线互动式 UPS 电源将整流器和逆变器整合成双向逆变器，正向工作时为蓄电池放电，逆向工作时为蓄电池充电。当市电供应正常时，UPS 在为负载供电的同时，其双向逆变器逆向工作为电池组充电；当市电供应中断时，双向逆变器转为

图 2-79　在线互动式 UPS 电源工作原理

正逆变状态，控制电池组放电并转换成交流电输出。在市电出现波动时，利用蓄电池存储的电能调节输出，从而保证稳定的输出。

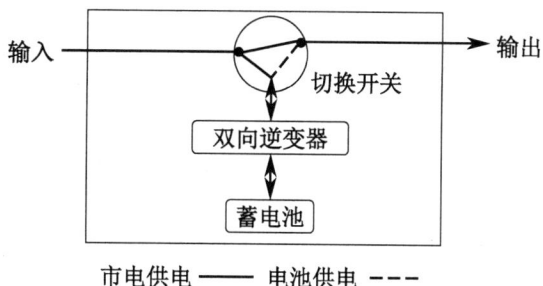

在线互动式 UPS 电源结构简单，性能完善，兼具后备式 UPS 电源和在线式 UPS 电源的优点，但其稳频特性不是很理想，不适合作为长延时的 UPS 电源。

2.4.2　UPS 电源管理

对 UPS 电源而言，如果用户只是简单使用，插上线缆即可；但如果要实现管理功

能，则需要软件支持。

目前，绝大多数 UPS 电源都具备与计算机通信并被程序控制等性能。在计算机上安装相应的软件，通过数据线连接 UPS 电源，运行该程序，就可以利用计算机与 UPS 电源进行通信，一般具有信息查询、参数设置、定时设定、自动关机、报警等功能。通过信息查询，可以获取市电输入电压、UPS 电源输出电压、负载利用率、电池容量利用率、机内温度、市电频率等信息；通过参数设置，可以设定 UPS 电源基本特性、电池可维持时间、电池用完告警等。通过这些智能化的操作，可以大大方便 UPS 电源及其蓄电池的使用管理。

例如，APC UPS 电源常采用 PowerChute 软件进行管理，如图 2-80 所示；山特 UPS 电源常采用 WinPower 软件进行管理，如图 2-81 所示。

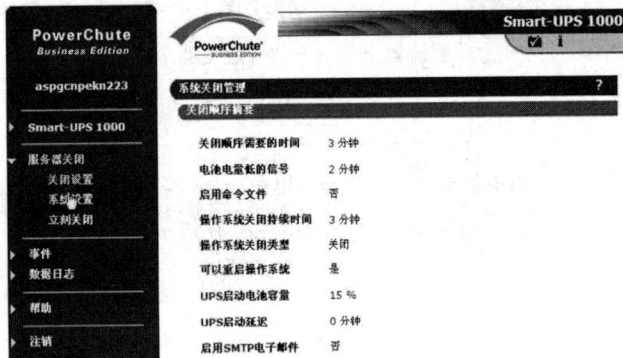

图 2-80　PowerChute

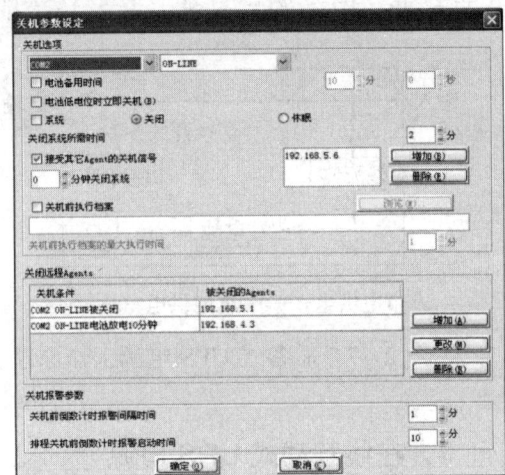

图 2-81　WinPower

2.4.3　UPS 电源购置与维护

UPS 电源是能够提供持续、稳定、不间断电源供应的重要外部设备。办公用的 UPS 电源是一种集数字电路和模拟电路，自动控制逆变器与免维护储能装置于一体的电力电子设备，在选用和使用过程中应注意一些问题。

1. 购置策略

UPS 电源种类较多、功能各异、品牌繁杂，在选用时应特别注意以下几个重要因素。

（1）UPS 电源容量

容量决定了 UPS 电源为负载提供电源的能力，该指标应由 UPS 电源负载的总功率来确定。把各个负载的功率加起来再乘以一个保险系数 k（k 一般取 1.3）作为负载的总功率，再以该负载功率为基数考虑为以后扩充设备留一定的余量，即可确定所需 UPS 电源容量。如负载功率之和为 600 W，与保险系数 k 相乘后为 780 W，再考虑以后扩充设备，可购置 1000 W 的 UPS 电源设备。

（2）UPS 电源相数

UPS 电源相数主要有三种，即三相输入/三相输出、三相输入/单相输出、单相输入/单相输出三种，用户可根据负载的具体情况及使用要求进行选择。通常大功率的 UPS 电源（100 kW 以上）都是三相输入/三相输出，其结构复杂，价格相对较高；中、小功率的 UPS 电源（30 kW 以下）均为单相输入/单相输出；当负载工作电流较大且要求波动较小时，选择三相输入/单相输出的 UPS 电源，可使系统工作状态更加稳定。

（3）UPS 电源类型

后备式 UPS 电源的电压稳定，价格较低，对于一般计算机，选择后备式 UPS 电源即可。虽然这种 UPS 电源切换时间较长，对计算机有瞬间的电流冲击，但一般计算机的电源均能承受。一些重要行业和部门最好选择在线式 UPS 电源，以保证系统的绝对安全。当计算机与 UPS 电源有交互需求时，可选用在线交互式 UPS 电源。

（4）UPS 电源保护时间

UPS 电源保护时间即 UPS 电源能够持续供电的时间，用户应根据所在地的供电情况来考虑选用。如果平时供电正常，只是偶尔有瞬时停电的情况，可选用普通的后备式 UPS 电源；如果停电的时间较长，所选 UPS 电源的最短持续供电时间应足以保证用户能够做好停机前的所有工作。

（5）UPS 电源品牌

UPS 电源产品市场发展很快，各种品牌的 UPS 电源充斥市场，质量参差不齐，用户在选择时，一定要货比三家。

2．日常维护

新的 UPS 电源在使用之前，应根据产品说明书的要求，对其后备蓄电池进行均衡充电，以延长其使用寿命，首次充电时间一般为 12～48 h。

使用 UPS 电源时，应按照产品说明书的要求操作，保证所接的火线、零线、地线符合要求，用户不得随意改变其顺序。

严格按照正确的开、关机顺序操作，避免负载突然加载或突然减载，造成电压输出波动大，使电源无法正常工作。正确的开机顺序：先为 UPS 电源供电；稳定后再打开 UPS 电源；最后按负载冲击由大到小的顺序依次打开各负载。正确的关机顺序：先按负载冲击从小到大的顺序关闭各负载；然后关闭 UPS 电源；最后为 UPS 电源停电。切记 UPS 电源不可负载开机。

UPS 电源的最大启动负载应控制在 80%之内，如果超载使用，会击穿逆变电路。UPS 电源的输出负载控制在 50%～80%为最佳，可靠性最高。

UPS 电源适合带电容性负载，而不适合带电感性负载（如点钞机、日光灯、空调等），因为带电感负载的启动瞬间，通过电流为正常工作时的 2～3 倍，容易造成 UPS 电源瞬间负载过大而引起工作异常。

不要频繁地关闭和开启 UPS 电源，一般在关闭 UPS 电源后，至少等待 8 s 后才能再开启。

对于长期闲置不用的 UPS 电源，应每月充电 1 次，充电时间应保证在 10～20 h；对长期只充电不放电的 UPS 电源，应每隔 2～3 个月人为地中断电源，让 UPS 电源适度放电 3～5 min，以达到激活电池的目的。UPS 电源的放电深度对电池使用寿命的影响也是非常大的，电池放电深度越深，其循环使用次数就越少，因此在使用时应避免电池的深度放电。

除此之外，还应定期清除 UPS 电源机内的积尘，测量蓄电池组的电压，及时更换不合格电池，定期检查风扇运转情况，检测调节 UPS 电源的系统参数。

第 3 章

移动存储设备

本章要点

现代计算机可以支持多种移动存储设备，使用移动存储设备，可以方便用户携带和交换数据。本章将重点介绍 U 盘、移动硬盘的使用和维护，光盘的使用、刻录和维护，以及存储卡和读卡器的基本知识和用法。

3.1 移动存储概述

存储是计算机的一个重要功能，在日常工作、学习和生活中创建的各类文档、报表、图片等内容都可存储在计算机中。随着计算机的普及和人们交流的日益频繁，在计算机之间转移数据已经变得越来越普遍。

以前转移数据常使用软盘，如图 3-1 所示。软盘被封装在硬塑料壳中，依靠涂在塑料盘片上的磁性物质存储数据，采用贴近盘片的磁头读写数据。软盘读写速度慢、容量小、易损坏，不能很好地满足人们移动存储的需要。除特殊应用场合外，一般的计算机都不再配备读写软盘的软盘驱动器，软盘基本上已经退出了历史舞台。

随着计算机网络的发展和普及，计算机网络逐渐成为人们实现数据转移和交换的重要工具，可以方便地发邮件，上传和下载各类文档、图片等，但在实际使用时，计算机网络的使用仍受到各种现实条件的限制。人们需要更可靠、方便、快捷的移动存储方案，U 盘、移动硬盘、光盘、存储卡等都是常用的移动存储设备。

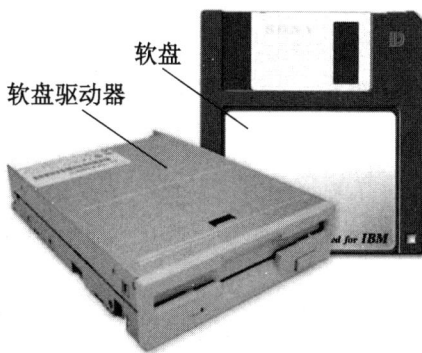

图 3-1　软盘和软盘驱动器

3.2 → U 盘

U 盘是最常用的移动存储设备之一，如图 3-2 所示。U 盘体积小、重量轻、容量大、读写速度快，且性能稳定和携带方便。平时可以把它挂在脖颈上、放在裤兜里、夹在钱包中。

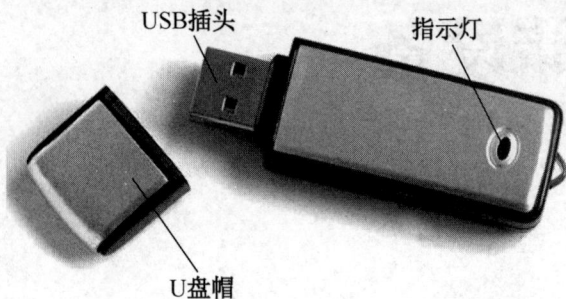

USB插头　　　指示灯

U盘帽

图 3-2　U 盘

U 盘的称呼最早来源于朗科公司生产的一种使用 USB 接口的被称为"优盘"的新型移动存储设备。朗科公司对"优盘"进行了专利注册，此后生产的同类设备都统称为"U 盘"。

曾经 U 盘的容量相对较小，一般为 64～512 MB，而现在容量一般可达 GB 级，如 32 GB、64 GB、128 GB 等，甚至有的还达到了 1 TB（1024 GB）以上。U 盘技术已经成熟，其存储容量可能还会继续增大，性价比还会继续提高。

3.2.1　U 盘的安装和使用

U 盘采用 USB 接口，其安装和使用都非常方便。

U 盘的安装有两步：首先是硬件安装，即将 U 盘插入计算机 USB 接口；其次是软件安装，即当 U 盘首次在计算机中使用时，Windows 操作系统会自动识别并为其安装驱动程序。平常使用 U 盘时，只需要将其插到计算机的 USB 接口，片刻后就能自动连接到计算机，并以盘符的形式显示在"此电脑"窗口中，如图 3-3 所示。

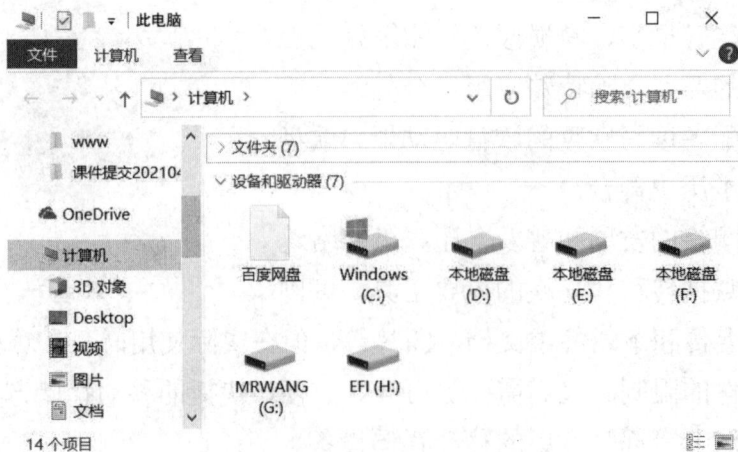

图 3-3　U 盘出现在"此电脑"窗口

U 盘成功接入计算机后与普通存储器一样，可从中读取和删除数据，也可修改和存入数据。当 U 盘被读写时，其数据指示灯会闪烁，闪烁的快慢与读写数据流的大小有关。禁止在 U 盘读写过程中直接从计算机上拔出 U 盘。

U 盘使用完毕，应将其从计算机系统中移除。虽然 USB 接口支持热插拔（即在带电的情况下可以进行插拔），但为确保 U 盘中数据和计算机安全，推荐采用安全删除硬件的方法进行移除。

观察 U 盘数据灯停止闪烁，单击 Windows 任务栏指示区的"安全删除硬件并弹出媒体"图标，弹出如图 3-4 所示的菜单。执行"弹出 OnlyDisk"命令，待显示如图 3-5 所示的提示信息后，再将 U 盘从计算机中拔出。

图 3-4　"安全删除硬件并弹出媒体"菜单

图 3-5　提示信息

在移除 U 盘的过程中，可能会弹出如图 3-6 所示的警告对话框，这时应注意检查 U 盘中的文件是否正在被打开或使用，关闭或停用 U 盘中的文件后，再次移除 U 盘一般可以成功。当然，U 盘感染病毒或产生故障时，也会出现类似的提示，建议查杀病毒或请专业人员帮助解决。

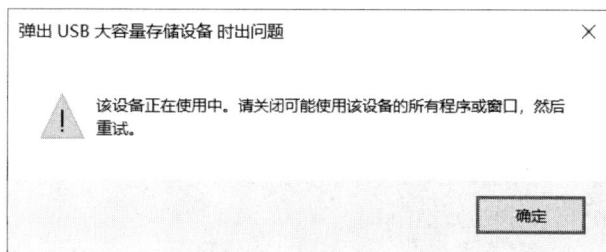

图 3-6　警告对话框

3.2.2　U 盘的管理和维护

1．日常管理

U 盘的管理主要包括分区、格式化、加密等。

在使用 U 盘时，有时需要将其划分成不同的功能区，如启动区、加密区等，以满足不同的功能需要。U 盘容量较大时（如 128 GB、256 GB 等），也可将其划分成若干存储区，以满足多样的存储需求。关于分区操作将在后续章节中介绍。

新建的分区或需要完全清除内容的分区，应对其采取格式化操作。右击 U 盘盘符图标，在弹出的菜单中执行"格式化"命令，打开如图 3-7 所示的"格式化"对话框。

单击"开始"按钮，系统将弹出如图 3-8 所示的警告对话框，提示用户格式化将删除该磁盘的所有数据。待用户单击"确定"按钮后，系统将开始进行格式化，直到提示格式化成功。

图 3-7　"格式化"对话框　　　　　　　图 3-8　警告对话框

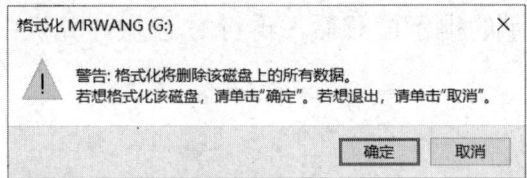

在 Windows 10 系统中，格式化 U 盘可支持新技术文件系统（NTFS）、32 位二进制文件分配表（FAT32）和扩展文件分配表（exFAT）三种文件系统。

FAT32 是 Windows 2000 之前的主要文件系统格式，当磁盘分区有错误时会记录下来，以便下次存东西时避开错误位置。但受技术限制，FAT32 的单文件不能大于 4 GB。NTFS 是从 Windows 2000 启用的新文件系统，可存放大于 4 GB 的单文件，支持文件压缩、索引、加密等功能，可为用户分配磁盘配额及访问权限等。但是，NTFS 文件系统不再支持记录错误。

从 Windows 7 系统开始，微软公司特地为 U 盘量身定做了 exFAT 格式，兼具 FAT32 与 NTFS 的优点，既可存放 4 GB 以上单个文件，又可记录错误信息。

综上所述，将 U 盘格式化成 exFAT 文件系统，可以发挥其最大功能，但只能应用于 Windows 7 系统及其后续的 Windows 系统；而格式化成 FAT32 文件系统可以达到较大的通用性，可以被用于多数 Windows 系统。用户应根据实际应用需求进行适当选择。

2. 日常维护

U 盘是人们转移和保存电子数据资料的随身工具，采用正确的使用方法，对延长其寿命、保护数据安全和减少病毒侵害都具有重要意义。

U 盘的致命损害一般来自外力破坏，如使用蛮力插拔 U 盘，插在机箱上的 U 盘受到意外触碰等。U 盘受外力影响时，轻则外形不好看，重则碰弯甚至折断插条，致使盘中数据无法被正常读取，U 盘的使用寿命或许会因此而终止。

U 盘的存储介质闪存都有读写次数限制，对闪存的读写达到特定次数后，U 盘的寿命即宣告终止。因此，建议不要在 U 盘上直接编辑文档，因为编辑过程中会不断地读写 U 盘；U 盘使用完毕应及时从计算机中移除和拔出，因为系统可能会不断检测 U 盘，消耗读写次数。严禁将处于连接或读写状态的 U 盘直接拔出。

U 盘与硬盘的存储原理不同，不要对它进行碎片整理，因为这样并不能得到期望中提高性能的效果，并且大量的读写操作还会降低 U 盘的使用寿命。

遇 U 盘读写异常时，建议插拔后重试，或重启计算机后重试；有条件时可换到其他计算机中测试或请专业人员帮助解决。不建议经常对 U 盘进行格式化操作，一方面容易意外丢失数据，另一方面经常格式化会影响其寿命。

U 盘常用于不同主机之间的数据转移，这就为病毒的传播和扩散提供了途径。为防范病毒的传播，建议插入 U 盘时按住 Shift 键，以禁止 U 盘自动播放；在使用外来U盘或不明应用经历的 U 盘前一定要严格杀毒，特别是存储重要信息的计算机，不要轻易允许他人插用 U 盘；避免以双击方式打开 U 盘，建议在计算机窗口的导航窗格中逐级展开其目录结构。

U 盘要在安全性有保障的计算机上进行病毒查杀，以保证自身没有危险性；不要轻易在其他计算机上使用 U 盘，防止感染病毒；存储私密信息的 U 盘要妥善保管，不要轻易借给他人使用，防止信息泄露。

建议选购具有写保护功能的 U 盘（如带有机械保护开关），在将其设定成保护状态时，可从 U 盘中读出数据而不能写入数据，既可保护 U 盘中数据，又可避免 U 盘感染病毒。需要注意的是，写保护状态只能在 U 盘插入计算机前变更，否则容易损坏 U 盘或 USB 接口电路。

3.2.3 启动 U 盘的制作及应用

随着无光驱设计的计算机的日益普及，当系统出现故障时，计算机的启动和维护就成为困扰用户的最大问题之一，而这些未配备光驱的计算机用户也会因此而备受煎熬。以前人们常常依赖软盘、硬盘、光盘来启动计算机系统，如今更多地使用 U 盘来启动计算机系统。

1. USB 启动

使用 USB 方式启动计算机系统需要两个必备条件：一是计算机可以支持 USB 启动方式，二是有一个 USB 接口的存储设备（如 U 盘）。

当今，大多数计算机支持 USB 启动，主要有 USB-CDROM、USB-HDD、USB-ZIP、USB-FDD 四种类型，分别代表 USB 光驱、USB 硬盘、USB-ZIP 盘和 USB 软盘，其中 USB-FDD 格式已经基本不用，USB-HDD 逐渐成为主流方式。

部分厂家的 U 盘在销售时会附送光盘，其中包括专用的 U 盘管理工具，用户参照有关说明，可以轻易地把 U 盘制作成启动盘。U 盘专用管理工具制作的启动盘是有效的，并且支持 USB-CDROM 类型。另外，USBoot、FlashBoot 等第三方通用工具可以把 U 盘设置成 USB-HDD、USB-ZIP 启动方式，但并不能确保这些方式对所有类型的 U 盘有效。目前，最常见的设置格式是 USB-ZIP+（增强 ZIP），因为它可以同时兼容 USB-HDD 方式。

2．制作启动 U 盘

制作启动 U 盘主要有两个方面的准备工作，即装机工具和操作系统。

Win8PE 是微型的 Windows 操作系统，它可以用来启动计算机，并对计算机进行基本管理。除在 U 盘上部署 WinPE 外，部分计算机爱好者制作的 WinPE 工具包还部署了更多的实用工具，帮助用户完成系统安装、备份和恢复等更多的管理任务。WinPE 工作箱有多种版本，各版本特点各有不同，且都免费供用户使用。

在此以老毛桃 U 盘启动装机工具（内置 WinPE 操作系统）为例介绍启动 U 盘的制作过程。

首先，从其官网下载老毛桃 U 盘启动装机工具（完整版或在线版均可），然后将其解压后安装到 Windows 系统中；启动老毛桃 U 盘启动装机工具，将 U 盘插入计算机的 USB 接口，程序会自动扫描 U 盘；在相应的下拉列表中选择用于制作启动盘的 U 盘，打开如图 3-9 所示的工作界面。

单击"一键制作 USB 启动工具"按钮，弹出如图 3-10 所示的警告对话框，单击"确定"按钮，老毛桃开始向 U 盘中写入启动系统，制作进度如图 3-11 中所示，直到弹出如图 3-12 所示的对话框，表示制作过程结束。

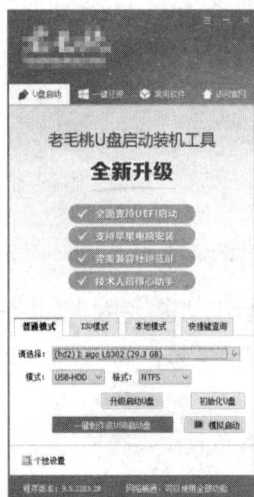

图 3-9　打开 WinPE 镜像文件

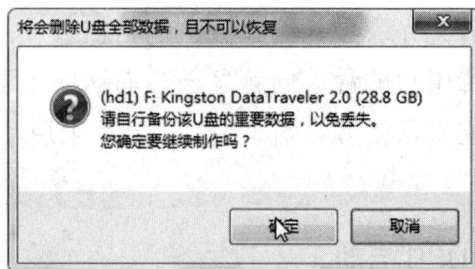

图 3-10　警告对话框

图 3-11　制作进度

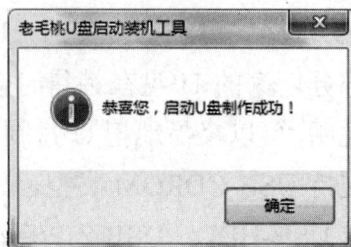

图 3-12　制作完成

3. 设置 BIOS 支持 USB 启动

系统 U 盘做好后，还需要设定计算机主板的启动模式，并且必须与 U 盘的启动模式对应才可以正常使用。2003 年以后的计算机大多都支持 U 盘启动。

计算机启动后，刚开始显示品牌的商标时（见图 3-13），一般会同时显示 BIOS 设置的快捷按键（一般与"Setup"字样对应），在如图 3-13 所示的界面中显示的是"F2"，此时按下 F2 键则进入 BIOS 设置。

目前国内主流的 BIOS 品牌是 AMI 和 Award 两大系列。AMI BIOS 设置界面和 Award BIOS 设置界面分别如图 3-14 和 3-15 所示。

图 3-13　BIOS 启动界面

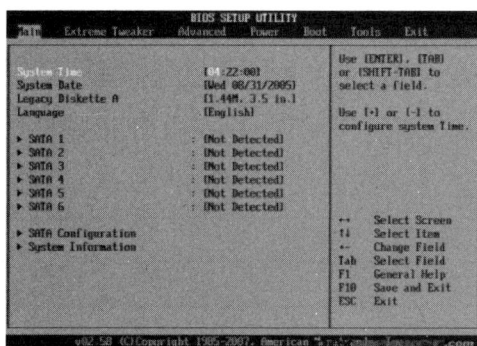

图 3-14　AMI BIOS 设置界面

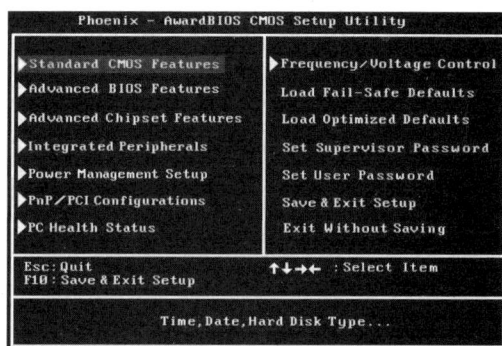

图 3-15　Award BIOS 设置界面

下面以 Award BIOS 为例介绍设置 USB 启动的方法，需要注意的是，不同厂商、版本的 BIOS 设置选项会略有差异。

在如图 3-15 所示的界面中选中"Advanced BIOS Features"选项，按回车键，打开如图 3-16 所示的设置界面。

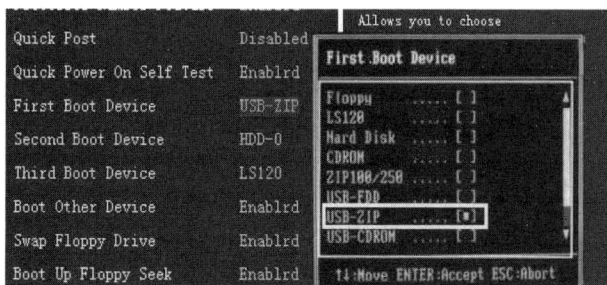

图 3-16　设置界面

将光标定位到"First Boot Device"选项，按回车键，打开"选择启动顺序"界面。选择"USB-ZIP"类型（需要与 U 盘启动类型匹配）并按回车键确认。

按 Esc 键返回 BIOS 主界面，选择并执行"Save & Exit Setup"操作（或按 F10 键），在打开的确认保存对话框中按回车键（或按 Y 键），保存前面对 BIOS 的设置。

4. 利用 U 盘启动计算机

用 U 盘启动计算机主要有两种方式：一是在 BIOS 中设置默认采用 U 盘启动，二是在计算机启动后临时指定 U 盘启动。

第一种方式已在此前详述；第二种方式需要利用功能键调出启动设备菜单（见图 3-17），在计算机 BIOS 启动界面一般也会显示功能键，该功能键通常与"Menu"对应，如图 3-13 所示界面中的 F12 键。表 3-1 给出了部分品牌计算机启动设备菜单的功能键，其他计算机的功能键请自查确认。

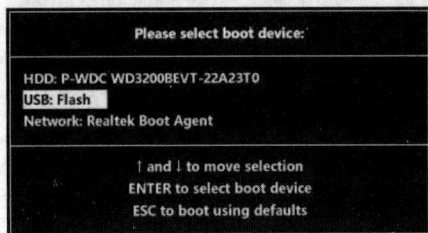

图 3-17 启动设备菜单

表 3-1 部分品牌计算机启动设备菜单功能键

计算机品牌	启动按钮		计算机品牌	启动按钮	
	笔记本电脑	台式计算机		笔记本电脑	台式计算机
联想	F12	F12	三星	F12	—
惠普	F9	F12	明基	F9	F8
宏碁	F12	F12	富士通	F12	—
戴尔	F12	ESC	海尔	F12	F12
华硕	Esc	F8	方正	F12	F12
IBM	F12	—	清华同方	F12	F12
神舟	F12	F12	微星	F11	—
东芝	F12	—	索尼	Esc	—

在计算机关机状态下，将安装有 WinPE 系统的 U 盘插入计算机 USB 接口，按下计算机主机电源，启动计算机。

若 BIOS 中未设定默认 U 盘启动，则当计算机显示其品牌商标时，按启动设备菜单功能键（如 F12），调出启动设备菜单（见图 3-17），从中选定 U 盘选项（一般包含"USB"字样）后，按回车键确认即可。

U 盘启动后，首先会打开老毛桃启动菜单界面，如图 3-18 所示。

选择菜单中的第 1 项，开始 WinPE 系统的启动，并最终打开如图 3-19 所示的 WinPE 桌面。利用桌面图标或开始菜单，用户就可以对计算机系统进行磁盘管理、用户管理、系统检测等必要的管理和维护；利用其内置的 GHOST 工具，还可完成 Windows 系统的安装等。

U 盘启动虽然方便，但有的计算机主板不支持 USB 启动，U 盘芯片的类型存在差异，各类 WinPE 工具箱作者的设计能力参差不齐，用户对系统 U 盘的认知和制作水平也有差距，因此 U 盘启动计算机系统不能确保百分之百的成功。另外，制作系统 U 盘也可能会导致 U 盘损坏等严重后果。

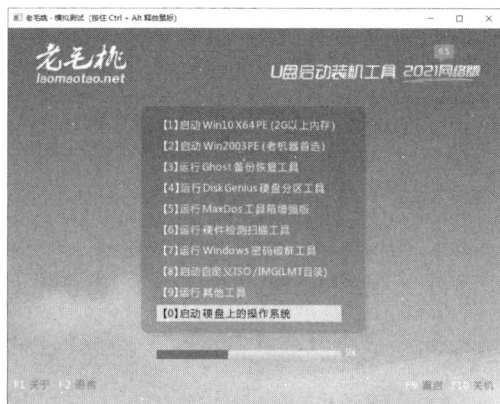

图 3-18　老毛桃菜单

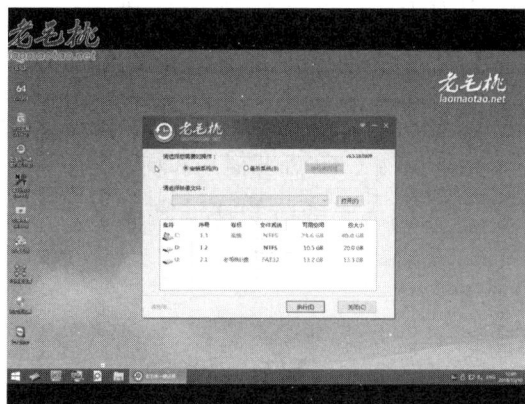

图 3-19　Win8PE 桌面

3.3 — 移动硬盘

　　移动硬盘（见图 3-20）是除 U 盘外的又一款移动存储设备，并且容量大。目前，市场上移动硬盘的主流容量都是百 GB 级，更大容量的 TB 级的移动硬盘也逐渐占据市场。移动硬盘的使用，使更多的数据交换成为可能，使更多的资料可随身携带。

　　移动硬盘实际上就是把硬盘安装在一个可移动硬盘的盒里，移动硬盘构成如图 3-21 所示，移动硬盘盒为装在其中的硬盘提供电源和数据接口。

图 3-20　移动硬盘

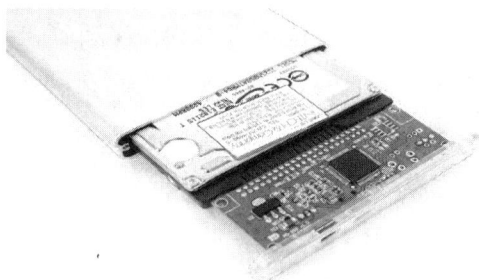

图 3-21　移动硬盘构成

　　相对地，硬盘的尺寸越小，制造工艺就要求越高，硬盘的价格也就越高。移动硬盘多以 2.5 英寸标准硬盘为存储介质，也有少部分采用 1.8 英寸的微型硬盘，但后者价格一般相对较高。

　　台式计算机主要存储设备安装在主机箱内，但主机箱内的空间有限，不可能安装更多的硬盘，并且更换硬盘和转移数据等操作都很不方便。为计算机外接移动硬盘可以在一定程度上扩大计算机的存储容量，但采用 2.5 英寸或 1.8 英寸等更小尺寸的移动硬盘，扩容成本相对较高。为了克服此类问题，市场上出现外置式硬盘，如图 3-22 所示。该类产品

图 3-22　外置式硬盘

采用 USB 接口，使用 3.5 英寸硬盘，容量达到 TB 级，为扩展存储容量、实现数据交换和携带海量数据提供了较好的解决方案。外置式硬盘与普通移动硬盘在原理、安装和使用等方面都具有类似之处，本书把这两类存储器通称为移动硬盘。

目前市场上移动硬盘主要采用 USB、IEEE1394、Type-C 等接口方式与计算机设备相连，其中 USB 接口的移动硬盘最为普遍，使用也最为便利，本书主要介绍 USB 接口移动硬盘的使用和管理。

3.3.1　安装和使用

移动硬盘是通过 USB 数据线与计算机进行数据交换的。先将 USB 数据线的一端插头插入移动硬盘 USB 接口，再将另一端插头插入计算机 USB 接口，这时计算机就会自动识别移动硬盘，首次安装时还会自动为其安装驱动程序（情况与 3.2.1 节中 U 盘的安装相似）。

移动硬盘成功安装后与 U 盘一样，也会出现在计算机的设备和存储设备区中并分配盘符，这时就可以用移动硬盘与计算机交换数据了。

移动硬盘采用 USB 接口与计算机相连，它具有 USB 接口设备最基本的特性，因此安装和使用移动硬盘应遵循 USB 接口设备的通用规范，如读写数据过程中不得强行拔出设备，设备使用完毕应及时断开连接等，更多要求请参考 U 盘的日常维护（详见 3.2.2 节）。

与 U 盘的存储介质不同，移动硬盘采用普通硬盘作为存储设备，硬盘是精密的机电一体化设备，震动、高温、潮湿是硬盘的"致命杀手"。因此，使用移动硬盘时要轻拿轻放，放置在稳固、常温、干燥防水且通风良好的工作环境。

移动硬盘采用 USB 数据线与计算机等设备相连，易出现滑移或碰落现象，很容易受到震动或摔打，更应引起使用者的注意。

相较 U 盘，移动硬盘用电量要大许多，依靠 USB 接线供电有时不能满足电源要求，会引起移动硬盘故障。一般的移动硬盘都附带了单独的外接电源接口，必要时需要采用额外供电的方式解决 USB 供电不足的问题。

3.3.2　移动硬盘分区管理

硬盘只有在完成分区（至少分成一个）和格式化后才能被正常使用。如今新购买的移动硬盘基本上已完成分区和格式化，买回后可以直接使用，但可能无法满足用户需求，有时需要重新分区以及格式化。

将移动硬盘正常地连入计算机。右击"此电脑"图标，从弹出的快捷菜单中执行"管理"命令。在打开的"计算机管理"窗口的左侧展开"存储"节点，单击其中的"磁盘管理"图标，将打开如图 3-23 所示的界面。

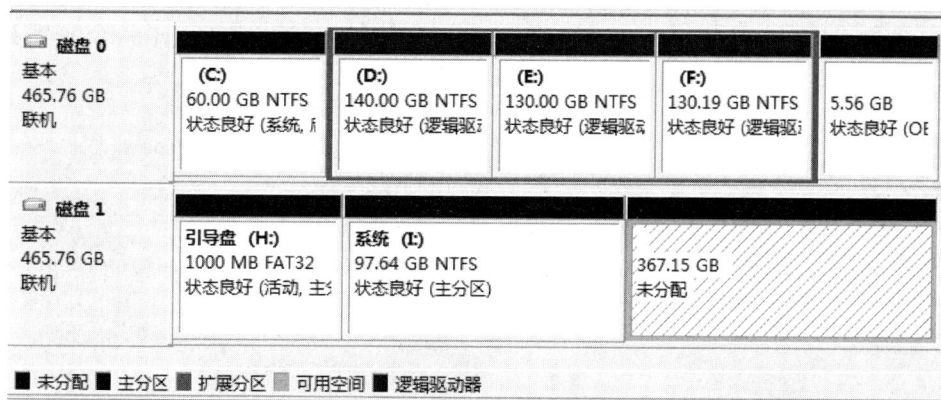

图 3-23　磁盘管理

Windows 分区有主分区和扩展分区，每块硬盘最多可被分为四个主分区。主分区可用于安装操作系统；扩展分区最多只能有一个，但它可被分成若干个逻辑驱动器。主分区和逻辑驱动器统称为"卷"，硬盘中未被分配的区域将被标识为"未分配"，扩展分区中未被分配成逻辑驱动器的被标识为"可用空间"。

在如图 3-23 所示的磁盘管理中，磁盘 0 被分成 3 个区，其中主分区 2 个，逻辑分区 1 个，而逻辑分区又被分为 3 个逻辑驱动器。硬盘 1 被划分两个主分区，另有部分空间未分配。

右击卷（主分区或逻辑驱动器），将弹出如图 3-24 所示的快捷菜单；右击非卷（未分配或可用空间）将弹出如图 3-25 所示的快捷菜单。利用这两个快捷菜单，可对硬盘（含移动硬盘、SSD 硬盘）进行分区管理。

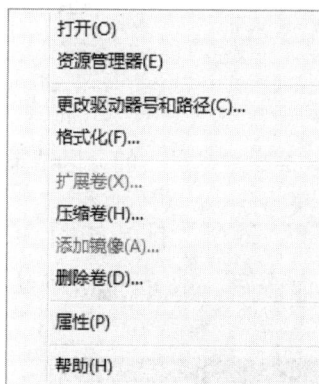

图 3-24　卷的快捷菜单

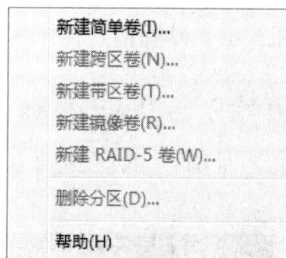

图 3-25　非卷的快捷菜单

在如图 3-23 所示窗口中，右击磁盘 1 的未分配区域，执行"新建简单卷"命令，打开"新建简单卷向导"对话框。单击"下一页"按钮，切换至"指定卷大小"界面，指定简单卷大小（默认为剩余空间），如图 3-26 所示。单击"下一页"按钮，切换至"分配驱动器号和路径"界面，可为新卷指定驱动器号，如图 3-27 所示。

单击"下一页"按钮，切换至"格式化分区"界面，设置格式化分区，如图 3-28 所示。继续单击"下一页"按钮，完成后续操作，直到结束。

上述操作完成后，磁盘 1 的分区结果如图 3-29 所示。新建简单卷的结果是创建新的主分区，若欲创建扩展分区，在 Windows 系统中则需借助 diskpart 命令来实现。

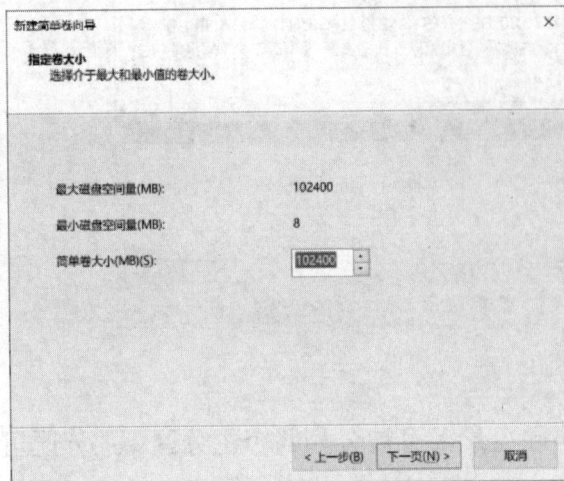

图 3-26　指定卷大小

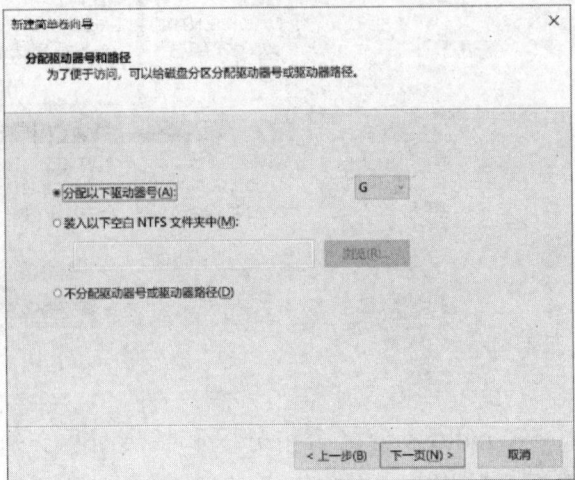

图 3-27　指定驱动器号

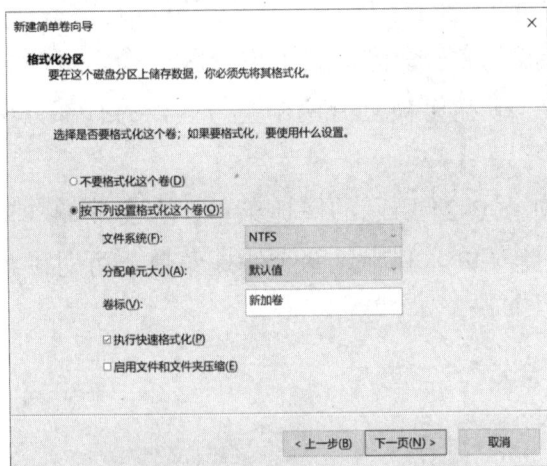

图 3-28　设置格式化分区

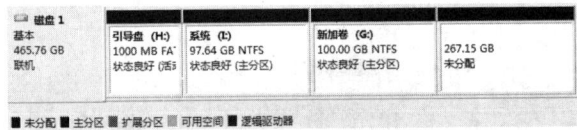

图 3-29　磁盘 1 的分区结果

执行"开始"→"Windows 系统"→"命令提示符"命令，打开如图 3-30 所示的"命令提示符"窗口，依次执行下述命令，每输入一条命令后，按回车键确认执行。

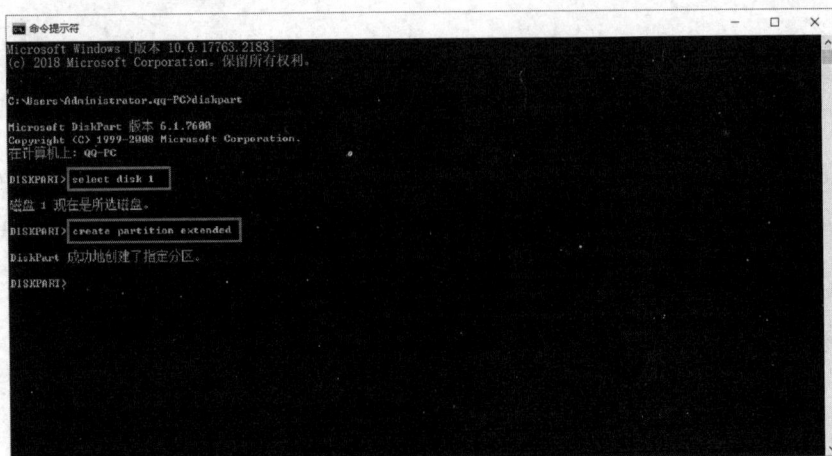

图 3-30　"命令提示符"窗口

① 启用 diskpart 工具。

```
diskpart
```

② 选择第 2 块磁盘（第 1 块磁盘序号为 0）。

```
select disk 1
```

③ 利用剩余空间创建扩展分区，或者通过 size 选项指定分区大小（单位为 MB）。

```
create partition extended
```

或

```
create partition extended size=204800
```

④ 退出 diskpart 工具。

```
exit
```

上述命令执行完毕，重新打开"计算机管理"窗口中的磁盘管理界面，将看到新建的扩展分区。在扩展分区中执行"新建简单卷"命令创建多个逻辑驱动器，结果如图 3-31 所示，在磁盘 1 出现 3 个新的分区。

图 3-31　创建逻辑驱动器结果

对移动硬盘进行简单分区，利用 Windows 系统内置工具基本就可完成。如果还需要对磁盘分区进行高级管理，可考虑使用第三方专用磁盘管理工具，如分区魔术师（PQMagic）等，读者可自行安装使用。

3.4 —— 光盘及刻录

光盘的普及比 U 盘和移动硬盘更早，它曾经是最主要的数据分发方式之一，如早期的软件、音乐、电影等大多都是通过光盘发行的，如图 3-32 所示为 Windows 10 中文专业版系统光盘。随着互联网的普及，这种发行方式不断萎缩，光盘更多地在家庭和办公室中使用，成为数据转移和备份的存储介质之一。

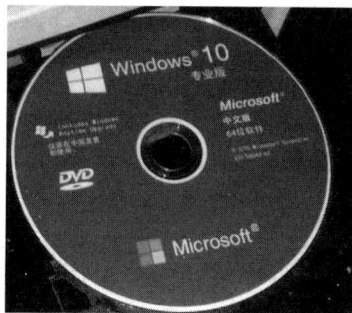

图 3-32　Windows 10 中文专业版系统光盘

3.4.1　光盘和光驱

光盘是一个统称，它包括 CD、VCD、DVD 及蓝光光盘等，根据读写方式可分为只读光盘、可记录光盘等。

光盘采用激光记录信息并因此得名。激光束发射到光盘表面，会在其记录层表面灼烧出许多"小坑"，光盘就是用"有坑"和"无坑"来表现 1 和 0 两种数字状态的。光盘的信息点排列在以中心孔为中心的同心圆轨道上，轨道间距越近、信息点间距越小、信息点长度越小，光盘的存储容量就越大。

如图 3-33 所示为 CD 和 DVD 表面信息点的分布情况，由此就不难理解 CD/VCD 容量只有 650 MB，而 DVD 容量高达 4.7 GB 的原因了。

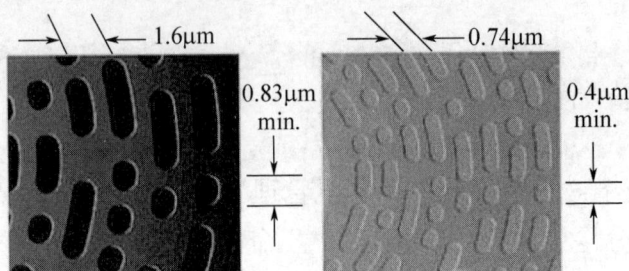

图 3-33　CD（左）和 DVD（右）表面信息点的分布情况

光盘驱动器（简称光驱）是计算机中的光盘读取设备，如图 3-34 所示。

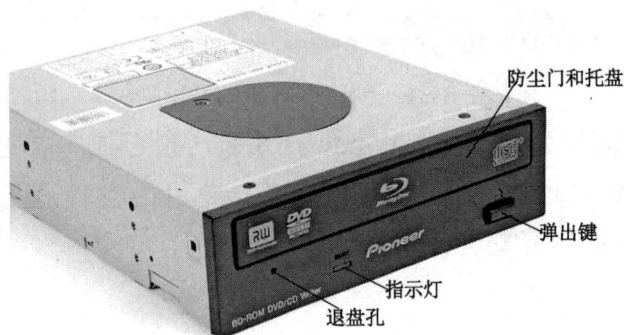

图 3-34　光盘驱动器

世界上首台光驱的读取速度仅为 150 KB/s，随着技术的不断进步，光驱的读取速度也成倍地增长，光驱的读取速度习惯上用首台光驱基准读取速度的倍速来表示，如 52 倍速（记为 52X）光驱的理论读取速度是 7800 KB/s（即 150 KB/s×52）。

3.4.2　使用与维护

1. 光盘的使用

图 3-35　光盘放入托盘

轻按光驱面板上的弹出键，弹出托盘；用双指轻轻卡实光盘边缘，对准光驱的中心孔，将光盘放在托盘的凹槽中，如图 3-35 所示。

对于台式计算机的光驱来说，光盘放入后轻轻旋转，检查未被卡住即可。但对于笔记本电脑的光驱，为防止震动，其托盘中心孔处都设有三脚光盘锁（见图 3-36），以便将光盘牢固地锁定在托盘上。因此，光盘准确放入后还要在中心孔位置轻轻按下光盘，直到光驱中心孔上的三脚光盘锁将光盘中心孔固定住，如图 3-37 所示。

注意： 按下光盘时用力不宜过猛，否则容易折断托盘。

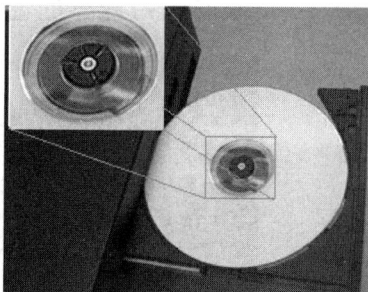

图 3-36　三脚光盘锁

图 3-37　固定光盘

再次轻按弹出键或轻轻推入防尘板，将托盘及光盘送入光驱内。防尘门关闭后，光驱读取的指示灯开始闪烁，并试读光盘，指示灯停止闪烁后，表示光盘安放成功，此时可以读取其中的数据。

光驱设备在"此电脑"窗口中对应如图 3-38 所示的一个光驱盘符（H:），除不能随意写入数据外，其他操作与普通磁盘分区基本类似。

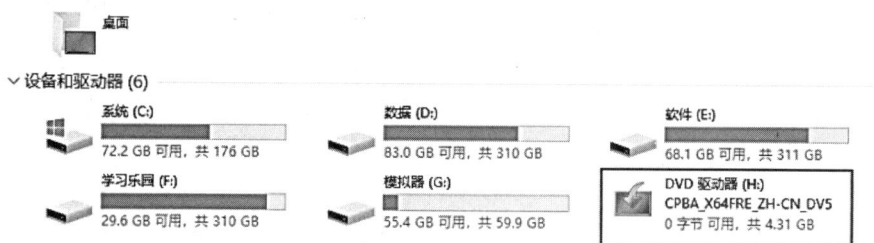

图 3-38　光驱盘符

2．光盘的维护

光盘容量较大、价格较低廉且保存的信息不易丢失，多用于长期存储数据。但光盘易碎裂、易形变、易磨损，保存在光盘中的数据有潜在的安全风险。

拿取光盘时应以手捏光盘的边缘或中心孔为宜，如图 3-39 所示。不要用手触摸以免留下油污；不要用硬物触碰光盘，以免划伤光盘表面；光盘任意一个表面划伤都会影响光盘的使用，甚至结束光盘的寿命。

光盘盘基的主要成分类似塑料，受阳光直射、长期受挤压或靠近热源时会发生变形。变形的光盘在光盘驱动器内高速旋转时会与托盘发生碰撞，容易卡盘，轻则数据读取异常，重则可能导致盘片碎裂和光驱受损。光盘变形程度较轻时，可将其放在纸袋内，再夹在玻璃板之间，在玻璃板上方施以重物，一般一两天后便可恢复平整。

光盘也应注意防尘、防潮、防油污，光盘表面出现污点而引起数据读取异常时，可用光盘擦、干净绒布、丝绸等擦拭。擦拭的时候要沿着光盘中心向边缘擦拭（见图 3-40），擦拭的动作要轻，禁止旋转擦拭，以免划伤光盘。切忌用酒精、汽油、清洁剂等有机溶剂进行擦拭和清洗，以免破坏光盘的保护层。

暂时不用的光盘要存放在光盘盒（见图3-41）或CD包中，不要让光盘长时间裸露在空气中或暴露在阳光下，否则光盘盘基的塑料会逐渐老化，从而缩短光盘的使用寿命。

图 3-39　正确的拿盘方法　　　图 3-40　正确的擦拭方法　　　图 3-41　光盘盒

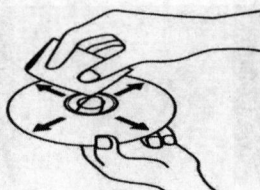

不要在光盘表面随意贴标签，光盘在光驱中高速旋转时，标签会导致光盘重心不稳，影响光盘平衡，影响数据的读取。要避免长时间地读盘，光盘使用完毕应及时从光驱中取出，不要让它长时间地在里面旋转，因为计算机自检等动作可能会引起读盘操作。对于需要长期保存的重要光盘，选择适宜的温度尤为重要。温度过高或过低都会直接影响光盘的使用寿命，保存光盘的最佳温度为20℃左右。

光驱的性能优劣对光盘的读取也是至关重要的。应避免光驱受到撞击、震荡，否则容易伤及脆弱的激光头；要定期使用专门的清洗盘对光驱进行清洗；光驱不用时要把光盘取出，减少光盘与光驱的磨损；打开的防尘门应及时关闭，防止光驱内腔长时间"暴露"在空气里。

3.4.3　光盘刻录

除了从光盘中读取信息，人们还经常需要将数据保存到光盘中，以便分发数据和长期保存数据，这就需要刻录光盘。

1. 光盘刻录概述

光盘的刻录是指利用专门的光盘刻录机，在刻录软件的控制下，把需要刻录的数据复制到刻录光盘内的过程。

刻录光盘在外形上与平时看到的光盘基本无区别，但功能与平时使用的只读光盘不同，刻录光盘可以被写入数据。刻录光盘主要分为可记录型光盘（CD-R）和可擦写光盘（CD-RW），为了进行标识和区别，刻录光盘表面一般都印有CD-R或CD-RW字样，如图3-42所示。

CD-R采用一次写入技术，利用高功率的激光束把数据烧制到盘片上，完成后就不再具备写入功能，成为平时使用的只读光盘。CD-RW采用了更先进的相变技术，可以做到和硬盘等存储器一样，多次重复写入。随着U盘、移动硬盘等便携型存储器的普及和应用，CD-RW 的可擦写优势不再突出。

平时使用的光盘只能读取光盘信息，这种光盘被称为 CD-ROM。刻录光盘需要专门的光盘刻录机，如图 3-43 所示。

图 3-42　CD-R

图 3-43　光盘刻录机

外表上看，刻录机与普通光驱类似。根据可处理的光盘类型，其面板下一般标有 VCD、DVD 等字样。与刻录盘类型对应，刻录机上一般都标有 CD-R 或 CD-RW 字样。刻录机的刻录速度同样采用倍速的方式标识，目前主流刻录机一般可达到 24X 以上，最高可达 56X。无论何种刻录机，它们都可兼作普通光驱使用，都可以读取普通光盘中的数据，刻录机的读取速度一般都高于刻录速度。

刻录光盘还需要选用一款优秀的刻录软件，Windows 10 系统内置了光盘刻录功能，基本能够满足用户的刻录需求。另外，Nero 软件的刻录功能强大、界面友好、刻录格式丰富，深受国内用户的喜爱。

2．Windows 系统内置刻录功能

从 Windows 7 系统之后，Windows 系统就内置有光盘刻录功能，若计算机配备有刻录光驱就可以使用该功能。

打开"此电脑"窗口，切换至"共享"选项卡，如图 3-44 所示，可以看到"刻录到光盘"按钮（具备刻录条件时可用，下同）。在"此电脑"窗口中单击某个光盘映像文件，窗口顶部将出现"光盘映像工具"选项卡，如图 3-45 所示，单击"刻录"按钮可将该映像文件刻录到光盘，单击"装载"按钮可将该映像文件虚拟成光盘，方便用户使用。

把一张空白光盘放入刻录机中，在"此电脑"窗口中可见该光盘刻录机所识别的盘符信息，如图 3-46 所示，可显示总容量和可用容量等。

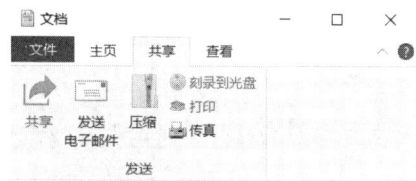

图 3-44　"共享"选项卡

图 3-45　"光盘映像工具"选项卡

图 3-46　光盘刻录机盘符

双击光盘刻录机的驱动器图标，打开"刻录光盘"对话框，如图 3-47 所示，并向用户提供两种刻录类型。其中，"类似于 USB 闪存驱动器"表示将刻录一张可以随时保

存、编辑和删除文件的光盘，且该光盘可以在 Windows XP 或更高版本系统中使用；"带有 CD/DVD 播放器"意味着光盘可以在大多数计算机上工作，但是光盘中的文件无法编辑或删除。

若选中"带有 CD/DVD 播放器"单选按钮，单击"下一步"按钮，系统将打开光盘界面，等待用户在其中增加文件；若选中"类似于 USB 闪存驱动器"单选按钮，单击"下一步"按钮，系统将会先对光盘进行格式化，然后再打开光盘界面，等待用户在其中增删文件。

准备好刻录内容后，执行"刻录到光盘"命令，打开如图 3-48 所示的"刻录到光盘"对话框，在其中设置好光盘标题和刻录速度，单击"下一步"按钮，Windows 系统将自动完成光盘刻录。

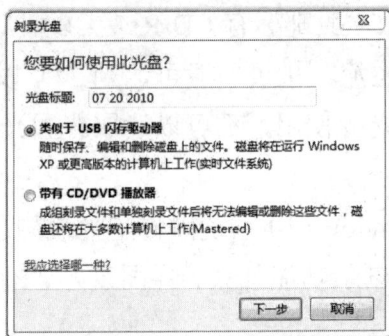

图 3-47 "刻录光盘"对话框　　　　图 3-48 "刻录到光盘"对话框

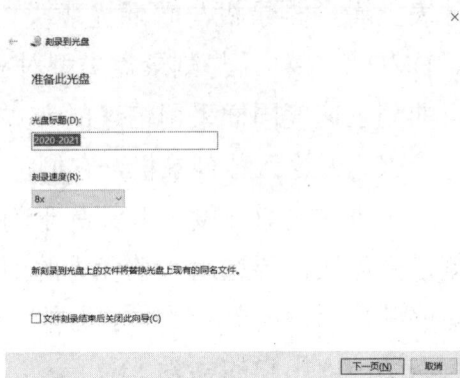

3. 注意事项

光盘刻录是一个细致的工作，稍有不慎将会导致刻录失败甚至刻录盘报废，因此在刻录前要适当做好准备工作：要对计算机进行全面杀毒，防止病毒影响刻录过程或混入光盘文件中；要防止刻录过程受到意外事件（屏幕保护、计划任务、网络访问等）的干扰，否则容易引起计算机停止响应，导致刻盘失败；要挑选功能强大、用户熟悉的刻录软件，减少意外故障；尽可能使用高配置计算机执行刻录操作，保障刻录的成功率。

使用刻录机刻录光盘会占用较多的系统资源，而系统资源是有限的，因此要求在刻录的过程中尽量关闭其他应用程序。

目前，几乎所有的刻录机都支持"刻录前先做模拟测试"的功能。建议正式刻盘前最好进行试刻，以发现刻录过程中可能出现的问题并及时进行调整。在正式刻盘前使用 CD-RW 盘进行试刻也是个不错的选择。

刻录机在刻盘时，数据先从硬盘读入刻录机缓存中，然后再从缓存写到盘片。若选择的刻录速度过快或存储数据的硬盘太慢都会导致数据供应间断，可能会导致刻录失败，出现废盘。选择合适的刻录速度，以及传输快、工作稳的大容量硬盘都会有助于成功刻盘。

刻录机刻盘过程就是高能量激光束在光盘表面烧制信息点的过程，其间会产生大量热量。刻录机不宜长时间不间断地进行刻录工作，否则会使其激光头温度升高，致使刻录出错甚至损坏光盘。

光盘的质量也是影响刻盘成功的重要因素。首先要购买高质量的刻录盘片，高质量盘片刻录稳定、读取流畅、易于久存，而劣质盘片刻录成功率相对较低，甚至有可能损伤刻录机。其次，要像保护普通光盘一样保护好空白光盘，防止优质盘变成劣质盘，影响记录效果。

3.5 存储卡与读卡器

存储卡（Memory Card）是利用闪存技术存储电子信息的存储器，形状如同卡片，具有体积小巧、携带方便、使用简单的优点，又被称为闪存卡、数字存储卡等。存储卡作为存储介质常用在手机、平板电脑、数码照相机等小型数码产品中，也在日常办公中用于转移和交流数据。

3.5.1 存储卡分类

与日常生活和办公事务相关的存储卡大体可分为四类，即多媒体卡（MMC 卡）、安全数码卡（SD 卡）、迷你安全数码卡（microSD 卡）和记忆棒（MS 卡）。

1. MMC 卡

MMC 卡是由闪迪公司和西门子公司于 1997 年共同开发的多功能存储卡，如图 3-49 所示。MMC 卡大小与普通邮票相近，重量不超过 2 g，成为当时体积最小的存储卡，最初存储容量较小，如 64 MB、128 MB，目前容量可达数个 GB。

MMC 卡在数码照相机、便携式游戏机等设备有广泛的使用。

2. SD 卡

SD 卡是由松下、东芝及闪迪公司于 1999 年共同开发研制的，大小与 MMC 卡相近，拥有高记忆容量、快速传输数据、较高的移动灵活性、很好的安全性等特点。另外，一般 SD 卡都配有安全开关，如图 3-50 所示，可以防止意外写入数据。

图 3-49　MMC 卡

安全开关

图 3-50　SD 卡安全开关

SD 卡的数据传送和物理规范是由 MMC 卡发展而来的，厚度比 MMC 卡增加了 0.7 mm，对 MMC 卡兼容。

miniSD 卡是 SD 卡的缩小版本，体积比普通 SD 卡小 60%以上，无防写入锁定功能，常用于数码照相机等。

除了上述常规的 SD 卡产品外，适用于数码照相机的 WiFiSD 卡也由东芝于 2012 年发布，且读写速度更快、容量更大的无线 SD 卡产品也逐渐被推向市场。

3．microSD 卡

microSD 卡的前身是闪迪公司于 2004 年宣布推出的 TransFlash（TF）卡。2005 年，TransFlash 卡被 SD 卡协会采用，被重命名为 microSD 卡，如图 3-51 所示。microSD 卡体积更小，约为手指甲大小，是最小的存储卡之一。SD 卡、miniSD 卡和 microSD 卡尺寸对比如图 3-52 所示。

图 3-51　microSD 卡　　　　　　　图 3-52　各型 SD 卡尺寸对比

microSD 卡可以用来储存个人数据，如照片、游戏等，且具有加密功能，内设版权保护管理系统，可以让下载的音乐、游戏等受到保护，还可内建操作系统及数据，服务供应商定制各类应用。

另外，使用 SD 卡转换器（Adapter）可将较小的卡"伪装"成较大卡使用，如图 3-53 所示，如 miniSD 卡可"伪装"成 microSD 卡或 SD 卡，microSD 卡可"伪装"成 SD 卡。

4．MS 卡

MS 卡是 SONY 公司于 1999 年推出的新型储存卡，主要应用于 SONY 公司的全系列数码产品，如图 3-54 所示，具有读取/写入速度快、可靠性高、可防尘等优点。

图 3-53　SD 卡转换器　　　　　　　图 3-54　MS 卡

SONY 公司力图使这种存储卡成为业界标准，不过可惜的是，MS 卡技术的许可费用过高，限制了其应用范围和进一步的发展。

综上可知，SD 卡源于 MMC 卡并对其兼容，TransFlash 卡又并入 SD 成为 miniSD 卡，都可归属于 SD 卡阵营；SD 卡和 miniSD 卡一般用于数码照相机等，microSD 卡一般用于手机等。MS 卡属于独立阵营，是 SONY 公司全线数码产品的专用存储卡。

3.5.2　SD 卡等级

在 SD 卡上通常明显标注有存储容量和传输速度，除此两大信息之外，还包含了其他一些重要信息。

1．容量等级

按容量发展及传承情况，可将 SD 卡分为 SD、SDHC 和 SDXC 三个容量级别，每个级别都对应一个容量范围，见表 3-1。

表 3-1　SD 卡容量级别、容量范围及磁盘格式

容 量 级 别	容 量 范 围	磁 盘 格 式
SD	上限至 2 GB	FAT12、FAT16
SDHC	2 GB 至 32 GB	FAT 32
SDXC	32 GB 至 2 TB	exFAT

高级别的 SD 级数码设备兼容低级别 SD 存储卡，如 SDHC 级读写设备除可读写 SDHC 级存储卡外，还可读写 SD 级存储卡，但不能读写 SDXC 级存储卡。SDXC 级设备则可读写三个级别的存储卡。

SD 卡的容量级别要在各类 SD 卡产品中进行明确标注，512 GB 容量的存储卡应该被标注为 SDXC 级（见图 3-50）；如图 3-55 所示为 SDHC 级 32 GB SD 存储卡，如图 3-56 所示为 SDXC 级 64 GB microSD 存储卡。

图 3-55　SDHC 级 SD 卡　　　　图 3-56　SDXC 级 microSD 卡

SD 级容量不超过 2 GB，常见产品的容量有 8 MB、16 MB、32 MB、64 MB、128 MB、256 MB、512 MB、1 GB、2 GB 等。

SDHC 级容量大于 2 GB 而小于等于 32 GB，主要产品的容量有 2 GB、4 GB、8 GB、

16 GB、32 GB。

SDXC 级容量大于 32 GB 而小于等于 2 TB，主要产品的容量有 32 GB、64 GB、128 GB、256 GB、512 GB、1 TB、2 TB 等。

2. 速度等级

SD 卡的读写速度往往决定了 SD 卡的性能及价格，通常以 CD-ROM 的 150 KB/s 读盘速度为标准进行计算，并以级数（Class）来表示最低读写速度。

SD 2.0 的规范中将 SD 卡分为普通卡和高速卡，普通卡的级别分为 Class 2、Class 4、Class 6，对应的最低读写速度分别是 2 MB/s、4 MB/s、6 MB/s；高速卡的级别为 Class 10，对应的最低读写速度为 10 MB/s；同时规定，低于 Class 2 或未标注 Class 的情况统一标为 Class 0。为了适应速度更高的数码产品对 SD 卡的速度要求，在 SD 3.01 规范又定义了超高速接口 1（UHS-Ⅰ）、超高速接口 2（UHS-Ⅱ）和超高速接口 3（UHS-Ⅲ）三个超高速卡接口标准。SD 卡速度等级及应用范围详见表3-2。

表 3-2　SD 卡速度等级及应用范围

速度等级	速度	应用范围
Class 0	—	低于 Class 2 和未标注 Class 的情况
Class 2	最低写入 2 MB/s	观看普通清晰度电视、数码摄像机拍摄
Class 4	最低写入 4 MB/s	流畅播放高清电视（HDTV）、数码相机连拍
Class 6	最低写入 6 MB/s	单反相机连拍，以及专业设备的使用
Class 10	最低写入 1 MB/s	全高清电视的录制和播放
UHS-Ⅰ	写入 50 MB/s 以内，读取 104 MB/s 以内	专业全高清电视实时录制
UHS-Ⅱ	写入 156 MB/s 以内，读取 312 MB/s 以内	4K 拍摄
UHS-Ⅲ	写入 312 MB/s 以内，读取 624 MB/s 以内	记录 8K、4K 和 360°视频的拍摄

SD 卡采用 UHS 标准时应在卡正面予以标注，如"UHS-Ⅰ"或"Ⅰ"字样就代表 UHS-Ⅰ标准，但 UHS 标准只能说明读取速度快，不能保证写入速度，除非同时标注"Ⅰ"字样（最低写入速度 30 MB/s）。SD 卡常见速度等级及标识如图 3-57 所示。

采用 UHS 标准的 SD 卡也可在非 UHS 标准的设备上进行读写，在非 UHS 标准设备上的速度用 Clas 10 的速度级别表示。例如，图 3-58 中的 SD 卡，512 GB 容量属于 SDXC 容量级，采用 UHS-Ⅰ标准且在 UHS 设备上读取速度为 95 MB/s、最低写入速度为 30 MB/s，在非 UHS 上的速度为 10 MB/s。

最低顺序写入速度	速度等级		
	速度等级	超高速速度等级	视频速度等级（新）
90 MB/sec			V90
60 MB/sec			V60
30 MB/sec		U3	V30
10 MB/sec	⑩	U1	V10
6 MB/sec	⑥		V6
4 MB/sec	④		
2 MB/sec	②		

图 3-57　SD 卡常见速度等级及标识

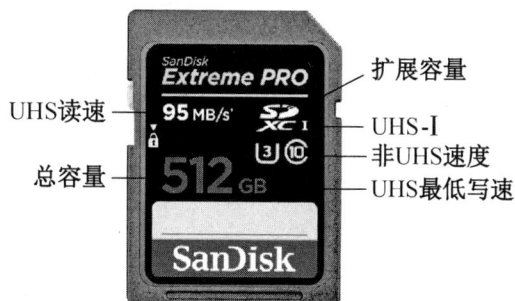

图 3-58　SD 卡参数

3.5.3　读卡器

数码产品产生或需要的数据都存储在各自的存储卡中，为了在各种数码产品之间交换数据，读卡器产品应运而生。

存储卡只是存储数据的一种介质，而读卡器则是存储卡的读写工具，既可以向存储卡中写入数据，又可以从存储卡中读取数据。

读卡器是存储卡的专用读写设备。读卡器最初是为配合数码照相机的存储而开发的，但不局限于此，而是朝着更为通用的方向发展，目前已扩展到常见的各种数码产品中。

1. 读卡器分类

存储卡的种类和应用的多样性决定了读卡器分类的复杂性。

按可识读的存储卡种类划分，读卡器可以分为 CF 读卡器、microSD 卡读卡器、SD卡读卡器、记忆棒读写器等。

按可识读的存储卡种类数量划分，读卡器可分为单功能读卡器和多功能读卡器，目前市场上的多功能读卡器（见图 3-59）较为畅销。

按端口类型划分，读卡器可分为串行口读卡器、并行口读卡器、个人计算机存储卡国际协会（PCMICA）卡读卡器和 USB 读卡器等。其中 PCMICA 卡读卡器适用于笔记本电脑，而 USB 读卡器使用最为普遍。

读卡器还有其他的分类方法，如内置式和外置式。如图 3-60 所示为笔记本电脑内置的多功能读卡器接口，如图 3-61 所示为台式计算机内置的多功能读卡器接口。

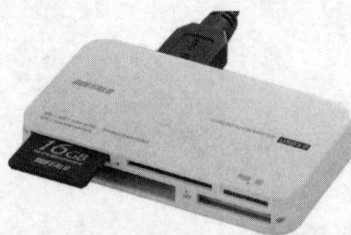

图 3-59　多功能读卡器　　　图 3-60　笔记本电脑内置的多功能　　图 3-61　台式计算机内置
　　　　　　　　　　　　　　　　　　读卡器接口　　　　　　　　　　的多功能读卡器接口

2. 读卡器应用

读卡器中的插槽可以插入存储卡，有接口可以连接到计算机，如图 3-62 所示。把存储卡插入与其兼容的读卡器中，然后将读卡器插入计算机对应的接口中，待系统正确识别后将自动为其分配盘符，这样计算机就可把存储卡当作一个可移动的存储器来使用了。

图 3-62　读卡器的使用

外置读卡器本身就是为了让计算机顺利读写不同的储存介质而存在的，所以基本上不用安装驱动程序，但笔记本电脑或台式计算机中内置的读卡器使用前则需要为其安装驱动程序，其驱动（安装）程序在机器附带的驱动光盘中可以找到（一般有 FlashMedia 字样）。

第 4 章

显示设备

本章要点

　　显示设备是计算机显示处理结果的设备，是重要的人机交互设备。本章主要介绍 CRT 显示器、液晶显示器（Liquid Crystal Display，LCD）等显示设备的工作原理及应用，OLED、LED、Mini LED 等显示技术及应用，投影仪的工作原理及应用，多屏显示技术及应用等。

　　计算机内部对数据处理的结果既可通过打印机输出到纸面，又可通过音响设备播放为声音，更多则是通过显示设备呈现出直观可见的符号、图形及图像等形式。

　　显示器是计算机系统的基本显示设备，主要分为 CRT 显示器、液晶显示器、OLED 显示器和 LED 显示器等。投影仪、LED 直显屏、透明屏等属于扩展显示设备。另外还有多屏显示和拼接屏技术，主要用于扩展显示桌面、放大显示内容，供多人交流和共享信息等。

4.1 CRT 显示器

　　CRT 显示器的外观如图 4-1 所示。

4.1.1 CRT 显示器及其工作原理

图 4-1　CRT 显示器的外观

　　CRT 即阴极射线管（俗称显像管），是 CRT 显示器成像最为核心的部件，其外观如图 4-2 所示。

　　阴极射线管是一个真空玻璃容器，主要由电子枪、偏转线圈、荫罩板、荧光粉层和玻璃屏等部分组成，CRT 基本结构如图 4-3 所示。其中，电子枪能发射高速电子，偏转线圈控制电子束的运动轨迹，荫罩板上规则地分布着特定形状的孔隙，玻璃屏内壁涂有荧光粉层。

图 4-2　CRT 外观

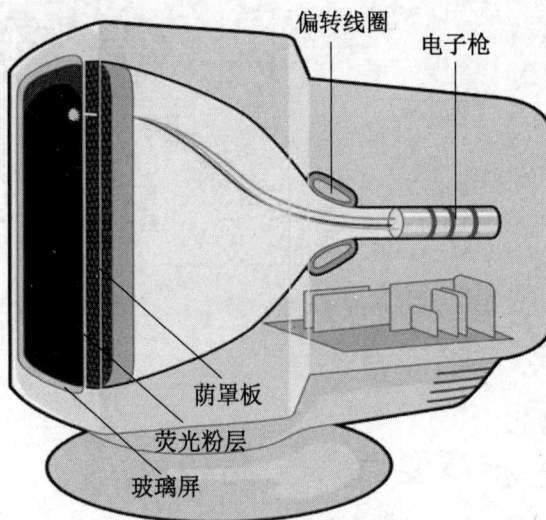

图 4-3　CRT 基本结构

电子枪发射的高速电子在偏转线圈的控制下能准确地穿过荫罩板上的孔隙，继而前行撞击到荧光粉层，荧光颗粒受到高速电子的撞击能发出荧光，在荧光屏表面呈现为瞬间的亮点；改变电子撞击强度，则可改变亮点的亮度。电子枪连续发射电子，经偏转线圈控制，荧光屏表面就会形成明暗不同的连续亮点，并由它们最终形成屏幕图像。

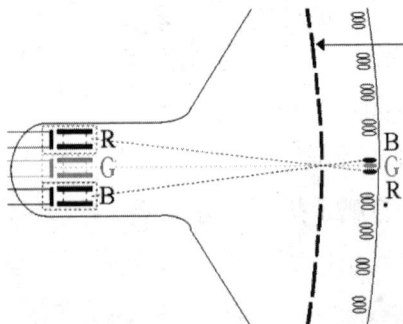

图 4-4　彩色像素点的形成示意图

荧光颗粒受到电子撞击可以发出不同颜色的光。分别把发红光、绿光、蓝光的荧光颗粒按一定方式组合成一个荧光单元，让电子枪同时发出三束高速电子分别撞击荧光单元的三色荧光颗粒，荧光单元将会同时发出红、绿、蓝三色的光，如图 4-4 所示，荧光屏表面就对应显示一个彩色像素点。显示屏表面的系列彩点最终构成一幅绚丽的彩色屏幕图像。

4.1.2　CRT 显示器分类

依据不同的分类标准，CRT 显示器有不同的分类方法。

1．按显示屏形状分类

CRT 显示器的显示屏最初被设计为球面，后来又被设计为柱面。球面或柱面的半径越大，显示屏表面也就越趋近于平面。根据显示屏的形状，CRT 显示器可被分为球面、平面直角、柱面和纯平等四种。

（1）球面显示器

球面显示器（见图 4-5）在水平和垂直方向都是弯曲的，因此图像也随屏幕的形态而弯曲，这是早期 CRT 显示器的主要特征。

（2）平面直角显示器

平面直角显示器采用了扩张型技术，使传统的球面显示器在水平和垂直方向向外扩张，屏幕表面看上去会比球面显示器要平坦得多，如图 4-6 所示。

图 4-5　球面显示器

图 4-6　平面直角显示器

（3）柱面显示器

柱面显示器是柱面的一部分，水平方向呈曲面，竖直方向呈平面，如图 4-7 所示。柱面显示器透光性好、亮度高、色彩鲜明，适用于对色彩表现要求高的场合。

（4）纯平显示器

纯平显示器是主流的 CRT 显示器，在水平和竖直方向都呈平面，如图 4-8 所示。纯平显示器具有可视角度大、色彩还原度高、色度均匀、响应时间短等优点。

图 4-7　柱面显示器

图 4-8　纯平显示器

2．按荫罩板分类

按照荫罩板的类型，CRT 显示器又分为点状、栅格式和沟槽式三种类型。

（1）点状荫罩板

点状荫罩板是在一块金属板上开有数十万个圆孔，三束电子从不同的角度同时穿过同一个圆孔，分别投射到同一像素的红、绿、蓝三色荧光颗粒上，并在荧光屏上形成一个彩色亮点，如图 4-9 所示。点状荫罩板不易变形且耐受震动，对斜线、锐利边缘和文本的显示效果突出，但由于通过的电子相对较少，使得屏幕亮度不高，色彩还原欠真实。该技术主要用于传统的球面显示器中。

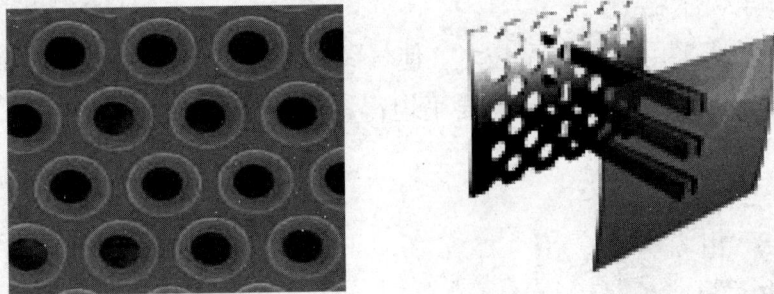

图 4-9　点状荫罩板

（2）栅格式荫罩板

栅格式荫罩板是索尼特丽珑显示器采用的专利技术，多用在高档显示器。栅格式荫罩板并不是实际的板，而是由许多相互平行的金属细丝组成的，如图 4-10 所示，能使尽可能多的电子通过，因此在亮度、对比度和色彩还原等方面具有良好的表现。但由于金属细丝刚度有限，受力或受热容易变形，实际产品中加入了一至两条水平加固线，影响了成像，至此成为该类产品成像的最大缺陷。

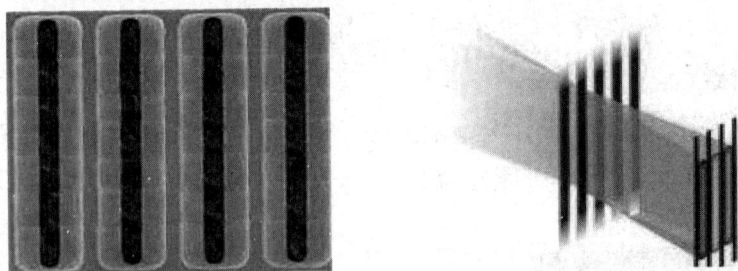

图 4-10　栅格式荫罩板

（3）沟槽式荫罩板

沟槽式荫罩板结合了点状荫罩板和栅格式荫罩板两者的优点，把栅格分隔成若干个沟槽，如图 4-11 所示，既实现了图像的最大限度还原，又保证了屏幕的亮度和对比度，也减少了因震动和环境对图像的影响。该技术由 NEC 公司研制，LG 公司的显示器也采用了此技术。

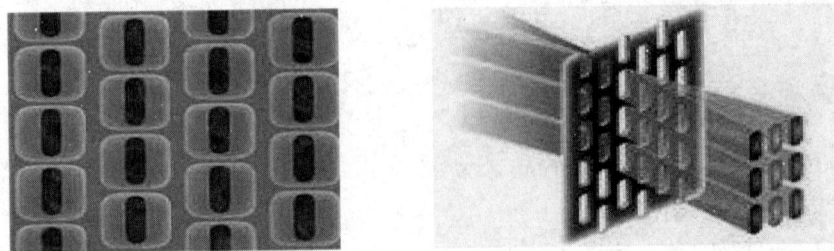

图 4-11　沟槽式荫罩板

4.1.3 主要技术指标

CRT 显示器工作性能的高低，主要通过以下技术指标进行有效衡量。

1．刷新率

刷新率是指单位时间内生成屏幕图像的数量，常以赫兹（Hz）为单位。刷新率对隔行扫描 CRT 而言，其值等于单位时间内产生场图像的数量；对逐行扫描 CRT 来讲，其值等于单位时间内产生帧图像的数量。刷新率较低，屏幕图像会产生闪烁和抖动现象，容易使眼睛产生疲劳；刷新率越高，人眼就越能观察到持续、稳定的画面，眼睛也不容易疲劳。

2．分辨率

分辨率是指屏幕图像的精密度，是指单位长度内显示器所能显示的像素点数。显示器分辨率可用水平像素和垂直像素数表示，如 1024×768 dpi 即表示在水平方向上可显示 1024 个像素，在垂直方向上可显示 768 个像素。显示器分辨率越高，显示图像越清晰，价格也会相对较高。

3．点距

点距是指显示屏上相邻两个像素之间的连线距离，常以毫米数表示。对于采用点状荫罩板的 CRT 显示器来讲，点距实际等于相同颜色的两个荧光点之间最短连线的距离，如图 4-12 所示；对采用栅格式荫罩板或沟槽式荫罩板的 CRT 显示器而言，点距（常称珊距）实际等于相邻两条同色栅格或沟槽之间的最短垂直距离，如图 4-13 所示。

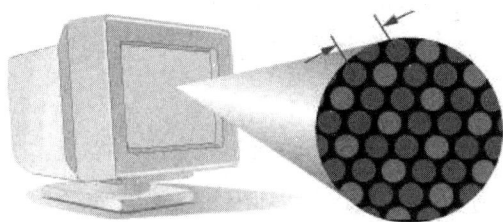

图 4-12　采用点状荫罩板的 CRT 显示器的点距

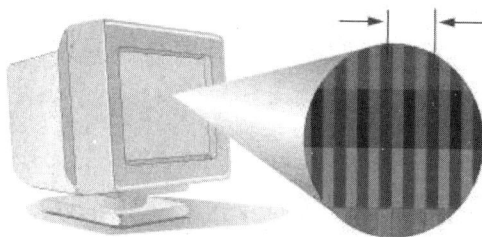

图 4-13　采用栅格式荫罩板或沟槽式荫罩板的 CRT 显示器的点距

4．带宽

带宽是指电子枪每秒钟扫描的像素的个数，以兆赫（MHz）为单位。带宽越高则表明显示器电路可处理的频率范围越大，显示器性能就越高，图像质量就越好。CRT 显示器的带宽与分辨率和刷新率有关，其理论值等于水平分辨率、垂直分辨率和最大刷新率三者的乘积。由于电子枪并非线性扫描，屏幕边缘的像素常会被截掉，因此其实际带宽大于理论带宽。目前，110 MHz 左右的显示器带宽已成为一个默认的基本标准，而一些更高水准的显示器能达到 200 MHz 以上。

4.1.4　使用和维护

CRT 显示器是一种精密的电子产品，若使用和维护不当，不仅不能正常发挥其性能，而且还有可能缩短其使用寿命甚至造成损坏。

1．基本使用

CRT 显示器应先于计算机主机加电而后于计算机主机断电，以免显示器开关电源产生的瞬间高电压对计算机主机造成损坏。同时，CRT 显示器也不宜频繁地开机或关机，因为剧烈的电压变化对显示器的寿命会有很大影响。

CRT 显示器在工作过程中会产生一定的电磁辐射，虽然都被控制在国家安全标准之内，在正常使用时对人体的影响较小，但建议孕妇、体弱者应避免长时间使用 CRT 显示器，必要时建议采取辐射防护措施。

2．日常养护

CRT 显示器应该工作在温度和湿度相对适宜的环境中，高温会加快其元件的老化，缩短显示器的使用寿命；在湿度过高时其内部元件容易受潮，引起生锈、腐蚀、短路，甚至高压漏电或放电，严重影响显示器的安全和寿命，CRT 显示器的工作环境湿度最好保持在 30%～80% 之间。CRT 显示器摆放在通风环境（有空调会更好）有利于散热；CRT 显示器若长时间不用，应定期通电工作一段时间，有利于去除机内的潮气。

在强光照射下 CRT 显示器机壳容易老化。在强光环境中显示器的亮度和对比度等参数被迫调高，会使得显像管荧光粉加速老化，发光效率降低，此时用户又被迫提高亮度和对比度等，如此将导致恶性循环，大大缩短显示器的使用寿命。在不影响视线的情况下，建议把显示器摆放在弱光环境中。

电视机、日光灯、电冰箱、电风扇等家用电器的周围会产生磁场，显示器在日常使用时应尽可能远离磁场；处于较强磁场中的 CRT 显示器的颜色画面容易失真，一旦出现磁化现象应及时进行消磁处理。

CRT 显示器在工作过程中极易吸附空气中的尘埃粒子，特别是内部电路板吸附较多的灰尘后会腐蚀电子元器件和影响其散热，导致电子元器件老化或损坏。

彩色显示屏表面涂有一层极薄的防眩光、防静电的化学物质层，平时擦拭时应注意使用柔软的干布从屏幕中心向外呈放射状轻轻擦拭；屏幕表面较脏时，可以用湿润的脱脂棉或镜头纸擦拭；禁止使用酒精之类的化学溶液擦拭显示屏。对显示器外壳的灰尘与污垢，可用毛刷轻轻扫除，同时应防止灰尘或污垢通过散热孔落入显示器内部；也可以用湿润的软布擦拭外壳，但应避免液体滴入显示器内部造成电路短路。当显示器积累了较多的灰尘时，一般需要请专业人士打开显示器外壳，用细毛刷扫除显示器内部的灰尘。

显示器平时不用时，建议套上防尘罩或盖上防尘布。

　　CRT 显示器的显示属性设置应以适度为宜，亮度一般设置范围为 60%～80%，过亮易引起视疲劳，也易使显像管荧光粉过快老化；对比度一般设置范围为 80%～100%。建议刷新率设置为 85 Hz 或 75 Hz，刷新率设置为 75 Hz 时人眼基本感觉不到屏幕闪烁，刷新率设置为 85 Hz 时则完全感觉不到屏幕闪烁，切记不要把刷新率设置为最高值。

4.2 液晶显示器

　　虽然 CRT 显示器已经发展到了一个相当高的技术水平，但是受其工作原理的限制，CRT 显示器在体积、重量、功耗和辐射等方面都存在着很多不足。与其相反，液晶显示器（见图 4-14）以其厚度薄、重量轻、能耗低、辐射小等优点而广受好评。随着制造工艺的成熟和成本的降低，液晶显示器已在家用和办公领域占有重要地位。

图 4-14　液晶显示器

4.2.1　光的偏振

　　由光学原理可知,光在沿直线传播时会在垂直于传播的方向上发生振动。偏光片（全称为偏振光片）是一种光学装置，它只允许沿特定方向振动的光通过。如图 4-15 所示，由左侧入射的沿任意方向振动的自然光在经过偏振片后，只剩下沿纵向振动的偏振光，而沿其他方向振动的光都已全部被过滤掉。

　　光的偏振在日常生活中有着较为广泛的应用。人们佩戴的太阳镜镜片大多具有偏光功能，可以在炎炎夏日中过滤掉某些方向的光，从而减少强光对人眼的刺激。人们在观看立体电影时佩戴的立体眼镜的两个镜片也是偏光片，只不过二者偏光方向是互相垂直的，通过它们可以分别看到银幕中放映的两种不同的影像，再经人的视觉系统合成便产生了立体效果。

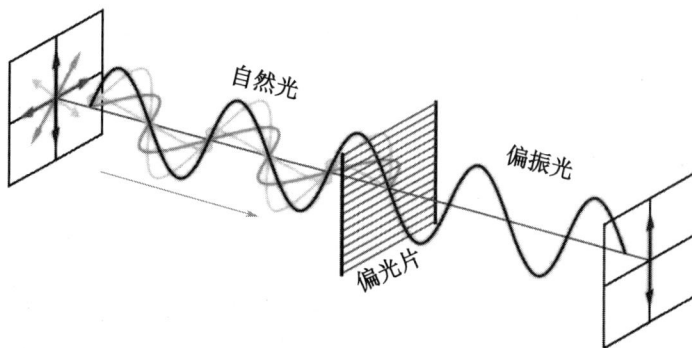

图 4-15　光的振动与偏光片

4.2.2　液晶

自然界中的物质主要存在固态、液态和气态三种状态，但某些特殊物质还存在一种介于液态和固态之间的第四态——兼有固态和液态双重特性的液态晶体状态，被称为液晶态。如图 4-16 和图 4-17 所示分别为高倍电子显微镜下观察到的液晶粒子及其排列。

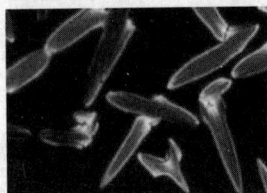

图 4-16　液晶粒子

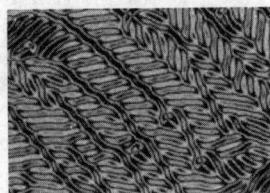

图 4-17　液晶粒子排列

实验表明，当液晶中有电流通过时，液晶被极化而使得其粒子排列变得有序，光线能够通过液晶，如图 4-18（a）所示。当液晶中没有电流通过时，其粒子又恢复至杂乱排列状态，此时光线不易通过液晶，如图 4-18（b）所示。液晶的这种特性被称为电光特性，利用这种特性，人们可以通过电路的通断来控制其中光的通过与阻断。

当液晶粒子长轴平行排列且螺旋扭转到一定角度时，将偏振光同向于液晶粒子长轴入射到液晶上，结果发现光的偏振方向随液晶粒子长轴的螺旋而旋转，此为液晶的旋光特性，如图 4-19 所示。

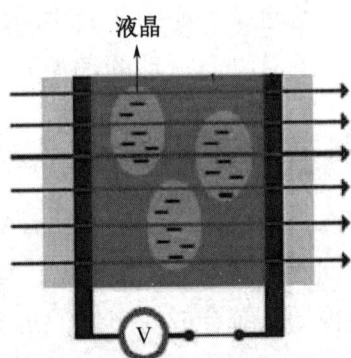

（a）通电时光线容易通过　　　　（b）断电时光线不易通过

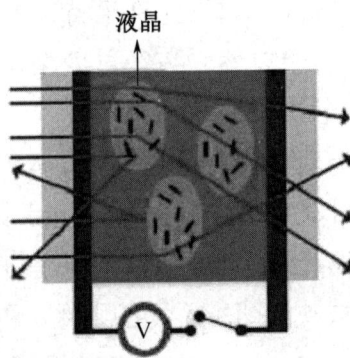

图 4-18　液晶的电光特性　　　　　图 4-19　液晶的旋光特性

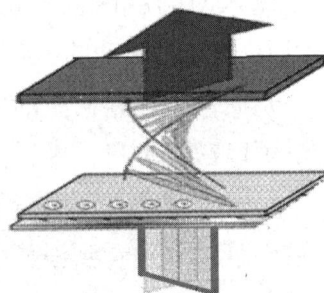

4.2.3　液晶显示器基本原理

液晶显示器是利用液晶单元（即液晶粒子）实现图像显示的设备，其基本结构主要包括背光管、偏光片、透明电极、液晶和滤色器等，其中两个偏光片的偏光方向相互垂直，两层透明电极之间的液晶粒子长轴被螺旋扭转 90°。液晶显示器的基本结构如图 4-20 所示。

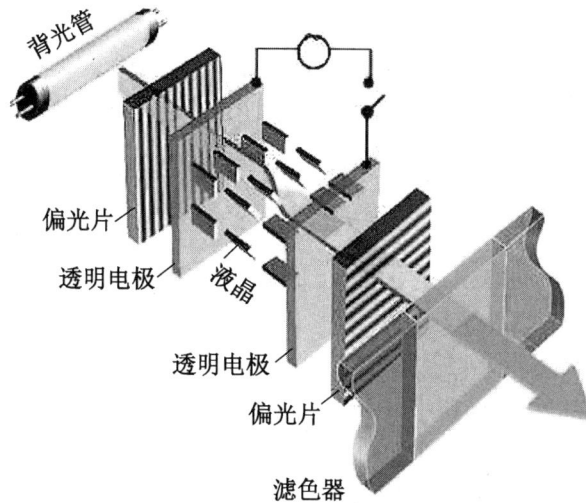

图 4-20　液晶显示器的基本结构

光线通过透明电极夹层中的液晶时，若电极电路处于断开状态，在液晶旋光特性的作用下，入射光的偏振方向由纵向扭转为横向，可顺利地通过横向偏光片，再经滤色器过滤后，最终投射到液晶屏表面并呈现为一个单色亮点；若电极处于接通状态，不改变光的偏振方向，光的传播受阻于横向偏光片，液晶屏表面将呈现为一个暗点。

液晶屏中的滤色器是由众多单色小格子组成的，每个格子对应一个液晶单元。液晶屏表面相邻的紧靠在一起的红、绿、蓝三个小格子组合成一个像素（见图 4-21），将每个像素的红、绿、蓝三色光合成在一起，就可以得到一个彩色像素。

图 4-21　像素结构

相较于 CRT 显示器，用户使用液晶显示器可获得较佳的视觉体验。但液晶显示器具有两个致命的问题：一是无法显示纯黑色，当像素点需要显示黑色时，液晶不能完全阻断光路，仍会有部分光穿过液晶，使液晶显示器屏幕不能呈现纯黑色，实际显示为黑、白相混的灰色；二是存在漏光现象，液晶显示器在工作时其背光管会发光，背光非常容易从屏幕与边框间的缝隙穿出，不可避免地产生漏光现象。

4.2.4　液晶显示器的分类

液晶显示器根据背光源（位于液晶显示器屏幕背后的发光光源）不同可分为普通液晶显示器和 LED 背光源液晶显示器，而根据液晶模块驱动方式不同可分为被动矩阵式和主动矩阵式两大类型。

1. 被动矩阵式液晶显示器

被动矩阵式液晶显示器的屏幕是由垂直与水平方向的电极所构成的，且将单独的液晶单元夹在彼此垂直的电极中间，可分为扭曲向列（TN）、超扭曲向列（STN）、双层超扭曲向列（DSTN）、补偿膜超扭曲向列（FSTN）等类型液晶屏幕。

（1）TN 型液晶屏幕

其基本结构是在两层玻璃间夹有一层液晶，如图 4-22 所示。玻璃片内壁有一层透明的电极层，电极层内壁划有平行细纹沟槽，在沟槽的导向作用下，贴近沟槽的液晶粒子沿长轴有序排列；由于两层沟槽取向相互垂直，其间的其他液晶粒子长轴的排列顺势被螺旋扭转至 90°；另外，玻璃片外壁有一层偏光片，底面外加

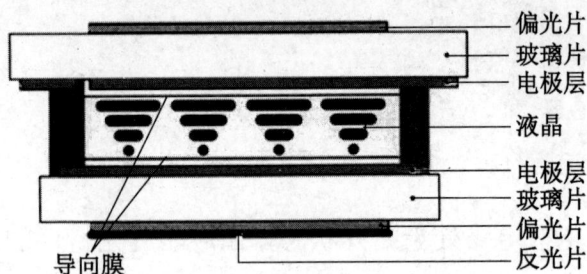

图 4-22　TN 型液晶屏幕基本结构

一层反光片，此即构成 TN 型液晶屏幕。TN 型液晶屏幕显示质量差，响应速度慢，只能呈现黑白色，多用于电子表或计算器等。

（2）STN 型液晶屏幕

其基本结构与 TN 型液晶屏幕基本相同，主要差异表现在两个方面：一是配有彩色滤光片，可以显示逼近全彩模式的色彩；二是液晶分子长轴排列被螺旋扭转 180°～270°。STN 型液晶屏幕光电性能高，响应速度快，成像品质较好，但存在偏色问题，主要用于便携式电子设备。

（3）DSTN 型液晶屏幕

其基本结构与 STN 型等单层液晶屏幕不同，DSTN 液晶屏幕具有两层扭转方向相对的液晶，有效地解决了偏色问题，其制造工艺也要复杂很多。

（4）FSTN 型液晶屏幕

其基本结构是在 STN 型液晶屏幕的底层和顶层外表面各加上一层补偿膜，达到与 DSTN 相当的显示效果。

2. 主动矩阵式液晶显示器

被动矩阵式液晶显示器的屏幕难以快速单独地控制每个液晶单元的透光率，在亮度、可视角及画质等方面都受到了较大限制。主动矩阵式 LCD 技术成功解决了这一问题，并迅速得到了广泛的应用。

TFT 技术是主动矩阵式 LCD 技术中最流行的技术。TFT 型液晶屏幕的每个像素都内置了晶体管，每个晶体管电极都是利用薄膜技术制成的。TFT 型液晶屏幕是在亮度、对比度、功耗、寿命、体积和重量等综合性能上全面赶超 CRT 显示器的显示器件。

TFT 型液晶屏幕与 TN 型液晶屏幕类似，也是在两个透明基板间封装液晶，如图 4-23 所示，只不过是将 TN 型液晶屏幕中的一层电极层改为场效应晶体管（FET），而另一层电极层改为公共电极层。

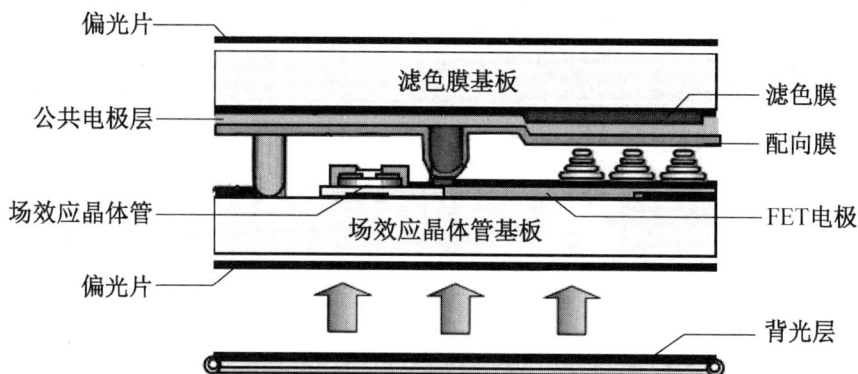

图 4-23　TFT 型液晶屏幕基本结构

TFT 液晶显示器采用了"背透式"照射方式。当光源照射时，先通过底层偏光板向上透出，再借助液晶粒子来传导光线。由于上下夹层的电极改成 FET 电极和公共电极，在 FET 电极导通时，液晶分子的排列状态同样会发生改变，通过遮光和透光来达到显示的目的。但不同的是，FET 具有电容效应，能够保持电位状态，当 FET 电极下一次导通时才能改变其排列方式。

4.2.5　广视角技术

液晶显示器中的图像是其背光层的光垂直穿过液晶显示器各层结构的结果，因此其图像的输出就具备了特定的方向特性，只有处于特定的角度范围内才能观察到 LCD 显示器中显示的图像。

随着 TFT 技术的推进，LCD 厂商设计开发出广视角技术（如 IPS、MVA 等），试图改善液晶显示器的可视角特性，解决长期困扰液晶显示器发展的可视角问题。根据像素结构及其工作机制的不同，TFT 技术可分为 TN+视角扩大膜技术（TN+Film）、垂直配向技术（VA）、平面转换技术（IPS）和连续焰火状排列技术（CPA）等。

1．TN+Film 面板

TN+Film 面板基于传统的 TN 液晶技术，其液晶粒子呈螺旋扭转排列，从屏幕表面以不同的视角观察液晶粒子会得到较大差异的观察图像，在可视范围可观察到清晰图像，而在可视范围之外的观察效果则不理想，如图 4-24 所示。

TN+Film 是 TN 技术与 TFT 技术结合的产物，主要通过在显示屏表面覆盖一层特殊的视角扩展膜，扩大液晶显示器的可视角度（可达 140°），是最易实现的广视角技术，主要用于入门级液晶显示器。

TN+Film 面板属于软屏，用手轻划会出现水状条纹。

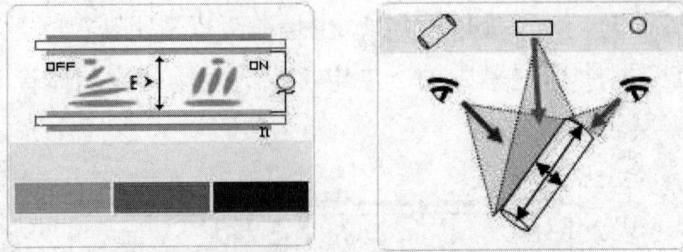

图 4-24　TN+Film 面板微结构及可视角

2. VA 面板

VA 即垂直配向技术，其液晶粒子长轴纵向排列（见图 4-25 中的左图），所以 VA 面板具有较大的可视角（可达 160°），如图 4-25 中的右图所示。VA 面板又可分为由富士通公司开发的多象限垂直配向技术（MVA）面板和由三星公司开发的图像垂直调整技术（PVA）面板，其中后者是前者的继承和改良。

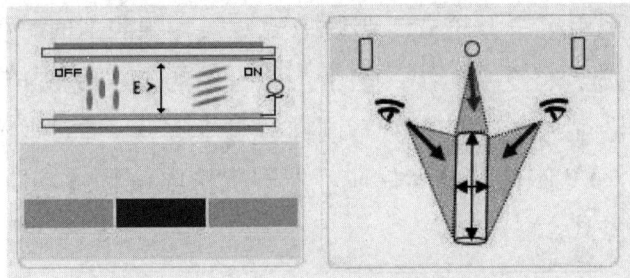

图 4-25　VA 面板微结构及可视角

VA 面板色彩丰富，响应速度快，响应时间约为 20 ms。VA 面板主要用于中高端的液晶显示器。

VA 面板属于软屏，用手轻划容易出现水状条纹。

3. IPS 面板

IPS 即平面转换技术，由日立公司于 2001 年推出。IPS 面板的液晶粒子长轴水平排列，如图 4-26 中的左图所示，其最大的特点就是它的两极都位于同一平面中。电极加电后液晶粒子长轴水平旋转排列，可以有效增大可视角（可达 170°），如图 4-26 中的右图所示。

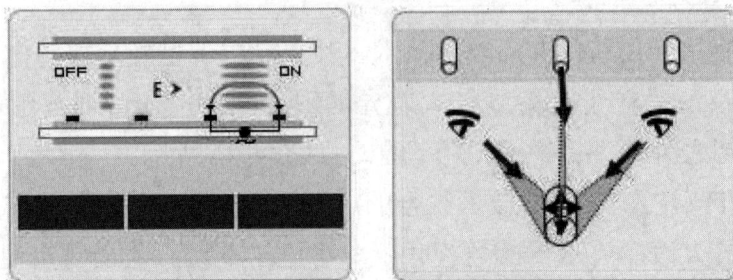

图 4-26　IPS 面板微结构及可视角

IPS 面板的优势为可视角度高、响应速度快、色彩还原准确、相对便宜，但漏光问题较严重。

IPS 面板属于硬屏，用手轻划不易出现水状条纹。

4．CPA 面板

CPA 即连续焰火状排列技术，严格来说属于 VA 阵营，其液晶粒子排列如图 4-27（a）所示。由于上端电极位于基板中间，因此加电时液晶粒子朝中心电极呈放射的焰火状排列，如图 4-27（b）所示。

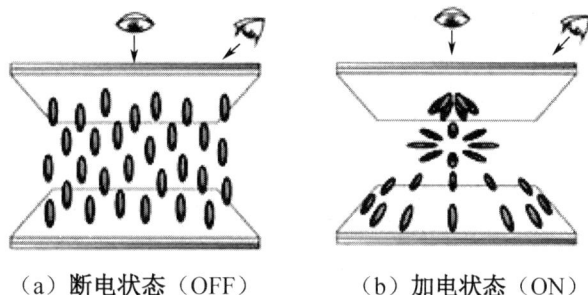

（a）断电状态（OFF）　　　　　（b）加电状态（ON）

图 4-27　CPA 面板微结构

CPA 面板具有色彩还原真实、可视角度优秀、图像细腻的优点，但价格比较高。

CPA 面板属于软屏，用手轻划时容易出现水状条纹。

4.2.6　液晶显示器主要技术指标

虽然各种液晶显示器的基本原理相同，但实现细节却多种多样，显示性能也差别较大，需要利用其技术指标进行衡量。

（1）可视角度

可视角度是指站在始于屏幕边线的某个角度的位置时，观察者仍可清晰看见屏幕显示图像时的最大角度。由于提供液晶显示器显示的光源经过折射和反射，输出时已有一定的方向性，所以超出这一范围观看就会产生色彩失真现象。目前市场上出售的液晶显示器的可视角度都是左右对称的，但上下不一定对称，常常是上下角度小于左右角度。视角越大，观看的效果越好，也就更具有实用性。

（2）显示分辨率

显示分辨率表示屏幕图像的精密度，是指单位长度内显示器所能显示的像素点的数量。液晶显示器的分辨率常用水平和垂直像素数来表示，如 1680×1024 dpi，即表示在水平方向上可显示 1680 个像素，在垂直方向上则可显示 1024 个像素。显示器的分辨率越高，显示的图像越清晰。

（3）色彩度

自然光的色彩都是由红、绿、蓝三种基本色组成的，色彩度是指液晶显示器中像素基本色的表现度。液晶显示器利用 8 bit 来表达每个基本色，则其色彩度为 256（$=2^8$），每个独立像素可达 16777216（256×256×256）种色彩。

（4）对比值

对比值是指最大亮度值（全白）与最小亮度值（全黑）的比值。一般来说，人眼可以接受的对比值约为 250：1。CRT 显示器的对比值通常高达 500：1，可以很容易地呈现出全黑的画面；而液晶显示器却不是那么容易，背光层始终处于点亮的状态，为了得到全黑画面，液晶模块必须完全阻挡背光层发出的光，但液晶单元却无法完全达到这样的要求，总是会有一些漏光发生。

（5）亮度值

亮度值通常由背光层来决定，是指液晶显示器的最大亮度。液晶显示器的亮度略低，会显得屏幕发暗。虽然技术上可以达到更高亮度，但并不代表亮度值越高越好，因为太高亮度的显示器有可能使观看者眼睛受伤。

（6）响应时间

响应时间是指液晶显示器各像素点对输入信号做出反应的速度。如果响应时间较长，在液晶显示器显示动态图像时，就会有尾影拖曳的感觉。响应时间越短越好，一般的液晶显示器的响应时间为 20～30 ms。

4.3 投影仪

随着计算机多媒体技术的飞速发展，人们对媒体信息显示的要求越来越高，总希望在某些应用（如交通监控中心、学术会议、技术讲座等）中获得高清晰、大幅面的显示输出。普通显示器很难满足人们这种需求，于是产生了投影仪等大屏幕输出设备。近些年来，投影仪技术得到了较快发展，目前已较为普遍地用于家庭、办公和教育等各种领域。

4.3.1 投影仪工作原理

投影仪是一种集机械、微电子技术于一体的精密电子产品，其基本工作机制为接收信源设备的影像信息并将之重新合成为放大的影像。投影仪主要技术有 CRT 技术、LCD 技术、数字光处理技术（DLP）和硅基液晶（LCoS）技术等，其中，CRT 投影仪和 LCD 投影仪采用透射式投射技术，技术成熟，性能稳定；DLP 投影仪和 LCoS 投影仪采用了先进的反射式投射技术，具有亮度高、对比度强、体积小、重量轻、技术先进等优点，市场前景可观。

1. CRT 投影仪

CRT 投影技术是最早的投影技术之一，CRT 投影仪可谓投影仪的鼻祖，由于其外观具有三个显著的投射镜头，因而被形象地称为"三枪投影仪"，如图 4-28 所示。

CRT 投影仪主要由投影管、透镜等组成，其基本结构如图 4-29 所示。

图 4-28　CRT 投影仪

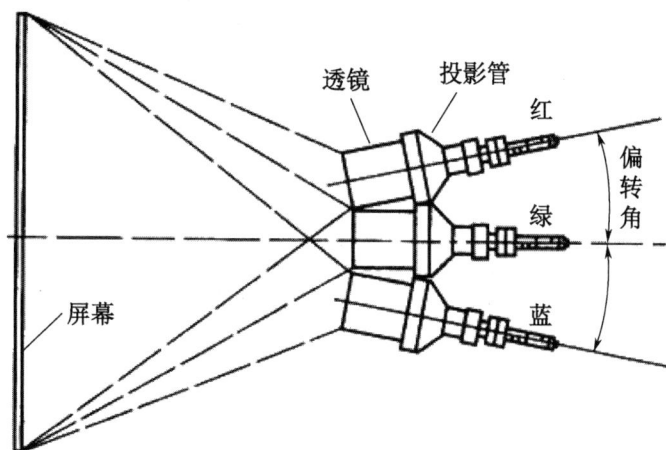

图 4-29　CRT 投影仪基本结构

CRT 投影管的结构及原理与 CRT 显示器类似，在电路控制下，经图像信号的驱动，投影管中电子枪发出的高速电子扫描撞击成像面上的荧光颗粒，由荧光颗粒发光点组成的图像经透镜聚焦后被投射到屏幕上产生投影图像。

为了得到彩色投影图像，CRT 投影仪中设有三个 CRT 投影管，可以分别产生红、绿、蓝三种颜色的投影图像。调整红、绿、蓝三束投影光到幕布的投射角度、亮度、焦距等参数，就可使三色投影光在幕布的相同位置上合成并产生清晰放大的彩色图像。

CRT 投影仪技术成熟、分辨率高、对比度好、色彩饱和度佳、信号兼容性强，在相对高端的专业领域（如航空航天、遥控监控）具有无法替代的地位。另外，由于 CRT 投影仪有着结构复杂、机体笨重、调校困难等缺点，CRT 投影仪在办公领域已被淘汰。

2. LCD 投影仪

LCD 投影仪是液晶显示技术和投影技术相结合的产物，采用了成熟的透射式投影技术，是目前市场上占有率较高、应用较广泛的投影设备，如图 4-30 所示。

图 4-30　LCD 投影仪

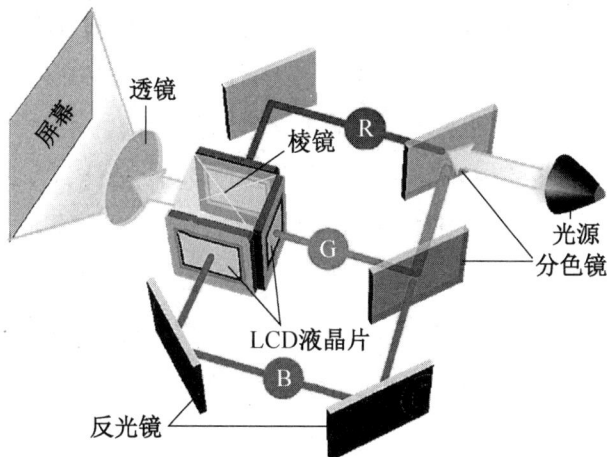

图 4-31　CRT 投影仪组成结构

LCD 投影仪主要由光源、分色镜、反光镜、LCD 液晶片、棱镜及透镜等组成，如图 4-31 所示。LCD 投影仪的核心成像部件是 LCD 液晶片，现代液晶投影仪大都采用三片 LCD 液晶片，分别用于处理红、绿、蓝三种颜色的图像。

LCD 投影仪灯泡发出的白光经分色镜分光，分别得到红、绿、蓝三色光，再经反光镜反射后对应投射到 LCD 液晶片上；三片 LCD 液晶片各以灰度方式记录其入射光的图像信息并各自透光生成图像投射光；红、绿、蓝三色图像投射光分别投射到棱镜上会聚，会聚光最后经投影镜头（透镜）投射到投影屏幕上形成彩色图像。

3. DLP 投影仪

DLP 是高速发展中的反射式投影技术。DLP 投影仪是一种反射式投射设备，属于投影仪家族中的后起之秀，如图 4-32 所示。

DLP 投影仪基本结构如图 4-33 所示，主要包括光源、分色盘、DMD 芯片和若干透镜等。DMD 芯片由众多微镜片组成，每个微镜片对应图像中的一个像素。在微电路控制下，微镜片可以在一定角度内旋转以准确反射入射光。分色盘可高速旋转，其表面被设计划分为若干扇形色彩区域，用以对其透过光进行色彩过滤。

图 4-32　DLP 投影仪

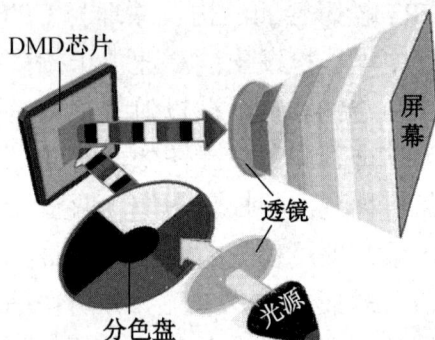

图 4-33　DLP 投影仪基本结构

DLP 投影仪光源发出的光经透镜聚焦后入射到高速旋转的分色盘中，根据分色盘表面色彩区域的划分，某一时刻只允许特定颜色的光入射到 DMD 芯片表面。DMD 芯片在电路控制下对其入射光进行反射，再经投影镜头投射到大屏幕上成像。由于分色盘的高速旋转，本来连续传播的自然光被分割为断续传播的特定色光。因此，在某一时刻屏幕上实际只显示特定颜色的图像，但由于人眼的视觉暂留特性，实际上人眼感觉到的图像是自然的彩色图像。

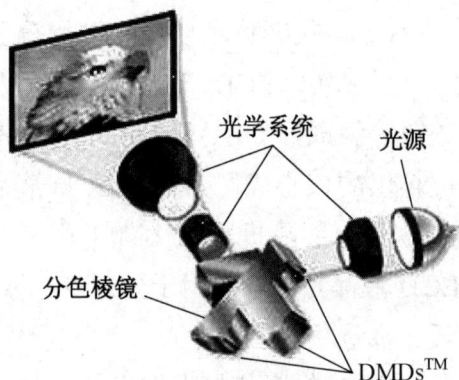

根据 DMD 芯片的数目，DLP 投影仪主要可分为单片式 DMD 投影仪和三片式 DMD 投影仪。出于对成本和机身体积的考虑，目前 DLP 投影仪多半采用单片 DMD 芯片设计，另有部分高端投影仪采用三片式 DMD 芯片设计。三片式 DMD 投影仪与单片 DMD 投影仪的主要差异在于前者利用分色棱镜替代分色盘来实现分色，其基本结构如图 4-34 所示。

图 4-34　三片式 DMD 投影仪基本结构

4. LCoS 投影仪

LCoS 属于新型的反射式 micro LCD 投影技术，其结构是在硅片上利用半导体制程制作驱动面板，然后在电晶体上通过研磨技术磨平，并镀上铝当作反射镜，形成互补金属氧化物半导体（CMOS）基板，最后将 CMOS 基板与含有透明电极的玻璃基板贴合，充入液晶并进行封装。

LCoS 投影技术成像采用了反射式光路。早期的产品采用过单片式 LCoS 时序成像技术（与单片式 DLP 投影仪类似），但由于反应速度等原因无法与 DLP 相比较，只得被迫淘汰。目前市场上的主流产品普遍采用三片式 LCoS 成像方式，如图 4-35 所示。

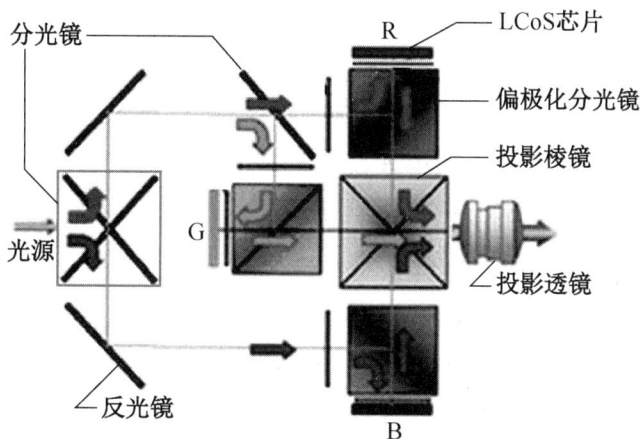

图 4-35　三片式 LCoS 成像方式

LCoS 投影仪主要由分光镜、偏极化分光镜、反光镜、LCoS 芯片、投影棱镜和投影透镜等组成。从投影仪光源发出的白色光线，通过分光镜分解成红、绿、蓝三种原色光，各原色光经反射镜反射到 LCoS 芯片上，通过控制 LCoS 芯片中液晶粒子的状态可控制每个像素反射光的强弱，三束原色反射光最后汇聚到同一投影棱镜上混合成一束光，再经过投影镜头投射成彩色图像。3LCoS 投影仪产品为目前较为成熟的投影仪产品，索尼、赫威斯、视创、佳能等公司都曾推出过优秀的 3LCoS 投影仪产品。

LCoS 投影技术具备了 DLP 和 LCD 几乎全部的优点，同时克服了两者的不足之处。采用 LCoS 技术的投影仪产品，其拥有着近乎完美的画面效果，受到了业内人士以及消费者的普遍好评。

4.3.2　投影仪光源

随着投影仪技术的进步和生产成本的降低，投影仪距离人们的生活越来越近，价格也逐渐亲民。在投影仪的使用费用中，投影仪灯泡（见图 4-36）的耗费在整机耗费中占有较大的比例。

根据发光原理的不同，目前投影仪普遍采用的灯泡主要有金属卤素灯泡、UHE 灯泡和 UHP 灯泡、LED 灯泡等。

图 4-36　投影仪灯泡

金属卤素灯泡（高强紫外卤素灯），因在灯泡中填充了金属卤化物而得名。金属卤素灯属于热光源灯，在灯泡点亮状态时，灯泡内的气体产生较高的压强，且灯丝处于半熔状态，灯泡温度高达上千度。金属卤素灯泡的特点是价格较低，但其使用寿命一般不超过 2000 小时；衰减速度快，工作 1000 小时后投影效果就会变得较差；发热量大，对投影仪的散热能力要求较高，不宜长时间连续使用。目前，金属卤素灯泡已逐步退出国内投影仪灯泡市场。

UHE 灯泡采用超高压汞填充，并利用光学原理滤除了红外线等热光，只发冷光，因此被称为冷光源灯泡。UHE 灯泡产生的热量小，电能消耗低，适于长时间连续使用。UHE 灯泡使用寿命长，一般可达 3000 小时以上；半衰周期长，工作 2000 小时后亮度几乎不衰减。UHE 灯泡价格比较适中，是目前中档投影仪中广泛采用的理想光源。

UHP 灯泡是超高压汞灯泡，也是一种理想的冷灯源。UHP 灯泡使用寿命长，一般可用 6000 小时，有的甚至高达 12000 小时；衰减速度慢，工作 4000 小时后也不会出现明显的衰减。UHP 灯泡价格相对较高，一般用于高档投影仪。

LED 是一种发光二极管器件，可高效将电能转化为光能。LED 灯泡产热少，寿命在 10000～20000 小时，甚至更长。但 LED 灯泡亮度仅约为 500 流明，不如传统投影仪灯泡，因此多用于以小巧、便携为特征的微型投影仪中，可以满足日常生活和小型商务需要。LED 具有节能环保、高效可靠的特性，随着技术的发展，LED 投影仪的发展前景值得期待。

另外，不同品牌投影仪的灯泡一般是不能互换使用的，因此应选购正规渠道销售的品牌投影仪，以免因买不到可更换的灯泡而造成投影仪的报废。

4.3.3 投影介质

投影仪产生的光学影像只有投射到投影介质（如墙面、银幕等）上时才能呈现出可视效果，若想获得优质的投影效果则需要为其搭配合适的投影介质。

常见的投影仪专用投影介质主要有投影幕布和投影膜两类。投影膜实际上是一种特殊的投影幕布，可以贴到玻璃、亚克力板（PVC）等介质表面上使用。投影膜按其是否可以调整光透过能力，又被分为光学投影膜和调光投影膜。

1. 投影幕布

不同的投影需求决定了不同的投影幕布类型，按弧度可分为平面幕布和弧形幕布；按材质可分为玻珠幕布、金属幕布、压纹塑料幕布、弹性幕布等；按强度可分为硬质幕布和软质幕布；按投影方式可分为正投（反射）式幕布、背投（透射）式幕布等；按幕布造型又可分为下拉幕布、画框幕布、移动幕布等。

（1）下拉幕布

下拉幕布一般悬挂在固定位置，使用时拉下，不用时收起，如图 4-37 所示。由于采用固定安装方式，不宜轻易变更，故安装前需进行综合评估。例如，考虑悬挂处的承载能力；投影光路、投影尺寸等是否合适；外界因素对投影效果是否有影响等。下拉幕布有手动和电动两种形式，其中手动幕布中央由于长期下拉受力容易产生"V"形波纹，而电动幕布由于有电机从两端均匀受力收放，长期使用仍能保持较好平整性。

（2）移动幕布

移动幕布的优势在于随处可以安装使用，主要有支架幕布（见图 4-38）和地拉幕布（见图 4-39）两种类型。相对来讲，支架幕布比较便宜，但存在固定不稳的问题，影响观感；地拉幕布占用空间小、使用便捷，但价格略高。

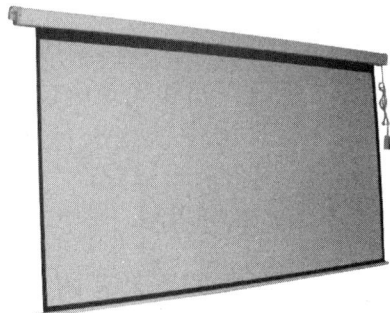

图 4-37　下拉幕布

图 4-38　支架幕布

图 4-39　地拉幕布

（3）画框幕布

画框幕布采用铝材设计制作金属"画框"，在"画框"内把幕布用弹簧扣拉平，如图 4-40 所示，"画框"既可挂墙面上，也可镶嵌在墙壁内。画框幕布经久耐用、幕布平直，可以达到较为平整的效果，是目前市面上平整性较好的投影幕布。但画框幕布长期暴露在空气中，不用时不便收起，易蒙尘受染、氧化变色。

图 4-40　画框幕布

购买投影幕布一定要结合投影仪特性、使用环境、应用场景等因素综合考虑，使投影幕布工作特点尽可能与之匹配。首先确定幕布类型和幕布材质，正投影需要强化投影光的反射和漫射，背投影需要考虑投影光的透射和弥散；然后确定投影幕布尺寸，主要取决于使用空间和观众座位安排，将观影感受放首位；最后根据信号源确定画面宽、高比例，如普通的 VGA/NTSC/PAL 制式信号对应 4∶3 幕布，HDTV 对应 16∶9 幕布等。

2. 光学投影膜

光学投影膜不具有调节透光的能力，根据其透光性可分为透明型、半透明的乳白型和高对比的灰度型等。透明型光学投影膜可以看到投影膜后面的景物，投影图像可与膜后景物实现虚实结合；高对比的灰度型光学投影膜基本上不透明，投影时可以高质量地实现投影效果。

图 4-41　全息投影

在光学投影膜行业内还有全息投影膜的说法，这实际上是对透明膜或半透明膜的另类称呼。如图 4-41 所示，方框内的透明玻璃上张贴有透明型光学投影膜，投影仪向其投射一位少女图像，此时透过玻璃向里看，效果上如同一位少女背向室内、面向窗外坐立于窗前。在一定范围内改变观察角度，也会看到少女与室内物品的相对位置随之改变，此类成像效果就被行业内称为全息投影。实际上，此"全息"只是给人一种立体错觉，是"伪全息"，真正的全息无须借助任何介质（如投影膜）就可在任意角度观察到立体图像。

凭借"伪全息"成像给人的错觉，若再辅以精准的灯光等效果，观众更会有一种惟妙惟肖的真实感觉。所以，"全息投影膜"是对透明型光学投影膜的一种赞誉。

3. 调光投影膜

调光投影膜与光学投影膜不同，它能调节膜的透光状态，在断电时处于不透明（即雾化）状态，而通电时处于透明状态。

调光投影膜本质上是在两层透明电极之间注入液晶层，断电时液晶层阻挡光线通过，加电后液晶粒子发生偏转允许光线通过，因此利用通电和断电操作就可控制调光投影膜的透明和雾化状态。

在如图 4-42 所示的隔断玻璃上贴有调光投影膜，左图是断电时的雾化状态，右图为通电时的透明状态。贴有调光投影膜的玻璃具有普通玻璃和电控窗帘的双重特点：雾化状态时，既可保护隐私，也可投映图片、视频等多媒体资源；透明状态时，既可正常透光，也可考虑实现全息投影。

图 4-42 调光投影膜

4.3.4 投影仪采购建议

在了解了投影仪的原理、分类及特点，明确用户实际需求后，购买投影仪时还要重点关注以下几个方面的要素。

（1）分辨率

分辨率越高，图像就越清晰，目前常用的分辨率有 1024×768 dpi、1920×1080 dpi 等。当演示的内容比较精细时，应选择分辨率相对较高的投影仪。

（2）亮度

投影仪的亮度是决定图像显示清晰度的关键因素，以流明数表示，数值越大亮度越高。目前，市场上销售的投影仪亮度差别很大，从数百流明到上万流明不等。

（3）对比度

对比度越高，图像层次感就越强，越逼真生动。若演示内容中常包含图片或影视资料，应选购对比度较高的产品。

（4）灯泡使用寿命

灯泡作为投影仪的主要耗材，使用成本较高，其使用寿命是选购投影仪时首先考虑的重要因素。建议购买 UHE 灯泡或 UHP 灯泡，对日常生活或小型商务应用可考虑购买 LED 微型投影仪，这样可在较长时期内不必为更换灯泡而担心。

（5）梯形矫正

在使用投影仪时，投影仪应尽可能位于投影屏幕的垂直中心线上，否则投影图像将呈现梯形。为了得到正常的投影效果，需要依靠投影仪的梯形矫正功能进行矫正。投影仪的梯形矫正能力决定了投影仪摆放位置的范围。

（6）便携性

大部分的投影仪重量为 2～6 kg，但对于需要经常出差的人，由于必须携带笔记本电脑，应选择重量为 0.9～2 kg 的投影仪，这些投影仪能够满足一般商业环境的需要。

（7）售后服务

由于投影仪的技术含量相当高，其配件、耗材（基本上指灯泡）比较昂贵而且多为专用产品，投影仪一旦出现问题，所需花费的维修成本就相当大，所以购买拥有良好售后服务的产品显得尤其重要。良好的售后服务为用户提供了更大的保障，使用户更放心。

总之，选择好品牌的投影仪会是一个比较明智的选择。

4.3.5　投影仪安装和使用

1. 安装方式

投影仪的安装方式有正面投影与背面投影之分。正面投影是指用户与投影仪位于投射画面的同侧，其投射的图像与用户观察到的图像左右一致，如图 4-43 所示；而背面投影则是指用户与投影仪位于投射画面的两侧，其投射的图像与用户观察到的图像左右相反，如图 4-44 所示。

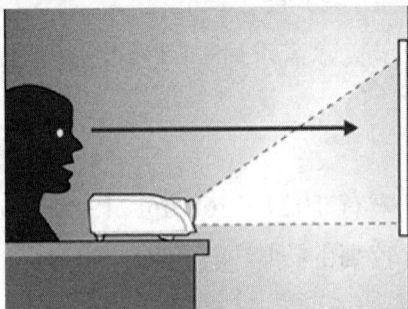

图 4-43　正面投影

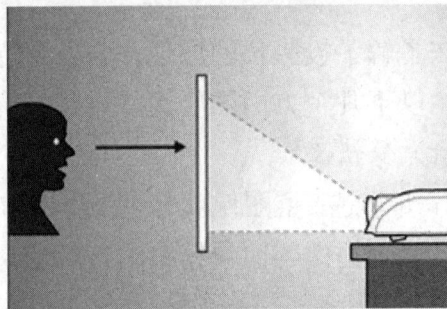

图 4-44　背面投影

投影仪的安装方式还有正立投影和倒挂投影之分。正立投影是指投影仪正面向上摆放在平面（如桌面）上，其投射的图像与用户观察到的图像上下一致，如图 4-43 和图 4-44 所示都属于正立投影；倒挂投影是指投影仪正面向下倒挂在高处，其投射的图像与用户观察到的图像上下相反，如图 4-45 和图 4-46 所示都为倒挂投影。

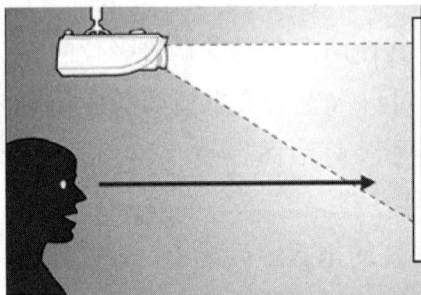

图 4-45　倒挂正面投影

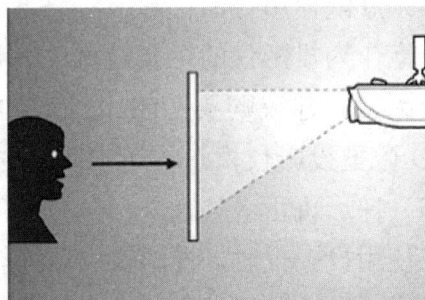

图 4-46　倒挂背面投影

根据场地限制和使用需求，用户可以灵活地选择上述安装方式的组合，图 4-43 是正立投影和正面投影的组合，图 4-44 是正立投影和背面投影的组合，图 4-45 是倒挂投影和正面投影的组合，图 4-46 则是背面投影与倒挂投影的组合。

2. 设备连接

在确定投影仪的安装方式及有关设备的摆放位置后，就可以实施设备之间的连接了。投影仪提供了丰富的输入接口，用于与其他影视设备相连，如图 4-47 所示。

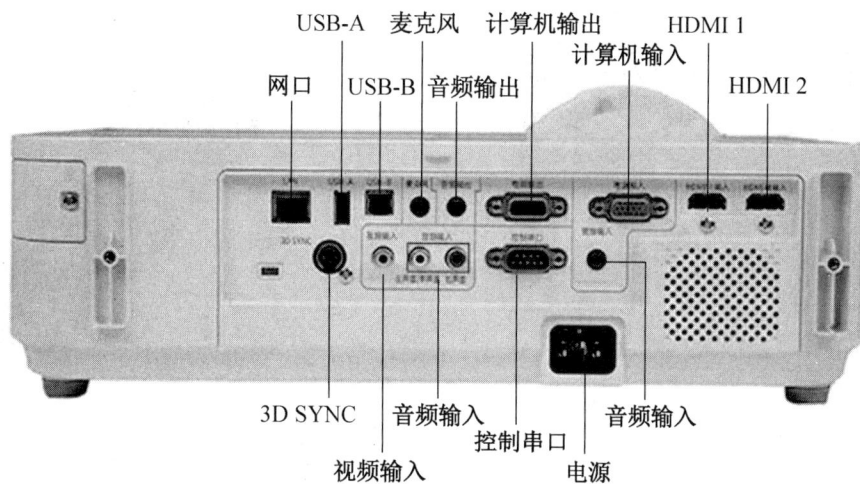

图 4-47　投影仪常见接口

台式计算机的主机一般只有一个视频输出接口，正常情况下与显示器相连并输出图像，此时若要连接投影仪设备，需要先断开与显示器的连接，改接投影仪设备。当然，部分投影仪设备一般同时配有视频输入接口和输出接口，在台式计算机的主机已与投影仪相连的情况下，将显示器连接到投影仪的视频输出接口上，可实现显示器与投影仪同步显示。

笔记本电脑除了通过内置的视频线路向其液晶显示器提供输出信号，同时还配有外置的图像输出接口，可向其他显示设备提供图像输出。将笔记本电脑的视频输出接口和投影机的输入接口用视频线连接起来，可将笔记本电脑的显示图像传输到投影机后进行输出。

3．基本使用

默认情况下，处于开机状态的投影仪可以自动检索可用信源设备，成功检索后还可以自动显示信源设备输出的影像信息。投影仪与录像机、台式计算机或笔记本电脑等信源设备正确连接后，分别打开投影仪和信源设备的电源，一般情况下投影仪就可以显示影像信息。

在 Windows 10 系统中按"Windows+P"组合键可展开界面切换，在笔记本电脑上也有专用的切换组合键，只不过不同品牌的笔记本电脑其组合键不同。

投影仪将影像投射到屏幕后，可能会出现投射尺寸不当、图形扭曲变形、图像失真模糊、明暗对比失当等现象，此时就需要对投影仪进行必要的调整，以便得到良好的投影效果。调整投影仪工作参数时既可以利用投影仪控制面板（见图 4-48）进行操作，也可以利用投影仪遥控器（见图 4-49）进行操作。

在投影仪控制面板和遥控器中都有功能按钮，左、右两个 VOL 键用于调整音量，上、下两个 KEYSTONE 键用于梯形校正。投影仪镜头附近的 FOCUS 和 ZOOM 调整轮（见图 4-50）分别用于调整镜头焦距和图像放大倍数。

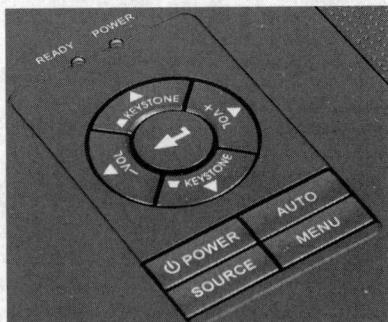

图 4-48　投影仪控制面板

图 4-49　投影仪遥控器

对于更高级的参数调整，可通过按下投影仪控制面板或遥控器面板中的 MENU 键来打开投影仪菜单，如图 4-51 所示。在投影仪控制面板或遥控器面板中，按左、右方向键可以横向选择菜单，按上、下方向键可以纵向选择菜单，按确认键可以确认执行菜单项操作。

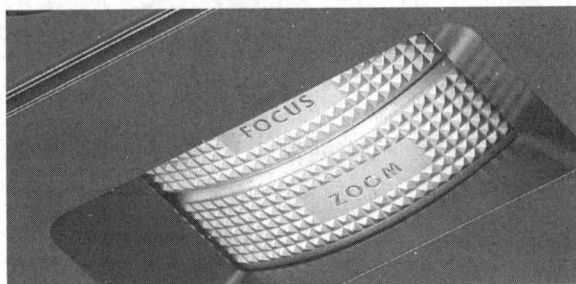

图 4-50　FOCUS 和 ZOOM 调整轮

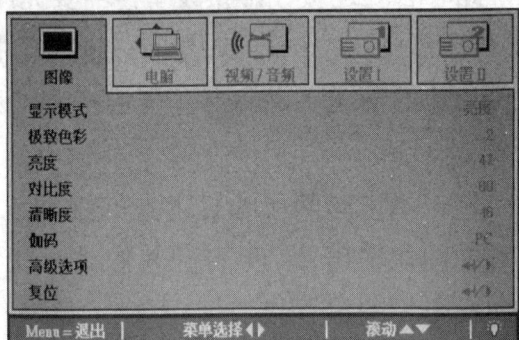

图 4-51　投影仪菜单

投影仪自身设有电源开关，在控制面板和遥控器面板上还设有 POWER 按键。开机时，先打开投影仪的电源开关，然后再按一下 POWER 键，当状态指示灯停止闪烁时表明投影仪启动成功。投影仪的关机过程正好相反，先用 POWER 按键停止投影仪工作，当状态指示灯停止闪烁后再用电源开关为投影仪断开电源。

4. 日常维护

为得到高清晰度、高亮度的投影效果，投影仪采用了专用的投影灯泡。投影灯泡在发光过程中会产生巨大热量，如果不能及时排出，将会影响投影灯泡和投影仪的使用寿命，严重时还可能引发灯泡爆炸，造成更多影响。因此，对投影仪的日常维护最重要的就是为投影仪及时排放热量。

投影仪是精密的光电设备，在其使用过程中要注意通风、防尘、防高温，在日常存放过程中要注意防湿、防潮、防霉变，在运输过程中应注意防挤压、防震动、防擦划。在投影仪使用一段时间后，要注意及时清洗防尘过滤网，以免影响通风过滤。当投影亮度急剧下降时，应及时购买并更换投影灯泡，以防投影灯泡过度使用而发生爆炸。另外，还要保持投影仪镜头表面的清洁，避免用硬物进行擦拭。

投影仪在使用过程中会释放大量热能,投影仪使用完毕时应先使用POWER键关机,等到投影仪面板上的指示灯停止闪烁且机内散热风扇停止转动时,再关掉电源开关,最后再从供电电路中断开。

4.4 OLED 显示技术及应用

随着显示技术的发展及用户对显示需求的提高,传统液晶显示器可视角小、响应速度慢、亮度不足、黑色不纯和屏幕漏光等缺点逐渐显现出来。面对用户的新要求,有机发光二极管(OLED)显示技术应运而生。

4.4.1 OLED 发光原理

OLED 基于有机材料电致光原理将电能直接转换为光能,所以又称有机电致光二极管。OLED 由阳极、阴极及二者之间的多层有机材料结构组成。在电场的作用下,从阳极注入的空穴(正电)和从阴极注入的电子(负电)都向发光层(EML)移动,当空穴与电子相遇复合时就会激发光能并最终发出可见光,如图 4-52 所示。

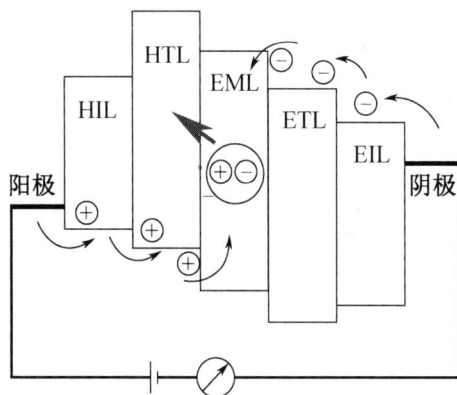

图 4-52　OLED 结构和发光示意图

OLED 的发光颜色取决于发光层有机分子的类型,可以通过设计 OLED 发光层的有机材料让其发白光,再经彩色滤光片滤光得到相应彩色光,也可通过改变发光层有机材料让其直接发出红、绿、蓝三种原色光。

4.4.2 OLED 显示器

OLED 和 LCD 都是重要的图形显示技术,但与传统 LCD 技术相比,OLED 技术更先进,图像显示效果更好,目前已占据高端显示设备市场。

1. OLED 像素结构

LCD 屏幕的像素不能自主发光,需要背光模组提供的背光源照射液晶层,其像素结构如图 4-53 中的左图所示。通过控制液晶层两侧电极间的电压来调节液晶粒子的透光量,再经彩色滤光片过滤,最终在显示屏上呈现彩色图像。

OLED 是有机发光二极管,每个像素点都可以自发光,并可通过调节发光层中的电流大小来改变各像素的发光亮度,因此 OLED 屏幕不需要背光模组提供光源,也不需要液晶层来调节像素亮度,其像素结构如图 4-53 中的右图所示。

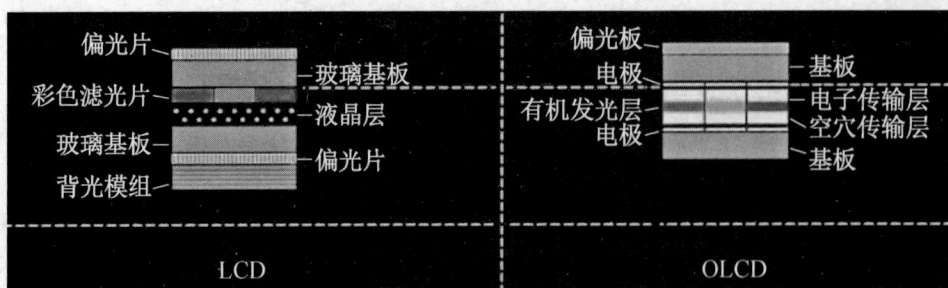

图 4-53　LCD 和 OLED 显示屏像素结构

2. OLED 分类

按像素驱动发光方式，OLED 可分为被动驱动式和主动驱动式两种。

被动驱动式 OLED（Passive Matrix OLED，PMOLED）单纯地以阴极、阳极构成像素阵列，如图 4-54 中的左图所示，以扫描方式点亮阵列中的像素，每个像素都可在短脉冲模式下瞬间高亮度发光。PMOLED 制程比较简单、结构单纯，可以有效降低制造成本。然而为维持显示亮度，需要加大每个像素点的工作电流，但会影响像素点寿命。因此，PMOLED 不宜用于大尺寸与高分辨率面板上。

主动驱动式 OLED（Active Matrix OLED，AMOLED）采用独立的薄膜电晶体去控制每个像素，如图 4-54 中的右图所示，每个像素皆可以连续且独立地发光，所以驱动电压低、发光元件寿命长、面板更薄柔，适用于大尺寸、高分辨率、高信息容量的全彩化 OLED 显示产品，但缺点是制程复杂、生产成本高。

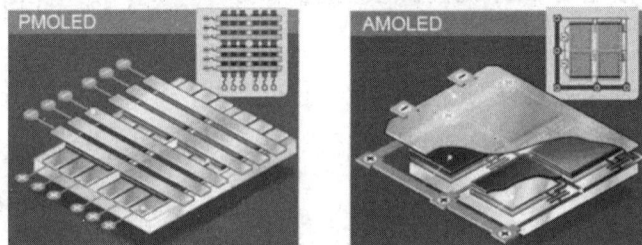

图 4-54　PMOLED 和 AMOLED

3. OLED 点阵成像

从 OLED 显示器成像角度来看，OLED 显示器由多层结构组成，如图 4-55 所示。其中最左端的发光层由 OLED 点阵发光单元组成，所有发光单元的亮灭状态组合在一起就形成了点阵图案。此图案再通过中间各层的处理，最后到达屏幕表面并产生彩色图像。

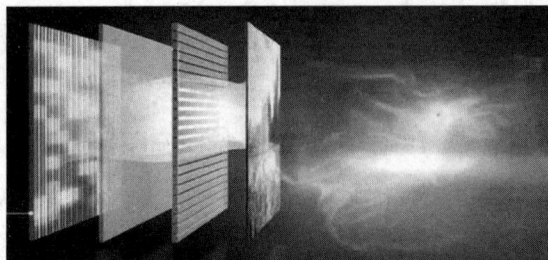

图 4-55　OLED 显示器成像示意图

4.4.3 OLED 显示器特点

OLED 显示器的核心器件是低电压驱动的有机发光二极管，因此与传统 LCD 显示器像素构成相比，OLED 显示器具有比较突出的特点。

1. 主要优点

（1）耗电省

OLED 显示器可独立控制其各像素点发光的开关及亮度，显示全白图像时所有像素点都发光，显示全黑图像时所有像素点都不发光，显示彩色图像时只要按需点亮相应像素点即可，部分高端手机的息屏提醒功能就是根据此特性实现的。相对于始终全亮的 LCD 显示器背光源，OLED 显示器的背光源利用效率更高，所以 OLED 显示器比 LCD 显示器更节能。

（2）厚度薄

OLED 可以自发光且可通过控制电流大小来调节发光亮度，所以 OLED 显示器中不需要背光层和液晶层，显示屏厚度可以变薄。

（3）可弯折

由于 OLED 显示器不存在液晶层和背光层，OLED 可以蒸镀或喷涂在软性材料（如塑料、树脂等）上，因此 OLED 显示器可以进行较大幅度弯曲或随意折叠，如曲面屏；而 LCD 显示器只能在部分大屏上实现小幅度弯曲。

（4）响应快

图像的显示是由众多像素点实现的，动态图像则是由像素点的状态（颜色、亮度等）变化来实现的。像素点从一种状态变化到另一种状态所需的时间被称作响应时间。如果响应时间太长，在画面快速变化时像素点状态来不及更新，就会出现拖影现象。而 OLED 显示器屏幕综合响应速度很快，可达到微秒级，几乎没有拖影现象。

（5）亮度高

OLED 有机发光层要比其他层薄很多，其导电层和有机发光层可做成多层以提高发光效率。另外，OLED 采用软性塑料而非硬性玻璃作为基层，也会降低光吸收率。

（6）视角广

OLED 自身发光，其光源贴近屏幕表面，因此视域范围宽，其上、下、左、右视角可达 170°，在大视角范围内画面不失真。

（7）色彩纯

色彩的纯度取决于对比度，一般以白色与黑色的比值表示。对比度越高，画面颜色纯度越高。OLED 的像素点全灭表现为纯黑，像素点全亮表现为纯白，所以理论对比度可以达到无限大。相较而言，OLED 显示器的彩色图像如同色彩纯正而细腻的油画，而液晶显示器的图像则像色彩朦胧而清淡的水彩画，OLED 显示器的画质更佳。

（8）蓝光伤害小

在可见光中，蓝光对人眼的伤害较大，原因是其波长相对短，穿透力相对强。与液晶显示器相比，OLED 显示器屏幕产生的蓝光波长相对较长，对人眼的危害更小。

2. 主要不足

由于 OLED 利用有机材料发光，相对 LCD 显示器而言，OLED 显示器的缺点同样突出。

（1）寿命短

通电发光时，OLED 的老化速度比无机材料要快得多，因此 OLED 寿命较短，目前正常使用时间约为三年。

（2）易烧屏

OLED 显示器的众多像素点各自独立发光，随着工作时长的不断累积，各个像素点之间的老化程度会有差异，老化快的区域就会形成残影，即出现烧屏现象。

（3）频闪

目前技术条件下，OLED 显示器屏幕只能采用脉冲宽度调制（PWM）调光方式，即保持 OLED 发光时的亮度不变，通过周期性地控制亮屏和熄屏时长之比（即亮屏比）来模拟调节亮度。在低亮度时，熄屏时间过长，肉眼就会明显观察到屏幕闪烁现象，建议 OLED 显示器亮屏比保持在 60%以上。

（4）清晰度低

与液晶显示器屏幕逐行水平排列像素点不同，OLED 显示器屏幕像素点只能按倾斜 45°线排列，故在相同分辨率下，OLED 显示器的清晰度仅为液晶显示器清晰度的 $\sqrt{2}/3$ 倍。不过，目前 OLED 显示器屏幕已相当清晰，即便分辨率为 1K 都很难看出像素点，更何况 OLED 显示器屏幕标配为 4K 分辨率。

4.4.4　OLED 技术应用

在显示技术领域，OLED 技术是后起之秀，无论从技术上还是实际应用上都具有一定的优势。目前，全球的 OLED 屏幕供应格局已经基本成型，韩国处于相对主导地位，我国企业正在奋起直追。

OLED 屏幕视角广、亮度高、色彩鲜艳，视觉效果比 LCD 屏幕好很多，其应用范围更加广泛，可以延伸到电子产品、商业、交通、工业控制、医用等众多领域当中。

OLED 屏幕具有可弯曲、轻薄、抗衰性能强等特性，既美观又实用。在电子产品领域，应用最为广泛的就是智能手机，其次是笔记本电脑、显示器、电视机、平板电脑、数码照相机等产品，曲面屏电视机也深受消费者好评。

总之，就目前市场而言，OLED 屏幕与 LCD 屏幕两大阵营的竞争基本属于相对平衡的状态。从竞争优势来说，LCD 屏幕阵营一般在价格上占优，OLED 屏幕阵营则在性能上占优。

4.5 ● **LED 显示技术及应用**

发光二极管（LED）是一种新型、环保、可靠的光源设备，常用于电路指示灯或显示光源，具有多种外观，如图 4-56 所示。

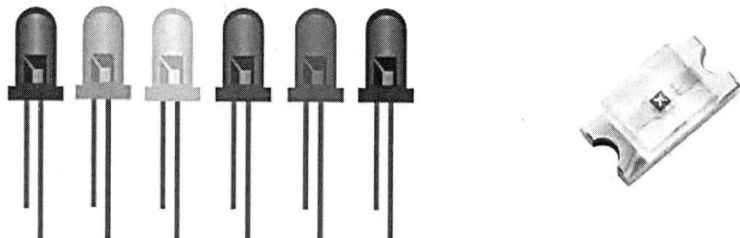

图 4-56　发光二极管外观

LED 技术的出现实际上要比 OLED 技术早，LED 和 OLED 都是发光二极管，都是基于电致发光原理发光的，只不过前者采用无机材料发光，而后者采用有机材料发光。

4.5.1　LED 简介

LED 是发光二极管的简称，其半导体芯片主要由相互连接的 P 型和 N 型两部分材料构成，分别对应如图 4-57 所示的 P 区和 N 区，N 区包含过量电子，而 P 区因缺少电子形成带正电的"空穴"。

在无外加电压情况下，LED 静电场平衡后就会在 P 区和 N 区之间产生很薄的"P-N 结"。当外部电压作用于 LED 时，N 区中电子和 P 区中空穴分别向"P-N 结"迁移，二者复合时激发出光子，并对外发出可见光。

图 4-57　LED 原理示意图

LED 采用低电压（1.2～4.0 伏）驱动发光，其亮度可通过调节电压来改变，电压越高，LED 发光越亮。

LED 的发光颜色与其所用材料和制作工艺有关。最早的 LED 光源问世于 20 世纪 60 年代初，当时选用的材料是磷砷化镓，LED 只能发出红光；后来经进一步研究发现，磷化镓 LED 发绿光，碳化硅 LED 发黄光，铟镓氮 LED 发蓝光等。

在显示领域，LED 作为发光器件主要应用于两个方向：一是应用于 LCD 背景，二是应用于显示像素。后续的小节将分别介绍 LED 在这两个方向中的应用。

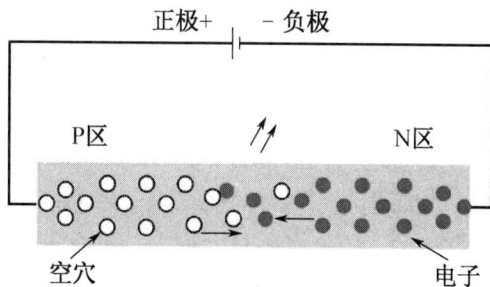

4.5.2　LED 的封装

LED 耐冲击、抗震动、寿命长（约 10 万小时）、可靠性高，在大型的显示设备中暂无其他的显示方式能与之匹敌。

LED 发光晶粒尺寸较小，除封装为灯珠用作指示灯外，很少单独使用。大多数情况下，为方便使用 LED 发光晶粒，常将数颗晶粒封装在一起。在生产工艺上，LED 晶粒主要采用分立封装（SMB）和集成封装（COB）两种封装方式。

LED 分立封装属于传统封装，先将 LED 晶粒逐个封闭成 LED 灯珠，然后再将独立的灯珠焊接在 PCB 板上，如图 4-58 所示，这样有利于提高 LED 晶粒的应用效率。

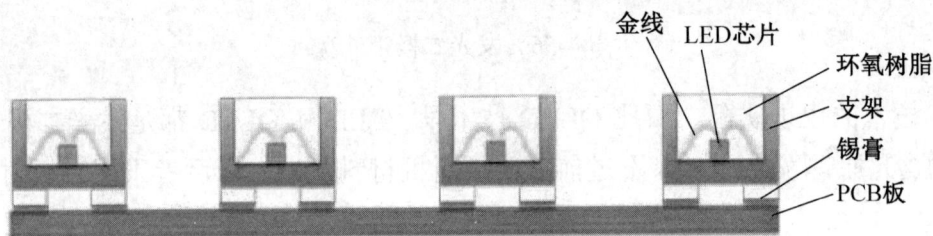

图 4-58　LED 分立封装

LED 集成封装是一种多灯珠集成化无支架封装技术，如图 4-59 所示，直接将 LED 晶粒封装在 PCB 板上，无须烦琐工艺，省去接脚焊接，LED 芯片和焊接导线都被紧密包封，没有任何外露，能够保证超高的稳定性。

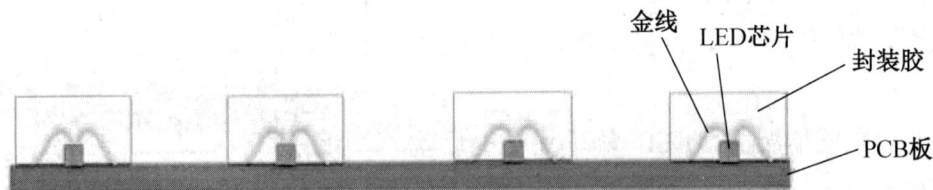

图 4-59　LED 集成封装

4.5.3　LED 液晶显示器

液晶显示器的发展先后经历了两种背光源，如图 4-60 所示。起初采用如图 4-60 所示左图中的冷阴极荧光灯管（CCFL）光源组，当前更多采用的是如图 4-60 所示右图中的发光二极管灯条光源组。采用 LED 背光源的液晶显示器常被称作 LED 显示器，或被称作 LED 液晶显示器，以区别于 CCFL 背光源的液晶显示器。

LED 灯条替代 CCFL 灯管作为液晶显示器背光源，明显提升了显示器的综合性能。

1．背光更均匀

CCFL 灯管类似于日常生活中的荧光灯管，并排于背景光组的底层，可以发出均匀排列的线形光；LED 灯珠均匀散布在灯条上，灯条并排于背景光组底层，可以发出均匀的点状光。这些点状或线形光再经特制的散光层处理后形成背景光，所以 LED 灯条发出的均匀点阵光处理后更均匀。

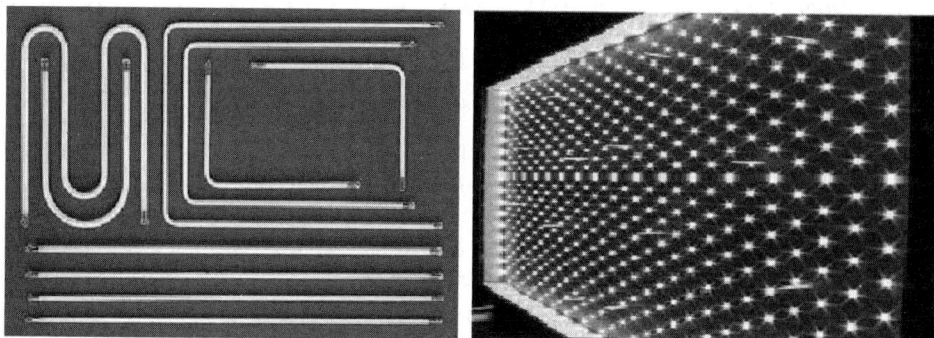

图 4-60　两种背光源

2．更环保

CCFL 灯管结构复杂、功耗高、亮度低、寿命短，依赖于有毒性的汞元素；LED 灯条结构简单、功耗小、亮度高、寿命长，更加环保。

3．成像更好

CCFL 光源色彩纯度不足，会导致液晶显示器的色彩不纯，灰度和色彩过渡方面表现不佳；LED 光源色谱范围广、发光均匀、色域范围大，LED 显示器的色彩更为饱满，画面更清晰，色彩过渡更自然。在色域方面若与 CRT 显示器相比，CCFL 背光源的液晶显示器只能实现 NTSC 色彩区域的 78%，而 LED 显示器却能轻松地达到 100%。

4.5.4　LED 直显屏

LED 直显屏又称 LED 显示屏，是不同于 LED 显示器的另一类显示设备。在本书中，LED 显示器特指以 LED 作为背光源的液晶显示器，而 LED 直显屏则特指以 LED 晶粒作为像素光源的电子显示屏，如图 4-61 所示的电子显示屏就是 LED 直显屏。

图 4-61　电子显示屏

1．LED 直显屏分类及结构

LED 直显屏种类繁多且应用广泛，故分类标准就有很多。按发光颜色可分为单基色屏、双基色屏和三基色全彩屏；按使用环境可分为室内型、室外型和介于二者之间的半室外型；按使用方式可分为同步型和异步型，前者等同于计算机显示器，而后者则是可利用自身存储及播放能力离线播放指定内容的 LED 直显屏；按其显示器件，又可分为

LED 数码直显屏和 LED 点阵图文直显屏两大类。

（1）LED 数码直显屏

LED 数码直显屏适用于制作时钟屏、利率屏等显示数字的电子显示屏。如图 4-62 所示为 LED 七段数码管，通过针脚电路可控制某段的亮或灭，可显示 0～9 和 A～F 十六进制数，其中的 P 点用于显示小数点。类似地，通过更多的设计就可显示更多图案，如图 4-63 所示为空调显示面板。

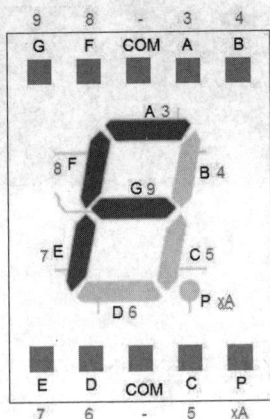

图 4-62　LED 七段数码管

图 4-63　空调显示面板

（2）LED 点阵图文直显屏

LED 点阵图文直显屏是由许多均匀排列的发光二极管或晶粒组成的点阵显示模块，适用于显示文字、图像或视频等信息。

如图 4-64 所示为 8×8 点阵 LED 显示模块结构图，8 行 8 列共 64 颗 LED 整齐排列在行线和列线交叉点上，利用纵横交叉的电路可以独立控制 LED 发光。在显示模块中，按需控制部分 LED 的亮或灭，就会显示出定制的点阵图案。

除 8×8 点阵外，还有 16×16、32×32 等点阵显示模块，模块点阵数越大则其可以显示的图文越精细。LED 点阵显示模块还可以纵、横连接，如图 4-65 所示为由多个 LED 点阵显示模块组成的 LED 时钟显示屏。

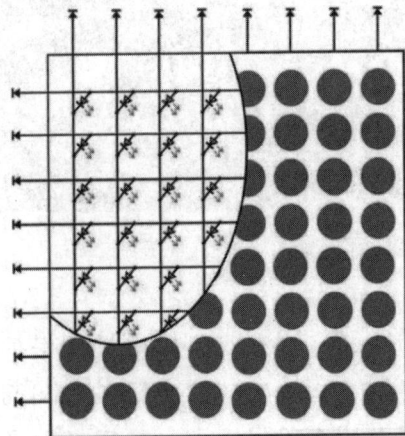

图 4-64　8×8 点阵 LED 显示模块结构图

图 4-65　LED 时钟显示屏

2. LED 直显屏原理

不同材料制作的 LED 会产生不同颜色的光。在生产工艺上，经常将发光二极管制作成只发单基色光的 LED 灯珠或晶粒，如红色 LED、绿色 LED 和蓝色 LED 等灯珠或晶粒。

LED 点阵图文屏由若干像素点构成，每个像素点又由若干不同基色的 LED 组成。

单基色 LED 直显屏的各像素点由同 1 种单基色 LED 组成，常用于显示单色图文，如图 4-65 所示的 LED 时钟显示屏就是单基色 LED 直显屏。

双基色 LED 直显屏的各像素由 2 种单基色 LED 组成，可以显示双基色多彩图文。双基色 LED 直显屏一般采用红和绿两种基色，红、绿 LED 各自单独发光时分别显示红色和绿色，二者同时同亮度发光时则显示黄色。

三基色全彩 LED 直显屏的各像素点由大于 3 种的单基色 LED 组成，可以显示全彩色图文。一般全彩色 LED 直显屏像素由 1 个红色 LED、1 个绿色 LED 和 1 个蓝色 LED 组成，可以显示全彩色图文，全彩 RGB-LED 像素如图 4-66 所示。有些 LED 直显屏可能由 2 个红色 LED、1 个绿色 LED 和 1 个蓝色 LED 组成，以适应特殊场景和改善某些显示效果，全彩 RGRB-LED 像素如图 4-67 所示。

LED 通电发光后可通过调整工作电压来控制其发光亮度，一般都可达到 256 级灰度（2^8），每个单基色 LED 像素就可实现 256 级亮度变化，双基色 LED 像素的颜色数量可达 64K（2^{16}）。

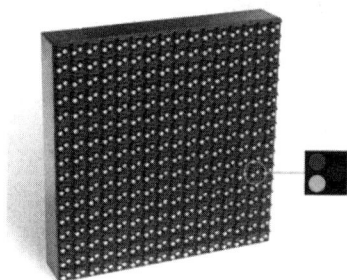

图 4-66　全彩 RGB-LED 像素

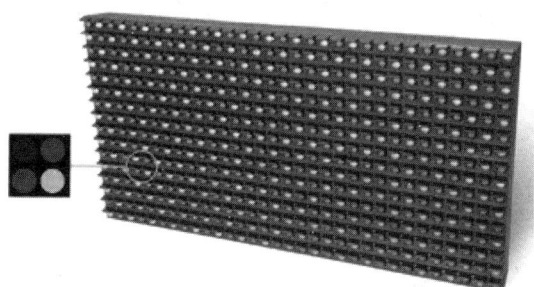

图 4-67　全彩 RGRB-LED 像素

在实际应用中，全彩 LED 直显屏要求 256 级到 4096 级灰度，如图 4-68 所示，图像会更加细腻，色彩更加丰富。

3. LED 直显屏技术指标

LED 直显屏凭借亮度高、功耗小、电压低、寿命长、耐冲击、抗干扰、色彩艳丽等特点，在室内外各类复杂环境中具有其他显示屏不可比拟的优势，其应用非常广泛。了解和掌握 LED 直显屏的主要

图 4-68　全彩 LED 直显屏

技术指标，是选购、使用和维护 LED 直显屏的必要条件。

（1）像素间距

像素间距是指相邻两个 LED 像素之间的距离，常以毫米为单位，使用 Pn 表示（n 为间距毫米值），例如 P10 就代表像素间距为 10 mm。像素间距越小意味着清晰度越高，当然相应价格也高。户外大屏多采用 P6 或 P8，室内大屏一般选用 P2～P4。

（2）视距

视距是指屏幕位置到观众之间的距离。对于特定像素间距的 LED 屏幕，存在最小视距、最佳视距和最大视距三种，其中最佳视距是指图像保真度的临界点，如果离得太近，图像品质会降低或屏幕会出现像素化。用户可以用像素间距和最佳视距相互推算，基本公式：像素间距（毫米数）×10=最佳视距（英尺数）。例如，像素间距为 P10 的 LED 显示器的最佳视距约 100 英尺（1 英尺≈0.3048 米）。

（3）有效视域

有效视域是指直显屏中真正显示图像的像素区域，不包括直显屏边缘区域，常用宽度与高度相乘的形式表示，如 3.33 m×2 m 表示宽 3.33 米、高 2 米。

（4）分辨率

点阵图的分辨率用行、列像素数的乘积表示。例如，1920×1280 表示每行显示 1920 像素、每列显示 1280 像素。对 LED 直显屏来讲，其有效视域、像素间距和分辨率之间存在线性计算关系，如有效视域为 6.4m×3.6m 的 P5 LED 直显屏，其水平和垂直分辨率分别为 1280（6400÷5）和 720（3600÷5），即分辨率为 1280×720。

（5）亮度

根据不同的环境因素来选择 LED 直显屏的亮度。例如，室外显示屏亮度一般应不低于 4000 nit；室内非强光环境中一般需要 200～1000 nit。但 LED 直显屏宜采用低亮度，既能节能减耗，又可减轻光污染。

（6）刷新率

刷新率是指 LED 每秒可显示的帧数，单位为赫兹（Hz）。对于 LED 直显屏，刷新率低于 360 Hz 会感到明显的闪烁，而高于 1000 Hz 就感觉不到闪烁。刷新率越高对眼睛的伤害越小，但能耗越高。LED 直显屏一般会选用 1920 Hz 或 3840 Hz 这两种刷新率。

4．LED 直显屏安装和使用

为便于生产和安装，LED 直显屏都是采用模块化设计的，主要分为显示模块、控制系统和电源系统等部分，其结构如图 4-69 所示。显示模块是 LED 点阵，作用是使屏幕发光；控制系统则是用于调控区域内 LED 的开关及亮度，以便在显示模块中实现对图像的还原；电源系统则是对输入电压、电流进行转化，使其满足屏幕显示的需要。

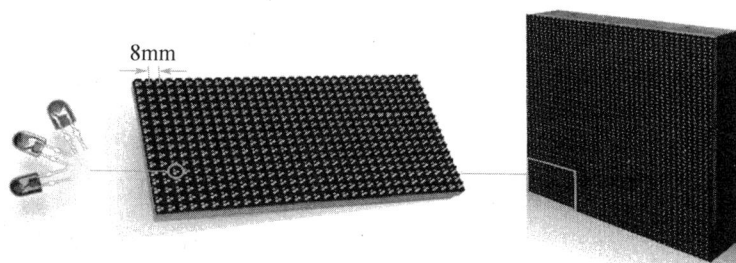

图 4-69　LED 直显屏结构

（1）LED 直显屏安装

LED 直显屏系统的拓扑结构如图 4-70 所示。它的安装包括硬件安装和软件安装两部分，硬件安装一般都交由专业团队实施；而 LED 直显屏的 LED 播放管理系统软件（见图 4-71）一般安装在计算机系统内进行管理，也有的 LED 直显屏系统支持利用应用程序（App）进行管理。

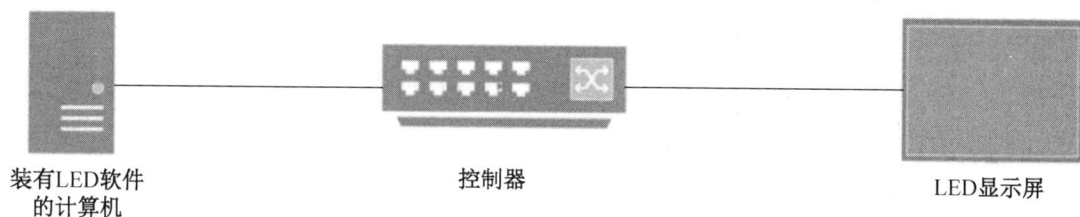

装有LED软件　　　　　　　　控制器　　　　　　　LED显示屏
的计算机

图 4-70　LED 直显屏系统的拓扑结构

图 4-71　LED 播放管理系统软件

（2）LED 直显屏使用

待 LED 直显屏系统的软、硬件安装到位，全面调试就绪，用户经系列培训后，系统就可投入使用了。

① 系统启动和关闭

启动 LED 显示系统时，要先启动计算机系统，再运行其中的 LED 直显屏专用播放管理系统，最后再打开 LED 直显屏。关闭 LED 显示系统时，要先关闭 LED 直显屏，再关闭 LED 直显屏专用播放管理系统，最后关闭计算机系统。

② 系统配置

打开 LED 直显屏播放管理系统界面，利用它可以配置 LED 直显屏的基本参数，如纵横像素、颜色等。用户应根据 LED 直显屏系统的硬件情况进行设置，以便系统对 LED 直显屏进行准确控制。

③ 节目管理

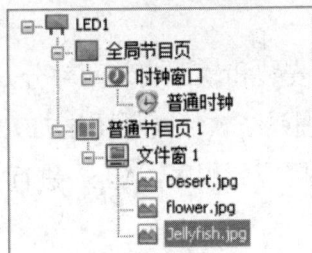

图 4-72   节目管理界面

LED 直显屏的播放内容是以节目为单位进行管理的，如图 4-72 所示，节目内容可包含文本、图像、音视频等。在 LED 直显屏播放管理系统中，被管理的节目内容一般会在预览窗口中即时展示，以便可以直观地对其进行设置和调整，如设置播放位置和大小等。当播放的内容涉及多个节目时，可利用管理软件系统设置它们的播放顺序。

④ 发送播放

LED 直显屏播放管理系统编排节目完毕后，应将其发送至 LED 直显屏进行播放。节目发送方式既可采用异步方式发送，如 U 盘复制、串口通信等，也可采用网络通信等方式同步发送。

一般地，节目发送完毕后，LED 直显屏就能正常播放指定的媒体资源了。

（3）LED 直显屏注意事项

LED 直显屏是较为专业的大屏设备，应定期邀请专业人士检查，及时排除故障和潜在的安全风险。禁止非专业人士触碰 LED 直显屏内部结构，以防出现意外。

应特别注意 LED 直显屏系统的开关顺序，在系统关闭后需要再次启动时，间隔时间不能过短，一般需大于 5 min。

LED 直显屏加电前或断电前，都应保证 LED 直显屏管理系统都在运行，以确保 LED 直显屏尽可能多地被该系统控制。

当 LED 直显屏出现显示异常（如局部特别亮）时，应注意及时关屏。LED 直显屏在全白、全红、全绿、全蓝或失控状态，环境温度较高、湿度较高时不宜长时间开屏，遭遇恶劣天气时不得使用。

LED 直显屏不宜 24 h 连续工作，建议每天至少关机 2 h；也不宜长时间关机，建议每月至少开启 2 h，在长期潮湿的环境中应适当增加开启频次。

4.5.5   Mini LED 显示技术

Mini LED 延续了 LCD 的核心理念，并对 LCD 背光源进行替代和改进，担负着与 OLED 技术阵营同台竞争的重任。

1．Mini LED 简介

随着 LED 芯片及其封装工艺技术的突破，LED 晶粒大小和晶粒间距正在实现微缩化，屏幕的分辨率与显示效果不断获得提升。LED 晶粒间距微缩化经历着从普通 LED、Mini LED、Micro LED 的渐进式升级。

Micro LED 是 LED 技术发展的战略高点，但当前该技术还不够成熟，Mini LED 就成为实现 Micro LED 前的过渡技术。

Mini LED 晶粒尺寸大小约在 100 μm 量级，像素间距为 0.5～1.2 mm；Micro LED 晶粒尺寸大小为 1～10 μm，像素间距约 0.05 mm 或更小，约为普通 LED 晶粒大小的 1%，如图 4-73 所示。目前，Micro LED 生产制造还存在许多关键技术难点有待攻关，难以投入商业应用，而 Mini LED 技术难度小且成熟，生产良品率更高，更容易实现量产，已成为与 OLED 技术抗衡的主力军。

图 4-73　LED 点阵（左）、LED 晶粒（中）和 Micro LED 点阵（右）

Mini LED 与 OLED 相比，性能更稳定、用电更省、亮度更高、响应更快、寿命更长。

2．Mini LED 显示技术

Mini LED 作为 LED 微缩化和阵列化的新型显示技术，与 LED 技术类似，理论上主要有两个应用方向：一是做显示，作为小间距 LED 直显屏的升级产品，提升了可靠性和像素密度，在 Mini LED 显示屏像素中作为自发光光源；二是做背光，作为 LCD 背光源的升级产品，在 Mini LED 背光液晶显示器的像素结构内作为背光光源。

（1）Mini LED 显示器

Mini LED 显示器的屏幕结构与液晶显示器类似，如图 4-74 所示，由底向上分别是背光层、偏光层、液晶层（夹在电极层之间）、偏光层、滤光层和屏表透明保护层等。其中，Mini LED 晶粒作为发光件均匀分布在背光玻璃基板上，产生背光源。

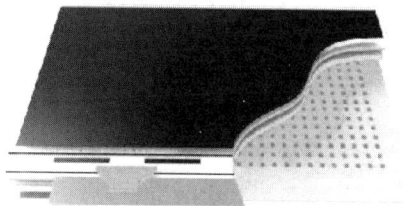

图 4-74　Mini LED 显示屏结构

（2）区域背光调节技术

在 LCD 显示技术中，背光源在显示器工作过程中始终保持全亮，称为整屏技术。而在 Mini LED 显示器中，均匀分布在背光基板上的 Mini LED 晶粒被分成若干区域，各分区中的 Mini LED 晶粒可以分区为单位单独调节发光，称为区域背光调节技术。

如图 4-75 所示，左图采用区域背光调节技术成像，背光晶粒被分区点亮，背光透过液晶层、滤光层等最终在屏表形成五角星图案；而右图采用传统的整屏背光技术，背光晶粒全部被点亮，但仅部分光穿透至屏表产生五角星图形。

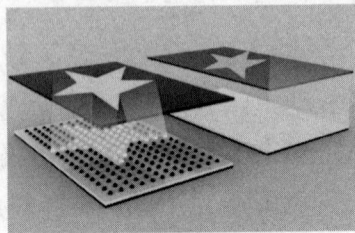

图 4-75　分区背光和整屏背光

利用区域背光调节技术，Mini LED 显示器就可根据显示图像的内容及变化，按需点亮或熄灭相应区域的背光，既可提高显示质量，又可降低能耗。

（3）Mini LED 市场应用

Mini LED 显示器克服了 OLED 容易烧屏等问题，但在技术上仍达不到 Micro LED 想要实现的像素级调光能力，因此 Mini LED 技术和 OLED 技术之间竞争过程或将延续相当长的时间，最终的结果将取决于两个阵营的技术。

Mini LED 对 OLED 的渗透相继发生在电视机、计算机、PAD、智能手表、智能手机等设备的技术中，国内外厂商已先后发布了多款 Mini LED 显示产品。我国在全球 Mini LED 技术领域处于领先地位，2020 年 6 月发布的《Mini LED 商用显示屏通用技术规范》团体标准，有望推动行业发展，增强我国企业的国际竞争力。

4.6　透明屏

透明屏是一种比较特殊的显示设备，它以自发光元件作为显示像素，均匀镶嵌到透明薄膜或透明基板上，形成像素阵列，用于显示点阵图像。

OLED 和 LED 都是自发光元件，因此市场中主要有 LED 透明屏和 OLED 透明屏两种。2020 年小米公司发布了全球首款 OLED 透明屏电视（见图 4-76），完全颠覆传统显示模式，成为行业热议的话题。超清晰显示效果的 OLED 透明屏目前生产成本过高，尚不具备商业应用价值，在一些商务展示和产品陈列时常见的是 LED 透明贴膜屏，如图 4-77 所示。

图 4-76　小米 OLED 透明屏电视

透明屏具有屏幕和透明的双重特性，可以使观众看到屏幕图像的同时还可以透过屏幕看到屏幕后的物品，如图 4-78 所示展示了 LED 透明贴膜屏的显示效果，可以增强信息传达效率和趣味性，给用户带来全新体验和感受。

虽然都是透明屏，但 LED 透明贴膜屏与 OLED 透明屏有着很大的不同，应予以区分，根据自身显示需求选择更加合适的产品。

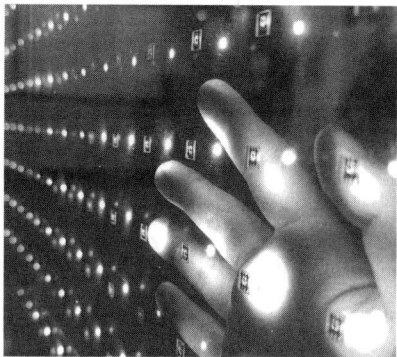

图 4-77 LED 透明贴膜屏

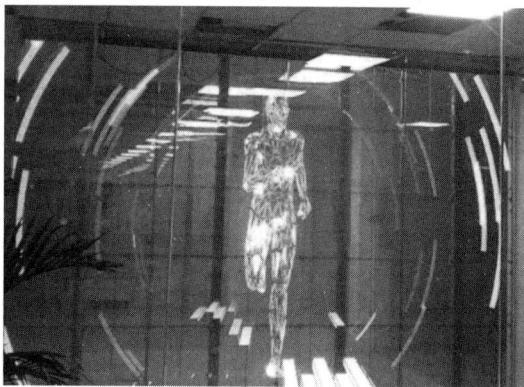

图 4-78 LED 透明贴膜屏显示效果

1．发光原理不同

LED 透明贴膜屏是无机发光屏幕，靠红、绿、蓝单基色 LED 晶粒的亮或灭来主导显示，可实现文字、图形、图像、动画、视频等各种信息的显示；OLED 透明屏是有机发光屏幕，通过电流驱动有机薄膜本身来发光，可显示为红、绿、蓝、白等单基色，进而达到全彩的效果。

2．显示效果不同

LED 透明贴膜屏依靠控制背光源透过的光线来显示图像，在色彩表现、对比度、响应速度和视角等显示方面表现不够好。OLED 透明屏的对比度能做到很大，提高了对比度和画质表现，即便在黑场时也不会出现漏光现象。

3．产品造价不同

OLED 透明屏的单块屏幕连同安装费在 10 万元以上，一个大型展会需要几百万元到上千万元。LED 透明贴膜屏的单块屏幕连同安装费大概在几千元到几万元，相对划算。

4．观看距离不同

OLED 透明屏像素间距小，画面超高清，加工工艺复杂，要求高，不发光的时候像素点也是透明的，适合近距离观看。LED 透明贴膜屏，像素间距较大，画面高清，需做镂空处理，加工工艺相对简单，适合远距离观看。

5．应用领域不同

LED 透明贴膜屏是大屏幕显示，如 5 m^2 以上，适用于玻璃幕墙、商场橱窗等位置的品牌及商务展示；OLED 透明屏目前比较适合应用在中小尺寸面板中，如手机、可穿戴产品、VR 等领域。

4.7 多屏显示技术及应用

　　随着计算机性能的不断提升，人们习惯在计算机中同时运行多个程序，用户可在多窗口间频繁切换以保证工作效率，故需要扩展桌面空间以保障多窗口工作需求。此外，因工作需要用户还希望把某些内容显示得更大一些，以便更多的人能清晰地观看。多屏显示技术可以帮助用户把不同的应用窗口呈现到不同的显示器中，或者将多台显示器中的"小图"拼接组合成一幅"大图"。

4.7.1 多屏显示技术简介

　　所谓多屏显示技术，是指将计算机的显示图像输出到多台显示设备（如显示器、投影仪等）中，各设备可以显示相同内容，也可显示不同内容。多屏显示技术已在金融、证券、交通、航天等领域中得到广泛应用，如图 4-79 所示为"神舟七号"发射现场的多屏显示应用。

图 4-79　多屏显示应用

1. 两种工作模式

　　多屏显示主要有复制和扩展两种工作模式。复制模式就是让多块显示器同步显示相同的内容；扩展模式就是将一幅完整的图像分割成若干幅子图像，再将这些子图像对应发送给多个显示设备，每个显示设备上只呈现自己的子图像。

2. 三级显示应用

　　在多屏显示实际应用中，主要存在三个级别的应用。

　　首先是最基础的屏幕复制，即复制模式，让多屏同步显示完全相同的内容。其次是屏幕扩展，即扩展桌面模式，让多屏显示不同的内容，主要目的是扩大 Windows、Linux 等系统的桌面空间，如图 4-80 所示；另外，基于对扩展桌面的要求，市场上还出现了多种形式的双屏笔记本电脑，如图 4-81 所示，除正常显示器外，还在键盘区中嵌入了辅助显示器。最后是屏幕拼接，即多屏显示同一图案的不同部分，最后拼接成一幅完整的大尺寸图案，如图 4-82 所示。

图 4-80　扩展桌面

图 4-81　双屏笔记本电脑

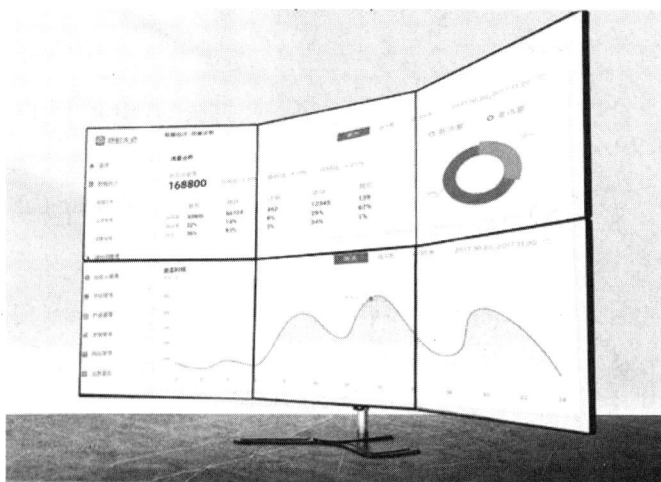

图 4-82　屏幕拼接

屏幕复制、屏幕扩展和屏幕拼接的应用级别逐级升高，低级应用是高级应用的基础。屏幕扩展和屏幕拼接都属于扩展模式，屏幕扩展旨在扩展桌面空间，屏幕拼接为的是拼接组合形成大尺寸显示屏。

4.7.2　多屏显示方案

多屏显示需要特定硬件的支持，主要存在四种硬件解决方案。

1．视频分配器方案

视频分配器是把一个视频信号源平均分配成多路视频信号的设备，其工作目标是输入一路图像信号，转发多路图像输出信号，在无扭曲或无损耗的情况下实现屏幕复制。通常视频分配器除提供多路独立视频输出外，还兼具视频信号放大功能，故也称为视频分配放大器。

准备一台视频分配器，将其输入端与计算机主机输出端相连，然后再将多台显示器分别连接到分配器的多个输出接口，设备连接如图 4-83 所示。

也可以根据计算机的显示输出接口类型（如 HDMI 等）对应准备一条分频线，同样可将一路信号转换成两路或多路信号分别输出到多个显示设备上，当然，图像质量或许会稍受影响，如图 4-84 所示。

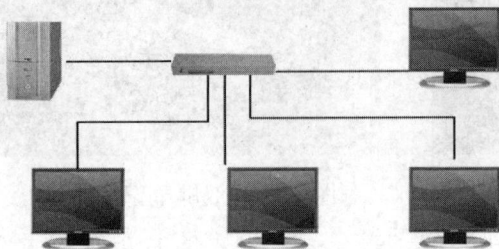

图 4-83　设备连接

图 4-84　分频线

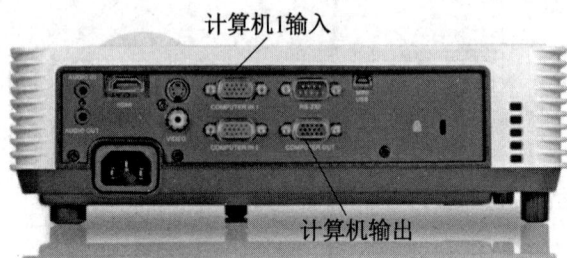

图 4-85　某投影仪的视频接口

另外，也可以借助某些同时具有视频输出和输入接口的显示设备（如投影仪）作为视频分配器，将输入的信号分配成多份，一份信号用于自身显示，其他信号通过输出接口传输给其他显示设备。如图 4-85 所示为某投影仪的视频接口，计算机的视频信号连接其输入接口（如图 4-85 中的"计算机 1 输入"），投影仪的视频输出口（如图 4-85 中的"计算机输出"）再连接到显示器。

2．多显卡方案

在计算机主机内配置多块显卡并各自外接一台显示设备，也可配置多头显卡（见图 4-86），且每个显卡接口外接一台显示设备。计算机利用多块显卡或多头显卡，可将其输入图像复制或切分后，分别通过各自显示接口输出，实现多屏显示，如图 4-87 所示。

图 4-86　多头显卡

图 4-87　多屏显示

另外，笔记本电脑除向自有显示屏输出显示信号外，还可能配有 VGA 接口用于外接其他显示设备，较新型号的笔记本电脑可能还配有其他新型视频输出接口，如图 4-88 所示的笔记本电脑就同时配有 VGA 和 HDMI 两个视频接口，每种视频输出接口都可外接其他显示设备。

同样地，台式计算机也可能配有多个显示输出接口，如图 4-89 所示的台式计算机就配有 VGA、DVI、HDMI 等多种接口，同样可以实现多屏显示。

图 4-88　笔记本电脑多视频接口

图 4-89　台式计算机多视频接口

计算机利用多块显卡或多头显卡，理论上可实现屏幕复制、屏幕扩展和屏幕拼接三种模式，但实际实现效果还依赖于其他硬件的支持。为方便管理和保障多屏显示，建议在为计算机选配显卡时尽量选配同型号的显卡。

3．外拖拼接处理器方案

迈创公司最早推出了一种多屏宝设备，如图 4-90 所示，它可将普通计算机的一路视频图像分成多路视频图像，并根据用户需要分别发送给多台显示器显示。此类设备如今被统称为外拖拼接处理器。

图 4-90　多屏宝设备

外拖拼接处理器的主要功能是将一个完整的视频图像分割成 $M \times N$ 个子视频信号，再将这些子视频信号分别传送给对应的拼接单元（显示设备），各拼接单元显示的图像拼接在一起最终组合成大尺寸视频图像。由此可见，此方案与多头显卡方案相比，相当于将显卡分切图像的能力平移到外拖拼接处理器中。

需要说明的是，拼接处理器除支持最高级的屏幕拼接模式外，还支持屏幕复制模式和屏幕扩展模式。

4．嵌入拼接处理器方案

嵌入拼接处理器方案中，各个拼接单元拥有独立的视频处理模块，如图 4-91 所示。计算机输出的完整图像信号被复制输送到各个拼接单元，各单元内嵌的拼接处理器在计算机控制下独立处理视频图像，复制或分割出自身所需的全部或部分图像并加以显示，最后各拼接单元的图像组合在一起形成一幅大尺寸的拼接图像。

拼接单元中内嵌拼接处理器的能力源自外拖拼接处理器，将外拖拼接处理器的集中处理模块改变为各拼接单元分散处理模式，因此不再需要外拖拼接处理器。另外，由于各拼接单元独立处理图像，所以拼接的单元数量理论上可以无限多。

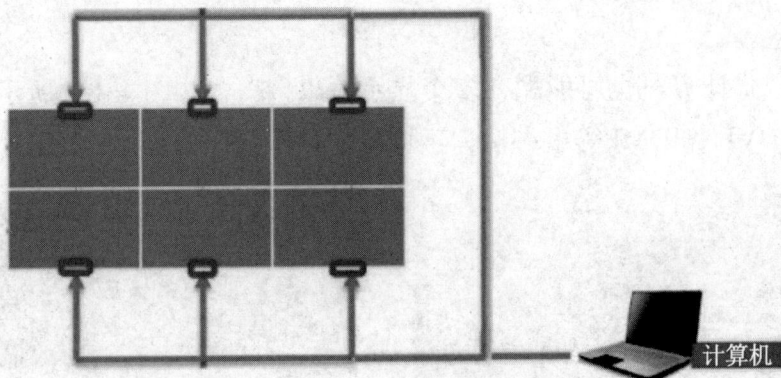

图 4-91　嵌入拼接处理器方案

4.7.3　多屏显示配置管理

现代办公操作系统基本都支持多屏显示，对 Windows 系统而言，Windows 7 或 Windows 10 对多屏显示都支持较好。对高端的多头显卡而言，一般都配有显卡专用配置程序，用于管理和配置显卡，实现多屏显示。对专业的拼接屏而言，不同品牌的厂商一般都随机配送拼接屏专用程序，以方便配置和管理其拼接屏产品。

1. 利用 Windows 设置实现多屏显示

若计算机中安装有多头（或多块）显卡，确认显示设备已对应连接到显卡上。

在"Windows 设置"窗口中打开"显示"设置窗口，此时计算机一般就能自动识别出已连接的显示设备，如图 4-92 所示，对暂时未能识别出的显示设备，单击"检测"按钮可以重新识别。

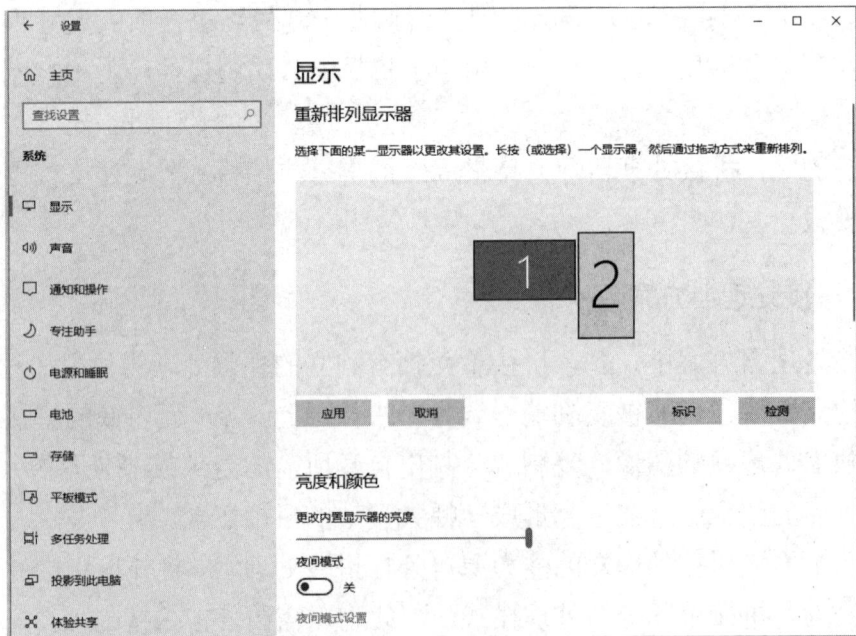

图 4-92　Windows 多屏显示器设置

在多显示器预览区用数字序号的形式标识已被识别的显示设备，如图 4-92 所示的 1 和 2 两个色块，色块大小对应显示器的像素大小，色块相对位置与显示设备的实际相对位置一致，移动色块可以改变其相对位置。对笔记本电脑来说，其自配显示器总被标识为 1 号。

在多显示器预览区中选中某显示器，可对其进行多项显示设置，如分辨率、方向等，如图 4-93 所示。利用"设为主显示器"复选框设置主显示器，开始菜单、任务栏及新打开的应用程序窗口默认只显示在主显示器中。单击"多显示器设置"下拉按钮，打开如图 4-94 所示的下拉列表，可以设置多屏显示模式。

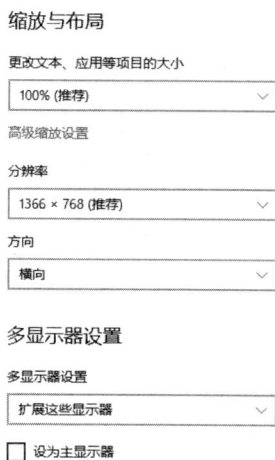

缩放与布局

更改文本、应用等项目的大小

100% (推荐)

高级缩放设置

分辨率

1366 × 768 (推荐)

方向

横向

多显示器设置

多显示器设置

扩展这些显示器

☐ 设为主显示器

多显示器设置

复制这些显示器
扩展这些显示器
仅在 1 上显示
仅在 2 上显示

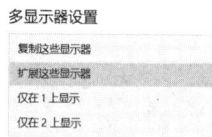

图 4-93 显示设置   图 4-94 "多显示器设置"下拉列表

在完成上述多屏显示设置之后，在 Windows 7 系统中执行"开始"→"所有程序"→"附件"→"连接到投影仪"命令，则打开如图 4-95 所示的投影面板，可快捷切换多屏显示模式；在 Windows 10 系统中按键盘中的"Windows+P"组合键，则打开功能类似的面板，如图 4-96 所示。

投影

仅电脑屏幕

复制

扩展

仅第二屏幕

连接到无线显示器

仅计算机   复制   扩展   仅投影仪

图 4-95 Windows 7 系统投影面板   图 4-96 Windows 10 系统投影面板

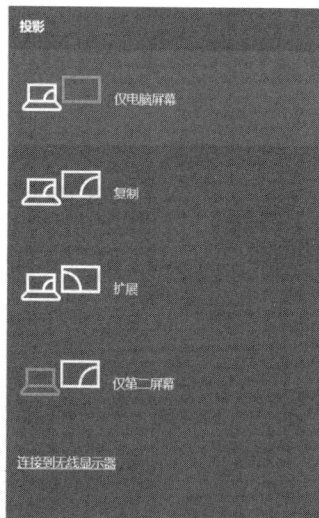

在投影面板中执行"扩展"命令，计算机主屏中将显示 Windows 主桌面，在扩展屏中默认显示桌面背景图案。在主显示器中打开某个应用程序，并用鼠标将其向扩展屏方向拖曳，直到进入扩展屏，此时似乎可见两屏"拼接"的情形，如图 4-97 所示为跨屏显示。

图 4-97　跨屏显示

2．利用显卡配置程序管理多屏显示

为充分发挥显卡的显示效果，品牌厂商都会为用户提供显卡专用配置程序，其中就包括多显示器管理功能。

在控制面板的图标视图中双击"显卡配置程序"（如英特尔显卡设置）图标，打开如图 4-98 所示的界面。利用该界面，用户可以选用单一设备显示，也可选用多显示器显示，且可设置主显示器及复制模式或扩展模式等。右击桌面空白处，在打开的快捷菜单中单击"显卡配置程序"选项，同样也可打开该界面。

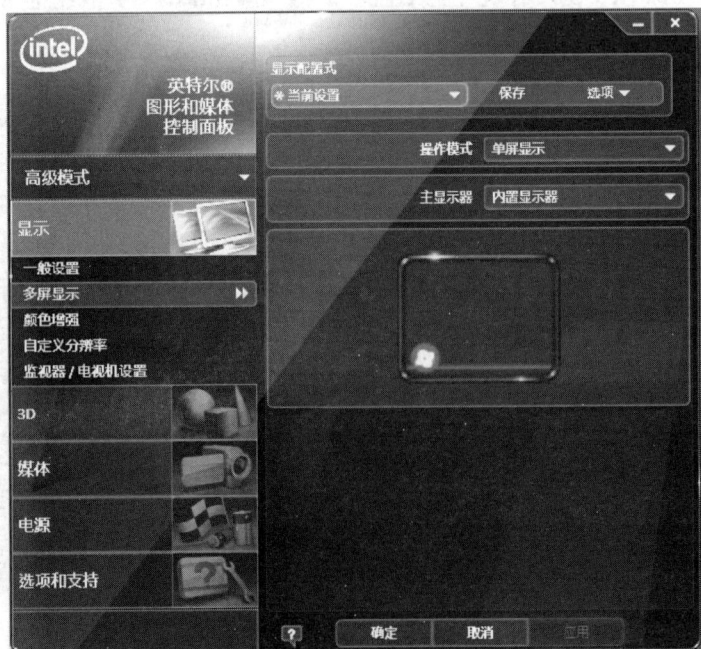

图 4-98　英特尔图形和媒体控制面板

现代专业显卡还可实现小规模、高质量的屏幕拼接效果。在专业显卡领域主要有 A 卡和 N 卡两大竞争阵营，其中 A 卡指的是冶天（ATI）显卡，但现已被超威半导体公司（AMD）收购，N 卡指的是英伟达（NVIDIA）显卡。

如图 4-99 所示为 AMD 显卡配置控制面板，其中桌面管理部分就与多屏显示管理有关，目前较新型的显卡已经可以支持 3×1 三屏、2×2 四屏、3×2 六屏甚至 4×2 八屏拼接，如图 4-100 所示为 3×2 六屏拼接屏。

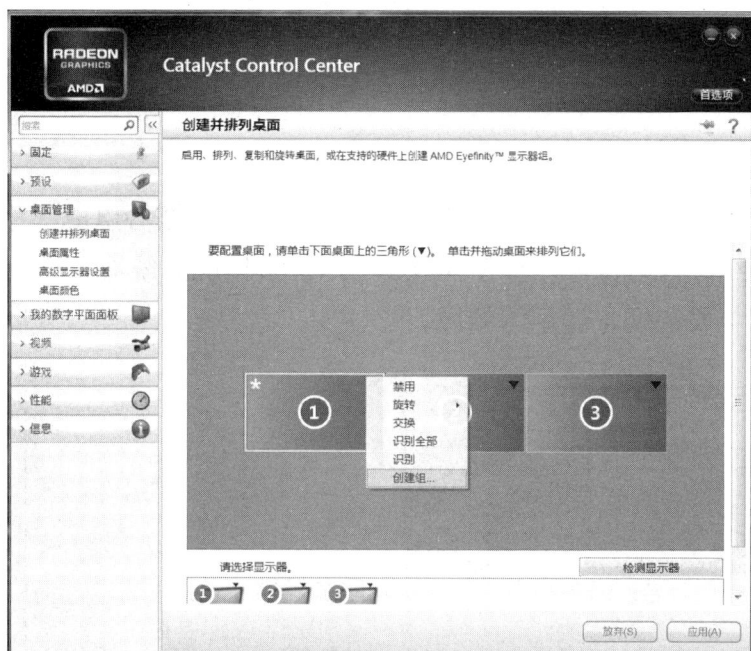

图 4-99　AMD 显卡配置控制面板

图 4-100　3×2 六屏拼接屏

3. 利用多屏管理软件控制多屏显示

对于规模较大、专业较强、功能复杂的拼接大屏显示系统（见图 4-101），Windows 系统内置的多屏显示功能和品牌显卡专用配置程序都无法管理，此时需要借助第三方专用的多屏管理软件进行控制，如图 4-102 所示。

图 4-101　拼接大屏显示系统

图 4-102　第三方多屏管理软件

利用功能强大的第三方多屏管理软件可完成不同的显示需求，如单屏单画面显示、单屏多画面显示、任意拼接屏组合显示、图像拼接、全屏拼接等。

4.7.4 拼接屏技术及应用

拼接屏是指用完整的拼接显示单元按顺序排列、拼接，最终形成一个大尺寸组合屏，用来显示大幅面图像。拼接显示单元既能单独作为显示器使用，又可以拼接成超大屏幕使用。

1. 拼接屏系统组成

一个完整的拼接屏系统由多个部分组成，通常来说，主要包括三大核心组成部分，除显示部分外，还包括中控系统、信号源等，如图 4-103 所示。拼接屏系统被广泛应用在视频监控显示、指挥调度、会议、展览展示等领域。

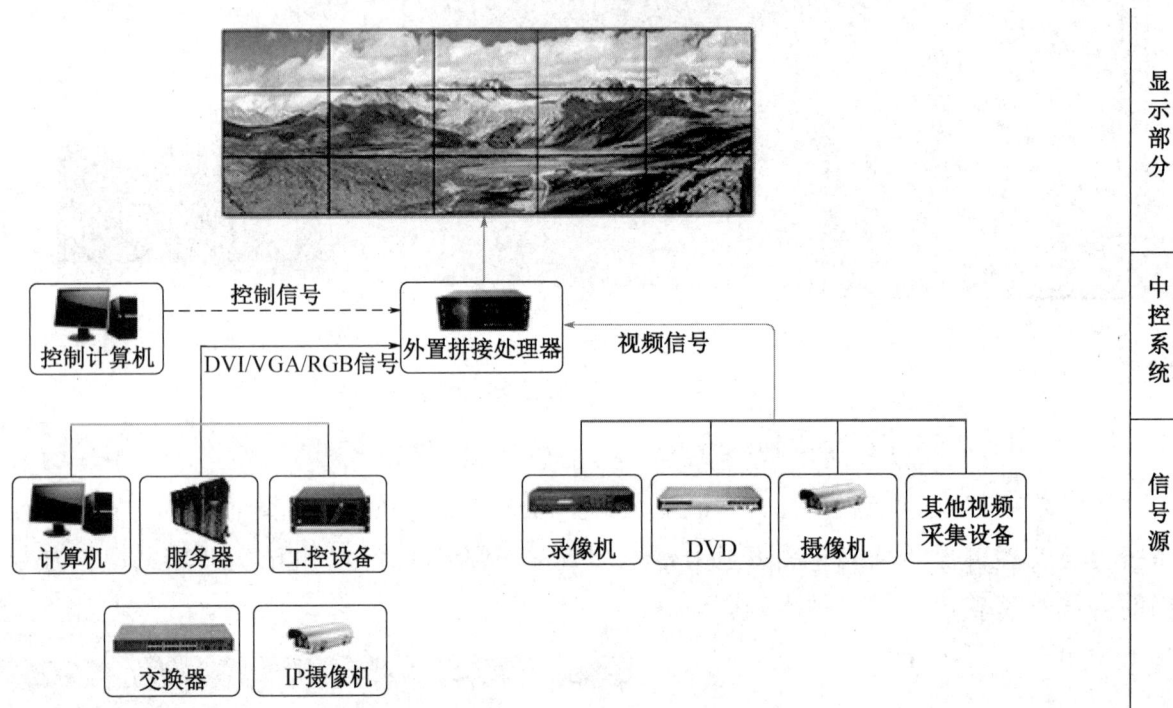

图 4-103 拼接屏系统

（1）显示部分

显示部分由若干拼接单元组成，被安装在支架上，承担着最终的显示工作。拼接单元可以是液晶显示屏、DLP 显示屏、LED 显示屏或投影屏等。每种产品的显示效果各有特点，具体应根据用途以及显示要求来选用。

（2）信号源

信号源指视频信号的来源，可能来自计算机、摄像机等信号输入设备。

（3）中控系统

中控系统是显示部分与信号源之间的控制枢纽，信号源向中控系统输入的影像信号经中控系统处理后按需传输到拼接单元中。视频分配器、多头显卡、外置拼接处理器、内嵌拼接处理器及管理所用计算机等都属于中控系统，在更复杂的系统中，还可能包含解码器、矩阵设备等。

拼接屏系统整体功率比较大，特别是开关机的瞬时电流很高，因此要预防电涌对系统造成的异常损坏，不能通过一次性拉闸的方式直接开关拼接单元。当拼接单元数量较多（如超过 15 个）时，中控系统中还需要通过时序电源来控制开关（分组陆续开机或关机）。

2．拼接屏分类

拼接屏可以根据需要改变拼接单元数量来实现拼接屏的不同大小或形状。

按拼接形状，拼接屏可分为普通拼接、横向拼接、纵向拼接、异形拼接、弧形拼接等，如图 4-104 所示。

图 4-104　不同拼接形状的拼接屏

按拼接模块的形式，拼接屏可分为投影拼接和面板拼接两大类。面板拼接主要包括投影拼接、液晶屏拼接、LED 屏拼接、DLP 屏拼接、PDP 屏拼接等，2021 年 OLED 屏也进入拼接屏行业的竞争。下面主要介绍投影拼接屏、液晶拼接屏和 LED 拼接屏。

（1）投影拼接屏

投影拼接屏是指将多台投影仪的投影图像拼接在一起来放大显示图像的拼接屏，如图 4-105 所示。信号源将图像信号发送至融合服务器，服务器将其切分成子图像信号，再按分工分别交由多台投影仪投影到屏幕中，若干投影图像拼接在一起组合成大幅图像。

为保障投影拼接屏成像的观赏效果，相邻投影图像之间不宜存在缝隙或明显叠影，融合服务器在切分图像时就已提前进行图像边缘融合处理。

投影拼接屏造价较低、安装方便，但其图像亮度、对比度、分辨率等都较低，画面发白，颜色浅淡，信号源单一，图像质量一般。

图 4-105　投影拼接屏

（2）液晶拼接屏

液晶拼接屏最早只作为安防领域的大屏幕显示设备，采用工业级面板支持 24 小时连续开机，其显示特点及功能与安防设备完全吻合。

液晶拼接单元由拼接面板、拼接盒、信号处理设备以及安装支架等组成，其技术稳定，易于安装，分辨率高、画面清晰、色彩丰富、对比度高，成像质量好，性价比高。

液晶拼接屏最大的缺点是屏与屏之间有拼缝，目前拼缝最小可以做到 0.88 mm，所以整个大屏幕的画面会有不同数量的竖线与横线，如图 4-106 所示，影响观感。而随着 0 毫米无缝拼接屏的推出，这一问题已经基本被解决。

图 4-106　液晶拼接屏

液晶拼接屏只能用于室内而不能用于户外。

（3）LED 拼接屏

LED 拼接屏同样由拼接面板、拼接盒、信号处理设备及安装支架等组成，其中 LED 拼接面板基于 LED 直显模块，最大的优点就是屏幕拼接时无缝，整个大屏幕的显示更加整体，如图 4-107 所示。

LED 拼接屏是目前体量最大、应用范围最为广泛的一种大屏显示技术。LED 拼接屏主要用于户外宣传，但近几年随着小间距拼接屏的出现，在室内的一些拼接大屏系统中，

图 4-107　LED 拼接屏

LED 拼接屏的占有率也逐年上升，毕竟其在拼接后没有拼接缝隙，显示效果相对较好。

LED 拼接屏的主要缺点是分辨率低，近距离观看图像质量差，长时间观看伤害视力。但若远距离观看，分辨率对图像质量的影响就显得微不足道。LED 的封装技术导致其坏灯现象比较严重，随着时间的推移，坏灯率会越来越高，近看时会有一些灯珠发红、发蓝。另外，LED 拼接屏的面积过大时，散热问题不容忽视，需要安装空调等散热设备来辅助降温。

3. 面板拼接屏安装方式

面板类拼接屏的安装不像普通的显示设备那样简单，不仅要谨慎地选择安装场地，还需要注意安装环境，特别是光线的影响，还需要注意布线、支架等。面板拼接屏通常采用以下五种方式安装。

（1）前维护支架式安装

前维护支架式安装是指在大屏幕前维护。需要维护时，从大屏幕前拉出支架，并将拼接显示单元摘下后进行维护；维护结束后，将拼接单元装到支架上，再将支架推回原位，如图 4-108 所示。

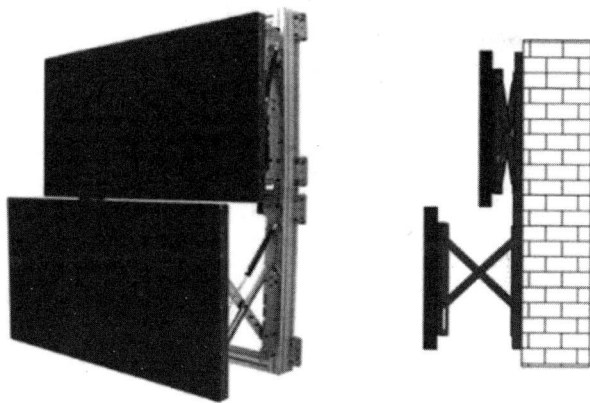

图 4-108　前维护支架式安装

这种安装方式，初始安装相对复杂，但后期维护却相对容易，是目前使用最多的一种安装方式。另外，为了给从前面摘除拼接单元留出余量，拼接缝隙不可避免会变大，从而会在一定程度上影响显示效果。

（2）壁挂支架式安装

壁挂支架式安装就是用膨胀螺栓先把支架固定在墙上，然后把拼接屏挂上去，调试好即可，安装简单快速，如图 4-109 所示。但是，如果液晶拼接屏数量比较多时，可能墙体无法承载。

（3）落地支架式安装

落地支架式安装是指整个拼接屏系统靠支架支撑，如图 4-110 所示，为防止倾倒，支架与封面之间架有调节拉杆。拼接支架要支撑整个系统的重量，这就要求安装的地面平整且足够坚固，而且对于拼接支架的要求也比较高。落地支架的安装方式能方便系统维护和故障维修。

图 4-109　壁挂支架式安装

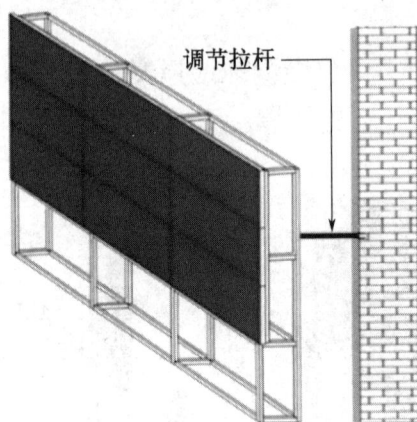

图 4-110　落地支架式安装

（4）落地机柜式安装

落地机柜式安装是指采用全钢制作机柜，拼接单元嵌入机柜，其他线路和设备等都安装在机柜内，如图 4-111 所示。为防止倾倒，机柜与墙体之间一般都架设有调节拉杆。落地机柜拼接屏一般采用灰色外观，外加静电保护，整个系统就像一台大尺寸电视机，稳固、美观、大气，需要时还可方便移动。

（5）嵌入支架式安装

嵌入支架式安装就是在墙体上挖出空间，在拼接面板挂墙并连接调试后，再对拼接屏幕进行包边美化，如图 4-112 所示。这种安装方式的优点是可以跟周围的环境更好融合，节省空间，但在墙面挖洞存在一定的风险，实施前必须征得有关建设或管理单位的许可，并在施工过程中做好安全保障。

图 4-111　落地机柜式安装

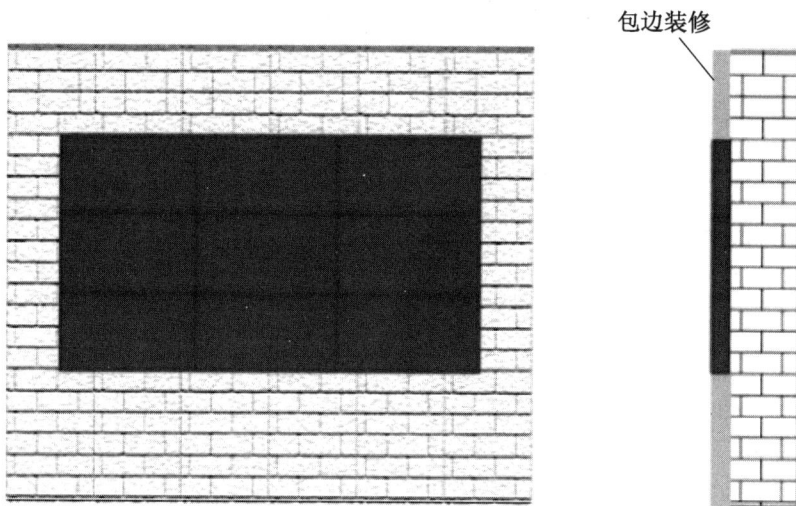

包边装修

图 4-112 嵌入支架式安装

4. 拼接屏选配建议

拼接屏系统是一套软、硬件结合的较为复杂的综合性系统，在决定选购前应做好充分筹划。

在常见的拼接屏类型中，投影拼接效果最差但价格最低；DLP 屏拼接由于价格高，市场份额较小。目前应用最多的就是液晶屏拼接与 LED 屏拼接。

选择面板拼接时，应注意控制拼接面板间的缝隙，缝隙越小观感越好，但价格一般也越高；选择投影拼接时，应尽可能选用高品质投影仪，以保证投影质量，并且还应尽可能选用高性价比的融合服务器以控制拼接边缘的融合。

在选择拼接屏显示产品时，最主要的还是要根据使用场景及功能来确定。室内的安防监控、会议、展厅、大数据显示等建议以液晶屏拼接为主；户外显示、室内大型报告厅、发布会、舞台背景屏等远距离观看场合的则以 LED 拼接屏为主；对于小型展示厅且预算较少的，则可使用投影拼接。另外，LED 透明拼接屏、OLED 透明拼接屏、OLED 弧形拼接屏等产品陆续投入市场，为用户提供了新的选择。

第 5 章

打印设备

本章要点

　　打印机是重要的办公设备之一。本章将主要介绍打印机的分类和打印技术的发展，介绍各类打印机的基本原理、结构特点、安装、使用和维护方法，并给出部分打印机的选购指南等。

5.1 打印机概述

　　计算机已经融入我们的工作、学习和生活中。我们时常会利用计算机完成各种工作和事务，并形成各式各样的文件，如图文并茂的个人简历、风趣幽默的人物漫画等。在现有技术条件下，利用计算机显示器可以很直观地观察到这些作品的设计效果，但有时还希望能把自己设计的作品输出到纸面上，以方便存档或提供给更多的人欣赏或阅读。

5.1.1　打印机的分类

　　在古代，人们采用各种各样的方式来记录信息。例如，将文字用硬器刻在甲骨上，用烧火烙在简牍上，用毛笔写在纸帛上，用刻板印刷到纸面上，等等。

　　进入现代文明后，人们创造出多种多样的方式来记录信息，打印机就是将数据信息输出到特定介质（如纸张）上的一种设备。根据不同标准，打印机有多种分类。

　　根据印字技术，打印机可分为击打式打印机和非击打式打印机。前者通过击打，将颜料印制到纸面上，后者则是通过其他方式（如喷绘）印制图案。

　　根据印字方式，打印机可分为串行式打印机、行式打印机和页式打印机。串行式打印机以字符为单位打印，按照逐字符、逐行到逐页的顺序打印，其打印速度常以"字符/秒"表示。行式打印机以行为单位打印，按照逐行到逐页的顺序打印，其打印速度常以"行/分钟"表示。页式打印机以页面为单位整页打印，打印速度常以"页/分钟"表示。

打印机按照其实际用途又可分为通用打印机、商用打印机、专用打印机、家用打印机、网络打印机等。如图 5-1 所示为条码打印机,如图 5-2 所示为数码照片打印机。

图 5-1 条码打印机

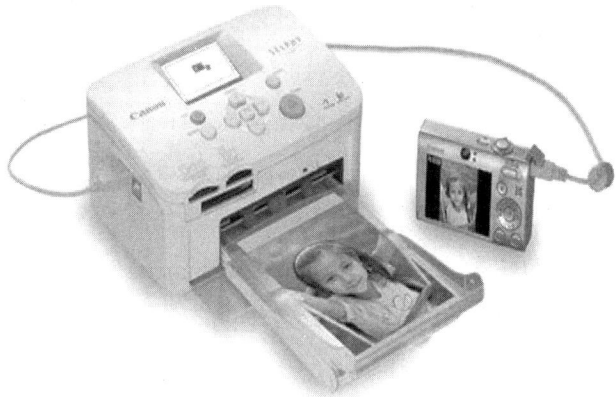

图 5-2 数码照片打印机

根据工作方式不同,打印机可分为针式打印机、喷墨打印机、激光打印机、热敏打印机、热升华打印机和 LED 打印机等。日常生活和办公中常用的打印机类型有针式打印机、喷墨打印机和激光打印机。热敏打印技术常用于传真机、POS 终端,以银行系统和医疗系统为主;热升华打印机主要用于专业级需求的打印,如数码照片的打印;LED 打印机则是具有与激光打印机类似工作原理的新型打印机。

本章将主要介绍与日常办公和事务应用关系密切的针式打印机、喷墨打印机、激光打印机及 LED 打印机。

5.1.2 打印技术的发展

1968 年 9 月,EP-101 针式打印机(见图 5-3)的推出正式开始了打印机的商用历史。

图 5-3 EP-101 针式打印机

随着计算机技术的发展和完善，用户需求不断提高，打印技术得到迅速发展：从击打式到非击打式、从黑白到彩色、从单功能到多功能。打印机市场一改针式打印机"一统天下"的局面，逐步形成了针式打印机、喷墨打印机和激光打印机"三足鼎立"的局面。后来随着数码照相机的普及，打印市场又形成喷墨打印机、激光打印机和热升华打印机"三分天下"的新局面。

目前互联网络技术飞速发展，有人预言世界范围的无纸化时代即将来临，打印机的末日即将不远。然而全球纸张消费每年增长，打印机的销售逐年递增，这一切都预示着打印机非但不会消失，其应用领域会越来越广，市场规模会越来越大，技术发展会越来越快，网络打印机的出现，很好地验证了这一点。打印机正向着轻、薄、短、小、低功耗、高印速、智能化和网络化的方向发展。

5.2 针式打印机

针式打印机是打印市场上较早出现的一种打印机，在 20 世纪 80 年代到 90 年代中期曾在打印机市场占有重要地位。随着喷墨打印机打印质量的提高、激光打印机制造成本的降低以及各种新型打印技术的不断冲击，针式打印机的市场占有率大幅下滑。由于针式打印机具有独特的打印功能，其仍具有较广泛和专业的应用，其市场地位无法完全被取代。

5.2.1 针式打印机基本原理

大家或许有过这种经历：将一片复写纸铺在白纸上面，然后用笔尖点印自己喜欢的内容（如自己的名字），揭开复写纸，就会在白纸上看到如图 5-4 所示的点印图案。

针式打印机基本工作原理与使用复写纸点印图案类似。针式打印机的核心部件是打印头，其由若干金属打印针组成，其驱动机械结构如图 5-5 所示。打印针按一定规则排列在一起，并可在脉冲电流的控制下弹出或缩回。涂有颜料的色带位于打印头和纸张之

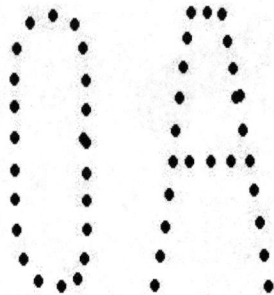

图 5-4 用复写纸点印的图案

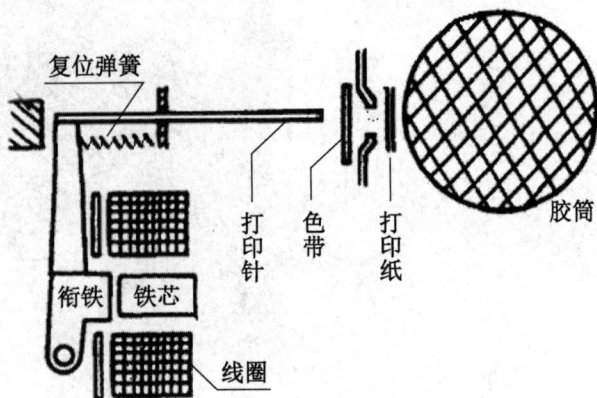

图 5-5 针式打印机驱动机械结构

间，当打印头移动到某个位置时，脉冲电流驱动相应撞针弹出，打印针推动色带打击纸面，这样就会把色带上的颜料染印到纸面上，形成系列色点，这些色点排列在一起就会勾勒出文字或图案。

5.2.2 针式打印机结构

针式打印机是一款机电一体化的设备，主要由机械部分和电气控制部分构成。其中，机械部分主要包括印字机构、横移机构、走纸机构和色带机构四部分，如图 5-6 所示。

图 5-6 针式打印机的机械部分

（1）印字机构

印字机构又称打印头，由一定数量的打印针纵向排成若干列，打印针在打印机的控制下可向外弹出并撞击纸面，从而点印出文本或图形。

（2）横移机构

横移机构又称字车，位于打印头下面。字车在横向步进电机的驱动下，带动打印头沿横轴左右往复运动。

（3）色带机构

色带机构由色带和色带架组成，色带置于色带架之内。色带架上设有动力装置，色带在该装置带动下，按照一定的速度和方向循环移动，使打印头与纸张接近区域的色带不断更换，保证印迹清晰、着色均匀。

（4）走纸机构

走纸机构是在打印过程中控制进纸、退纸及纸张步进等动作的部件。

电气控制部分主要完成从计算机上接收打印数据和控制信息，控制信息控制打印机动作，协调完成打印任务。

5.2.3　打印机的安装

　　打印机的安装包括硬件连接和驱动程序安装两部分。

　　首先是硬件连接。在计算机和打印机都断电的状态下，用打印机提供的信号线将计算机和打印机连接起来，之后将打印机的电源插头插入供电插座（一般为照明电源），打开打印机电源开关后即完成了硬件连接。

　　然后是在计算机中安装打印机驱动程序。单击"控制面板"→"查看设备和打印机"选项，打开如图 5-7 所示的"设备和打印机"窗口，已安装的打印机列在打印机选区内。单击工具栏中的"添加打印机"选项，打开"添加设备"窗口，如图 5-8 所示。

图 5-7　"设备和打印机"窗口

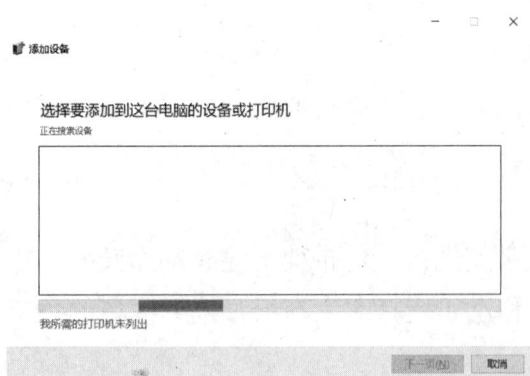

图 5-8　"添加设备"窗口

　　系统将自动搜索新的打印机，如果能够找到，直接选中并单击"下一页"按钮即可；若搜索失败或想手工添加打印机，则单击窗口底部"我所需的打印机未列出"选项，打开"添加打印机"对话框，如图 5-9 所示。选中"通过手动设置添加本地打印机或网络打印机"单选按钮，再单击"下一页"按钮，对话框会切换到如图 5-10 所示的"选择打印机端口"界面。

　　保持默认选项，单击"下一页"按钮，对话框切换到如图 5-11 所示的"安装打印机驱动程序"界面，在左栏列表框中选择厂商，在右栏列表框中选择具体的打印机驱动程序。若给定的驱动程序都不匹配，则需要单击"Windows 更新"或"从磁盘安装"按钮。

图 5-9 "添加打印机"对话框　　　图 5-10 "选择打印机端口"界面

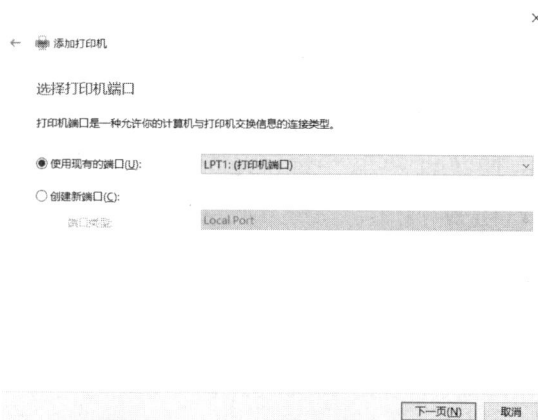

单击"下一页"按钮进入新的对话框界面，指定名称后单击"下一页"按钮，系统开始安装打印机驱动程序。

打印机驱动程序安装完成后将打开如图 5-12 所示的对话框界面，此时在打印机进纸槽中放置好纸张，单击"打印测试页"按钮，就可以观察到打印效果。

图 5-11 "安装打印机驱动程序"界面　　　图 5-12 打印机驱动程序安装完成

新打印机被成功安装后，将自动显示在如图 5-7 所示的"设备和打印机"窗口中。

需要说明的是，安装打印机并非一定要实际连接打印机设备。为了便于描述，按照惯例，把实际的打印机硬件称作打印机设备，把安装到计算机中的驱动程序称作打印机。

5.2.4 打印机的管理

在 Windows 系统中可以安装多台打印机，供用户打印时选择使用。为提高打印效率，Windows 系统会将其中一台设置为默认打印机，用户在打印时无须选择即可直接使用。

在 Windows 10 系统中会将最新安装或最近使用的打印机设置为默认打印机，用户也可自行更改设置。执行"开始"→"设置"→"设备"命令，打开"设备"窗口，单击"打印机和扫描仪"选项，打开如图 5-13 所示的界面。在窗口右侧区域中，顶部的"＋"按钮用于安装新设备，中间是已安装的打印机和扫描仪列表，底部的"让 Windows 管理默认打印机"复选框默认为选中状态。在如图 5-13 所示的图片中，取消对"让 Windows 管理默认打印机"复选框的勾选，再从设备列表中单击某打印机图标，其选中效果如图 5-14 所示。

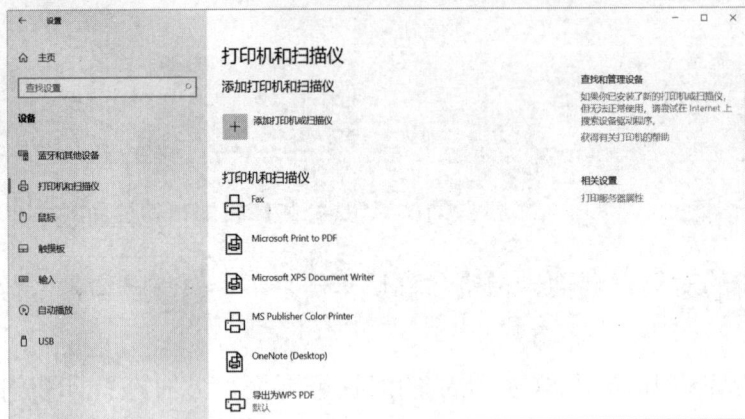

图 5-13　打印机和扫描仪

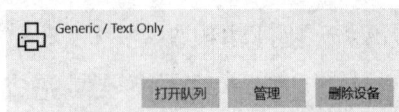

图 5-14　被选中的打印机

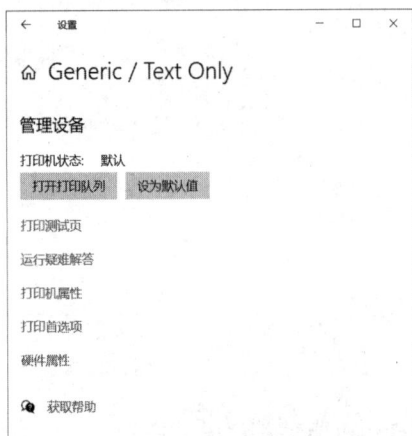

图 5-15　"管理设备"窗口

单击"管理"按钮，打开如图 5-15 所示的"管理设备"窗口，单击其中的"设为默认值"按钮，此时"打印机状态"由"空闲"变为了"默认"，同时该打印机的图标也将出现✓标志，如图 5-16 所示。若勾选了"让 Windows 管理默认打印机"复选框时，则该标志不会出现。

在如图 5-14 所示的图片中单击"删除设备"按钮可卸载打印机驱动程序，单击"打印队列"按钮可查看打印任务的排队情况。在如图 5-15 所示的窗口中，单击"打印机属性"选项，可管理打印机各类参数。

在如图 5-7 所示的"设备和打印机"窗口中，右击某个打印机图标，弹出如图 5-17 所示的快捷菜单，利用该菜单同样可以实现打印机的管理，在此不再赘述。

图 5-16　默认打印机

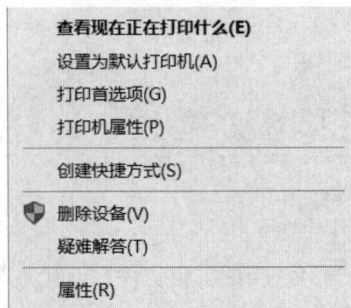

图 5-17　快捷菜单

5.2.5　打印机的使用

当计算机正确配置了打印机后，就可以使用它去执行打印任务了。下面以打印 Word 文件为例说明打印机的用法。

在使用打印机之前，应确保打印机处于准备就绪状态。启动 Word 程序，打开一个已经编辑好的 Word 文件。执行"文件"→"打印"命令，打开如图 5-18 所示的打印界面。

图 5-18　打印界面

界面中间区域为打印参数设置区，用于个性化打印设置；右侧区域为打印预览区，用于提前观察打印效果。选择好打印机，设置好打印参数，单击"打印"按钮，打印内容将传送到指定打印机并按指定参数进行打印。

大多数软件的打印方法与 Word 的相似，用户可结合具体软件进行学习，结合打印机具体情况合理配置参数，以实现个性化的打印需求。

5.2.6　针式打印机的特点和应用

使用针式打印机打印文件，人们需要忍受击打声音、缓慢的打印过程及粗糙的打印效果。20 世纪 90 年代末期，随着新型打印机的不断涌现，针式打印机已失去了往日的风光，其市场份额不断下降。

打印机产品的兴衰是由市场的实际需求决定的。相对其他类型的打印机，针式打印机具有结构简单、技术成熟、性价比高、适应性强、打印成本低等优点，另外其独特的击打能力也是其他打印机无法代替的，针式打印机仍然具有一定的应用群体。

随着技术的发展，针式打印机的打印速度得到较大提高、打印噪声得到有效控制、打印品质有了较大改善。针式打印机在银行存折打印、财务发票打印、记录科学数据连续打印、条形码打印、快速跳行打印等应用领域具有其他类型打印机不可取代的地位。

5.3 — 喷墨打印机

针式打印机曾经一统天下，但它的打印清晰度、色彩、噪声、速度等都难以满足更高的打印要求，由此催生了喷墨打印机。喷墨打印机在市场竞争中后来居上，逐渐成为主流的打印设备品类之一。

世界上首台喷墨打印机于 1984 年诞生于惠普（HP）公司。它改变了传统针式打印机输出色彩单调的缺陷，将用户带入了一个五彩斑斓的打印世界。如今，喷墨打印技术越来越成熟，其应用成本也在大幅度下降，喷墨打印机在办公、家用等领域得到了快速普及。

5.3.1 喷墨打印机结构与原理

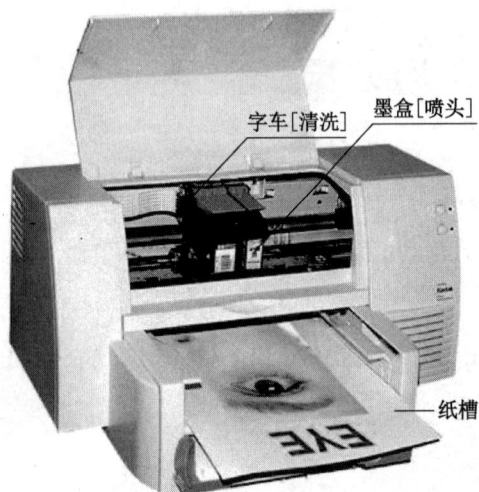

图 5-19　喷墨打印机外观

喷墨打印机是把某些带颜色的墨水喷射到纸面上，纸面上就会留下墨点。这些墨点数量巨大且非常精细，按一定规则组合在一起便构成了一幅打印图案。

喷墨打印机外观如图 5-19 所示，与针式打印机一样，也是一种具有较高性能的机电一体化设备，也是由机械部分和电气控制部分组成。

机械部分主要由带喷头的墨盒、字车机构、清洗机构和走纸机构等组成。

（1）喷头和墨盒

喷头由大量精密且细小的喷嘴组成，可以喷出高速的墨水微粒；墨盒为喷头喷墨提供墨水来源。喷头是喷墨打印机的关键部件，它在很大程度上决定了打印质量和速度。喷头和墨盒有两种组合方式：一种是集成式的，喷头和墨盒集成在一起，二者一损即废，使用成本较高，如图 5-20 所示；另一种是分离式的，喷头和墨盒各自独立，墨水耗尽或喷头损坏只需更换相应部分即可，如图 5-21 所示。

图 5-20　集成式喷头和墨盒

图 5-21　分离式喷头（左）和墨盒（右）

（2）字车机构

字车机构可以带动喷头水平移动，用于实现喷头的横向定位。在横向步进电机的控制下，字车可以把喷头准确地送达到指定的列位置，如图 5-22 所示。

图 5-22　字车机构

（3）清洗机构

清洗机构负责保护和清洗喷头中的喷嘴，喷头中集成了大量喷嘴，由于非常精细，因此比较容易堵塞，所以喷墨打印机中均设有清洗机构（一般与字车集成在一起）。

（4）走纸机构

走纸机构实现打印中的纵向送纸，包括进纸槽、出纸槽和纸张传输通道等，在纵向步进电机的带动下，实现纸张的纵向移动，改变打印行位置。

电气控制部分主要由主控制电路、驱动电路、传感器检测电路、接口电路和电源构成。主控制电路主要实现打印机的内部元器件的基本控制；驱动电路驱动各机构协调工作；传感器检测电路主要用于检测打印机各部分的工作状态；接口电路用于控制打印机与计算机的数据通信；电源为打印机提供电力支持。

5.3.2　喷墨技术

喷墨打印机主要有固体喷墨和液体喷墨两种技术，液体喷墨技术相对于固体喷墨技术更为常见。

液体喷墨技术主要有两种：一种是压电喷墨技术，由爱普生公司独创并使用；另一种是气泡喷墨技术，主要由惠普公司、佳能公司和利盟公司使用。

1. 压电喷墨技术

打印墨水被封闭到墨盒中，墨盒一侧留有一个微小的喷孔，正常情况下墨盒中的墨水不会从喷孔中流出。在墨盒的一侧贴有由压电晶体材料制造的簧片，压电晶体材料在其两端电压变化的情况下会发生固定频率的振动。在电信号的驱动下，压电晶体产生振动，带动墨盒空间收缩或延伸。墨盒收缩时，墨水受压从喷孔喷出形成墨滴；墨盒延伸时，墨盒将通过供墨管线吸入墨水，喷墨过程如图5-23所示。

收缩   延伸   收缩

图5-23 喷墨过程1

压电喷墨技术通过调节压电晶体的振动，能够精确控制墨滴大小和喷射位置，打印精度很高。墨水在常温下工作，稳定性较高，打印色彩真实度高。另外，喷头也工作在常温状态下，一方面有利于降低能耗，另一方面也有利于减轻腐蚀，喷头的使用寿命较长。

压电喷墨技术也存在明显的不足：一个是随着喷头压电晶体数量的增多，其喷嘴的集成数量将不可避免地受到一定的影响，而喷嘴数量在一定程度上决定着打印速度的高低；另一个是这种喷头制造成本相对较高，在市场竞争中处于不利地位。

2. 气泡喷墨技术

气泡喷墨技术与压电喷墨技术在喷头结构上存在相似之处：墨水被密封于墨盒中，墨盒壁上留有细小喷孔，喷孔足够小，正常情况下墨水不会从喷孔流出。

气泡喷墨技术工作原理与压电喷墨技术有着本质的区别，它在墨盒壁上设有加热元件，该元件可在瞬间（3 μs左右）将喷头加热到300 ℃。墨盒内加热元件附近的墨水受热气化成气泡并急速膨胀，墨盒压力增大迫使部分墨水通过喷嘴喷出，形成打印墨滴。之后喷头冷缩，墨盒内压力减小，将通过供墨管线重新吸入墨水，喷墨过程如图5-24所示。

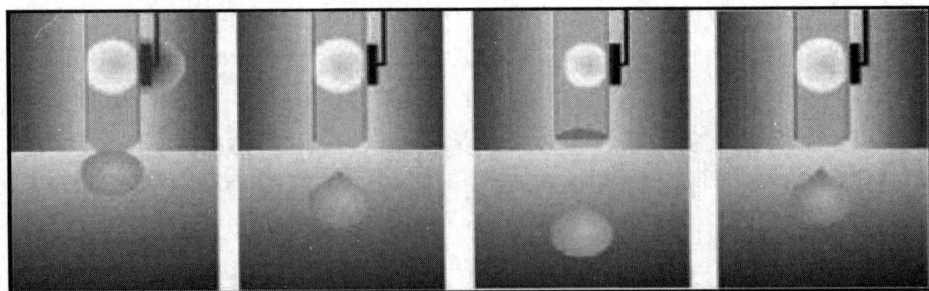

图5-24 喷墨过程2

气泡喷墨技术实现比较简单，成本较为低廉，有利于参与市场竞争。而且随着制作工艺的发展，这种打印机可以轻易地实现高密度的喷嘴集成，可以有更快的打印速度。

气泡喷墨技术的缺点同样明显。首先，墨滴是通过气泡喷出的，墨滴的方向和大小不好掌握，打印线条边缘容易参差不齐，打印精度较差，影响打印质量；其次，墨水在高温下性质不稳定，容易发生化学变化，打印色彩的真实度易受到影响；最后，由于在打印时需要不断地加热和冷却，喷嘴更容易遭到腐蚀，直接影响使用寿命。

5.3.3　彩色喷墨原理

针式打印机通过更换色带，可以打印简单的彩色图案，但其实现效果并不理想。而喷墨打印技术具有彩色打印的功能，且效果还相当突出。

自然界中的色彩一般可由红色、绿色、蓝色3种基本颜色按照不同的比例混合而成，红色（R）、绿色（G）、蓝色（B）被称为光学（RGB）三原色，如图5-25所示，光学三原色主要用于显示领域。由光学三原色图组合结果可知，绿色和蓝色组合成青色，红色与蓝色组合成洋红色，红色与绿色组合成黄色，青色（C）、洋红（M）和黄色（Y）被称为印刷（CMY）三原色，如图5-26所示，印刷三原色主要用于印刷领域。

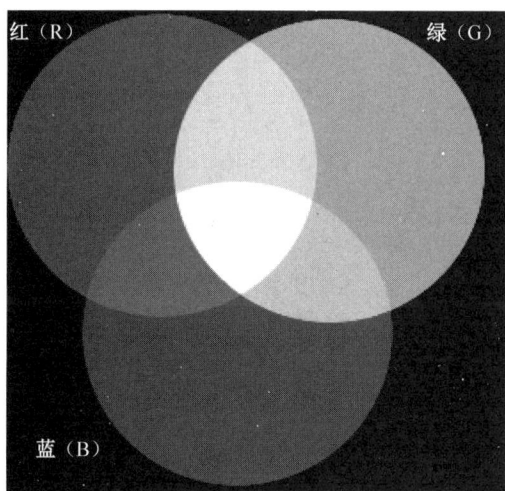

图5-25　光学三原色

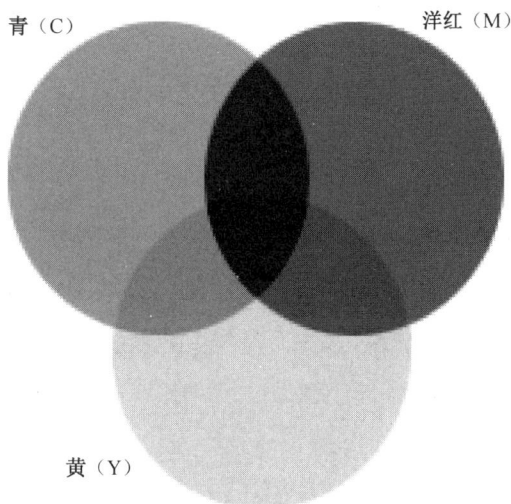

图5-26　印刷三原色

比较CMY色系与RGB色系可以发现，CMY三原色两两组合的结果正好与RGB三原色对应，RGB三原色两两组合的结果正好与CMY三原色对应，因此CMY与RGB存在色系互补关系，青与红、洋红与绿、黄与蓝存在单色互补关系。

RGB色系是在黑色基础上添加颜色的，在数字显示技术中分别用0～255之间的整数来表示各原色数值。各色全为0表示不加色，颜色仍为黑；各色全为255表示加全色，颜色变为白。CMY色系是在白色基础上删减颜色，在数字印刷技术中，分别用0～100之间的整数表示各原色数值。各色全为0表示不减色，颜色仍为白色；各色全为100表示减全色，颜色变为黑。

喷墨打印机通常采用性质比较稳定的青色、洋红色、黄色三种基本颜色来配置墨盒，但出于技术和成本方面的考虑，在实际应用中通常增配黑色墨盒（K），一方面可以保证

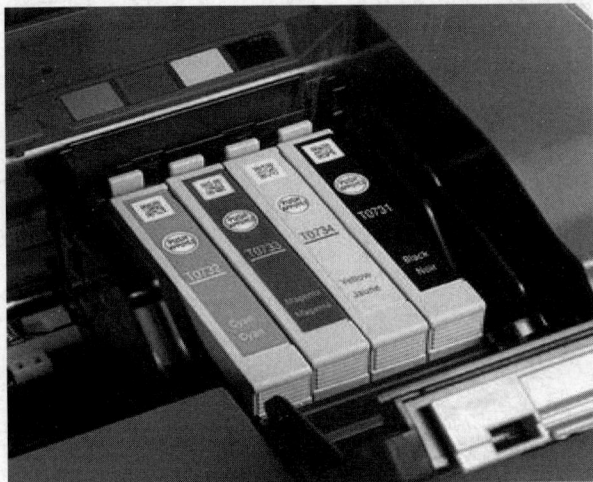

图 5-27　CMYK 四色墨盒

黑色打印纯度，另一方面也有利于降低打印成本。

在喷墨打印机中，最初采用 CMYK 四色集成的墨盒，但只要有一种颜色的墨水用尽，整个墨盒就要被报废。当前喷墨打印机主要采用 CMYK 各自独立的四色墨盒，如图 5-27 所示，当某色墨水用尽时，只需更换相应的墨盒即可。

喷墨打印机喷头上有着大量的精细的喷嘴（可达成百上千个），每个喷嘴只负责喷射一种单色墨水，并且可以控制喷嘴的喷墨量。在喷墨打印机工作时，邻近的喷嘴喷出不同颜色、不同墨量的小墨滴飞溅到纸面近似的同一点上，混合后就会得到一个彩色喷点，大量的彩色喷点组合在一起，一幅彩色打印作品便会跃然纸上。

5.3.4　喷墨打印机的安装

现代的喷墨打印机，大多采用 USB 接口，支持即插即用（能被操作系统自动识别）和热插拔（可在带电状态下进行热插拔）。当打开打印机电源，并将 USB 接口接入计算机后，Windows 系统一般会自动识别 USB 接口。第一次安装时会提示发现新硬件，会尝试从 Windows 系统中找到匹配的打印机驱动程序并自动安装。当尝试失败后，系统会自动打开打印机安装向导，引导用户完成打印机驱动程序的安装。由于安装过程比较简单，在此不再赘述。

对于采用 USB 接口的喷墨打印机，打印机厂商一般会提供功能较强、使用简便的安装程序，一方面可以帮助用户自动安装设备驱动程序，另一方面设备厂商通常也会提供设备管理和应用程序的安装软件。因此对于采用 USB 接口的计算机外部设备，建议尽可能采用厂商提供的安装程序进行安装。

对于采用 USB 接口的打印机来讲，建议先在计算机中安装驱动程序，再将打印机设备连接到计算机进行自动识别，以确保打印机安装成功。

5.3.5　喷墨打印机技术指标与选购指南

1. 技术指标

（1）打印速度

打印速度是指打印机每分钟打印输出的纸张页数，单位为页/分钟（ ppm）。一般情况下，打印机产品中的标称打印速度是指以 5% 的覆盖率打印 A4 幅面时的速度。

　　彩色喷墨打印机一般会标注黑色和彩色两种打印速度，部分打印机还会提供经济（省墨或草稿）模式下的打印速度，这种模式下的打印速度一般会比较快，但会牺牲打印质量。另外，部分用作照片打印的打印机还会标称 4×6 英寸照片的打印速度。

　　由于各厂商标称打印速度时采用的样张和打印模式不同，所以不同厂商的喷墨打印机的打印速度可比性不强。

　　（2）打印分辨率

　　打印分辨率又称为输出分辨率，通常用每英寸长度内最多能够打印的点数表示，单位为点数/页（dpi），它是衡量打印机打印质量的重要指标，决定了打印机打印图像时所能表现的精细程度，分辨率越高，打印的图像越清晰。

　　打印分辨率一般包括横向和纵向两个方向，如 2400×1200 dpi，其中 2400 表示横向（水平方向）上的分辨率，1200 表示纵向（垂直方向）上的分辨率。喷墨打印机在横向和纵向上的输出分辨率相差可能会很大。

　　（3）喷头

　　喷头是喷墨打印机的核心打印部件。喷头上有许多极其微小的孔，被称为喷嘴。打印时墨水从喷嘴中高速喷射到纸面上，形成打印图像。

　　喷嘴的数量直接决定着打印的效果和速度。喷嘴越多获得的打印分辨率越高，对打印对象一些细节的表现会更加充分，喷嘴数量越多，打印速度也越快。

　　（4）最小墨滴

　　喷墨打印机的喷头能够喷射的最小墨滴尺寸，一般以微微升为单位，最小墨滴是影响喷墨打印机打印质量的一个重要因素，喷射的墨滴越小，打印的分辨率越高。喷墨打印机打印出的每个点都是由多个墨滴形成的，更小的墨滴意味着可以在同一个点上喷射更多的墨滴用以调色，这样表现的色彩层次就会更丰富。

　　（5）墨盒类型

　　目前彩色喷墨打印机将黑、青、洋红、黄四色墨盒作为基本的要求。中高端的产品已经普遍采用了黑、青、洋红、黄、淡青、淡洋红的六色墨盒，也有的达到了七色或八色。随着墨盒颜色的增加，打印机的使用成本自然也会增加。

　　墨盒容量也称为打印量，一般以能够打印的页数来表示。墨盒容量一般会有黑色墨盒、彩色墨盒和照片墨盒三种。但若采用各种颜色分离的分体墨盒，会对每一种颜色的墨盒单独标称容量。

　　（6）打印幅面

　　打印幅面是指打印机可打印输出的面积，是衡量打印机的一项重要技术指标。不同用途的打印机所能处理的打印幅面是不相同的，大多数情况下，打印机可以处理的打印幅面主要包括 A4 幅面及 B5 幅面两种。但也有一些特殊幅面，在处理数码影像打印业务时，有可能用到 A6 幅面。

2．选购指南

喷墨打印机产品丰富、价格低廉、噪声低、效果好，成为家庭或办公打印机的主要选择之一。

打印质量主要是通过颜色数和分辨率来衡量的。更多的颜色数代表着更好的色彩表现力，对于一般彩色图文的打印需求，普通的四色打印机就能够满足打印需求；如果需要打印照片，建议选用六色照片打印机。

除非特别需要，一般无须过度追求高分辨率，因为人眼对 360×360 dpi 以内的分辨率几乎没有分辨能力。如果打印量不大，用户不必过于计较打印速度。

美观和实用都是用户在选购打印机时需要注意的，但应更看重实用性。当然，随着喷墨打印机厂商越来越注重实用和外观，既实用又美观的喷墨打印机也越来越多。

在喷墨打印机类型的选择上，压电喷墨式打印机的打印质量优于气泡喷墨式打印机，但打印成本和打印速度并不占优势，用户应根据自己的实际需要选择购置。

5.3.6 喷墨打印机的使用和维护

喷墨打印机在使用方法上与针式打印机基本一致，只是在操作细节上存在部分差异。相对于针式打印机，喷墨打印机具有较高的打印质量和相对实用的附加功能。

喷墨打印机的科技含量较高，零件构造非常精密，正确使用和操作打印机，对于减少打印机的故障和延长使用寿命有着不可忽视的作用。

喷墨打印机应放置在防尘、防腐、防潮、防晒、防震、防压的平稳表面上，并预留足够的空间以便于打印操作。经常检查打印机各部件的工作是否正常，如出现异常应及时进行排除。运输打印机时应将字车和墨盒固定。

打印机在打印过程中必须关闭其前盖，以防止异物进入机内阻碍打印机字车的运动，引起不必要的故障。

打印机使用一段时间后，应使用其自身的自动清洗系统对喷头进行清洗，使墨水供给和喷嘴喷墨都处于最佳状态；经常保持打印机自身洁净，发现灰尘或纸屑，应及时消除。

喷头是整个打印机中最昂贵的部件，一般使用寿命为 20～30 套墨盒。正确操作打印机和选用优质墨盒有利于减少喷头故障的发生。

机内必须保持安装的墨盒有充足的墨水，且每周至少使用一次，否则有可能因墨水干涸而堵塞喷嘴。对于不经常使用的打印机，建议在关机前清洗一次打印头。

不得带电拆卸喷头，不要将喷头置于易产生静电的地方，拿取喷头时不可接触其金属部位，以免因静电损坏喷头内部电路。不可用嘴向喷头内或其他供墨管线内吹气，以防唾液堵塞供墨管线而影响墨水畅通。

关机时应确保喷头回到初始位置，一方面可以避免下次开机时打印机自动清洗喷头，另一方面喷头在初始位置可受到保护罩的密封保护。

禁止在打印机正在打印时或带电状态下插拔打印电缆（即插即用接口除外），这样容易损坏打印机的打印接口，严重时甚至会击穿计算机的主板。

更换墨盒时应在喷墨打印机开机的状态下进行，更换后打印机将对墨水输送系统进行充墨。墨水具有导电性，因此更换墨盒时应注意勿将墨水漏洒在电路板上，否则通电状态下容易损坏电路元件。

5.3.7　喷墨打印机成本控制

虽然购买喷墨打印机的一次投入成本较低，但对普通用户来讲其后期的使用成本比较昂贵，主要体现在购买墨盒的费用相对较高。

喷墨打印机通常提供经济、普通和精细等多种打印模式。当对打印质量要求不高时，可考虑使用经济模式，此模式相对普通模式可省墨 1/3 左右。

在打印机耗材市场上，除提供打印机原装墨盒外，还有部分商家专门提供兼容墨盒。对普通用户来讲，兼容墨盒比使用原装墨盒的性价比更高，且能够满足普通打印要求，只不过打印质量可能会稍受影响。

为节约耗能，打印机长时间不使用可能会自动关机，但利用打印机电源键主动关机较自动关机更利于省墨。未用尽的墨盒中途被取出，将会造成墨水浪费或计量失准。自动清洗喷头将消耗墨水，因此通常仅在必要时才考虑自动清洗。

喷墨打印机除上述方法外，还有两种较为经济的控制打印成本的方法。

1. 灌墨

钢笔中墨水用尽后可以为其加注墨水，墨盒中墨水用尽后同样可以加注，前提是墨盒和喷嘴完好。

喷墨打印机耗材市场专门有商家提供灌墨服务，如果个人有兴趣，也可以自己动手为墨盒加注墨水。

首先要确保墨盒（和喷头）是完好且可继续使用的，其次要到耗材市场购买打印机的彩色兼容墨水（见图 5-28），再准备一个小刀和部分吸水纸（布）即可。

独立墨盒灌墨的操作过程如图 5-29 所示。首先捏住墨盒，揭开盒盖上的封签后露出透气孔；然后拿起同色墨水瓶，将其细针伸到墨盒底部，慢慢向墨盒中注入墨水，边注入边缓缓提起针管，防止产生气泡，直到墨水将要注满为止；最后将封签重新封盖住小孔，防止漏墨和在运动过程中溅出墨水。

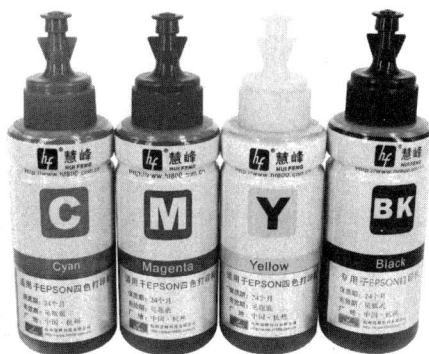

图 5-28　彩色兼容墨水

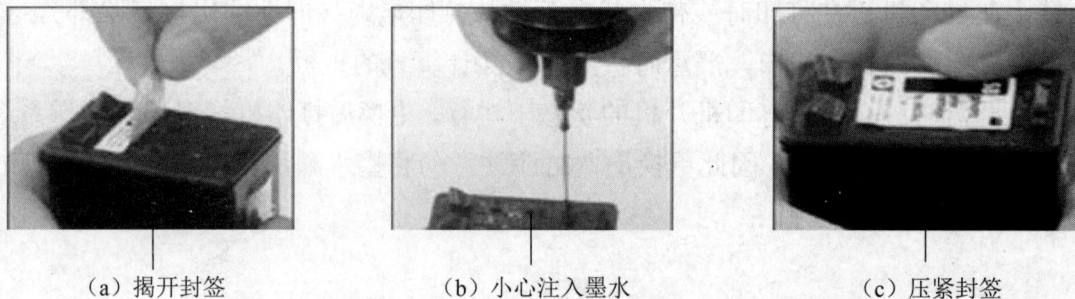

（a）揭开封签 （b）小心注入墨水 （c）压紧封签

图 5-29　独立墨盒灌墨的操作过程

集成墨盒与独立墨盒在结构上存在差异，因此灌墨过程略有不同，如图 5-30 所示。首先用刀片启开墨盒盖，露出墨盒内部的各色墨水容器；然后依次向各色墨水容器中缓慢注入对应颜色的墨水，注意避免产生气泡；最后将墨盒盖用胶带牢固密封。

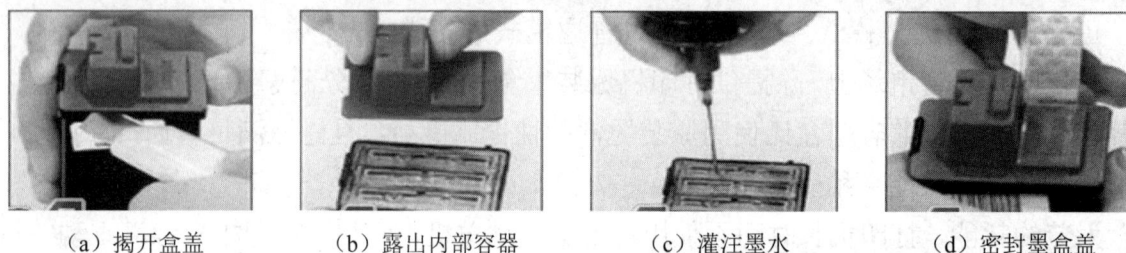

（a）揭开盒盖 （b）露出内部容器 （c）灌注墨水 （d）密封墨盒盖

图 5-30　为集成墨盒灌墨

注墨和封装完毕后，将墨盒装回打印机中并进行自动清洗，直到喷墨均匀，打印效果正常为止。若达不到预期效果，则应考虑更换新墨盒。

2. 墨水连供系统

喷墨打印机使用的墨水来自墨盒，但墨盒容量非常有限。一般来说，一套墨盒只能打印 300～500 页（5%覆盖率的 A4 纸）。对于打印量非常大的用户来讲，喷墨打印机的成本相对较高，且需要不断更换墨盒或灌墨，影响工作效率。

有些喷墨打印机配置了连续供墨系统，如图 5-31 所示，墨水盒外置，喷墨打印时直接通过吸管维持供墨，墨水用尽后只需向墨水瓶中加入墨水即可。如果用户动手能力较强，也可以自己动手制作一套连续供墨系统，如图 5-32 所示。

图 5-31　连续供墨系统

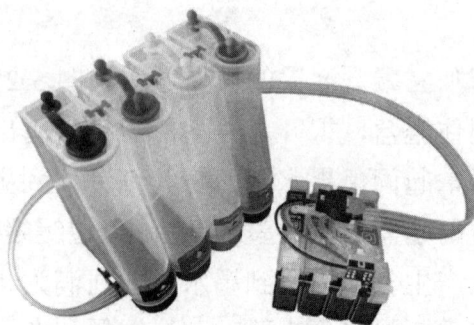

图 5-32　自制连续供墨系统

虽然连续供墨系统可以降低成本并提高效率，但若日常打印量不是太大，并不建议用户采用这种系统。一方面是由于这种系统裸露在打印机外面，看起来很不美观；另一方面是连续供墨系统中存有大量墨水，如果长期不用，有可能会变质，造成浪费。

5.4　激光打印机

世界首台激光打印机是由施乐公司于 20 世纪 60 年代末期发明的。20 世纪 80 年代初期，佳能公司将激光打印机商品化，激光打印机才逐步被推广和普及。20 世纪 90 年代初期，在静电复印机的基础上，结合了激光技术与计算机技术，又研制出了半导体激光打印机；惠普公司的分辨率增强技术和打印机控制语言（PCL）技术，同期也成为激光打印机事实上的通用标准。

现在激光打印机仍由惠普、佳能、爱普生占据主要市场，此外，还有利盟、施乐、松下、理光等品牌。我国的联想公司和奔图公司也相继推出各自的激光打印机，并占据了一些市场份额，如图 5-33 所示为联想公司的激光打印机。

图 5-33　联想公司的激光打印机

5.4.1　激光打印机基本原理

将带有静电的橡胶棒靠近铅笔细末，结果细末会被吸附到橡胶棒的表面，且静电量大的区域吸附多，静电量少的区域吸附少，这样在橡胶棒表面就由铅笔细末构成了一幅"图案"，静电吸附原理如图 5-34 所示。将带有铅笔细末图案的橡胶棒压在平放的白纸上滚动，结果橡胶棒上的"图案"就被转印到白纸上了。

激光打印机就是利用静电吸附原理成像的，示意图如图 5-35 所示。激光打印机中，

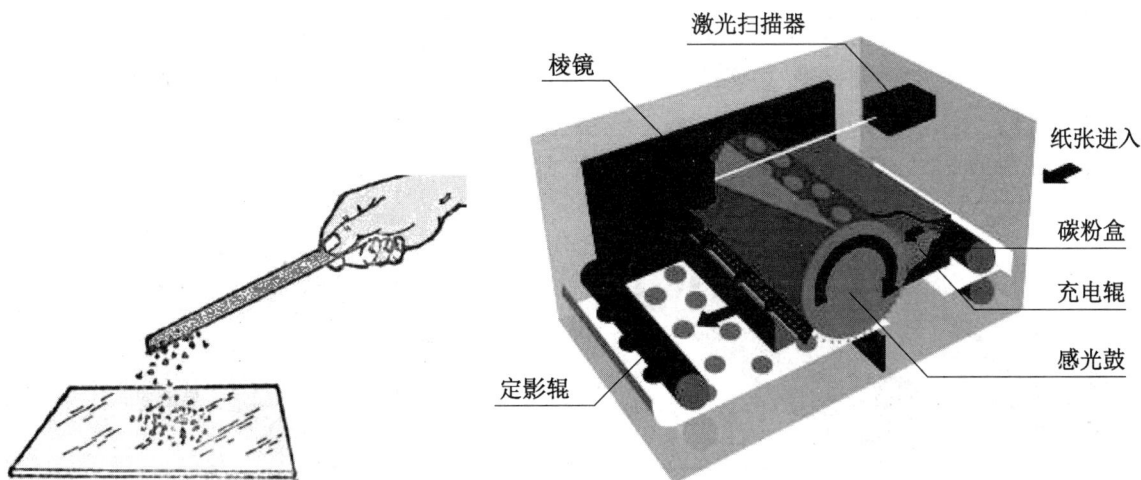

图 5-34　静电吸附原理

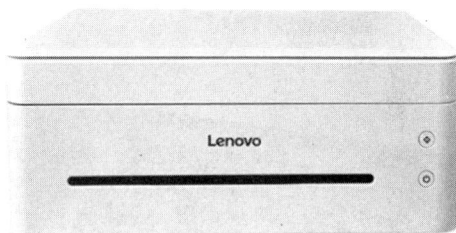

图 5-35　激光打印机示意图

在外部打印信号的驱动下，激光扫描器在特制的滚筒表面画出将要被打印的图案。图案以静电的形式分布在滚筒的表面，当滚筒靠近墨粉时，其表面的静电就会吸附墨粉，并在滚筒表面形成由墨粉构成的图像，最后再经过一系列过程把图案打印到打印纸面上。

5.4.2　激光打印机的主要部件

激光打印机主要由供电系统、直流控制系统、接口系统、激光扫描系统、成像系统、进出纸系统六大系统组成。供电系统为打印机提供电力支持；直流控制系统主要用来控制打印机的各系统协调工作；接口系统负责数据翻译和传递；激光扫描系统用于产生激光束并对感光鼓曝光；成像系统是激光打印机最核心的成像部件；进出纸系统负责纸张的传送。

本节将主要介绍激光打印机打印的感光鼓、激光扫描装置等主要部件。

1. 感光鼓

图 5-36　感光鼓

感光鼓的基本功能是将光信号转换成电信号，它是激光打印机的核心部件，主要由光导材料制成，且价格较高，如图 5-36 所示。

按采用的光导材料，感光鼓可以分为有机光导材料鼓（OPC 鼓）、硒鼓和陶瓷鼓三种。其中，OPC 鼓能够维持的打印页数一般只有 3000 页左右，硒鼓能够维持的打印页数在 9000 页左右，陶瓷鼓能够维持的打印页数可高达到 90000 页。

感光鼓由内向外共有三层结构，如图 5-37 所示。第一层是铝合金基筒（导电层），其制作工艺精细，圆筒强度较高，导电层与激光打印机的地线相连。第二层是镀在导电层上的光导材料（光导层），光导材料具有"光导电"特性，不受光照的部分会表现为绝缘体，受到光照的部分会表现为导体。第三层是镀在光导层外的透明绝缘材料（绝缘层），可以防止光导层受到磨损，保护光导层的"光导电"特性，延长感光鼓的使用寿命。

（a）实物

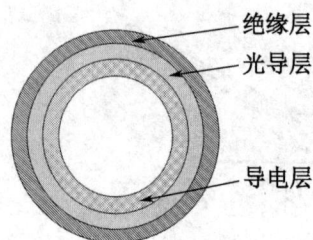

绝缘层
光导层
导电层

（b）截面示意图

图 5-37　感光鼓的结构

与感光鼓紧密相关的设备是墨粉盒，用于存放打印机墨粉。墨粉由特殊的合成材料做成，墨粉越精细、越均匀，所产生的图像就越细致。

根据感光鼓与墨粉盒的组成结构，感光鼓又可分为整体式感光鼓和分离式感光鼓，如图 5-38 所示。整体式感光鼓是把墨粉盒与感光鼓集成为同一装置，当墨粉用尽或感光鼓被损坏时，整个感光鼓都要报废。分离式感光鼓的墨粉盒和感光鼓是独立出来的，感光鼓的使用寿命一般都很长，当墨粉用尽时只需换上新墨粉盒即可。

图 5-38　整体式感光鼓（左）和分离式感光鼓（右）

2．激光扫描装置

激光扫描装置主要包括激光器、旋转多棱镜（反射镜）和透镜，如图 5-39 所示。旋转多棱镜始终保持匀速旋转，激光器固定在特定位置，它发出激光束直射到旋转多棱镜上，通过旋转多棱镜的反射后再通过透镜的聚集最终投射到感光鼓表面。

由于旋转多棱镜是不断旋转的，激光束会不断地从感光鼓一端沿轴向扫射到另一端。旋转多棱镜有三棱、六棱等多种规格，三棱镜旋转一周激光束会扫描三次，六棱镜旋转一周激光束会扫描六次，依次类推。

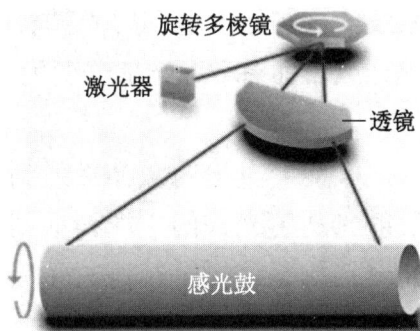

图 5-39　激光扫描装置

5.4.3　激光打印机成像过程

激光打印机是精密的机电系统设备，当打印机设备收到打印信息后，由激光扫描系统进行扫描，将需要输出的图案以静电的方式体现在感光鼓表面，然后利用电子照相系统对电子图案进行显像处理，最后通过转印、定影等手段输出到纸面上。激光打印机成像过程大体可以分为充电、曝光、显影、转印、定影、清洁等六个步骤，如图 5-40 所示。

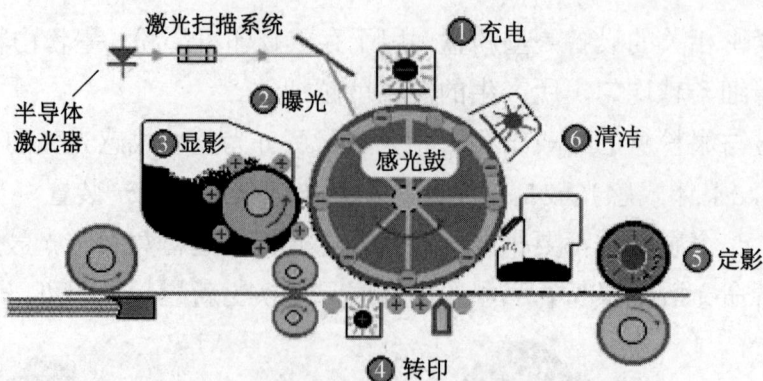

图 5-40　激光打印机成像过程

1. 充电

感光鼓是激光打印机成像的核心部件，在未受到光照时它表现为绝缘体，受到光照后，受光部分就变成了良好的导体。为了充分利用感光鼓的"光导电"特性，在打印之前首先要让它的表面充满电荷。激光打印机对感光鼓充电的方法因机型不同而不同，但都是采用直流高压致使空气电离后再使感光鼓表面均匀带电的。

2. 曝光

在如图 5-41 所示的打印信号驱动下，激光器发出脉冲激光束，脉冲激光在控制系统的控制下投射到感光鼓表面。由于感光鼓光导层具有"光导电"特性，当光照射感光鼓表面时，受光部分变为导体，其表面电荷会通过导电层释放，受光部分将不再带电。

激光器发出的激光直射到旋转多棱镜上，旋转多棱镜不断定向匀速旋转，使得反射光从感光鼓的一端扫描到另一端，一行扫过后感光鼓步进到新行，重新接收激光器扫描。这样，经过一系列激光脉冲的扫描后，感光鼓表面最终形成了一幅由电荷表示的图像，如图 5-42 所示。由于该图像真实存在但却不可见，因此常把它称作电荷潜像。

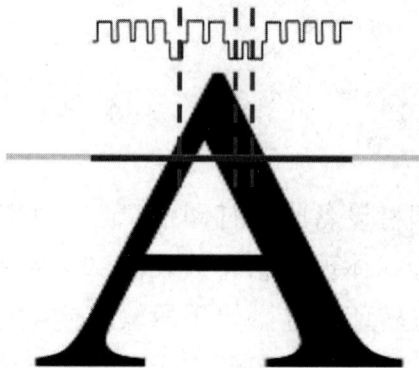

图 5-41　打印信号

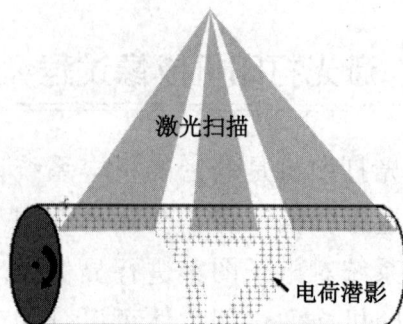

图 5-42　电荷潜像

3．显影

激光打印机的墨粉盒与感光鼓平行放置，带有静电潜像的感光鼓不断步进转动，当电荷潜像转动到墨粉盒一侧时，墨粉就被吸附到感光鼓表面，形成由墨粉颗粒构成的墨粉图像，如图 5-43 所示。这种把图像由不可见变成可见的过程称为显影。

4．转印

待打印的图案已经在感光鼓表面形成墨粉图像，还需要将该墨粉图像转印到打印纸上。处理的手段是在打印纸表面充上与墨粉图像电性相反的强电。打印纸通过传送装置随感光鼓旋转，当靠近墨粉图像时，带强电的打印纸与带弱电的感光鼓对墨粉图像进行"争夺"，最终墨粉图像被转印到打印纸表面，形成浮在纸面上的图像。为了便于描述，把浮在纸面上的图像称作纸面浮图，如图 5-44 所示。

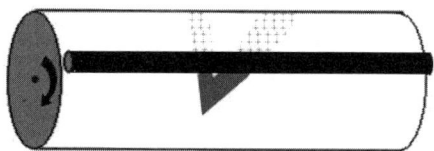

图 5-43　墨粉图像

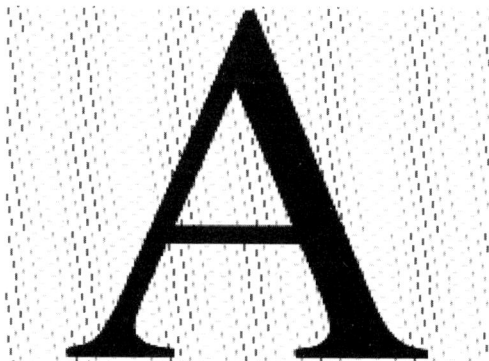

图 5-44　纸面浮图

在墨粉图像转印到打印纸上的同时，打印纸也带上了电荷。在打印纸输送过程中，由于电场和摩擦可能破坏纸面浮图的墨粉结构，所以在转印完成后，打印机会再增加一个用交流电消电的过程，以中和打印纸和墨粉上的电荷，使墨粉不受干扰地浮在水平的打印纸表面上。

5．定影

墨粉浮在纸面上并不是最后结果，还需要墨粉固化并渗透到纸张中。激光打印机有两个定影辊，一个用于加热（温度可达 180 ℃），另一个用于施加压力。当打印纸携带墨粉图像穿过这两个定影辊时，上面的加热辊把墨粉熔化，下面的压力辊把熔化的墨粉挤入打印纸的纤维之间，打印图案就最终固定到了打印纸上，即纸面实图。

6．清洁

定影后，打印机将打印结果输出，就得到了打印作品。在打印过程中，墨粉的使用和转移不可能做到非常精确和彻底，墨粉有可能残留在感光鼓表面或在送纸通道中。另外，感光鼓表面也可能残留电荷，所有这些都会影响下一次的打印效果。

激光打印机清洁系统常采用橡胶刮板或毛刷清洁残留废墨粉，并将废墨粉回收。对于感光鼓的残留电荷，常采用曝光的方法，完全释放其表面的所有电荷。

需要说明的是，清洁系统收集的废墨粉一般不可重复利用，因为收集后的墨粉中会有很多杂质，影响打印质量。但也有打印机采用循环墨粉的方式，在使用一段时间后，当新墨粉的补充量不足或新旧墨粉不能充分混合时，打印质量会下降很多。

5.4.4 彩色激光打印机

对激光打印机来说，无论黑白打印还是彩色打印，基本原理都是相同的，如图 5-45 所示，都是经过充电、曝光、显影、转印、定影和清洁六个步骤。只不过彩色激光打印机为了实现彩色打印，增加了青、洋红、黄三种颜色的彩色墨盒。

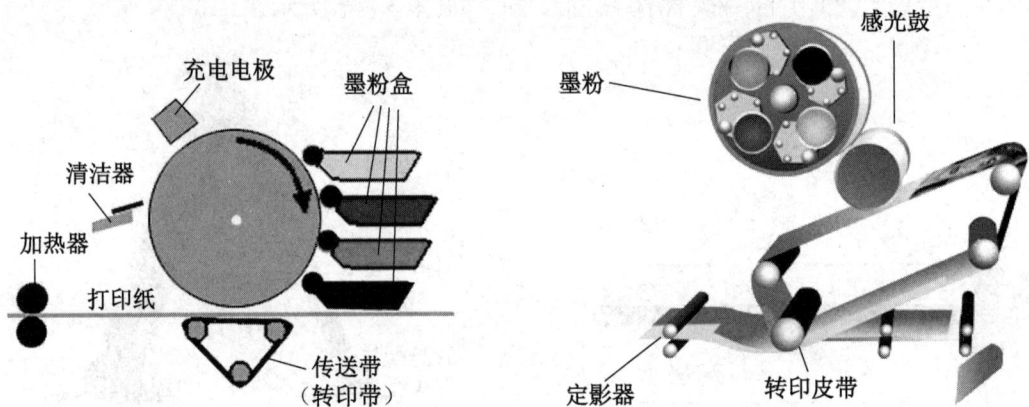

图 5-45　激光打印基本原理

由于彩色打印机使用青、洋红、黄和黑四种颜色墨盒，因此需要四次成像，部分步骤需要重复四次，每次处理一种颜色。主要有两种方式实现彩色打印：一种方式是重复从充电到转印的过程，只不过转印过程不是转印到纸面上，而是临时转印到转印带上，当四种颜色处理完毕后，再一次性地转印到打印纸上并进行定影输出；另一种方式是重复充电和显影之间的过程，每处理完一种颜色，墨粉保留在感光鼓上，接着再处理另一种颜色，直到所有颜色都处理完毕后，再一次性地转印到打印纸上进行定影输出。

很显然，彩色打印所需的时间远远长于黑白打印，因此彩色打印速度较慢。为了克服这个不足，激光打印机厂商积极探索一次成像技术。一次成像技术的关键是需要把激光发光管做得足够小，在现有的一个发光管的位置上要放对应四种颜色的四个发光管。

彩色激光打印机在经历了四次成像、垂直一次成像（墨粉盒垂直成像排列如图 5-46 所示）的技术演变之后，2008 年惠普公司发布了彩色激光打印成像的第三代技术——水平一次性成像技术（墨粉盒水平成像排列如图 5-47 所示），弥补了彩色激光打印机体积大、纸路长、输出速度慢等缺点。

图 5-46　墨粉盒垂直成像排列　　　　　图 5-47　墨粉盒水平成像排列

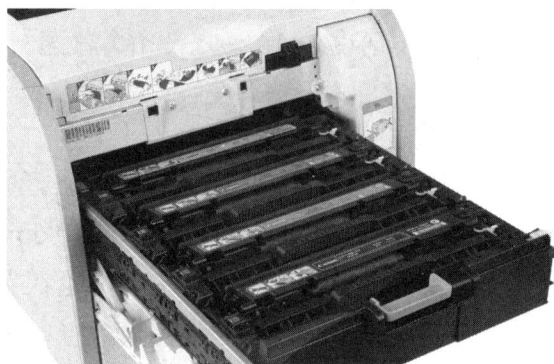

四次成像、垂直一次性成像和水平一次性成像的打印技术对比如图 5-48 所示。

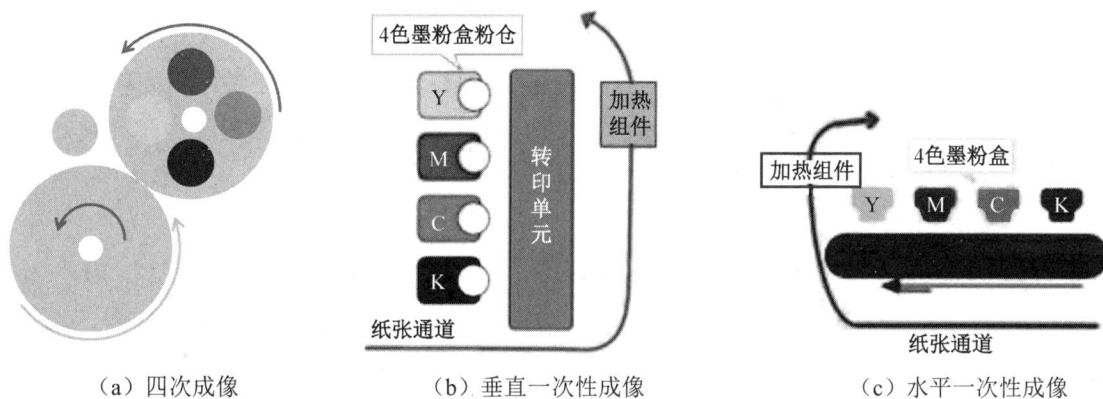

（a）四次成像　　　　　（b）垂直一次性成像　　　　　（c）水平一次性成像

图 5-48　打印技术对比

5.4.5　激光打印机的特点与应用

激光打印机有黑白与彩色之分。黑白激光打印机只能打印黑白文档，而彩色激光打印机则能打印黑白和彩色两类文档。激光打印机的价格在千元至数万元不等，其中彩色打印机价格相对高于黑白打印机。虽然低端激光打印机价格目前已降至千元左右，但相对于喷墨打印机，激光打印机在价格上仍处于不利的竞争地位。但是，激光打印机强大的处理能力、极快的打印速度、突出的打印机质量和相对低廉的打印成本是喷墨打印机无法匹敌的。

1．处理能力强大

激光打印机的控制器中配有 CPU 和内存，所以它可以进行复杂的文字处理、图像处理等。

2．打印速度快

激光打印机的另一特点是打印速度快，在一般情况下，黑白激光打印机的打印速度在 16 ppm 左右，高速黑白激光打印机的打印速度可达 135 ppm 左右；普通彩色激光打印机的打印速度在 10～15 ppm，高速彩色激光打印机的打印速度可达 35 ppm 以上。

3．打印质量高

激光打印机的打印分辨率不如喷墨打印机高，但打印质量并不逊色于喷墨打印机。实际上，600 dpi 激光打印效果与 2400 dpi 喷墨打印效果相当。激光打印机对打印纸张的要求不像喷墨打印机那样苛刻，无论在普通打印纸上还是在专用相片纸上，其打印的效果同样出众，对黑白文档或图表，打印效果更显突出。另外由于激光打印机使用的固体墨粉微粒不易被空气分解，因此其打印作品不易褪色，适宜于长久保存。

4．打印成本低

虽然激光打印机在价格上处于不利的地位，但激光打印机使用耗材的成本很低。激光打印机的耗材主要有感光鼓和墨粉，感光鼓自身寿命很长，对感光鼓与墨粉盒分离的激光打印机而言，主要耗材只有墨粉。一般打印一页 5%覆盖率的 A4 幅面，彩色打印成本约 1 元，黑白打印成本在 0.15 元以内。

5．负荷能力强

喷墨打印机没有能力担负繁重的打印任务，当喷墨打印机连续打印超过 30、40 页后，其打印质量就会出现明显的降低。而激光打印机具有很强的打印负荷能力，打印任务繁重时，其打印质量也能够保持相对稳定。

5.4.6　激光打印机的日常使用、保养与维护

激光打印机是一种精密的机光电一体化设备，若日常使用、保养与维护不当，很容易发生部件损坏，影响打印品质。

1．日常使用

激光打印机的使用过程要注意防高温、防灰尘、防潮湿、防震动、防阳光直射和化学物品侵蚀。

激光打印机机壳应保持良好的接地状态，避免打印机机身产生静电。因为激光打印机是利用静电将墨粉转印到打印纸上的，机身产生静电会使机器性能不稳定，影响打印质量，严重时还会损坏机器或伤及人。

激光打印机中的墨粉对人体和环境有一定的危害，应避免打印机的排气口直接吹到脸上或皮肤上，影响身体健康。

激光打印机的控制器比较重要，不要带电插拔打印机接口，防止打印机的控制器被烧坏。激光打印机在工作过程中会产生高温、高压，为避免意外伤害，不能随便打开打印机机壳。

使用规范的纸张进行打印。打印纸过轻、过厚、过于光滑或特殊的纸都容易引起卡纸，最好使用胶版纸或复印纸，尽量不用不规则纸张。打印纸长时间暴露在空气中会导致纸张过于潮湿或干燥，影响打印质量。

打印过程发生卡纸故障时，一定要先确定卡纸的部位，然后轻巧地将纸取出，否则容易损坏有关部位或使纸屑留在机器内，影响出样质量。

激光打印成本相对较高，采取一定的合理措施将有利于降低激光打印机综合使用成本。例如，多使用软件提供的打印预览功能，可减少实际打印操作，预览满意后再进行打印。激光打印机也几乎都提供了经济模式打印，与普通模式相比，仅用约一半的墨粉量，在对打印质量要求不高时，可选用经济模式打印。

2．打印机清洁

激光打印机容易吸附粉尘，过多的粉尘滞留在激光打印机内部会影响打印机的正常工作。激光打印机出现一些故障的根本原因皆源于粉尘，所以清洁打印机是非常有效的保养手段。

清洁纸具有很强的吸附作用。把清洁纸装入打印机入纸口，让激光打印机重复打印空白文件，使打印纸从纸道中正常通过，这样既可带走滚轮和纸道上的粉尘，又可吸附纸道周边的粉尘，达到内部清洁的目的。

当打印机打印纸面发生污损时，应该考虑彻底清洁打印机内部。关闭打印机电源，打开打印机翻盖，取出感光鼓，再用干净柔软的湿布来回轻轻擦拭有关部位，去掉纸屑和粉尘。值得注意的是，对机内实施清洁的过程中只能轻擦，千万不能碰触光学系统，使用硬物时应避免划伤感光鼓等成像部件，否则会严重影响打印效果。擦拭完毕，要等机内完全干燥后方可打开电源，以免短路造成元件烧毁。

3．更换感光鼓

对于原装的墨粉盒，生产厂家要求在墨粉使用完后予以更换，不支持填装墨粉。但购买墨粉盒是一份不小的开支，对于大多数型号的激光打印机来说，填装墨粉是比较经济的。然而，填装墨粉可能会带来漏粉问题，可能会使光电器件受到不同程度的影响，这些都不在保修范围之内，所以对于粉鼓一体的墨粉盒不建议填装墨粉。

更换墨粉盒应根据打印机型号来确定。更换墨粉盒时，首先关闭打印机电源，打开打印机翻盖，取出原墨粉盒，并把机内残留的墨粉及纸屑等清除干净；然后手持新墨粉盒，把盒内墨粉轻轻平行摇匀，用手顺时针转动齿轮数圈，使墨粉均匀地附着在磁辊上；最后把墨粉盒装入打印机，闭合打印机翻盖，进行打印页测试，以检查打印效果。

4．常见故障排除

用户在使用激光打印机的过程中，可能会遇到一些故障。

（1）卡纸现象

卡纸是打印机的常见故障，可能是打印机自身造成的卡纸，但大多数是由于纸张使用不当造成的。例如，纸张质量较差、纸面潮湿或不平整等都会增加出现卡纸的概率。使用质量优良的纸张，保持纸张干燥、平整，消除纸张静电，防止纸张粘连等都能降低卡纸率。

在处理激光打印机卡纸时，应先关掉打印机的电源，然后打开打印机盖，双手轻轻拽动被卡的纸张，顺着走纸方向缓慢地将其取出。抽纸时注意不能用蛮力，以免撕坏被卡纸张，产生更大的麻烦。确实无法取出卡纸时，应请专业人士帮忙。

（2）打印质量故障

打印作品中出现清晰的白色轨迹线时，将感光鼓取出，轻微左右晃动后再放入打印机内，若打印效果无明显改善，则说明墨粉将耗尽，需要考虑更换墨粉盒。

连续打印时分页正常，前部分页面打印也正常，但后部分页面全白或全黑，这可能是因为文件的页面信息描述较复杂，打印机存储能力不足所致，可以降低打印机分辨率重新打印，或者改用存储能力强的打印机打印。

若打印内容出现乱码，可利用打印机自检功能判断打印机是否存在硬件故障；检测打印机的电缆及连接是否松动；在 Windows 系统下打印测试页，以确定打印机驱动程序是否正确安装；检查应用程序本身是否存在问题。

打印纸面中出现墨粉污点，可能是打印机内部纸道污损或墨粉盒漏墨所致，应该考虑清洁打印纸通道，或者更换墨粉盒或感光鼓。

5.4.7　激光打印机的主要技术指标和选购指南

激光打印机分为黑白激光打印机和彩色激光打印机。黑白激光打印机价格适中、打印成本较低，打印效果和打印性能突出，逐渐成为日常办公的新宠。彩色激光打印机售价高、打印速度慢，偶尔的彩色打印业务常用彩色喷墨打印机来替代，但对彩色业务量大、色彩要求不太高的打印需求，在经费充足的情况下可以考虑购置彩色激光打印机。

激光打印机的主要技术指标有打印分辨率、打印速度、预热时间、首页输出时间、打印接口、打印幅面、墨粉盒容量和感光鼓寿命等。

（1）打印分辨率

在同精度下，激光打印效果要好于喷墨打印效果。对激光打印机而言，600 dpi 打印分辨率足够用。

（2）打印速度

目前，激光打印机的打印速度一般在 16 ppm 左右，最快的打印速度已达 135 ppm 甚至更高。

（3）预热时间

激光打印机打开电源后，需要一定的时间进行预热后才能接收打印任务，被称为预热时间。部分具有待机功能的打印机在重新启用时也需要重新预热。部门级或生产型激光打印机预热时间一般 5～15 min，办公用激光打印机一般在 2 min 内完成预热，惠普公司的激光打印机甚至达到了零预热的水平。

（4）首页输出时间

打印机接收到打印数据后，需要花一定的时间为打印新任务做准备，称为首页输出时间。首页输出时间主要是专门针对中小企业和家庭用户而设置的，因为很多用户日常打印量仅为几页，故以此作为衡量打印机输出快慢的标准。

（5）打印接口

打印接口是指打印机设备与计算机相连的接口，主要有并行接口、USB 接口、远红外接口。并行接口最初就是为打印机设计的，是打印机最常用的接口，几乎所有计算机都具有并行接口；USB 接口是新型打印机常用的接口，连接方便且传输速率快；远红外接口常用于便携式打印机，可以接收红外端口发送的打印任务。

（6）打印幅面

现在窄行激光打印机可以打印 A4、B5 大小的文稿，而宽行激光打印机可以打印 A3、B4 大小的文稿。如果需要打印较宽的文稿，则需购买宽行的激光打印机，当然价格要比窄行激光打印机贵许多。

（7）墨粉盒容量和感光鼓寿命

购买激光打印机一定要考虑感光鼓寿命、墨粉盒容量等耗材因素，主要是考虑墨粉盒的价格与容量比、感光鼓的价格与寿命比。

总的来说，激光打印机和喷墨打印机二者各有优势。高端喷墨打印机在色彩方面的表现出众，激光打印机在对文字、图表等内容的打印上显得更得心应手。当打印量较小且对色彩要求高时，可考虑选用喷墨打印机；当打印任务繁重且经常打印文字、图表内容时，可选用黑白激光打印机；当以上两种情况需要兼顾时，建议考虑同时配备一台千元左右的黑白激光打印机和一台千元左右的中档彩色喷墨打印机，相对购买三四千元的中档高端彩色激光打印机而言，既满足了多样性的工作需求，又降低了综合办公应用成本。

目前，激光打印机一般应用在企业、商务、小型工作组等工作环境中，而喷墨打印机逐渐向家用领域靠拢，成为个人消费品。

5.5　LED 打印机

20 世纪 90 年代中期，发明了 LED 页面式激光打印技术，在激光打印技术领域掀起了不小的波澜。人们曾经对激光技术和 LED 技术谁更有优势的问题争论不休。不过，LED

技术拥有简单的光学系统、易实现小型化和高速打印设计的优势却是一个不争的事实。

如图 5-49 所示的打印机就是基于 LED 技术的彩色打印机。

5.5.1　LED 打印机原理

激光打印机和 LED 打印机的成像原理基本相同，都由携带有图像信号的光线照射在感光鼓上形成电荷潜像，而电荷潜像在吸收墨粉后，转印

图 5-49　基于 LED 技术的彩色打印机

到打印纸上并进行定影，从而完成打印任务。因此，常常有人认为 LED 打印机其实就是激光打印机的一种，而事实上两者是完全不同的技术，它们最大的区别在于光源类型与光路系统的不同。

激光打印机的光源是一个大功率的激光二极管，其光路原理图如图 5-50 所示。在打印信号的控制下，激光二极管根据打印需求发射激光束，激光束在经过透镜聚焦后，投射到一个高速旋转的旋转多棱镜上，而旋转多棱镜不停旋转，随时改变着反射出的激光束角度，从而形成一个位置变化的单点光束，这一光束在经过透镜整形与改变方向后，在感光鼓上形成往复扫描的轴向激光，使感光鼓曝光。在单行感光完毕后，感光鼓转动，激光束继续对下一行进行感光，从而完成感光鼓的感光过程。

而 LED 打印机是将成千上万个微小的 LED 排列成一个队列，即打印光头，其放置在感光鼓轴向上方，LED 打印机光路原理图如图 5-51 所示。在打印信号的控制下，打印光头中部分 LED 灯珠被点亮，它们各自发出的光通过聚焦头直接投影在感光鼓表面，使感光鼓表面线形曝光。线形曝光完毕后，感光鼓被转动，重新开始下一条线形曝光，如此往复直到完成。

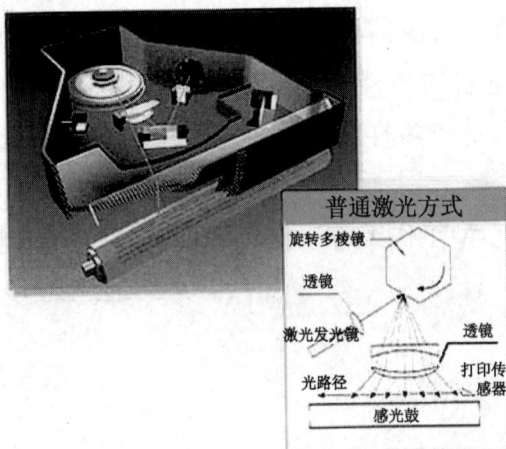

图 5-50　激光打印机光路原理图

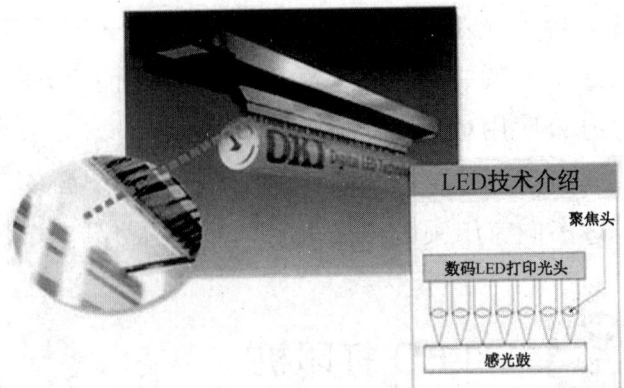

图 5-51　LED 打印机光路原理图

5.5.2　LED 打印机的优劣

与激光打印机相比，LED 打印机的优势比较明显。首先，LED 打印机光源工作在低电压小功率的状态下，不易老化、工作寿命较长。其次，LED 打印机光路简单且无机械部件，既利于降低故障率又利于缩小打印机体积，同时还有利于提高打印质量。再次，LED 打印机采用 LED 阵列光源，可以一次性完成多点扫描，有利于提高打印速度。最后，由于 LED 发出的是普通光，不会像高能激光那样致使空气电离而产生臭氧，因此 LED 打印机更环保。

从 LED 打印机的工作原理可知，成像面上的每个点都对应一个发光二极管，要想提高轴向分辨率，不仅要集成更多的 LED 器件，还要将各 LED 器件的直径缩小，并解决各 LED 光线互扰的问题，这就大大增加了工艺难度和生产成本。例如，一款 600 dpi 的 A4 幅面 LED 打印机，单个打印光头上就已集成了 5000 个左右的 LED，若要将其分辨率提高到 1200 dpi，则其集成的 LED 要超过 10000 个，制造难度和成本可想而知。而激光打印机提高分辨率只需要提高打印光头的发射频率和棱镜的性能，制造成本和技术难度相对较低。

目前，主流 LED 打印机的分辨率一般能达到 600 dpi，而 1200 dpi 的激光打印机并不少见，高端打印机的分辨率早已高达 2400 dpi 以上。

5.5.3　LED 打印机市场展望

LED 打印机正处于一个发展期，相比处于成熟期的激光打印机，LED 打印机在品牌上尚不具备优势。但是从技术本身来看，LED 打印机技术的可发展空间还较大，尤其是在环保、节能等方面，LED 打印机技术具有先天性的优势。

LED 彩色打印机采用一次成像技术，如图 5-52 所示为 4 个并列打印光头，如图 5-53 所示为水平排列的四色感光鼓。在彩色打印市场，LED 打印机与激光打印机基本具有完全相同的市场定位，因此二者之间的市场竞争很激烈。

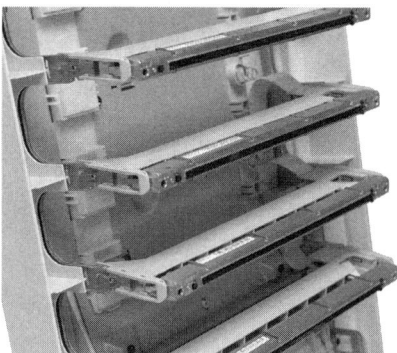

图 5-52　LED 打印光头

图 5-53　四色感光鼓

　　预计在未来一段比较长的时间内，激光打印机依然是市场的主力军，特别是在黑白打印领域。但是随着彩色商务办公应用需求的增多，两者之间的竞争将主要在彩色打印领域展开，LED 打印机定会在此方面赶超激光打印机。首先在打印质量上，两者相差不多，且已出现 LED 打印机超出的倾向；其次在打印速度上，激光打印机已被超越，LED 打印机已达 30 ppm，再进一步会达到 60 ppm 甚至 120 ppm；最后是分辨率，在 300 dpi、600 dpi 时二者相差不多，但进入 1200 dpi 后，LED 打印机的真实分辨率表现得更优。

　　LED 打印机与激光打印机市场定位基本重叠，市场竞争不可避免。从绿色环保的角度来说，LED 打印机适合商用办公环境，对打印质量要求不高的用户来说，LED 打印机是不错的选择。随着 LED 打印机技术的发展，LED 打印机定会克服自身的缺点，会在未来的市场竞争中占据重要的一席之地。

第 6 章

光学输入设备

本章要点

计算机可以装配多种输入设备，其中光学输入设备相当于计算机的"眼睛"，使计算机能够"观察"到外部事物。本章将介绍扫描仪、数码照相机、数码摄像机、数码摄像头、高拍仪等常见光学输入设备的基本原理、日常应用及维护方法。

6.1 扫描仪

扫描仪是一种计算机外部设备，可以将印刷件、书面文稿、照片等媒介信息扫描并输入计算机内，并将它们转换成计算机可以处理的数字格式。

6.1.1 扫描仪工作原理

平时人们读书总需要先找一个光线充足的环境，环境光线投射到书面后被反射到人的眼睛。经眼球晶状体折射后成像在视网膜上，视网膜上的图像经神经系统送交大脑处理，这样人们就可以获知图书的内容了。

扫描仪集光学、电子、机械等技术于一体，是计算机重要的输入设备，其工作过程与人们读书的过程类似。如图 6-1 所示，将被扫描物（如图书）放在扫描平台上进行扫描，扫描的结果通过信号线传输到计算机中，然后进行计算、保存或识别。在这个过程中，扫描仪的作用相当于人的"眼睛"，负责数据采集，计算机相

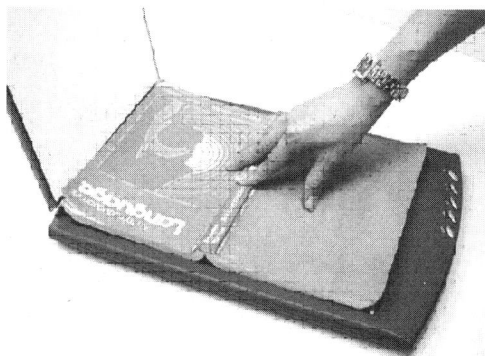

图 6-1　扫描仪扫描图书

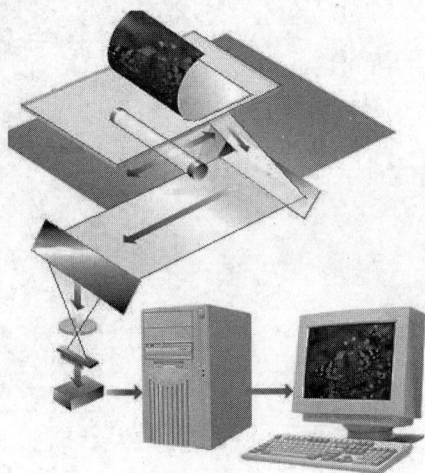

图 6-2　扫描仪的工作过程

当于人的"大脑"，负责对扫描数据进行处理。

扫描仪的工作过程如图 6-2 所示。扫描仪内有一个细长灯管（或发光组），执行扫描动作时，灯管发光透过玻璃板照亮原稿表面的窄条区域；原稿表面反射的光经系列反光镜反射，再经凸透镜汇集后投射到光学成像元件表面。该元件可将光信号转换成电信号，电信号再转换成数字信号，最终由计算机进行处理。平移灯管继续扫描另一个紧邻的窄条区域，重复执行前面的动作，直到整篇原稿被扫描完毕。计算机把得到的扫描数据进行整合，就会得到一幅完整的原稿扫描图像。

6.1.2　扫描仪常用分类

扫描仪作为输入设备，已在广告、宣传、出版、印刷、办公等领域广泛应用。业务需求的多样性，决定了扫描仪的种类有很多，分类标准也各有不同。

1. 按扫描方式分类

按照扫描方式，扫描仪可分为滚筒式扫描仪、平板式扫描仪、手持式扫描仪和馈纸式扫描仪等。

（1）滚筒式扫描仪

滚筒式扫描仪（见图 6-3）又称鼓式扫描仪，主要应用在专业的、大幅面的扫描领域。由于扫描原稿幅面较大，采用滚筒式的走纸方式，可以有效减小扫描仪的体积，故滚筒扫描仪因此得名。随着计算机辅助设计（CAD）等应用的飞速发展，生产、设计、研究部门经常会有大量的图纸需要扫描后处理。

（2）平板式扫描仪

平板式扫描仪（见图 6-4）常用于平面文档的扫描。目前平板式扫描仪的性能已达到很高的水平，扫描速度、精度、色彩等技术方面都比较成熟，能够较好地满足部门、个人或家庭等的日常需要，平板式扫描仪成为常见的、主要的办公设备之一。平板扫描仪主要以 A4 和 A3 幅面为主，其中以 A4 幅面应用最为普遍。

用平板式扫描仪扫描时，被扫描的原稿固定不动，通过扫描头的匀速移动来实现扫描。被扫描的原稿通常压放在玻璃稿台上，不宜太厚，可以扫描书籍页、卡片等多规格原稿。

（3）手持式扫描仪

手持式扫描仪内置发光管和感光元件，扫描时只需贴近物体表面平缓移过即可得到扫描图像，如图 6-5 所示。手持式扫描仪体积小、重量轻、携带方便，但扫描精度低、扫描质量差、扫描幅面小，多用于移动办公领域。

图 6-3　滚筒式扫描仪

图 6-4　平板式扫描仪

扫描笔（见图 6-6）是手持式扫描仪的一个突破，使用时需贴在纸面上扫描，扫描结果可传输到手机或计算机中进行存储或处理。扫描笔体积小、重量轻、携带方便，且可以脱离计算机单独使用，结合文字识别和语音技术等，其功能会更加强大，深受消费者喜爱。

图 6-5　手持式扫描仪

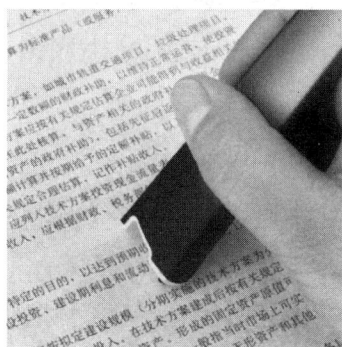

图 6-6　扫描笔

（4）馈纸式扫描仪

馈纸式扫描仪又称高速扫描仪，也称小滚筒式扫描仪，如图 6-7 所示。20 世纪 90 年代初期，由于平板式扫描仪价格高昂，手持式扫描仪扫描宽度过小，为满足 A4 幅文件扫描的需求才推出此类产品；20 世纪 90 年代中后期，这类产品受平板扫描仪价格下降的影响曾一度退出历史舞台，但 2001 年凭借高速扫描和双面扫描等新特性又"重现江湖"。

图 6-7　馈纸式扫描仪

馈纸式扫描仪大多数采用接触式图像传感器（CIS）技术，虽然扫描的精度不高，但对扫描黑白文档而言已经够用。为保证扫描质量，部分彩色扫描仪产品采用了电荷耦合器件（CCD）技术扫描。

所谓馈纸式是指扫描时扫描组件不动，而纸张经搓纸轮等装置传送匀速穿过扫描仪，每次只穿过一页纸，因此此类扫描仪不能扫描卡片、账册或书籍等。馈纸式扫描仪

配置自动进纸器，可连续批量扫描文稿，极大地提高工作效率，已逐渐成为文档数字化领域不可或缺的重要办公产品。

馈纸式扫描仪体积可以做到很小，如名片扫描仪、便携式扫描仪（见图 6-8）等，部分产品可由内置电池供电或由计算机内部供电。

随着技术的进步，扫描仪市场中又出现了平板馈纸式扫描仪，如图 6-9 所示。该产品实际是集平板式扫描仪与馈纸式扫描仪于一体的一机两用扫描仪，其上部是自动进纸器，以提高馈纸式扫描速度，中间是出纸槽，下面为玻璃稿台，用于平板扫描。

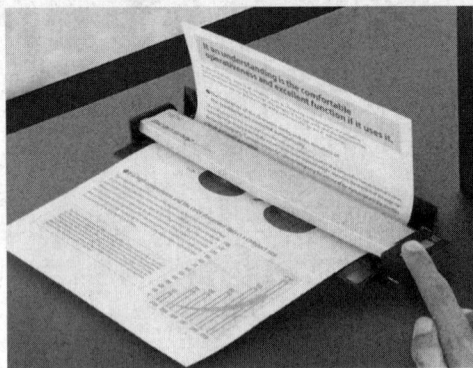

图 6-8　便携式扫描仪

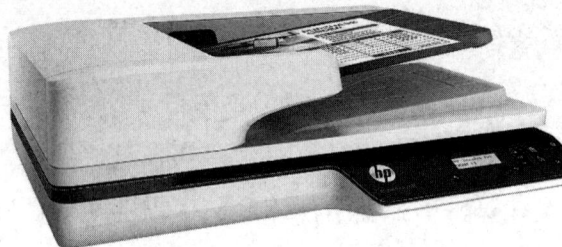

图 6-9　平板馈纸式扫描仪

2. 按原稿介质分类

按被扫描原稿的介质，扫描仪可分为反射式、透射式、反射和透射两用式三种。扫描原稿的介质大多数是不透明的（如书稿、相片、宣传海报等），人们更多地利用它们的反射光获取其图像信息，即反射式扫描仪。另外，有些扫描原稿的介质是透明的（如幻灯片），甚至是负片（如电影胶片、相片底版、X 线片等），它们的反射光弱而透射光强，人们则利用它们的透射光来获取其图像信息，即透射式扫描仪。为了增加扫描仪功能，拓展其适用范围，扫描仪厂商设计制造了既可利用反射光成像又可利用透射光成像的多功能扫描仪，即反射和透射两用式扫描仪。

6.1.3　扫描仪结构

根据扫描仪的原理可知，扫描仪实施扫描操作，至少需要具备扫描光源、扫描原稿、光学成像、信号转换、机械传动等部分。典型的平板式扫描仪基本结构如图 6-10 所示。平板式扫描仪主要由玻璃稿台、机盖、扫描头、传动装置、模数转换器等部分组成。

（1）玻璃稿台：又称稿台，是一块位于扫描仪中央的透明玻璃平台，用于放置被扫描的原稿，稿台四周画有标尺线用于原稿定位和快速确定扫描尺寸。

（2）机盖：位于稿台的上面，机盖内壁一般衬有压稿胶垫，主要作用是压紧原稿，减少扫描光线泄漏，同时还具有保护玻璃稿台的作用。

（3）扫描头：是扫描仪的光学成像部分，是核心部件，其主要作用是扫描原稿表面，将得到的光信号转换成模拟电信号。扫描光源一般也集成在扫描头中。

（4）传动装置：主要包括传动皮带、扫描头支撑滑竿等，扫描头在传动皮带的带动下，可沿支撑滑竿水平滑动，以便对原稿进行扫描。

（5）模数转换器：位于扫描仪的内部，其主要作用是将扫描图像的模拟电信号转换成数字信号。

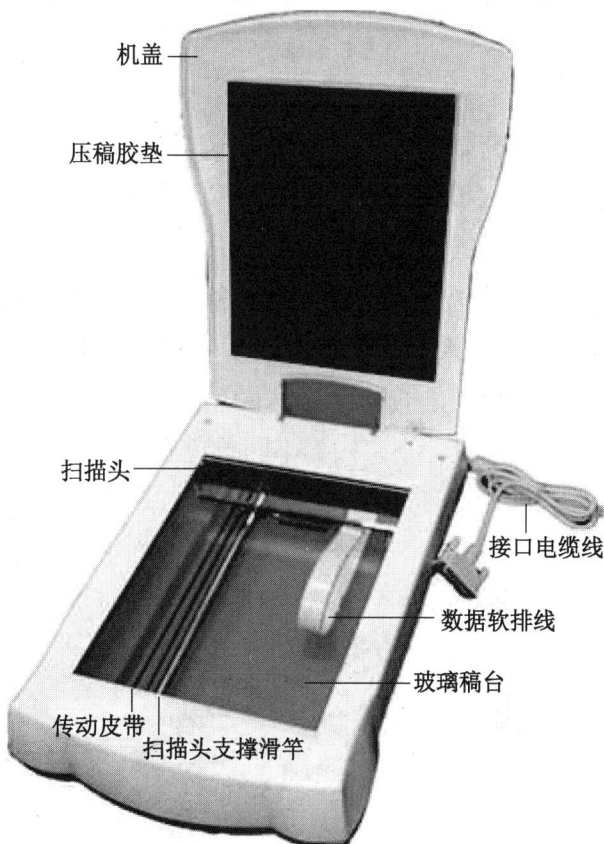

图 6-10　平板式扫描仪基本结构

6.1.4　主要感光器件

1887 年，德国物理学家赫兹发现，在光的照射下，某些物质内部的电子会被光激发出来而形成电流，这就是光电效应，如图 6-11 所示。

扫描头中的感光器件就是基于光电效应工作的，可以把扫描原稿的光信号转变成电信号。目前市场上扫描仪所使用的感光器件主要有光电倍增管、电荷耦合器件、互补金属氧化物半导体和接触式图像传感器 4 种。

1. 光电倍增管

光电倍增管（PMT）是最早出现的图像传感器，如图 6-12 所示。

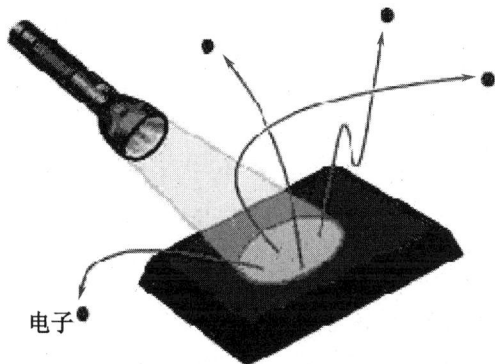

图 6-11　光电效应

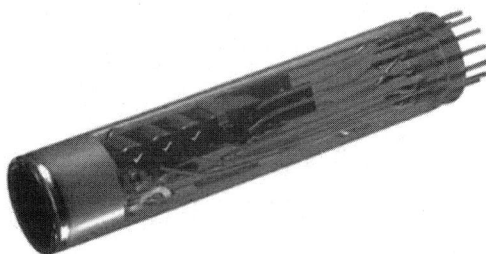

图 6-12　光电倍增管

光电倍增管在灵敏度、噪声系数、使用寿命等方面都具有明显的优势，工作性能几乎不受周围环境温度的影响，是性能较好的感光器件，但其突出的缺点是生产成本高、扫描速度慢，仅用在专业的滚筒式扫描仪上。

2. 电荷耦合器件

电荷耦合器件（CCD）是一种光电转换器件，在光电转换领域有着广泛的应用。在平板式扫描仪或中高档扫描仪产品中，CCD 的应用较为普遍，如图 6-13 所示为扫描仪中常用的线型 CCD。

在微观上，CCD 是由众多感光微粒组成的。单个感光微粒只能感应光的强弱而不能感应光的色彩，因此在实际生产工艺中扫描 CCD 常被制造成如图 6-14 所示的三层结构，由上至下分别是微透镜层、滤色层和感光层。图像光从上向下透过时，感光层中相邻的感光微粒就可以分别感知到不同单色光的强弱，并可最终合成彩色扫描图像。

图 6-13　线型 CCD

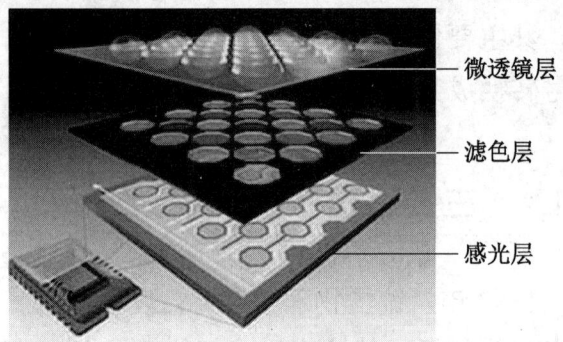

图 6-14　CCD 三层结构

CCD 体积小，成像质量高，使用寿命长，性能受温度影响小，但 CCD 制造工艺复杂、生产成本高，数据处理复杂、效率较低，器件发热量大、功耗较高。随着技术的进步，CCD 高端产品在性能上已经接近低档光电倍增管产品。

3. 接触式图像传感器

接触式图像传感器（CIS）也是一种新型的感光器件（见图 6-15），它与 CCD 几乎同时诞生，只是最近几年才出现在世人面前。绝大多数手持式扫描仪采用 CIS 作为光电转换器件。

CIS 以近似贴地的方式在原稿表面进行扫描，并因此而得名。如图 6-16 所示为 CIS 扫描器件的基本结构。CIS 采用 LED 作为光源，LED 发出的光经三棱镜折射后投射到原稿表面，原稿反射光经透镜后投射进入光电接收管，感光后产生电信号。

CIS 扫描仪采用 LED 作为光源，功耗低，但光线不均匀，导致扫描仪色彩还原能力较低。CIS 扫描组件贴在原稿表面进行扫描，无须复杂的光学系统，扫描仪可做得小巧轻便，但由于没有镜头，景深差，只适用于扫描文稿，不宜扫描实物。

另外，CIS 对环境温度变化比较敏感；感光单元间干扰大，扫描清晰度不够、精度不高；LED 发光阵列的使用寿命较短。

二极管直接曝光技术（LIDE）是基于 CIS 技术的一种新技术，能使 LED 光源产生均匀且亮度足够的光线用于扫描，同时减少了各种像差和色差，能够较好地重现原稿的细节和色彩。

图 6-15　CIS

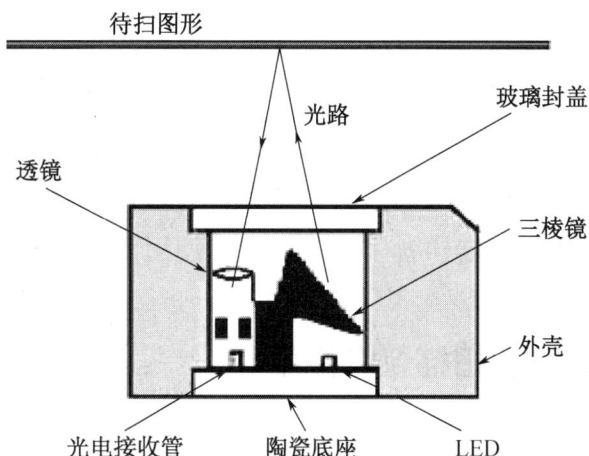

图 6-16　CIS 扫描器件的基本结构

4. 互补金属氧化物半导体

互补金属氧化物半导体（CMOS）技术起源于 20 世纪 60 年代，最初该技术主要用于计算机数据存储，直到 1998 年它才被应用到图形传感领域，对 CCD 来说算是后来者，但在高速扫描仪市场已与 CCD 相竞争。如图 6-17 是一款 CMOS 感光器件。

图 6-17　CMOS 感光器件

CMOS 感光器件与 CCD 都采用感光二极管进行光电转换。CCD 的优势在于成像质量好，但制造工艺复杂且只被少数厂商掌握，制造成本居高不下。CMOS 感光器件的优势在于速度快，工艺结构简单，生产成本不断降低。竞争引发进步，新一代的 CCD 一直在功耗上做改进，而 CMOS 感光器件则一直在改善分辨率与灵敏度方面的不足。

从发展趋势上看，CMOS 感光元件以其高集成度、高速度和低耗电等特性被寄予厚望，在不久的将来有希望成为主流的感光器。

6.1.5　扫描仪的安装

扫描仪的安装过程包括硬件连接和软件安装两部分。硬件连接比较简单，一般只需把扫描仪信号线的另一端插头插接到计算机相应的接口中即可。

扫描仪的软件安装包括两部分：首先是安装扫描仪驱动程序，这是扫描正常工作所必备的；其次是安装管理软件，方便用户管理和使用扫描仪。为方便普通用户安装，大多数扫描仪厂商提供了集成的安装程序，由安装程序自动完成驱动程序和管理程序的安装。

在 Windows 操作系统中安装扫描仪的步骤：安装前先断开扫描仪与计算机之间的连接，然后在 Windows 系统中安装扫描仪的驱动程序。根据提示重启计算机系统后，再将扫描仪用信号线与计算机连接。系统发现扫描仪后会自动用新装入的驱动程序进行安装，这样就排除了安装和使用隐患。

6.1.6　扫描仪的使用

扫描仪硬件连接和正确安装驱动程序后，打开扫描仪电源，启动计算机系统，等待扫描仪联机成功后即可使用。

HP Scanjet 是由惠普公司推出的高速 USB 接口的数字平板式扫描仪，其外观结构如图 6-18 所示。本节将以 HP Scanjet 扫描仪为例介绍扫描仪的使用方法。

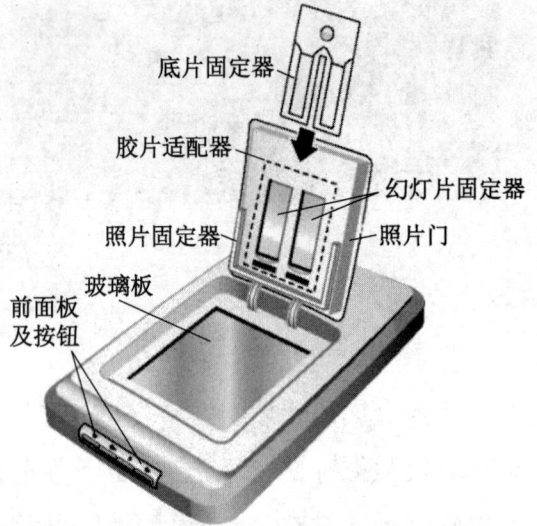

图 6-18　HP Scanjet 扫描仪外观结构

1．利用 Windows 系统组件进行扫描

单击 "控制面板"→"查看设备和打印机"选项，如果扫描仪已启动且联机正常，则可找到如图 6-19 所示的扫描仪图标。

先把待扫描原稿的图片朝下且平放到扫描仪的稿台上（见图 6-20），然后盖好机盖。双击控制面板中的扫描仪图标，打开如图 6-21 所示的"新扫描"对话框，选择配置文件、来源、颜色格式、文件类型等。单击"预览"按钮可以观察到原稿的预览图像，拖曳预览图周围的控点，还可以设置扫描的区域。

HP Scanjet 4800

图 6-19　扫描仪图标

图 6-20　将原稿放到稿台上

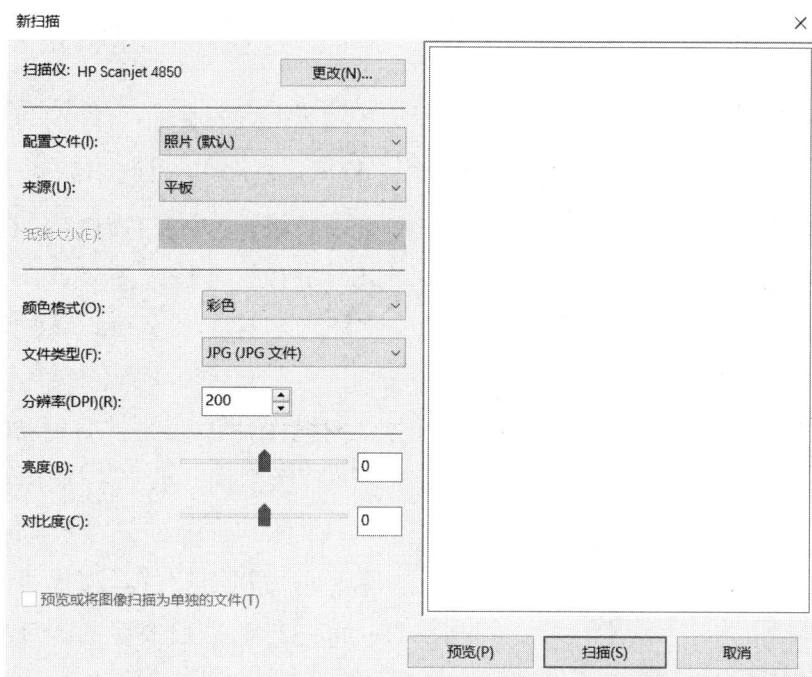

图 6-21　"新扫描"对话框

单击"扫描"按钮,扫描仪开始扫描,并显示扫描进度,如图 6-22 所示。如果是开机后首次扫描,则需等待预热结束后才开始扫描。

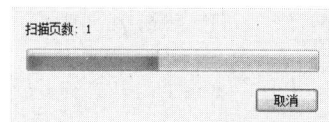

图 6-22　扫描进度

扫描完毕后将打开如图 6-23 所示的"导入图片和视频"窗口。单击"导入设置"链接,打开"导入设置"对话框,如图 6-24 所示,该对话框可为扫描文件指定导入位置、所在文件夹及文件命名规则等。

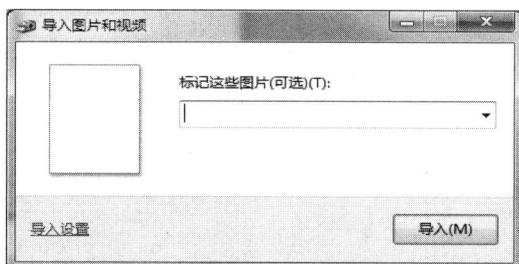

图 6-23　"导入图片和视频"窗口

图 6-24　"导入设置"对话框

单击"完成"按钮，完成扫描文件导入并自动打开扫描文件的存储文件夹。

2．利用管理软件进行扫描

HP 解决方案中心是惠普扫描仪随机配送的扫描仪管理和使用软件，其主界面如图 6-25 所示，利用 HP 解决方案中心进行扫描可以更好地控制扫描过程。HP Image Zone 是 HP 控制器中集成的一个图像管理软件，用以预览和管理扫描图片。

在 HP 解决方案中心中，可以扫描图片、文档和胶片，甚至可以将原稿图像直接通过打印机打印出来，实现复印功能。

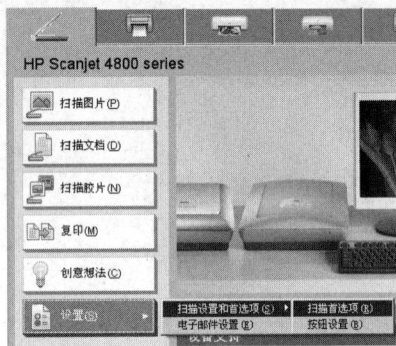

图 6-25　"HP 解决方案中心"主界面

单击"扫描图片"按钮，打开如图 6-26 所示的对话框，该对话框用于设置扫描原稿及输出文件等。对话框中"图片"下的三个选项分别对应普通不透明原稿、底片和幻灯片，选择第二个选项则相当于在 HP 解决方案中心中单击"扫描胶片"按钮。

单击"扫描"按钮，扫描仪则开始扫描胶片，并将扫描结果送交计算机处理。如果照片固定器中放置了多张照片，当一页扫描完毕，打开照片门取出当前照片，关闭照片门后就可继续扫描下一张照片，如此往复，直至完成对所有照片的扫描。

类似地，单击"HP 解决方案中心"主界面中的"扫描文档"按钮，将打开如图 6-27 所示的对话框，该对话框用于设置和扫描文档型原稿，设置和操作方法不再详述。

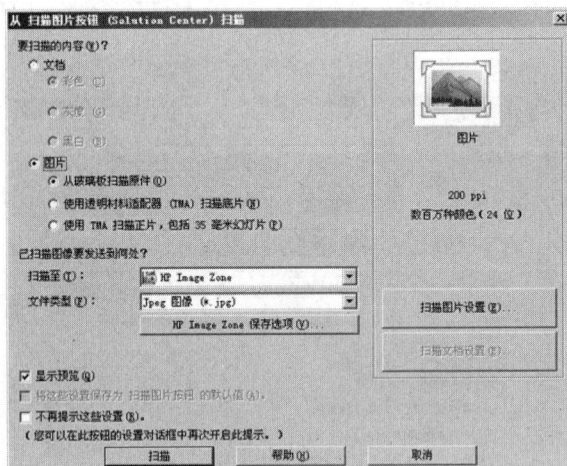

图 6-26　扫描图片的对话框

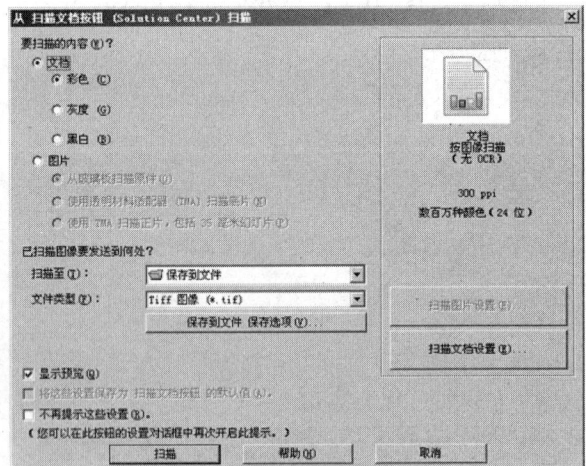

图 6-27　扫描文档的对话框

3．利用扫描仪面板进行扫描

惠普扫描仪 HP Scanjet 面板配有如图 6-28 所示的扫描按钮，利用它们也可以发布扫描指令，完成扫描工作。

表 6-1 列出了扫描仪面板各按钮的功能，并且这些按钮与 HP 控制器面板中的

命令按钮的功能对应。按下面板上的按钮，系统将会自动启动关联的软件执行相应的任务。

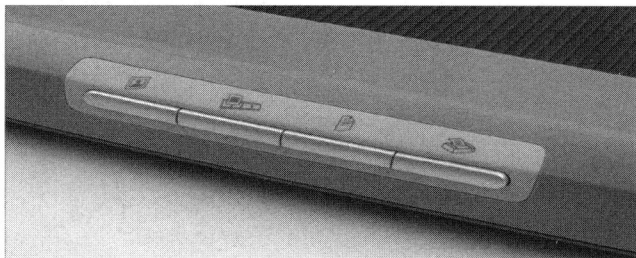

图 6-28　扫描仪面板

表 6-1　HP Scanjet 扫描仪面板按钮功能

图　标	名　称	功　能　描　述
	"图片"按钮	用于扫描放置于扫描仪玻璃稿台或照片固定器上的图片
	"幻灯片和负片"按钮	用于扫描扫描仪盖板集成底片中的幻灯片或底片
	"文档"按钮	用于扫描放置在扫描仪玻璃稿台上的文档
	"复印"按钮	用于将放置在扫描仪玻璃稿台上的物品直接复印至默认打印机

4．OCR 文字识别

OCR（光学字符识别）是一种图形识别技术，其中包括文字识别技术。OCR 文字识别技术可以将图片中的文本信息识别出来，以便用户做进一步的加工处理。需要说明的是，OCR 技术并不依赖于扫描仪，它既可以从扫描仪的扫描图像中识别文字，也可以从已有的图像中识别文字。

在 HP 解决方案中心中，扫描文档的同时可以设置 OCR 识别。执行"设置"→"扫描设置和首选项"→"按钮设置"命令，打开如图 6-29 所示的"按钮设置"对话框。切换至"扫描文档按钮"选项卡；在"要扫描的内容"选区中选中"文档"单选按钮，在"扫描至"下拉列表中选择"Microsoft Word"选项，单击右下角"扫描文档设置"按钮，打开如图 6-30 所示的对话框，在其中正确选择匹配的 OCR 语言，单击"确定"按钮。

在 HP 解决方案中心中，单击"扫描文档"按钮，打开扫描文档的对话框（见图 6-27），其预览图标之下将显示"执行 OCR"。单击"扫描"按钮后将打开扫描预览界面，如图 6-31 所示。

为了获得较好的识别效果，可以用鼠标把不需要识别的部分框选在外，以提高识别率。单击"接受"按钮后开始扫描，当提示"是否要扫描另一图像？"时，如图 6-32 所示，更换原稿，单击"是"按钮，将多页文档合并到同一文档内，如此往复。

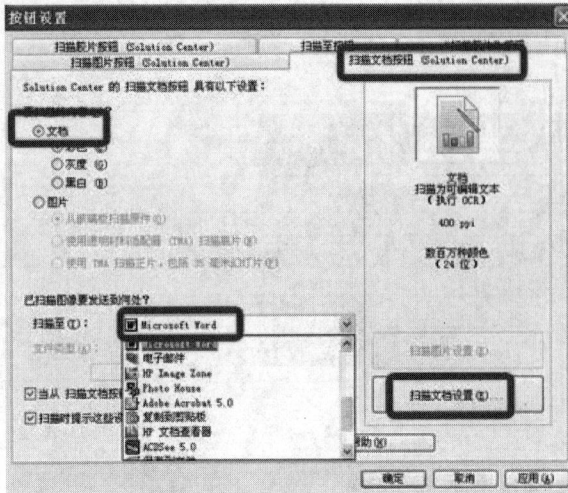

图 6-29　"按钮设置"对话框

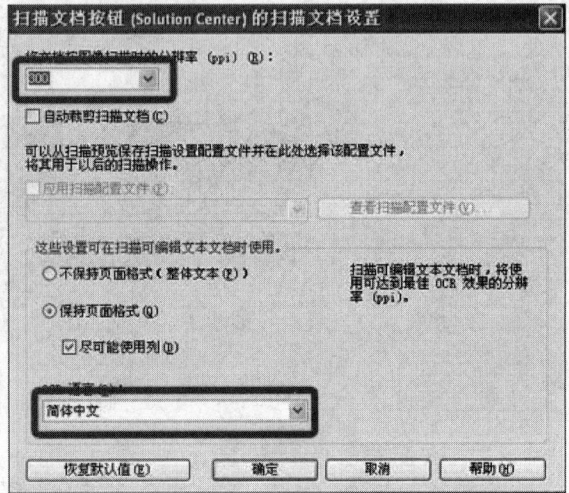

图 6-30　扫描文档设置

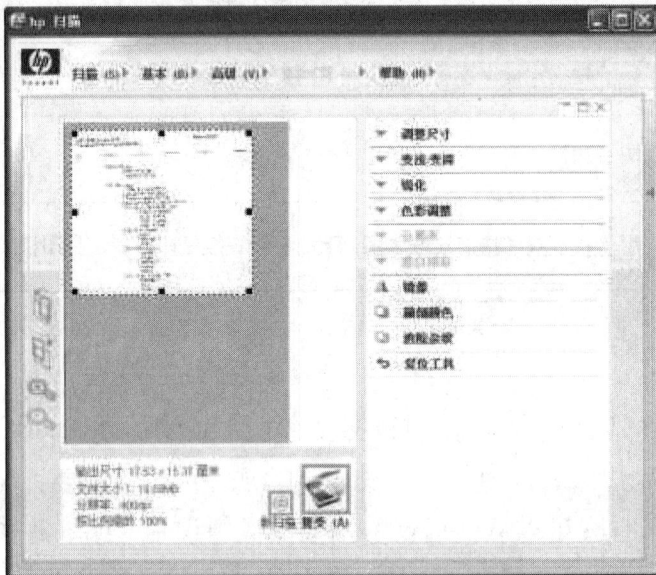

图 6-31　扫描预览界面

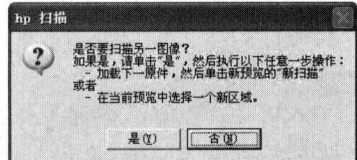

图 6-32　是否要扫描另一图像？

OCR 识别结束，将自动打开 Microsoft Word 文档并显示识别结果。

6.1.7　日常保养与维护

扫描仪已经成为日常办公和生活的必备产品，多了解一些扫描仪的使用和保养常识，有利于提高扫描仪工作性能、降低使用成本、延长设备使用寿命、提高综合办公效率。

扫描头是扫描仪最精密的核心部件，为避免扫描头在运输过程中受到损坏，扫描仪一般都装有扫描头锁定装置。用户第一次使用扫描仪时一定要在供电前开锁，当需长途搬运时则需用锁定装置把扫描头重新锁住。

扫描仪作为计算机的外设，开机过程应严格执行"先外设后主机"的顺序，特别是对非 USB 接口的扫描仪更应如此。

有些扫描仪开机后首次扫描时会比较慢，因为需要一个预热的过程。当天气较冷、室内温度过低时，预热时间可能会更长，提高工作环境温度可以减少预热时间。

扫描仪长时间不用时应切断电源，一方面有利于节约能源，另一方面也可以延长扫描仪灯管的寿命。

扫描仪在扫描过程中不应切断电源。扫描头的运动速度比较慢，扫描图片或扫描头归位都需要一定的时间，工作时中途断电会影响扫描头正常归位，不利于保护扫描头。在扫描仪通电的情况下，不要热插拔非 USB 接口的信号线缆，否则会损坏扫描仪或计算机的接口。

扫描仪中的稿台容易磨损，在收放扫描原稿时应轻拿轻放，尽量减少摩擦或滑动，尽可能一步到位。特别是使用 CCD 扫描仪扫描立体物品时，更应注意保护稿台。

扫描仪在工作时会产生静电，容易吸附粉尘，稿台、光学系统受污染后会使扫描仪的反射光线变弱，影响扫描质量。因此，应注意保持扫描仪自身清洁并远离粉尘，不用时最好用防尘罩罩住，减少受污染机会。

扫描仪长期使用后也要注意内部清洁和机械部分的润滑。可用浸有缝纫机油的棉布擦除机械部分的油垢，在机械咬合部分滴入适量缝纫机油保证润滑。

扫描仪外壳一般为塑料材质，不宜放在阳光下直晒，否则容易老化，也不宜承载物品，否则容易变形。

6.1.8　技术指标与选购指南

1. 主要技术指标

扫描仪的工作性能可以通过主要技术指标来体现，扫描仪的主要技术指标有反映扫描仪精度的分辨率、扫描图像彩色范围的色彩深度（色彩数）、灰度级、扫描速度和扫描幅面等。

（1）扫描器件

目前市场上扫描仪所使用的感光器件主要有 CCD、CIS、PMT 和 CMOS 四种。

光电倍增管的生产成本高，扫描速度慢，只用在最专业的鼓式扫描仪上。而 CCD 和 CIS 的生产成本相对较低，扫描速度相对较快，扫描效果能满足大部分工作的需要，主要在家用、办公扫描仪上使用。CMOS 的生产成本最低，扫描速度快，扫描质量良好，功耗低，主要用于高速扫描仪上。

（2）分辨率

分辨率是扫描仪最主要的技术指标，目前大多数扫描仪的分辨率范围在 300～2400 dpi。扫描仪的分辨率越高，扫描图像的品质就越高。

分辨率又分光学分辨率和插值分辨率两种。光学分辨率就是扫描仪的实际分辨率，它是决定图像清晰度和锐度的关键指标。插值分辨率则是通过软件运算在采样点之间插入计算得到的点，使每英寸中点的数量增加。

分辨率又有水平与垂直之分，水平分辨率取决于扫描仪使用的感光元件和光学系统的性能；而垂直分辨率则取决于步进电机的步长。所以，扫描仪的参数说明中会有诸如 300×600 dpi 或 600×1200 dpi 的写法。

（3）色彩深度

扫描仪的色彩深度能标识出扫描仪在色彩空间上的识别能力，通常用表示每个像素点上颜色的数据位数（bit）表示。色彩的位数越高，对颜色的区分就越细腻，扫描图像就越生动艳丽，扫描效果越真实。

目前，有 18 位、24 位、30 位、36 位、42 位和 48 位等多种扫描仪，常用的真彩色采用 24 位色彩深度，可以表现 2^{24} 种颜色。

（4）灰度级

灰度级分辨率技术指标多用在单色（黑白）扫描仪中，一般直接用灰度级表示，如 32 级灰度、64 级灰度、256 级灰度等。也有用数据位数表示灰度级的，如 6 位灰度级、8 位灰度级等。灰度级越高的扫描仪，扫描的图像层次就越丰富，效果就越好。

（5）扫描速度

扫描速度可分为预扫速度和实扫速度。扫描仪在开始扫描稿件时必须通过预扫的步骤确定稿件在扫描稿台上的位置。预扫结束后扫描仪开始实际扫描，实扫速度受参数设置、扫描幅度、接口类型等多种因素的影响，实扫速度可能差异很大。因此，在选择扫描仪时，应尽量选择预扫速度快的产品。

（6）扫描幅面

扫描仪的幅面规格一般有 A4、A4 加长、A3、A1 等。扫描仪的幅面越大，其价格越高。

2．选购指南

用户在选择扫描仪时有着很强的针对性，应明确自己的需求，根据个人使用或工作需要选择适合的扫描仪产品。

普通家庭用户应重点关注经济和易用两个方面，不必过分追求高分辨率。在易用性方面，关注的是安装和使用手册是否详细、软件界面是否容易操作等。另外，扫描仪的体积、外观、色彩和风格对家庭用户也很重要。

普通办公用户选购扫描仪的目标就是扫描效率高。重点关注与提高效率有关的技术或配置，如扫描速度、进纸器配件、易用性、智能化设计、双面扫描功能等。

在平面设计、广告制作和印刷排版等领域中从事专业处理图像工作的用户，重点关注的是扫描效果，要求色彩还原、清晰度及层次都要高于一般扫描仪的效果。在选购扫描仪时，除了注重色彩数、分辨率（一般为 1200 dpi 以上）等指标，还要了解扫描仪的动态密度，它决定了扫描仪的层次表现能力。

扫描仪的分辨率有水平分辨率、垂直分辨率和插值分辨率三种，其中水平分辨率是最重要的，应"严格把关"，不宜随意提高或降低要求；另外两种分辨率并非越高越好，可根据实际需要够用即可。普通用户可选择 600×1200 dpi 分辨率的扫描仪，专业用户则应根据工作的实际需要，选用档次相匹配、分辨率较高的扫描仪。

目前，30、36、42 位色彩的扫描仪开始成为市场上的主流产品。普通用户使用 30 位的扫描仪就够了，而专业用户则最好购置 36 位或更高的扫描仪。当然，色彩数越高，扫描仪价格越高，形成的文件将占用的硬盘空间也就越大，扫描时间也会增加。

在四种感光器件中，CCD 扫描仪是目前市场上的主流产品，生产成本高，成像质量好，用户多为普通消费者，同时也有部分高端产品为专业用户所使用。CIS 扫描仪超轻、超薄、便携，适合移动办公用户。CMOS 扫描仪制造成本低、扫描速度高，适用于对速度要求高但对效果不太计较的用户。

用户在选购扫描仪产品时，往往只依据技术指标来判断扫描仪质量的好坏，实际上有些技术指标有可能不准确甚至是虚假的，或者扫描仪自身存在质量问题，仅靠技术指标是不能发现问题的。选购扫描仪时可邀请有经验的用户或技术人员给予指导，以免吃亏上当。

6.2 数码照相机

随着数码影像技术的发展，各类影像设备逐步在现代办公环境中得到广泛应用。照相机是一种利用光学成像原理形成影像并记录影像的设备，根据记录影像的介质不同，照相机主要分为胶片照相机和数码照相机（DC）。胶片照相机（见图 6-33）通过镜头成像并用胶片记录影像，再经复杂的过程把影像转印到相纸上；数码照相机（见图 6-34）采用感光器件成像并用数字存储器记录影像，再经过数码方法呈现影像。胶片相机成像周期慢、使用成本高、存放和传播困难，除在专用领域外，胶片照相机已逐渐被数码照相机所取代。

图 6-33　胶片照相机　　　　　　　　图 6-34　数码照相机

6.2.1　工作原理

照相机是基于凸透镜成像的，如图 6-35 所示。外部景物反射的光经凸透镜汇聚后，在照相机的暗室内壁形成图像，在暗室内壁成像处放置某种感光介质，可以把外部景物的瞬间图像信息记录下来。

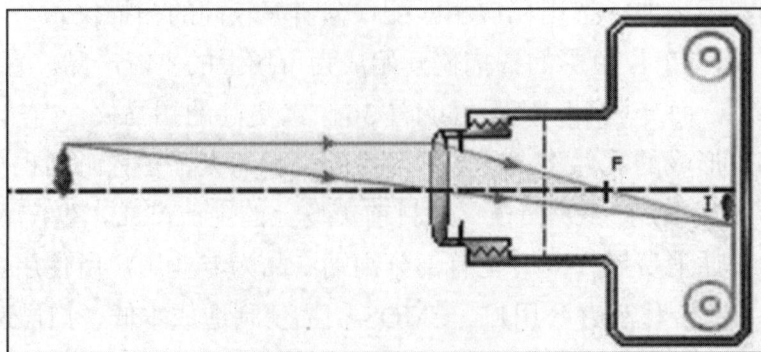

图 6-35　照相机成像原理

　　1839 年 8 月，法国画家达盖尔的"银版法摄影术"公布于世，并制造了首台实用的银版照相机（见图 6-36），拍摄了当时巴黎的林荫道照片（见图 6-37），从此揭开了现代摄影技术的序幕。达盖尔因"银版法摄影术"赢得"摄影之父"的美誉，人们曾经普遍使用的感光胶片也是对这一技术的继承和发扬。

图 6-36　银版照相机

图 6-37　巴黎的林荫道照片

　　1981 年，索尼公司发明了世界首台不用感光胶片的马维卡照相机，它是当今数码照相机的雏形。与胶片照相机不同的是，数码照相机将影像聚焦在 CCD 或 CMOS 等感光传感器上。感光传感器再将图像划分成若干个微小像素，每个像素将各自捕获的光信号对应转换为电信号，电信号又经模数转换器和图像处理器处理后形成数码图像，最后送到图像存储器中存储或送至液晶显示屏中显示。数码照相机的工作流程如图 6-38 所示。

　　由于感光传感器只能感应图像中光的灰度，而不能感知光的颜色，因此，为获得彩色照片，必须先从镜头产生的图像中分离出红、绿、蓝单色的图像，再分别对应送到感光传感器记录单色图像信息；将独立的红、绿、蓝单色图像信息汇聚在一起，就可以合成为一幅彩色图像。

　　单 CCD 数码照相机内部采用单个 CCD 感光传感器记录图像，如图 6-39 所示。在 CCD 的前面放置一块滤光镜，滤光镜由为数众多的单色微格组成，每个单色微格只允许同色光通过；透过滤光镜的光分别投射到 CCD 表面，其中同色的单色光会组成单色图案；CCD 表面的红、绿、蓝三幅单色图案经系统合成后就形成了一幅彩色图像。

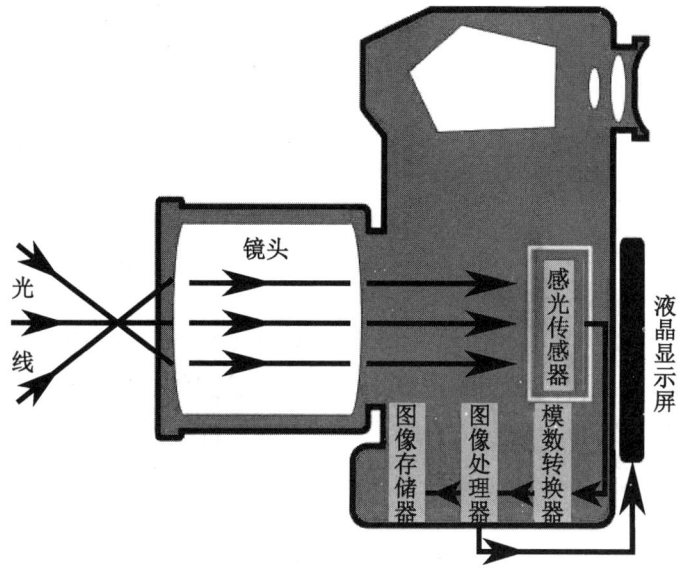

图 6-38　数码照相机的工作流程

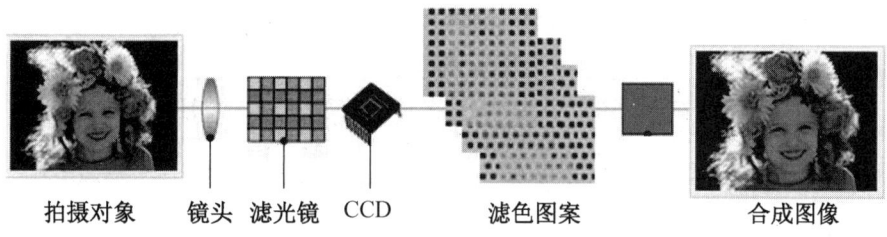

图 6-39　单个 CCD 合成彩色图像

　　3CCD 数码照相机内部采用 3 个 CCD 感光传感器记录图像，如图 6-40 所示。在镜头之后安放一片分光镜，以便将镜头形成的图像分解成红、绿、蓝三种单色图像；各单色图像对应投射到 CCD 表面，每个 CCD 仅记录对应的一种单色图像的信息；最后三个 CCD 记录的各单色图像信息合成在一起就可得到一幅彩色图像。

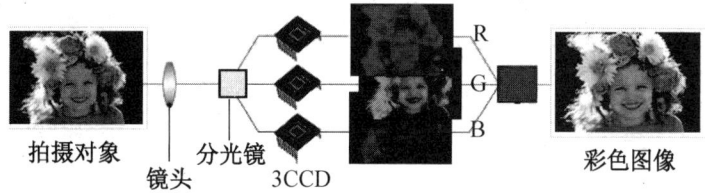

图 6-40　3CCD 合成彩色图像

　　CCD 作为成像元件，其尺寸、数量和像素等会直接影响成像质量。CCD 的尺寸越大，其可通过的光线就越多，画面亮度就越均匀。单个 CCD 成像时，滤光镜直接覆盖在其表面以形成彩色图像，清晰度和色彩还原较差；3CCD 成像时，镜头里的分光镜会把光线分解为红、绿、蓝三种颜色的光，该三色光再分别投射到三个独立的 CCD 上，最后再合成彩色图像，图像清晰度更高，色彩还原更逼真。CCD 的像素量同样决定图像清晰度，像素越高图像越清晰、细腻。

6.2.2 基本结构

数码照相机的外部结构如图 6-41 所示，包括镜头、LCD 显示屏、取景器、快门按钮及其他调节或设置按钮等。

图 6-41 数码照相机的外部结构

数码照相机的剖面结构如图 6-42 所示，主要包括镜片、光圈、快门装置和感光介质（如 CCD）等。

（1）镜头

数码照相机的镜头理论上只需一只凸透镜，但实际上却是由一组（或多组）透镜组成的（组合效果相当于凸透镜）；改变透镜组中透镜的相对距离就可以改变组合凸透镜的焦距，克服了单凸透镜焦距不可变的问题。按照与机身的连接方式，镜头可分为可拆卸镜头和不可拆卸镜头，可拆卸镜头多用于专业数码照相机，如图 6-43 所示。

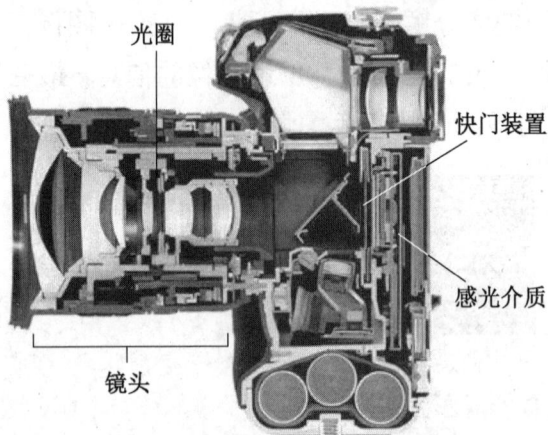

图 6-42 数码照相机的剖面结构

图 6-43 可拆卸镜头

（2）快门和光圈

为了适应亮暗不同的拍摄对象，希望在记录介质上获得合适的感光量，必须控制介质曝光时间的长短和光线进入镜头的强弱。数码照相机利用快门按钮开启快门装置，如图 6-44 所示，调整快门的速度可以控制曝光时间的长短。数码照相机利用光圈调节器可以改变光圈通光孔径的大小，如图 6-45 所示。光圈通光孔越大，入射光强度越强，反之入射光越弱。

图 6-44　快门装置

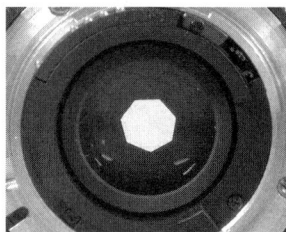

图 6-45　光圈装置

（3）取景器

在进行实际拍摄前，应先通过取景器确定被拍摄景物的范围，并通过取景器选择恰当的构图。有的数码照相机在机身前设有取景窗，在机身后设有观察窗，如图 6-46 所示；有的数码照相机在机身前不设取景窗（见图6-41），而是利用镜头取景。

图 6-46　观察窗和取景窗

6.2.3　常用分类

由于品牌、型号、体积、功能、用途等多方面的原因，数码照相机很难有清晰的分类，日常生活中数码照相机的实际类别往往是多种分类标准的组合。

1．按对焦方式分类

按照是否可以自动对焦，数码照相机主要可分为自动对焦型（俗称傻瓜型）和手动对焦型两种。自动对焦型数码照相机采用电子技术自动对焦，可以满足一般的家庭使用。手动对焦型数码照相机采用手动方式调整相机焦距，以获得专业或特殊的拍摄效果。另外，部分具有自动对焦功能的数码照相机也允许用户手动对焦。

2．按镜头焦距分类

根据焦距是否可调，数码照相机可分为定焦数码照相机和变焦数码照相机。定焦数码照相机的焦距是固定的，只有在一定距离外才能拍摄出清晰的照片，多为家庭使用。变焦数码照相机的焦距是可调的，用户可以在不同距离下拍摄出清晰的图像，如远距或微距拍摄等。

3．按取景方式分类

按取景方式的不同，数码照相机可分为旁轴取景照相机、双反取景照相机、单反取景照相机和液晶取景照相机。旁轴取景照相机的取景窗是一个普通的玻璃窗口，工艺简单，造价较低，但是取景图像与镜头图像之间存在视角偏差，实际拍摄效果与观察效果并不完全相同。双反取景照相机使用两个完全相同的镜头，一个用于取景，一个用于拍照，该类照相机目前已经落伍，只用于一些特殊的场合。单反取景照相机使用同一个镜头取景和拍照，是目前高端照相机的主流取景方式。液晶取景照相机就是采用 LCD 取景的小型数码照相机。

6.2.4　单反相机

　　单镜头反光技术是当今照相机较为流行的取景方式，采用这种技术的照相机被称为单反相机。单反相机的暗室中，感光介质前装有一块活动的反光镜片，可以把入射的光线向上反射。反光镜上方是一个透明的五棱镜，反射光经其多次反射后可送达观察窗。单反相机结构示意图如图 6-47 所示。

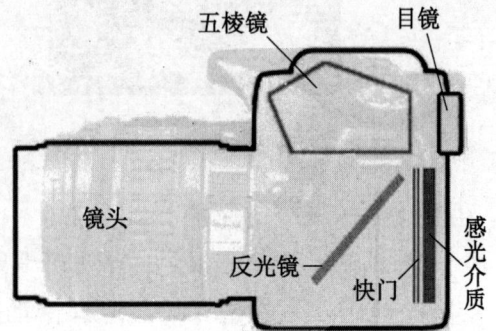

图 6-47　单反相机结构示意图

　　单反相机取景时，相机快门关闭，不会有光投射到感光介质上。同时，反光镜呈水平 45° 挡在镜头汇聚光的光路上，并将光反射到上面的五棱镜中。反射光经五棱镜的多次反射被送达观察窗口，如图 6-48 所示。单反相机拍摄时，按下快门按钮后，反光镜片迅速向上翻起让开光路，同时快门开启，景物实像光线到达感光介质表面，经记录和曝光处理后，快门和反光镜分别复位，拍摄过程结束，如图 6-49 中所示。这种独到的设计使得摄影者可以从取景器中直接观察到通过镜头的影像，也就是在单反相机取景器中看到的景象就是将要拍摄的景象，消除了取景偏差。

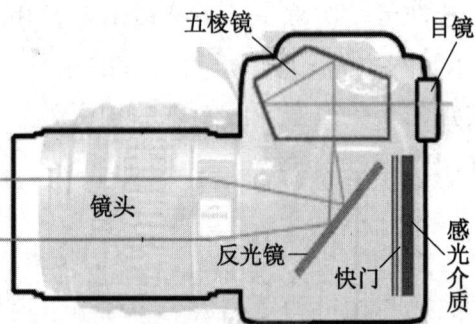

图 6-48　单反相机取景光路图

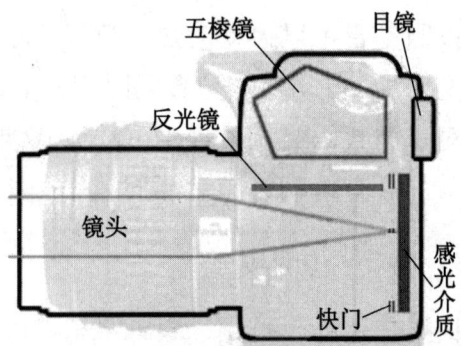

图 6-49　单反相机拍摄光路图

6.2.5　使用和维护

　　数码照相机集光学、电子、数字、机械等技术于一体，是一种精密的办公设备，其使用和维护要特别注意方式和方法。

1．基本用法

新手使用数码照相机，要通过阅读使用说明书或向专业人士请教来熟悉各个部件的性能和操作方法，了解各种附件的功能和用法。数码照相机的常用附件如图6-50所示。避免强行拨弄照相机，造成照相机损坏。

正常使用新的数码照相机前要进行必要的准备工作，如安装电池、安装存储卡、初始化系统等。使用高级设置功能时，可按数码照相机的按钮调出系统管理菜单，执行管理任务。

图6-50 数码照相机的常用附件

拍摄照片前，应将数码照相机的工作模式变为拍摄模式，这样新拍摄的照片就会被存入存储器中。而要查看或删除存储器中存储的照片，需把数码照相机的工作模式变成播放模式。

拍摄时数码照相机要持正持稳。按快门时双肘夹紧，尽量避免数码照相机悬空拍摄。按快门时要轻轻按动，切忌手指悬空猛然按下快门按钮。若快门速度较快，有必要使用三脚架。

拍照时，切忌将数码照相机镜头长时间对着强烈的直射阳光，尤其在逆光摄影时更要加倍注意。因为太阳聚焦的作用可能会损坏镜头和帘幕，在使用数码照相机时，这点更要注意，因为有可能会烧坏CCD。

有自动对焦功能的数码照相机，在拍摄时快门不宜即按即放。正确的方法是先半按下快门按钮，观察取景器中自动对焦完毕后再全部按下，拍摄完毕后再轻轻松开快门按钮。

近距离给人物拍照时应注意避免使用闪光灯，以免强光刺伤人的眼睛，尤其是给儿童拍照时更要注意。

部分数码照相机具有与计算机联机的功能。连接前先将数码照相机关闭，并将其工作模式设为播放模式，然后用专用数据线与计算机连接，之后接通数码照相机的电源，Windows XP及以后的操作系统会自动把数码照相机的存储器作为移动存储设备，并为之分配盘符，这样用户就可以在计算机和数码照相机之间交换数据了。

2．照片打印

打印数码照相机中照片的传统做法是将照相机中的照片转存到计算机中，然后利用计算机实施照片打印动作。然而，随着信息技术的发展，特别是打印机技术的发展，数码照片的打印已经完全可以脱离计算机而单独进行。能够直接打印照片的打印机常被称为数码相片打印机。

数码相片打印机一般配有打印机控制按钮和LCD监视器，打印机功能菜单在监视器中显示，利用控制按钮可调用和执行菜单命令。直接打印数码相片的实现方法主要有读卡器、数码照相机和打印机直接连接（PictBridge）协议和PhotoPC DIRECT协议三种解决方案。

（1）读卡器方案

部分打印机配有多功能读卡器，可与数码照相机采用的多数存储卡兼容，将数码照相机的存储卡转插到打印机的读卡器中，利用打印机的功能按钮和功能菜单对数码相片进行管理和简单编辑后，就可以打印出自己所需要的数码照片，如图6-51所示。

图6-51　打印存储卡中的照片

（2）PictBridge协议方案

PictBridge协议最初是由佳能、富士、惠普、奥林巴斯、爱普生和索尼等几家公司联合推出的，后来又成为由日本主导发布的数码相片工业标准。它可以让数码照相机和数码相片打印机通过USB数据线实现直连打印，而且只要是符合这个标准的产品，就可以实现跨机型、跨品牌的兼容。用专用的PictBridge数据线将数码照相机和打印机直接连接，联机成功后，用户就可以利用数码照相机控制打印机的动作，打印机的工作状态也会在数码照相机的LCD显示屏或打印机的液晶监视器中显示，如图6-52所示。

（3）PhotoPC DIRECT协议方案

该方案是由爱普生推出的技术标准，并将其应用在自己的数码照相机中。PictBridge与PhotoPC DIRECT都是通过USB接口进行物理连接的，但二者有所区别。PictBridge由打印机生成打印数据并进行打印，对打印机要求较高，同时与较早推出的打印机难以兼容。而PhotoPC DIRECT则由数码照相机生成打印数据，打印机收到数据后无须专门处理就可以进行常规打印，如图6-53所示。遵守PhotoPC DIRECT协议的数码照相机中内置了一定类型的打印机驱动程序，且可以根据需要进行更新。内置的打印机驱动程序越丰富，数码照相机能支持的打印机类型就越多。

图6-52　PictBridge协议方案

图6-53　PhotoPC DIRECT协议方案

3．日常维护

数码照相机是精密的机械设备，结构较为复杂，因此应避免震动、碰撞或挤压。同时，作为精密的电子光学设备，还应注意防尘、防潮、防腐蚀。

镜头是数码照相机的精密光学核心部件，平时要用镜头盖保护，并注意保持清洁，可用镜头纸等专用物品清洁镜头表面，但禁用手帕、纸巾或酒精等物品进行擦拭。

数码照相机应保存在凉爽干燥的地方，最好放在有干燥剂的玻璃缸内，要防止镜头因受潮而发生变色、产生污点或霉斑，以免影响影像效果。

当镜头表面结雾时，不应急于擦拭，更不要放在高温处烘烤，最好的办法是让水雾慢慢挥发，严重时应考虑请专业人士进行维护。

数码照相机不应长期放置不用，其部件因时间过久可能会发生锈蚀或霉变，影响数码照相机使用寿命，甚至会损坏数码照相机部件。因此，建议每隔一段时间，就打开数码照相机的电源，有目的地进行使用。

如果长时间不用数码照相机，最好把其中的电池取出，防止电池因腐烂漏液腐蚀数码照相机电路，以免影响数码照相机正常工作。

6.2.6 购置策略

1．主要技术指标

数码照相机是集光学、电子学、机械学等技术于一体的精密数码设备，性能众多，其中关键的技术指标主要有以下几种。

（1）取景方式

目前大多数数码照相机的取景方式为反光五棱镜取景或平视取景，同时还采用彩色LCD取景。LCD取景方式的优点是更加直观，并能显示存储器中已拍摄的图像。不足之处是由于LCD的分辨率不高，不容易观察景物中的细节，且LCD对电能消耗较大。

（2）感光元件

数码照相机感光元件的类型和数量对其成像质量有着重要的影响。数码照相机的主要感光元件有CCD和CMOS，感光元件数量一般为1个或3个。感光元件是数码照相机的核心部件，在其机身上一般有明确标注，如CMOS或3CCD等。

（3）分辨率

数码照相机分辨率的高低主要由感光元件上像素的数量来决定。一般来说，像素越多，分辨率高，细部表现越好，色彩还原越真实，数码照相机的档次也越高。

（4）变焦倍数

数码照相机的变焦倍数有光学变焦倍数和数字变焦倍数之分。其中，光学变焦倍数代表光学镜头的性能，由镜头决定；数字变焦倍数代表照相机的图像缩放能力。数码照相机的总变焦倍数等于其数字变焦倍数与光学变焦倍数之积。

（5）感光度值

感光度值（ISO）是表明感光材料对光线敏感程度的指标，ISO值越大其感光能力越强，反之则越弱。一般来说，民用级数码照相机的ISO值一般范围在50～400，专业级数码照相机的ISO值范围在50～1600。与传统照相机不同，数码照相机的ISO值是可调的。

（6）存储容量

数码照相机一般配有内置存储器，其容量单位一般是兆字节（MB），也可通过插卡扩展存储容量，将其容量扩展到吉字节（GB）或太字节（TB）单位。

2．购置策略

数码照相机已经走进大众消费领域，作为一个技术集成度很高的数码产品，在购买过程中除了要考虑必要的技术指标，采用和依据一定的策略去购买一款价格实惠、功能实用、称心满意的数码照相机是非常必要的。

在购买数码照相机之前首先要明确购买数码照相机的用途和目的，只有明确了自己的需求，才能有效选择自己所需要的数码照相机。例如，用于客户接待和用于微距拍摄的数码照相机在性能选择上是有区别的，前者选用傻瓜型的自动数码照相机一般就可胜任，而后者则对镜头的最小焦距有要求。拍摄用于在计算机屏幕上观看和用于印制大幅海报的相片对像素的要求也是不一样的，前者200万像素足够，而后者则可能需要数千万像素。

购买数码照相机还应结合自身经济能力，确定一个可以接受的心理价位，继而明确所购买产品的范围。购买数码照相机时一定要量力而行，对经济条件有限的消费者而言，建议考虑性价比。

明确了数码照相机的购买目的和用途以及产品价格范围后，就要注意通过各种途径收集相关资料，一方面可以增加对数码照相机的了解，另一方面有助于把目标产品限定在一个较小的范围内。

对数码照相机只有感性认识还是远远不够的，最好到实体店去看或实际试用以增加理性认识。面对真实的数码照相机，可以请服务员介绍，也可以请行家讲解，还可以动手实际操作。对品牌、价格、性能等方面进行综合评定和权衡后，最终确定心仪的机型。

6.3 数码摄像设备

照相设备用于捕捉瞬间静态图像，而摄像设备用于捕捉连续的动态画面。实际上动态画面也是由一系列连续的静态画面组成的，将这些静态画面按顺序按一定速度逐张连续显现，在视觉暂留现象的影响下，人眼就可看到动态视频影像。

常用的数码摄像设备包括数码摄像机、数码摄像头、高拍仪等。

6.3.1　数码摄像机

随着科学技术的突飞猛进，摄像机技术也由模拟技术向数字化技术转变。1989 年日本松下公司开发出世界上第一台摄像机，1992 年成功实现整个摄像系统的数字化。

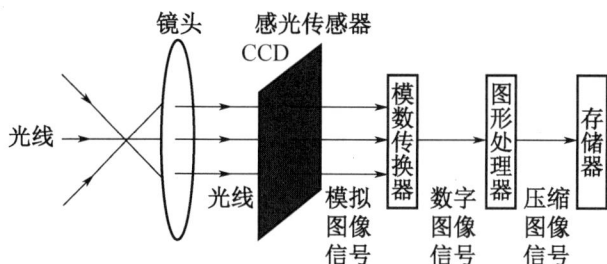

图 6-54　数码摄像机摄像流程

1．基本原理

数码摄像机的主要感光元件是面型 CCD，其摄像流程如图 6-54 所示。外界景物光线透过镜头成像在面型感光元件 CCD 上，CCD 受到光照产生模拟图像信号，经模数转换器处理后变成数字图像信号。由于视频图像是由连续的、大量的、相近的静态图像组成的，因此原始视频数据非常大，需要再经图像处理器芯片压缩后变成压缩图像信号，并最终保存到存储介质中。

数码摄像机的组成结构、成像原理以及图像的加工、存储、传输等都与数码照相机基本一致，不再赘述。

2．主要分类

数码摄像机存在多种分类方法，可按照使用用途、存储介质等分类。

（1）按照使用用途分类

① 广播级机型

该类机型主要应用于广播电视领域，其成像清晰度高，信噪比大，图像质量好，但价格较高，体积比较大，市场售价一般在数十万元不等，如图 6-55 所示。

图 6-55　广播级数码摄像机

② 专业级机型

该类机型一般应用在广播电视以外的专业电视领域，如电化教育等，图像质量低于广播级摄像机。这类数码摄像机一般配有较高品质的镜头、较大尺寸的 CCD 等，在成像质量和适应环境上更为突出，价格一般在数万至十余万元之间，如图 6-56 所示。

③ 消费级机型

该类机型主要是适合家用的数码摄像机，应用在图像质量要求不高的非业务场合。这类数码摄像机体积小，重量轻，便于携带，操作简单，价格低廉，价格一般在数千元至万余元，如图 6-57 所示。

图 6-56 专业级数码摄像机

图 6-57 消费级数码摄像机

（2）按照存储介质分类

① 磁带式机型

该类机型采用 Mini DV 存储视频数据。此类数码摄像机最早在 1994 年由 10 多个厂家联合开发而成，通过 1/4 英寸的金属蒸镀带来记录高质量的数字视频信号。

② 光盘式机型

该类机型采用 DVD 刻录盘存储动态视频图像。DVD 介质安全可靠、稳定性高、操作简单、携带方便，尤其可利用 DVD 播放器直接播放，省去了后期编辑的麻烦。

③ 硬盘式机型

该类机型采用硬盘作为存储介质。此类数码摄像机于 2005 年由日本胜利公司率先推出，用微硬盘作存储介质。微型硬盘体积小、容量大、携带方便，长时间拍摄无须担心容量问题。另外与计算机间传输数据方便，仅需通过 USB 数据线连接即可。

④ 存储卡式机型

该类机型采用存储卡作为存储介质，曾风靡一时，但作为过渡性简易产品，如今市场上已不多见。

6.3.2 数码摄像头

数码摄像头是一种基于数字视频的输入设备，其工作原理与数码摄像机和数码照相机基本一致，它利用光电技术来采集影像，通过内部电路把代表像素的"点电流"转换成为能够被计算机处理的数字信号。

1．基本组成

数据摄像头主要由镜头、图像传感器、模数转换器、数字信号处理器和存储芯片组成。

镜头由若干透镜组成，透镜主要采用塑胶和玻璃两种材料，在成像效果方面，玻璃透镜远优于塑胶透镜，但是玻璃透镜价格相对较高。目前市场上品质比较好的数码摄像头一般都采用 4 片玻璃结构的镜头（俗称 4G 镜头），有的产品会再加上一层虹膜增强滤光性（又称 5G 镜头）。而大多数的数码摄像头采用塑胶镜头或半塑胶半玻璃镜头。

数码摄像头的图像传感器主要有 CCD 和 CMOS 两种，虽然采用 CCD 的摄像头的成像质量更好，但随着技术的不断发展，采用 CMOS 的摄像头完全可以达到与采用 CCD 的摄像头相媲美的效果。目前，主流的数码摄像头多采用 CMOS。

模数转换器用于将图像传感器采集的模拟图像信号转换成数字图像信号，以便后续对其进行数字化处理。

数字信号处理器是摄像头的大脑，效果相当于计算机里的 CPU，其主要功能是通过系列运算，对数字图像信号进行优化处理，并把处理后的信号传到其他设备。

在数码摄像头里都有一颗存储器芯片用于缓存生成的数字视频数据，以防数据传送失败而丢失数据。

2．分类及应用

数码摄像头针对不同的应用场景，品类很多，用途各异，可分为会议摄像头、安防摄像头和计算机摄像头等。

（1）会议摄像头

会议摄像头主要应用于企业办公、企业培训、视频会议、网络通信、远程医疗、远程会商和远程教学等方面。会议摄像头一方面要求高质量视频，另一方面需要保证镜头焦距可调，为保证最终获得高质量图像，会议摄像头还需采用高清接口连接高清设备。视频会议摄像头专业度比较高，故其价位也比较高，一般都是数千元甚至上万元。会议摄像头如图 6-58 所示。

图 6-58　会议摄像头

视频会议系统一般包括会议终端设备、传输信道和多点控制单元三大部分，其设备连接如图 6-59 所示。会议终端设备是面对用户的硬件，除摄像头、拾音器等采集设备外，还可能有显示图像的视频显示器等；传输信道负责采集的数据传输，可能是光缆、电缆、微波以及卫星等数字信道等多种通道形式；多点控制单元实际上是多媒体信息交换机，是视频会议系统中重要的组成部分，主要作用是对多个会场的信号进行汇接、分配和切换，并对会议进行控制。

（2）安防摄像头

安防摄像头以安全防范视频监控为目的，如图 6-60 所示，虽然外观各异，但都可把图像监控对象的光图像转换为视频图像。安防摄像头可以固定安装，也可架在云台上以便调整角度，考虑变焦可以兼顾监控远近不同的事物，加配红外装置可以提高夜视能力。

安防监控视频系统（见图 6-61）的核心设备是硬盘录像机（DVR），其实际上是一套进行图像存储处理的计算机系统，具有对图像/语音进行长时间录像、录音、远程监视和控制的功能。DVR 一般拥有丰富的接口，如 USB、VGA、HIDI、RJ-45 等，可支持与多种设备连接。

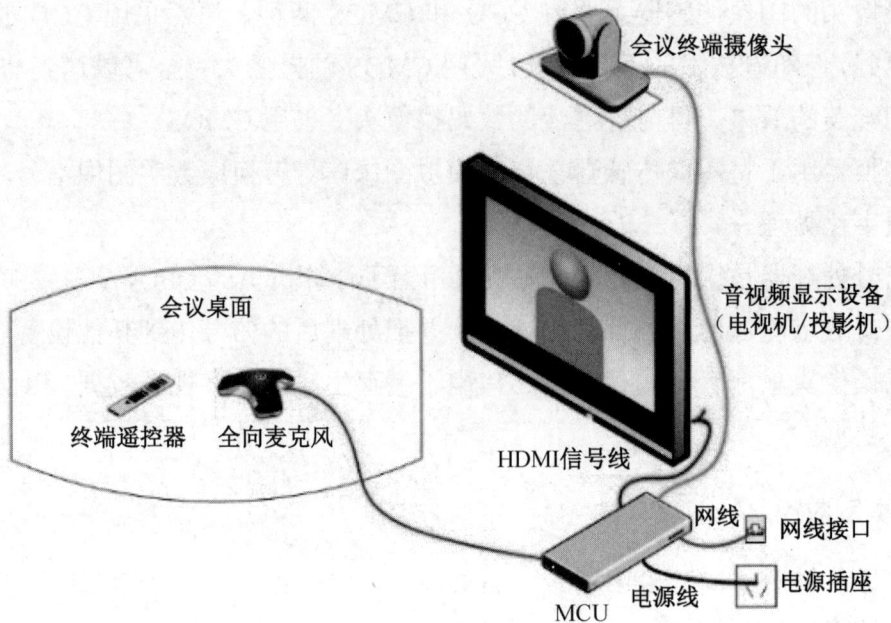

图 6-59   视频会议系统设备连接

图 6-60   安防摄像头

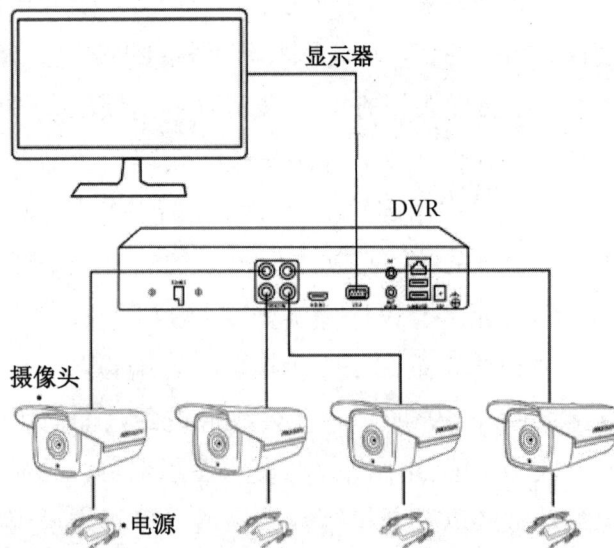

图 6-61   安防监控视频系统

（3）计算机摄像头

作为视频输入设备直接与计算机相连，常用于视频通话、实物拍照等，如图 6-62 所示。计算机摄像头诞生之初多以 30 万像素为主，而现今一般都可达 130 万像素。

计算机摄像头的使用非常简单，只需要将其 USB 接头插入计算机 USB 接口即可，如图 6-63 所示。Windows 系统一般会内置其驱动程序或自动发现其驱动程序，即插即用。

图 6-62　计算机摄像头

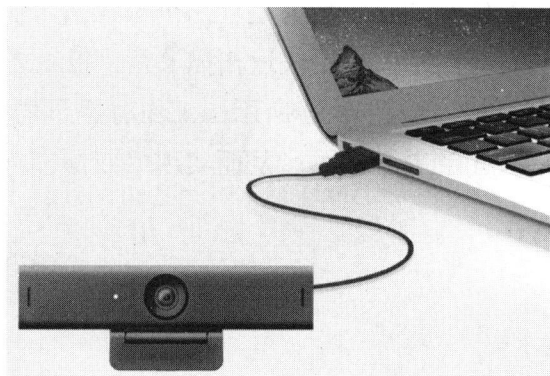

图 6-63　与计算机连接

6.3.3　高拍仪

传统扫描仪产品在数码照相机、多功能一体机等现代电子设备的冲击下，销售量呈现下降趋势，但随着信息化和数字化建设的不断深入，高速扫描办公的需求却呈现逆势增长，虽然馈纸式扫描仪填补了部分高速扫描的市场需求，但仍无法阻挡高拍仪的快速发展。

1．高拍仪简介

高拍仪是高速影像拍摄仪的简称，又称速拍仪，是一款超便携的办公设备。高拍仪主要用于文稿扫描，因此常被误认为是一种扫描仪，但实际上其核心部件是高速拍摄仪。

高拍仪外观如图 6-64 所示。完整的高拍仪产品大致由底座、竖杆（一般可伸缩）、横杆、摄像头和补光灯等部分组成，其中竖杆下端固定在起支撑作用的底座上，而横杆则安装于竖杆的上端，摄像头及补光灯安装于横杆的下端，以便对放置于底座（或桌面）的实物（如纸张、身份证件等）进行拍摄及补光，伸缩竖杆可调节横杆高度，从而改变扫描尺寸。高拍仪拍摄的图像可通过 USB 线传输到计算机中保存或处理。

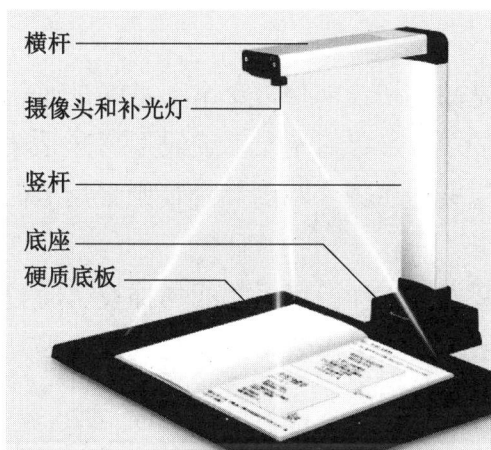

图 6-64　高拍仪外观

有些高拍仪还配有主辅两个摄像头，主摄像头用于拍摄实物，辅摄像头拍摄周边环境。有些高拍仪为了快速扫描书籍、报纸之类的文件，专门配有两个主摄像头和一个自动翻页器，如图6-65所示，工作时翻页器翻动书刊页面，两个主摄像头各自正向拍摄互成夹角的书刊页面，从而实现"双面扫描"，提高工作效率。

图 6-65　自动翻页双摄高拍仪

目前高拍仪已广泛应用于政府、金融、保险、证券、电信、公检法、民政、电子政务等行业。

2. 功能特点

高拍仪是一种新型的办公设备，以高速摄像头为基础，再结合计算机的强大运算能力，其功能相当丰富，相较于传统扫描仪具有鲜明的特点。

（1）便携易用

高拍仪结构比较简单，折叠式设计，小巧便携，占用空间小；而扫描仪结构复杂、体积较大，不宜携带，占用空间大，高速扫描仪（馈纸式）的结构更复杂。

高拍仪连接计算机即可使用，易于安装，操作简便，耗电少，低碳环保节能；扫描仪安装烦琐，操作相对复杂，且可能出现卡纸等故障，首次使用时需要加电预热，扫描过程耗电量相对较大，不够环保，高速扫描仪耗电更多。

（2）扫描快捷

高拍仪的主要用途就是高速扫描文件，突出特点就是快，这也是由其高效的成像原理决定的。传统扫描仪通常采用点状感光元件或线型感光元件，扫描时所得的点或线的图像再经合成后才能形成完整的面图像，而高拍仪则采用CCD面型感光元件直接生成完整的面图像。

高拍仪扫描速度快，基本上1秒就可以完成扫描及自动处理，工作效率高，若再配以双面扫描功能和自动翻页装置，工作效率又能得到大幅提升；高速扫描仪扫描速度稍慢，平板扫描仪的扫描速度更慢。

（3）性价比高

高拍仪价格实惠，可轻松实现大尺寸扫描，且对扫描文稿的材质、规格、形状不限，性价比较高，在许多领域都可以使用；而扫描仪价格相对较高，高速扫描仪价格更高，应用上具有一定的局限性。

（4）特色功能多

高拍仪可以拍摄3D立体实物体（如订书机、咖啡杯），可以扫描书刊或账本，可以录制视频、音频，可以实现指纹识别、人脸对比、证卡识别等，可作为计算机的音频或视频输入设备。部分高拍仪支持软件开发工具包（SDK）二次开发，可根据用户需求定制更多功能等。

（5）辅助功能丰富

通过高拍仪自带的软件扫描文档，可实现连续拍摄、定时拍摄，可智能探测翻页；能够对扫描的图像进行编辑处理，可裁边、扶正、铺平、加密、加水印，可制作电子书、增加电子签名；能实现OCR文字识别；能实现原比例打印、无纸化传真等。高拍仪图像即可保存为常见图像格式，也可并将纸质的文档转换成Word格式、PDF格式或其他指定图片格式。

综上所述，高拍仪轻便易用、扫描速度快、功能丰富、性价比高，应用场景较为广泛。由于高拍仪的光源是开放的，其成像质量容易受外界环境光的干扰。而扫描仪的光源是封闭的，成像质量不受外部环境影响，成像清晰度高。因此目前扫描仪的成像质量与高拍仪的成像相比具有很大的优势，但随着办公应用越趋复杂、多样，以及技术的发展，高拍仪的成像质量也将提高，扫描仪在办公领域的市场恐将逐渐被高拍仪占领。

第 7 章

文稿复制设备

本章要点

常见的文稿复制设备包括复印机、传真机、一体机等，本章将介绍复印机和传真机的基本构造、原理及使用和维护方法，并以此为基础介绍一体机的工作机制和使用方法。

在日常办公事务中，经常需要将文件、图片、报表等资料进行复制，以便存档或分发。借助复印机、传真机等文稿复制设备，可以轻松高效地完成这些任务。

7.1 复印机

复印机是可以把书写的、绘制的或印刷的原件（原稿）复制出副本（复印件）的设备。复印机已成为办公室、文印社等不可或缺的办公设备。

7.1.1 复印机概述

第一台真正意义上的复印机出现在 1780 年，由现代蒸汽机的发明者詹姆斯·瓦特设计制造。使用者把刚刚用特殊墨水写的文件放到潮湿的复写纸上，经挤压让墨水渗透进复写纸中，整个复印过程完成后，把半透明复写纸翻过来，从另一面就可以看到拓下来的文字。

此后又出现了一系列具有文件复制功能的设备，但是它们都必须使用经过复杂化学处理的昂贵的特殊纸张，且复制出的文件不清晰，味道难闻，持久性也很差。

1959 年，施乐公司生产的施乐 914 型复印机（见图 7-1）开启了伟大的技术革新，它可在普通纸上快速地复制出清晰的、可以长期保存的复印件。

施乐复印机采用了静电复印技术，完全出乎当时物理学家和化学家的预料，甚至在参观了施乐复印机的生产车间后还在怀疑这项技术的理论可行性。更让科学家们大跌眼镜的是，静电复印技术的发明者竟然是一名律师——切斯特·卡尔森。

现代复印机基本上延续了静电复印技术，而现代激光打印机也采用静电复印技术实现打印功能。

如图 7-2 所示为一台复印机，其外部结构主要包括稿台、纸盒、出纸槽和控制面板等。另外，部分复印机还配置了连续送稿器，以减少用户更换原稿的次数，提高复印效率。

图 7-1 施乐 914 型复印机

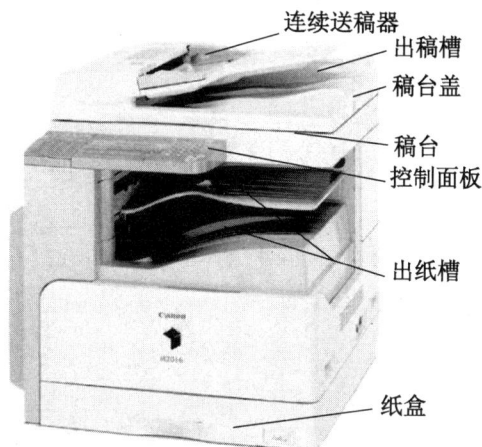

连续送稿器
出稿槽
稿台盖
稿台
控制面板
出纸槽
纸盒

图 7-2 复印机

7.1.2 复印机原理和分类

1. 基本原理

当收到一份纸质文档时，可以利用键盘、扫描仪等输入设备，把原稿中的文本、图像、表格等录入 Word 文档中。经过精心的排版和调试，最终可在 Word 文档中形成与原稿基本一致的电子文档。通过高精度的打印机把电子文档打印到纸面上，就可得到一份与原稿一致的复印件，实现对原稿的复制。

复印机的工作原理基本上就类似于此，甚至可以认为复印机是扫描仪和打印机的结合体，如图 7-3 所示。如图 7-4 所示为复印机构造示意图。

打印机工作原理和扫描仪工作原理已分别在第 5 章和第 6 章中进行了详细介绍。复印机的复印过程主要包括扫描和印像两个部

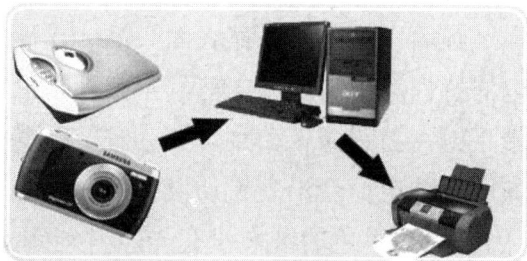

图 7-3 扫描仪+打印机=复印机

分，扫描部分与扫描仪的扫描过程类似，印像部分与激光打印机的打印过程类似。图 7-5 展示了复印机的工作过程。

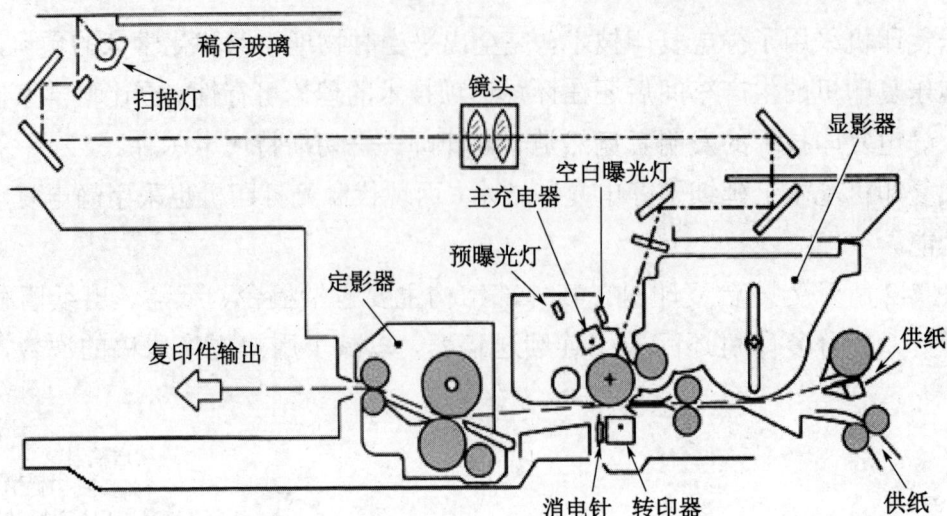

图 7-4　复印机构造示意图

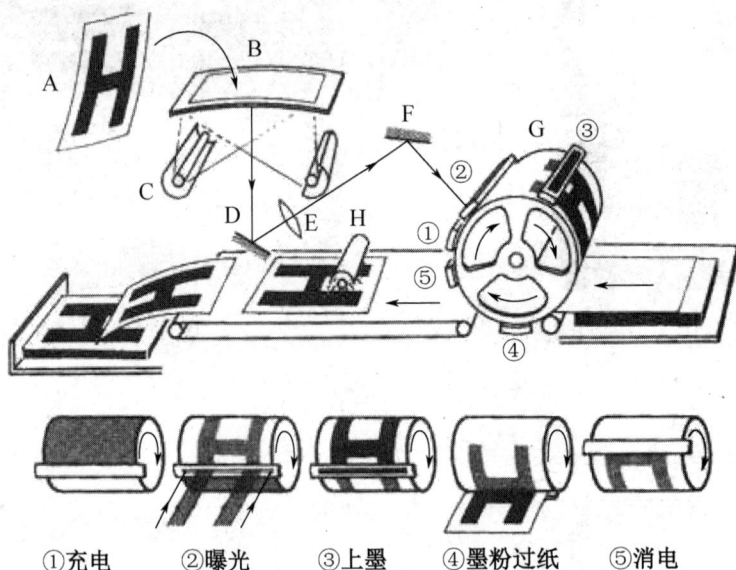

①充电　②曝光　③上墨　④墨粉过纸　⑤消电

图 7-5　复印机的工作过程

　　当用户将要复印的原稿（A）放在稿台（B）上时，原稿被曝光灯（C）照亮，其反射光经旋转反射镜（D）、凸透镜（E）及固定反射镜（F），把原稿的实像投射到圆筒（G）上。

　　圆筒由铝制成，其表面布满一层硒，硒是一种半导体材料，具有无光绝缘、受光导电的特性。圆筒工作之前，先在复印机内的黑暗位置①被预先充电，使其整个表面均匀带正电。当圆筒转动到位置②时，会受到原稿实像光的照射而曝光。于是，凡曝光的区域所带的电荷会沿着铝质圆筒及接地线流走，而圆筒上对应原稿白色的区域就会不带电（因为原稿黑色的区域没有光照射到硒上，所以其对应圆筒区域会保留正电），这样就会形成以正电荷表示的静电潜像。当圆筒转动到位置③时，带正电的圆筒部分就会吸附施粉器上带负电的墨粉形成墨粉图像。当圆筒转动到位置④时，靠近的带更强正电的复印纸将从圆筒表面争夺带负电的墨粉，这时墨粉图像就会转印到复印纸上。当圆筒转动到位置⑤时，圆筒表面全部的电荷将被放掉，此时开始进入下一页的复印进程。

复印纸上的墨粉图像在加热辊（H）处加热，墨粉受热熔化，浸入纸张纤维，牢牢黏在复印纸上，最后从出纸口被送出。

2．复印机分类

目前的复印机从技术上讲，主要分为模拟复印机、数码复印机两大类。

模拟复印机经过曝光、扫描将原稿的光学模拟图像通过光学系统成像，直接照射到已被充电的感光鼓上，产生静电潜像，再经过显影、转印、定影、分离、清洁、消电等步骤完成复印。模拟复印机由于诞生和应用的时间比较长，因此技术上较为成熟，性能也比较稳定，并且在价格上占有一定的优势。

数码复印机经过曝光、扫描将原稿的光学模拟图像通过成像系统成像，再通过CCD 等传感器进行光电转换，然后将图像信号输入激光调制器中，调制后的激光束对被充电的感光鼓进行扫描，在感光鼓上产生由点组成的静电潜像，再经过显影、转印、定影、清洁、消电等步骤完成复印。

数码复印机（见图 7-6）采用了数字图像处理技术，大大提高了复印机的生产效率和复印质量，其特点如下：一次扫描，多次复印；复印更整洁、更清晰；无废粉、

图 7-6　数码复印机

低臭氧、节能且环保；具有强大的图像编辑功能，能够进行电子分页；复印速度更快，故障率更低。

部分数码复印机还配有网络接口，可以供工作组内用户共享使用。数码复印机数据共享系统如图 7-7 所示。

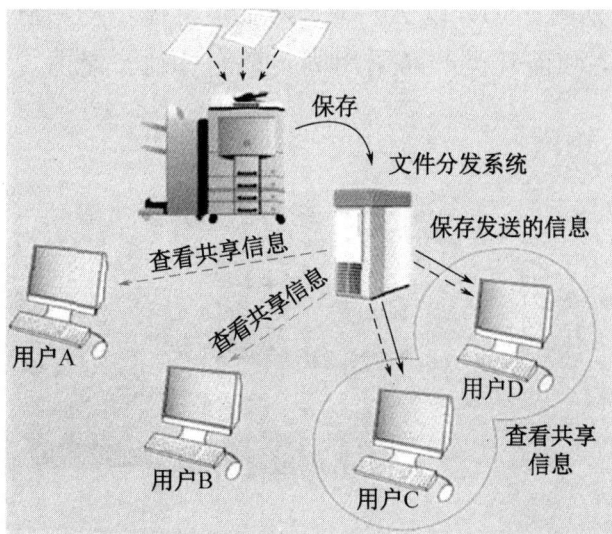

图 7-7　数码复印机数据共享系统

　　数码复印机与模拟复印机相比，外观上差别不太明显，但功能和性能上的优势是比较明显的，价格也比模拟复印机高一些。入门级数码复印机和模拟复印机的价格差距不大，价格基本上在一万元左右；中高端数码复印机在性能上比模拟复印机要出色得多，价格也有较大的差距，高端数码复印机的价格高达数十万元。

　　从应用范围来讲，复印机又可以分为家用复印机、办公复印机、工程图纸复印机和便携式复印机。

　　家用复印机价格较为低廉，以 A4 幅面为主，一般兼有扫描仪、打印机的功能，打印方式以喷墨打印为主，其外形如图 7-8 所示。

　　办公复印机是最常见的复印机，基本上以 A4、A3 幅面为主，主要用于复印日常办公中的各类文稿。

　　工程图纸复印机（见图 7-9）的复印幅面比一般的办公复印机要大，达到了 A0 幅面，用于复印大型的工程图纸。根据技术原理不同，工程图纸复印机也分为模拟工程图纸复印机和数字工程图纸复印机。工程图纸复印机的价格较高，低端产品价格也需要数万元，大多数产品价格都在数十万元以上。

图 7-8　家用复印机外形　　　　　　　　图 7-9　工程图纸复印机

　　便携式复印机（见图 7-10）以 A4 幅面为主，机体小巧，重量较轻，比较方便携带，价格多在数千元。和前几类产品采用固定稿台相比，便携式复印机大多采用移动稿台。

图 7-10　便携式复印机

7.1.3 复印机的安装和使用

1. 安装复印机

复印机是精密的机电一体化设备，对周围的环境和安装位置都有一定的要求。不良的工作环境不仅对复印机的性能和寿命有影响，而且还会影响复印件的质量。

复印机应选择安放在平坦稳固的地方，要注意防高温、防尘、防震、防阳光直射，同时要确保通风换气环境良好。环境温度范围应在 10～35 ℃，湿度范围应在 30%～75%，避免靠近可燃性气体和腐蚀性气体。

复印机进纸槽、出纸槽和控制面板部位在水平方向上至少要各留出 90 cm 的空间，以方便实施操作，复印机靠墙部位一般要留出 10～15 cm 的空间。

复印机一旦安装完毕，应尽量减少搬动，确实需要搬动时一定要保证水平移动。

复印机电源引线直接与电源插座连接，电源插座必须符合额定电压和电流的规定要求。在为复印机供电的插座上尽量不要再接其他用电设备，以免开关这些设备的电源时影响复印机的工作。

2. 使用复印机

确保电源插座供电稳定，打开复印机主电源开关，控制面板上主电源指示灯变亮，复印机进入预热状态。预热完毕，应先检查操作面板上的信息窗或指示灯显示是否正常，检查纸盒中的纸质、纸量、纸型等是否符合复印要求等。

复印机的工作任务都是在控制面板的控制下进行的，如图 7-11 所示为某复印机的控制面板，主要包括信号窗口，复印数量、复印浓度、复印速度、复印幅页等键，以及启用键和停止键等。

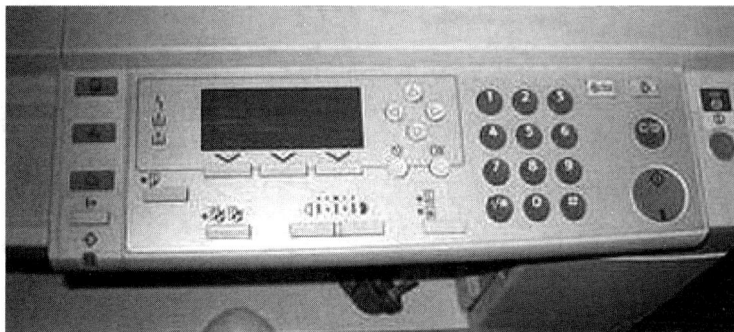

图 7-11 某复印机的控制面板

复印原稿前，应检查原稿尺寸、质地、颜色、字迹色调、装订方式、页数等，做到心中有数。对原稿上不清晰的字迹、线条应在复印前描写清楚，尽可能避免事后补救；对已经装订但允许拆开的原稿应尽可能地予以拆开，以免在复印时原稿不平整部位出现复印阴影。

打开复印机稿台盖板，根据稿台玻璃上刻度板的指示，以及纸盒的尺寸和横竖方向，把原稿左上角与稿台玻璃的左上角对齐，如图 7-12 所示。

图 7-12　打开稿台盖板并放入复印原稿

利用控制面板，设定复印数量、纸张尺寸、对比度、复印浓度、缩放倍数等。根据原稿尺寸、放大或缩小倍数按下纸盒选取键。若机内装有所需尺寸纸盒，即可在面板上显示出来；若无显示，则需更换纸盒。根据原稿纸张、字迹的色调深浅，适当调节复印浓度。纸张颜色较深的原稿（如报纸）应将复印浓度调浅些，字迹浅细、不清晰的原稿（如铅笔原稿）应将复印浓度调深些，复印图片时一般将复印浓度调浅。

参数设定完毕后，按下启用键，复印机开始复印。复印件从出纸口（见图 7-13）送出，复印完毕后直接将复印件取出，同时不要忘记打开稿台盖板取出原稿。

复制过程中，应注意观察复印机的运行情况，若遇复印故障，应及时排除故障，以免引发更大的问题。复印过程中如果想取消复印，只需要按一下控制面板中的停止键即可。

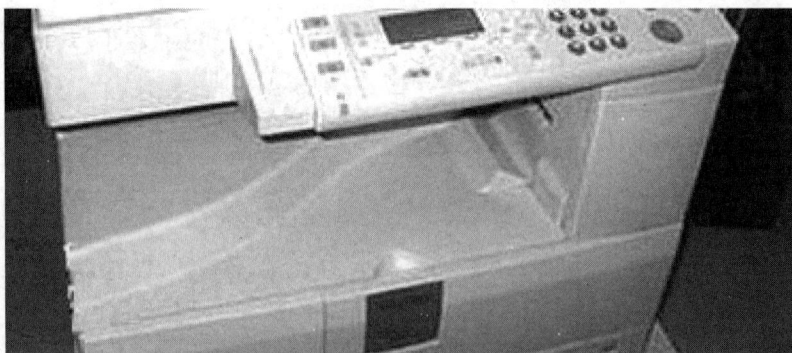

图 7-13　复印机出纸口

3. 使用技巧

复印是一项技术性较强的工作，技术熟练不但可以提高工作效率，而且可以节省纸张、减少浪费，保证机器的正常运转。如果再掌握一些复印技巧，就可以大大提高工作质量，为烦琐的办公事务增添不少乐趣。

（1）适当曝光

复印过程中会遇到各种色调深浅不一的原稿，甚至夹杂着深浅不一的字迹，如铅印件上的圆珠笔、铅笔批示等。遇到这种情况应当以较浅的字迹为条件，减小曝光量，具体方法是将复印浓度调深。相反，对于照片、图片等反差小、色调深的原稿则应将复印浓度调浅。如果复印品质仍难令人满意，可请专业人士加大曝光量。

（2）双面复印

在日常办公中，许多原稿需要正反两面复印，这样不仅节省了一半纸张，而且减少了所占空间，容易装订。部分高档的复印机具有自动双面复印功能，而对绝大多数复印机而言，仍需人工操作复印第二面。

手工套印双面之前，应使复印纸充分与空气接触，避免纸张粘连，防止出现双张现象。复印时先复印奇数页的内容，然后根据所使用机器的类型，将复印件装入稿台，再复印偶数页的内容。双页套印时，纸张的摆放方式应视机器的具体情况而定，详情可查阅产品使用指南或向技术人员咨询。套印多页双面文件时可能出现页码套错现象，需时常注意查看第二面的页码是否正确，遇有差错应及时停机，核对待复印的复印件，待复印完后再补印错漏的页码。

（3）遮挡消除

复印原稿时，经常会遇到排除局部内容的情况，如屏蔽原稿中的污迹、去除原稿产生的阴影等，可以利用遮挡技巧来消除不需要的部分。用一张白纸遮住原稿中对应的部分，然后再放在稿台上复印，即可去掉不想要的部分。复印书籍等较厚的原稿时，常会在复印件上留下一条阴影，在待印页边缘下方垫一张白纸，即可消除书籍边缘阴影。用同样的方法，在两页夹缝之间垫一张白纸，两页夹缝之间的阴影也可以进行遮挡消除。

（4）反向复印

在设计、制图工作中，有时需要绘制出与某图案相反的反方向图像，利用复印可以方便实现。取一张复印纸和一张比图案稍大的透明薄纸，在薄纸边缘涂上胶水并与复印纸粘在一起。复印纸干燥后，将复印纸透明薄纸部分朝上放入复印纸槽中开始复印。复印后揭去复印纸只留透明薄纸，并将其反面图案朝下放在稿台上，再进行第二次复印，即可得到反向图案。复印纸也可用绘图的硫酸纸或透明的聚酯薄膜代替。

（5）制作投影

复印机可以将文字、图表复印在透明薄膜上，用来进行教学投影，具体方法是将原稿放好，调节好复印浓度，通过手工供纸槽将透明薄膜送入复印机开始复印。由于透明薄膜容易被卡在复印机中，因此不提倡技术不熟练的用户使用此方法。

（6）避免透影

两面有内容的原稿，透过页面常常可以看到背面的内容，复印时会影响复印效果。为了得到清晰的复印图像，最简便的方法就是在原稿的背面垫一张黑色纸。

4．注意事项

复印机是聚集了光、机、电等现代高科技技术的精密产品，它对环境、纸张、墨粉都有着严格的要求。

首先，要求环境必须干净，无粉尘，通风干燥。如果粉尘太多，会使复印机的光学系统在使用过程中受到污染，使复印件不清晰。若环境过于潮湿，纸张容易吸湿，机内高压部分也容易漏电，严重影响复印质量。

其次，要求复印纸的纸张表面平滑，胶面均匀，边缘光洁。最好使用 80 克以上的复印纸，这样可以延长复印机硒鼓的使用寿命，保持良好的复印效果。

再次，复印机对墨粉的要求特别高，尤其是双面复印机。使用不符合要求的墨粉，容易造成排粉管道堵塞，影响其他的机械部件，扰乱复印机的自动检测，严重时还可能损坏电路板。

最后，复印机应安放在平坦、稳固的位置，避免阳光直射。

复印机在工作过程中会产生微量有害物质，长期从事复印工作的人要做好保护措施，有条件者可在工作室中安装排气扇或排气管道，使室内的臭氧和氮氧化物及时排出室外。在复印机多、工作量大的房间里应安装除尘设备，以减少粉尘。复印机操作人员还应当增加维生素 E 的摄入，以保护细胞生物膜，免受氮氧化物的损害。此外，有呼吸系统疾病、失眠、头晕的人员及孕妇最好不要从事复印机操作工作。

另外，在复印机工作过程中一定要盖好稿台盖板，避免强光对人眼的刺激。每次使用完复印机，要及时洗手。在复印机工作时，操作人员每工作一段时间都应到户外进行适当活动。

7.1.4 复印机的日常保养与维护

1．日常保养

复印机的保养就是尽可能地为其创造一个良好的工作环境，必要的保养可以提高复印机的工作质量，延长使用寿命，节约维修费用。

确保电力供应稳定正常，否则会影响复印机寿命和复印质量。避免其他用电设备与复印机共用一个电源插座，其他用电设备电源的开关会对复印机的工作产生影响。

每天开机保证一定时间的预热（如半小时），以使复印机内部保持干燥。用完复印机，要先通过控制面板关闭复印机，再关闭其主电源，最后再切断供电电源，严禁直接拔出电源插头强行关机，否则会容易造成机器故障。关闭复印机主电源开关后，重新打开时需要等待 10 秒以上。

复印机在使用过程中，如遇机器内部发出异响、机器外壳变得过热、机器部分损伤、机器被雨淋或内部进水等情况时，应立即关闭复印机和电源，并请技术人员查明故障原因。

在复印机的运行过程中，它的光学系统、机械系统、电路系统除了正常的磨损，还受到来自复印机内部和外部的灰尘等杂物的损害，造成复印机复印品质变差和运行故障。日常保养还要对复印机的光学、显影、充电、转印、分离、消电、定影、转送等部件和墨粉回收等系统进行清洁或局部调整。

（1）清洁盖板

由于盖板接触各种原稿和被手触摸，会使洁白的塑料衬里或传送带变黑，造成复印件的边角出现黑色污迹。先用棉纱布蘸些洗涤剂反复擦拭，然后用清水擦拭，再擦干即可。严禁用酒精、乙醚等有机溶剂擦拭。

（2）清洁稿台

由于稿台玻璃容易受到稿件和手的污染，同时也容易被划伤，所以应定期清洁保养以保证良好的复印效果。在工作中要避免用手直接接触稿台玻璃，遇有装订时，应将原稿上的大头针、曲别针、订书钉等拆掉，并放在指定位置。用涂改液涂改后的稿件，一定要等到涂改液干了以后再复印。稿台玻璃上涂有透光涂层和导电涂层，清洁稿台玻璃时应避免用有机溶剂擦拭。

（3）清洁电路

电路系统因长时间在高电压下工作，吸附了大量的粉尘，可能会造成电子元器件的电阻率降低，引起电流击穿电子元器件、烧毁电路板，应用毛刷或吹风机清除电路表面吸附的灰尘。

（4）清除墨筒

小心地清除废旧墨筒，以防墨粉充斥在空气中并被人体过多地吸入。

（5）更换部件

在复印一定次数后，复印机的易耗性零件（如清洁刮片、电极丝、搓纸轮等）由于磨损，可能需要更换，此时应请专业技术人员进行处理。

其他的光学系统、机械系统、进纸系统、出纸系统的清洁工作应由专业技术人员进行。

2. 常见故障与排除

复印机的大多数故障都可通过观察其复印效果来判断。例如，光学系统中的杂物会造成复印件底灰较重，出现黑色斑点；机械系统中的杂物会造成卡纸、复印件出现污迹等问题。

（1）卡纸故障

卡纸是复印机的一种常见故障，卡纸会导致纸张、墨粉浪费。造成卡纸的原因主要有两方面：一是纸路问题，此时应检查纸路是否清洁、是否有异物或是否有磨损；二是纸张问题，纸张质量不达标、受潮褶皱等也会发生卡纸故障，纸张尺寸设置不当也会造成卡纸。

（2）进纸异常

进纸口的搓纸轮由于经常与纸张摩擦会产生静电，易吸附纸屑、灰尘等，其表面变得光滑就会搓不动纸，不能将纸送入复印机。清洁进纸处的输纸系统，一般可以排除进纸异常现象。

（3）缺粉警报

复印机面板显示缺粉警报时，意味着复印机墨盒中的墨粉即将耗尽，用户应及时为复印机添加墨粉，添加不及时可能会造成复印机故障。加墨粉时应按照说明书操作，或者请维修人员上门服务。

（4）缺纸故障

当纸盒中的复印纸用尽时，复印机会停止工作，并提示添加复印纸。添加复印纸应保证纸型与纸盒匹配；要检查纸张是否平整、干爽、洁净；把纸张打散，使其与空气充分接触，以消除静电。拉出纸盒，把纸张理顺整齐平放进去，再用固纸装置将其卡实，把纸盒推送到位即可完成复印纸的添加。

（5）复印件颜色浅淡

在排除原稿自身颜色浅淡的原因后，复印件颜色浅淡可能与机器设置有关，加深复印浓度后重新进行测试。如果还是色浅，则有可能存在复印纸受潮、墨粉量不足或墨粉质量差等问题，更换复印纸或墨粉后再进行测试。如果复印件依旧颜色浅淡，则应考虑复印机元器件故障，请维修人员到现场检查。

（6）复印件有斑点

复印原稿时，复印件比原稿上多出许多斑点，出现这种现象一般有三种情况：一是稿台太脏，只需要用浸过中性清洁剂的软布擦拭干净即可；二是光学装置较脏，挡住了光的传播；三是复印机的加热辊上有残留的墨粉，这种情况比较常见。对于后两种情况，建议在维修人员的指导下进行清洁。

（7）复印件字迹模糊

这种情况比较容易出现在冬天以及湿度较高的环境下，由于复印机达不到理想的复印效果，一般按复印机面板上的除湿键就可以解决。效果不明显时，可以打开复印机前面板，将复印机硒鼓部件拉出来，用电吹风机对复印机内部加热去潮也会有不错的效果。另外，纸张受潮也有可能出现复印件字迹模糊的现象。

（8）出现故障代码

复印机出现故障并提示代码，这些代码代表着一定的含义，可通过查阅有关资料获知。用户也可记下故障代码，及时与维修人员联系。

7.1.5　复印机主要技术指标与选购指南

1. 主要技术指标

（1）复印速度

复印速度是指在单位时间内复印机能够复印的张数。由于复印机预热需要时间，首张复印也需要花费比较长的时间，因此复印速度在计数时一般从第二张开始。

（2）最大幅面

最大幅面是指复印机最大的扫描或打印尺寸，这个尺寸取决于复印机的内部构造和复印机的外部物理尺寸。办公型的复印机最大幅面一般为 A3，家用或便携式的复印机则一般为 A4 幅面。

（3）首张复印时间

首张复印时间是指在复印机完成预热并处于待机的状态下，用户完成了在稿台放好原稿、盖好盖板等准备工作后，从按下启用键向复印机发出复印指令到复印机输出第一张复印稿所花费的时间。

（4）预热时间

复印机进行复印的基本技术原理是利用感光材料的光敏特性和静电电荷的库仑力作用。因此，复印机在进行复印时首先需要对感光材料进行充电，利用电晕放电的方法使感光材料的表面带上一定数量的静电电荷，从而能够进行正常的复印工作。这个过程所花费的时间就称之为复印机的预热时间。

（5）缩放比例范围

缩放是指复印机对需要复印的原稿进行放大或缩小后再输出，但由于技术问题，复印机只能在一定范围内进行缩放，如果复印件的幅面已达到复印机的最大幅面，则稿件无法再进行放大。

（6）连续复印

连续复印是指对同一原稿，不需要进行多次设置，复印机就可一次性连续完成的最大的复印量。连续复印可以减少对同一原稿的重复设置次数，节省了复印时间。

（7）输出分辨率

输出分辨率是最为重要的技术指标。复印机输出分辨率远远优于标准 1200 dpi 喷墨技术的输出设备，用户可以根据自己实际的应用需求来进行选购。不过，1200 dpi 的分辨率对于日常办公来说已绰绰有余。

（8）扫描分辨率

扫描分辨率的意义在于保证输出原稿的清晰度。复印机主要用于原稿和图表的复印，300 dpi 的扫描输入就足够；如果用于照片复印，则需达到 600 dpi 及其以上的扫描分辨率。

（9）内部配置

复印机一般都配有较大容量的内存，以便有能力实现连续复印，并且在作为网络输出设备时能够容纳尽可能多的等待队列，有的产品还会内置处理器以使产品处理数据的能力更加强大。内存容量越大越好，有内置处理器的产品要比没有处理器的产品好，但价格会稍微高一些。因此，用户应该根据应用的需求情况来选择，尤其工作量特别大的用户，应该选择存储器容量大并且带有处理器的产品。

2. 选购策略

由于复印机的价格普遍较高，选购复印机时一定要考虑周全、谨慎购买。选购复印机的根本原则是在兼顾性价比的前提下，尽可能地满足实际需求。选购复印机应主要考虑以下因素。

复印机价格从几千元到数十万元不等，低价复印机也不乏高性价比的机型。因此，选购复印机的价格因素应包括两个方面：一是复印机本身的价格，二是购买者自身的价格承受能力。购买前用户需要事先做好价格定位。

复印机工作速度是决定其价格的一大因素，因此在购买前应大体测算一下现在及将来的月最大复印量、日最大复印量或高峰期每小时的复印量，以此来决定所购复印机的档次及型号。例如，月复印量在 1 万张以下，选购每分钟可复印 15 张左右的低速复印机即可；日复印量在 500 张左右，则可选购每分钟可复印 22 张左右的复印机。

在购置复印机时还应考虑用户的一些特殊需求，如复印前消钉、双面复印、账册复印等。对于需要单独计费的用户，还可考虑选择支持电子账户的复印机。

有的复印机配有分页器、双面器和装订器等，以帮助用户提高办公效率，但多数复印机都把它们作为可选配件。用户在购买前也应询问清楚，这样既可避免购买不需要的额外配置，也可全面判断复印机的性价比。

复印机有数字和模拟两种工作方式，目前数字复印机的绝对价格比模拟复印机要高一些，注重经济性的用户可选购模拟复印机，想引入数字办公模式的用户和对图像复印效果要求较高的用户最好选购数字复印机。另外，数字复印机的使用复杂度相对较高，对操作人员也有较高的要求。

复印机不同于普通消费性商品，作为一种电子机械设备，出现故障的概率比较高，并且通常需要由专业人员来维修。应根据使用方的技术力量来决定购买售后服务的层次。如果单位有技术人员，在购买时可就此要求降低价格；如果单位无技术人员，则在购买时应与销售方签订保养/保修协议。总之，要从有资金和技术实力的代理商处购买，要买维修点多、代理商多的品牌，这也意味着今后购买配件和耗材更方便。

7.2 传真机

传真机（见图 7-14）是现代办公常备的通信设备之一，通过普通电话网，可以准确、原样地收发通知、信函、图表、证件等各类书面信息，它具有其他通信工具无法比拟的优势，在办公自动化领域占有极重要的地位。

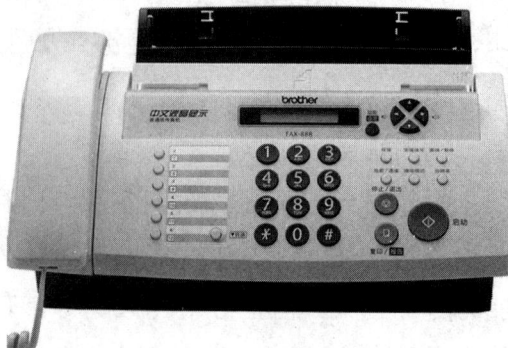

图 7-14　传真机

7.2.1 传真机概述

传真机种类繁多，分类方法也多种多样。按传送的内容，可分为文件传真机、报纸传真机和气象传真机等；按通信时所占电话电路，可分为单路传真机和多路传真机；按色调，可分为单色传真机、彩色传真机等。

根据国际电报电话咨询委员会的建议，将目前已应用与开发的传真机分为四类。

一类传真机（G1）发送的信号不采取任何压缩措施，传送一页 A4 幅面文件需要 6 分钟。

二类传真机（G2）采用频带压缩技术，传送一页 A4 幅面文件需要 3 分钟。

三类传真机（G3）在调制处理前采取措施，减少报文信号中的冗余信息，传送一页 A4 幅面文件需要 1 分钟。

四类传真机（G4）对发送前的报文信号采取了减少信息冗余度措施，传送一页 A4 幅面文件需要 15 秒。

随着大规模集成电路、微处理器技术、信号压缩技术、光电技术的应用，传真机正朝着自动化、数字化、高速、保密、体积小、重量轻的方向发展。随着计算机网络的普及与信息种类的不断增多，传真机又具备了图像与数据的处理能力，传真机成为办公自动化的常用设备。

7.2.2 传真机的结构原理

传真机俗称"远程复印机"，可以实现异地图文的复印，是常备的办公自动化设备。如图 7-15 所示为传真机与电话网连接示意图。

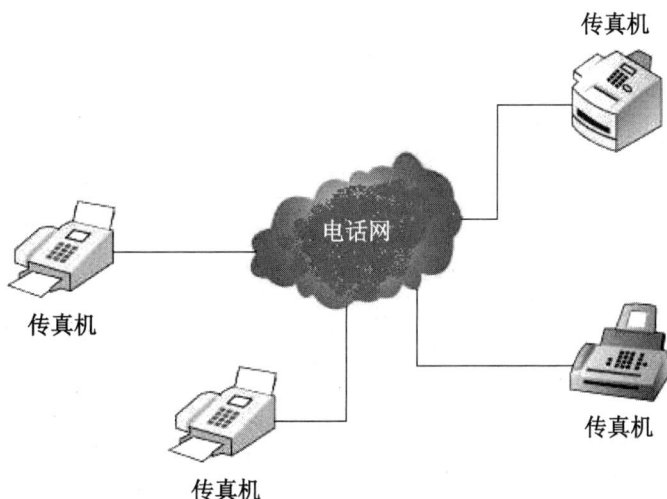

图 7-15　传真机与电话网连接示意图

传真机主要由主控电路、图像输入机构、图像输出机构、调制解调电路、操作面板及电源等部分组成。

传真机的工作原理很简单，传真机将需发送的传真原稿图案通过图像输入机构分解成系列微小单元（称为像素），并将它们的亮度等信息由光电变换器件顺序转变成电信号，经放大、编码或调制后送至通信线路传送。接收端将收到的信号放大、解码或解调后，按照与发送端相同的扫描速度和顺序，用图像输出机构复制出原稿的副本。

传真机在功能实现上主要有扫描与记录两个方面。

传真机按采用的扫描方式可分为电荷耦合（CCD）扫描和接触式图像感应器（CIS）扫描。CCD扫描优于CIS扫描，得到的图像更清晰，层次更丰富。

传真机采用的记录方式可分为热敏纸记录方式和普通纸记录方式。目前采用热敏纸记录方式的传真机较多。根据传真机的记录原理不同，目前市场上常见的传真机主要有以下四大类。

1．热敏纸传真机

热敏纸传真机通过热敏打印头将打印介质上的热敏材料熔化变色，生成所需的文字和图形。

热敏纸呈卷状，因此热敏纸传真机又被称为卷筒纸传真机。热敏纸传真机价格低廉，耗材量少，适合个人和单位使用，其缺点是传真文件保存时间较短，一般在半年到一年之间。

2．热转印式普通纸传真机

热转印技术从热敏技术发展而来，它通过加热转印色带，使涂于色带上的墨粉转印到纸上，最终形成图像。

热转印式普通纸传真机的传真文件易保存，且耗材便宜。热转印式普通纸传真机适合传真量不大、文件需要长期保存的小型组织机构或个人用户。

3．激光式普通纸传真机

激光式普通纸传真机的图像输出原理与激光打印机类似，是利用墨粉附着在纸上而成像的一种传真机，其工作原理是利用机体内控制激光束的一个感光鼓来控制激光束的开启和关闭，从而在感光鼓上产生带电荷的图像区。此时，传真机内部的墨粉会受到电荷的吸引而附着在纸上，形成文字或图像。

激光式普通纸传真机又称激光一体机，它输出质量好、速度快、使用寿命长、消耗低，适合传真量很大的机构和个人等使用，其主要缺点是购机成本较高。

4．喷墨式普通纸传真机

喷墨式普通纸传真机的图像输出原理与喷墨打印机类似，利用步进电机带动喷头左右移动，把从喷头中喷出的墨水依序喷在普通纸上完成打印工作。

喷墨式普通纸传真机又称喷墨一体机，可以收发彩色传真，适合有彩色传真需求的用户使用。喷墨传真机的主要缺点是耗材比较贵、应用成本高、适用领域窄，但对特殊用户来说，这种设备是必不可少的。

目前，市场上最常见的传真机基本上分为两大类：一类为热敏纸传真机，另一类为喷墨/激光一体机。

热敏纸传真机的历史最长，价格也比较低廉，具有弹性打印和自动剪裁功能，可以兼容复杂和较差的电信环境，传真成功率高。该类传真机可以被设定为手动接收、自动接收和智能接收等模式。当设为智能接收模式时，传真机会自动检测对方是电话信号还是传真信号，若是传真信号则自动接收，否则将继续响铃。相较而言，喷墨/激光一体机出现的时间较短，价格相对较高，一般需要与电信公司的电话线路直接连接。喷墨/激光一体机不支持智能模式，只支持手动接收和自动接收两种模式。

热敏纸传真机最大的缺点就是功能单一，多数仅有传真功能（少量机器兼有复印功能），不能作为计算机的输入/输出设备，其他缺点包括硬件设计简单，分页功能比较差，一般只能单页传送，大多数只能收发黑白文稿，传真特殊稿件时需人工调整，且不易达到预期效果。相对而言，喷墨/激光一体机的功能要丰富得多，除了普通的传真和复印功能，喷墨/激光一体机还可以连接到计算机上，成为计算机输入/输出设备，既可以用作扫描仪，也可以用作打印机。另外，喷墨/激光一体机通过安装相关软件，还可以利用计算机实现传真收发功能。在喷墨/激光一体机的面板上可以很方便地设定要传真稿件的各种参数，实现彩色复印和彩色传真等功能。喷墨/激光一体机还支持自动分页功能，可以自动分页进纸，发送传真方便快捷。

7.2.3　传真机的使用与维护

传真机既可语音通话，又可传真图文信息，是常用的办公通信设备。

传真机背后有多个接口（见图 7-16）。其中，A 接口用来连接电话外线，B 接口用来连接电话机，C 接口用来连接传真机电话手柄。

传真机在正确连接后，打开其电源，启动传真机，调试正常后就可以用它收发传真或复印文稿了。

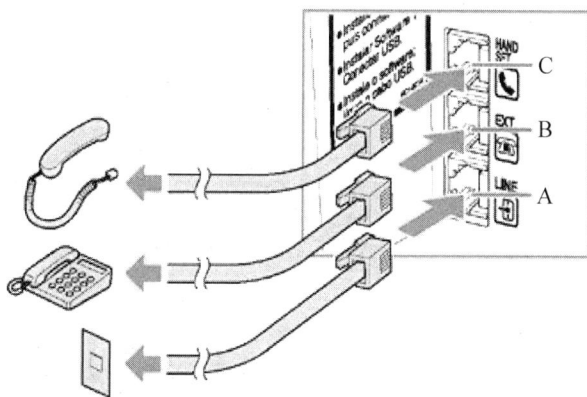

图 7-16　传真机电话线路连接示意图

1．基本应用

随着技术的发展及办公需求的提高，现代传真机的类型越来越多，其功能也越来越丰富，如录音、扫描、打印等功能。但无论何种类型的传真机，均具备发送传真、接收传真和文稿复印等基本功能。

（1）发送传真

将待发原稿按传真机所示方向放入文件进稿器，按文件尺寸调整文件导板，使之紧贴文件边缘，然后设置好分辨率和对比度。拨打对方的传真号码，拨通后等待对方"准备好接收"的回音。当发送用户听到"哔"的声音后，立即按下启动键，并放下话筒，传真原稿就会自动被传真机扫描并发送到对方传真机上，直到显示面板显示"发送成功"或"发送错误"等信息。

有的传真机具有自动发送功能，它会先发一个单音信号，收到对方"准备好接收"的回音后自动启动传真程序，进行传真通信。

（2）接收传真

接收方传真机响铃后，接收用户拿起话筒与发送用户沟通，然后按对方要求按下启动键并放下话筒，便可接收对方传来的传真文件。若对方处于自动发送状态，拿起话筒则会听到类似"哔"的单音信号，按下启动键便可直接接收传真文件。

接收方传真机可被设定为自动接收状态，在此状态下，传真机收到对方的传真信号时，若干次振铃后（可按要求设置）可自动启动接收程序，完成传真文稿的接收工作。

传真接收完毕后，若成功则有通信成功的提示信息，否则将会有出错信息显示或警告。

（3）复印操作

具有复印功能的传真机类似于复印机。有的传真机设有专门的复印键，将原稿放在进稿器上，按下复印键，即可完成复印动作，通常复印操作均按"FINE"（清晰）方式进行。目前，大多数传真机的复印键和启动键已合二为一，在传真线路接通状态下，按下该键可执行传真功能，否则将执行复印功能。

现在市面上有些中高档传真机也具有增强复印功能，比如放大/缩小复印、排序复印等，复印缩放范围一般为25%～200%。

有些传真机将"复印"称作"自检"，通过它检测传真机工作状况是否正常。

除复印、发送和接收三项基本功能外，传真机的其他操作都是为了方便使用而设置的，用户可以根据厂家提供的使用说明书进行操作。

2．基本维护

在传真机使用过程中常会出现卡纸、缺纸、缺墨等现象，常常需要用户自行解决。

（1）安装记录纸

记录纸有普通复印纸和卷筒型传真纸（热敏纸）两类。普通复印纸的安装非常简单，只需要把它们整理整齐，装到传真机纸盘中即可。比较而言，卷筒型传真纸的安装更复杂些。

如图7-17所示，按下顶盖钮后打开传真机顶盖，将卷筒型传真纸装入纸槽中。将纸张前端插入热敏头上部的开口处，并将纸向外拉出，如图7-18所示。

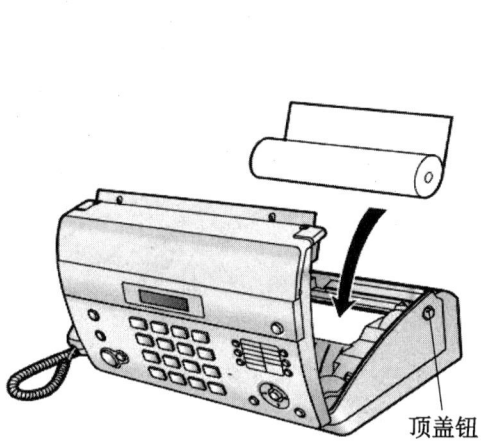

图7-17 卷筒型传真纸装入纸槽　　图7-18 卷筒型传真纸前端插入热敏头上部的开口处

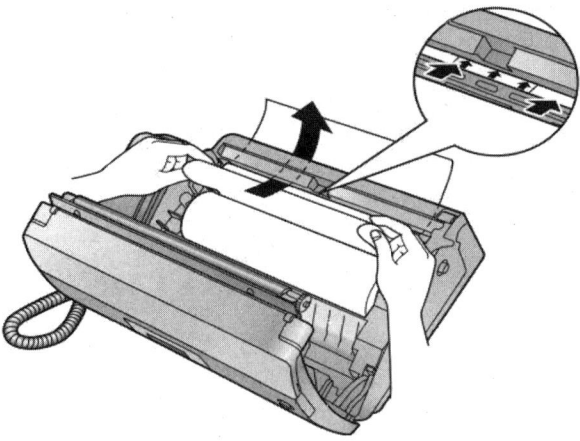

然后用双手按下顶盖两端，盖好顶盖，如图7-19所示。

按下"启动/复印"键，开始剪切纸张，最后把纸张露出的多余部分撕掉，如图 7-20所示。

图7-19 盖好顶盖　　　　　　　　　图7-20 撕掉多余的纸头

（2）卡纸故障

传真机的卡纸故障主要包括原稿卡纸和记录纸卡纸两种。

原稿纸质较差或表面出现褶皱等问题，容易引起原稿卡纸故障。出现原稿卡纸故障时，只需打开传真机顶盖，小心地取出被卡的原稿即可，如图7-21所示。

记录纸安装不正确、纸质量差、走纸或切纸装置故障都会引起记录纸卡纸故障。出现记录纸卡纸故障时，打开传真机顶盖，释放切纸器装置，取出被卡的记录纸，如图7-22所示。

剪去记录纸褶皱部分，如图7-23所示，再重新装回传真机即可。

图7-21 取出被卡的原稿

图 7-22　取出被卡的记录纸　　　　　图 7-23　剪去记录纸褶皱部分

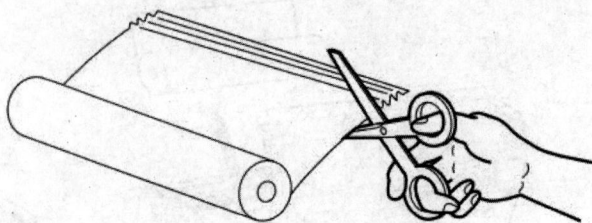

3．注意事项

传真机属于高精密的机电一体化设备，为避免意外事故影响传真机的正常使用，在使用过程中对其进行日常维护，可以有效延长传真机的使用寿命，保持其良好的工作性能和使用效果。

传真机应放于水平且平坦之处，避免阳光直射；不宜在高温、强磁、强腐蚀性气体的环境中使用，否则不仅会影响印字质量，还会干扰通信效果，严重时会对传真机造成损坏。

保持工作环境清洁，防止灰尘进入扫描系统；经常使用柔软干布或中性清洁剂擦拭表面，保持外部的清洁；定期请专业人员对传真机进行内部保养和维护。

避免频繁开机，因为频繁的冷热变化容易导致机内器件老化，每次开机的冲击电流也会缩短传真机使用寿命。经常通电其实是传真机最好的保养方法。

雷雨天气注意防止雷击，遇雷雨天气时，除关掉电源外，还应将电话线插头拔掉。

不要使用劣质或非标准的传真纸，劣质的传真纸光洁度不够，使用时会对输出部分和输纸辊造成损害。

有装订针、大头针之类硬物的图文资料以及墨迹或胶水未干的原稿不宜直接进行发送或复印。一是硬物容易划伤扫描玻璃或其他装置，引起传真机故障；二是原稿上的墨迹或胶水未干易弄脏扫描玻璃，造成传真机发送质量下降。

除非用户掌握了专业技术，传真机出现故障时不建议用户自行修理，否则可能会扩大故障范围，造成更大的不必要的损失。

7.2.4　传真机选购指南

1．熟悉主要指标

选购传真机时应首先了解传真机的有关技术指标，其中需特别注意分辨率、有效记录幅面、发送时间、灰度级等指标。

（1）分辨率

分辨率又称清晰度、解像度、扫描密度，是衡量传真机对原稿中细小部分再现能力高低的指标，可分为水平分辨率（水平方向上每毫米的像素点数）和垂直分辨率（垂直方向上每毫米的像素点数）。三类传真机（G3）国际标准的水平扫描密度为每毫米 8 个像素点，垂直扫描密度则可分为标准（3.85 像素/mm）、精细（7.7 像素/mm）和超精细（15.4 像素/mm）三个档次。一般而言，中高档传真机均具有超精细功能。

（2）有效记录幅面

传真机的有效记录幅面一般有 A4 和 B4 两种。A4 幅面的有效扫描宽度为 216 mm，B4 幅面的有效扫描宽度为 256 mm。有效记录幅面与有效扫描宽度是决定传真机价格的重要因素，同等条件下，B4 幅面的传真机往往比 A4 幅面的传真机价格高许多。

（3）发送时间

发送时间是指传真机发送 1 页国际标准样张所需要的时间，一般为 6～45 秒。发送时间越短，传送效率就越高，所花费的电信费用也就越低。发送时间在 9 秒以下的为高档传真机，一般用户只需选用传送时间在 15 秒左右的传真机即可。

（4）灰度级

灰度级又称中间色调，是反映图像亮度层次、黑白对比变化的技术指标。传真机具有的中间色调的级数越多，其所记录与传输得到副本的图像层次就越丰富、越逼真。以 CCD 作为扫描器的传真机，其灰度级可达 64 级，而以 CIS 作为扫描器的传真机灰度一般在 16 级以下。因此，对于需要经常传真和复印图像的用户来说，采用 CCD 扫描器的传真机是首选。

2．关注实用功能

除复印、发送和接收等基本功能外，传真机的其他操作功能都是为了更加方便人们的使用而设置的，应根据自身需要给予关注。

（1）自动切纸

对于复印与接收传真文件业务量大的用户，拥有自动切纸功能可省去每次复印或收信后撕纸的麻烦。

（2）自动送纸

拥有自动送纸器后，当需要进行多页原稿的复印与发送时，可将这些原稿整齐地放入自动送纸器中，传真机便可自动搓纸，自动分页复印或发送，免去了逐页放置原稿的麻烦。自动送纸器不是传真机的基本部件，一般需要选配。对于经常需要进行多页复印的用户来说，这项功能值得关注。自动送纸器少则可以放置 5 页原稿，多则可以放置 30 页原稿。

（3）单触键拨号

若要经常与某固定用户联络，可采用单触键拨号方式，只需轻轻一触按键即可自动拨号联络。

（4）存储收发

在发送传真时，如果线路出现故障，可从发送中断的页开始重新拨号并发送。在接收传真时，若记录纸用完、发信方还在发信时，传真机会把接收到的信息存储在存储器中（即无纸接收），当重新装上记录纸后，它会自动把存储的内容打印出来，这样可免去发信方重新发送的麻烦，节省时间和费用。

（5）ECM方式

拥有 ECM 方式的传真机，在线路不良造成接收干扰而产生误码时，会自动要求对方重新发送，直到文件清晰无误为止。

除上述功能外，有些传真机还具有应答录音、免提通话、发送标志、定时发送、缩位拨号、查询等功能，用户可根据实际需要考虑选择。

3．结合实际需求

购买传真机首先要考虑需要的功能，一般功能与传真机的档次存在着必然的联系。

传真机按价格可分为高档、中高档、中档、低档传真机，而价格主要取决于采用的扫描方式、传真纸幅面的大小及附加功能等。

低档传真机多为热敏纸传真机，采用热敏纸记录信息，具有基本的发送、接收和复印功能，部分有液晶显示屏。

中档传真机也多为热敏纸传真机，采用热敏纸记录信息，具有中/英文液晶显示、自动切纸、自动进纸、电话录音、无纸接收、呼叫转移、来电显示等功能，并外置计算机接口。

中高档传真机多为热转印式普通纸传真机或喷墨式普通纸传真机，采用普通纸记录信息，一般具有中/英文液晶显示、自动进纸、电话录音、无纸接收、呼叫转移、来电显示等功能，并外置计算机接口。

高档传真机多为激光式普通纸传真机，采用普通纸记录信息，其功能和配置与中高档传真机类似。

购买传真机时要考虑应用的场合、业务量的大小等。

家用、办公和商用传真机在功能设计上有很多不同，价格上差异也很大。现在的家用传真机设计都非常小巧，同时具有电话答录系统、电话存储、自动切纸、无纸接收、存储发送、保密传输、普通纸接收等功能，价格一般在千元以内。如果为普通办公用途，可选购价格为三四千元的办公传真机。如果为商用，且使用频率相当高，则应考虑更高级的、价格在万元左右的传真机。

对传真业务量大的用户，建议选用专门的传真机，而不宜选用集传真、打印、复印、扫描等多种功能于一体的综合设备。

7.3　——　一体机

在办公领域，一体机主要有三种含义：一种是集多种功能于一体的办公设备，统称为多功能一体机；另一种是指集多个过程于一体的办公设备，通常指一体化速印机；还有一种是将计算机显示器和主机集成在一起的计算机一体机。为便于描述，本书分别把这三类设备简称为多功能机、一体化机和计算机一体机，其中计算机一体机不在本章讨论范围内。

7.3.1　多功能机

多功能一体机（即多功能机）集多种功能于一体，最早是由联想公司于 1997 年提出的，如图 7-24 所示为联想多功能机。

经过多年的积累，多功能机从最初的不被接受，已经得到迅速普及。多功能机已经摆脱了简单叠加的模式，逐步向模块独立化方向发展，许多关键指标甚至超过了单功能的设备。多功能机还具有丰富的超值功能，如无纸化传真、双面打印/复印、网络共享等，这些是大多数传统设备所不具备的。多功能机还具有性价比优势，有些产品的价格

图 7-24　联想多功能机

直逼单功能的传统设备。多功能机受到了中小型商务办公人员及家庭用户的青睐。

理论上多功能机的功能有打印、复印、扫描、传真等，但以实际的产品来说，只要具有两种及以上的功能就可以称之为多功能机。

1. 分类

目前，市场上的多功能机主要是由三个方向发展而来的，第一类是基于传统的复印机，第二类是基于传统的打印机，第三类是基于传统的传真机。另外，还有基于扫描仪的多功能机，但在市场上并不多见。

（1）复印多功能机

复印多功能机又称数码复合机，是在复印机的基础上发展起来的，并且外观上与复印机极其相似，如图 7-25 所示。它以复印应用为基础，可实现多种多样的复印功能。复印多功能机一般具有较高的打印负荷和大容量的进/出纸处理能力。

复印多功能机自身具有强大的处理能力、存储能力和人机交互能力，独立工作和文档处理能力也非常强。除了提供传统打印、复印、传真等功能，还具有强大的网络功能、

安全管理功能和自动装订功能等。对于企业客户而言，这些实际功能都为操作者提供了极大的方便。

复印多功能机主要面向复印和打印任务量比较大的应用，它在性能、打印及复印负荷、使用成本方面有着较高的要求，功能更加强大。

（2）打印多功能机

打印多功能机是出现最早和应用最广的多功能机产品，是在打印机的基础上发展起来的，以打印应用为主，在打印方面功能突出，但在其他方面功能平平。如图 7-26 所示为喷墨打印多功能机。

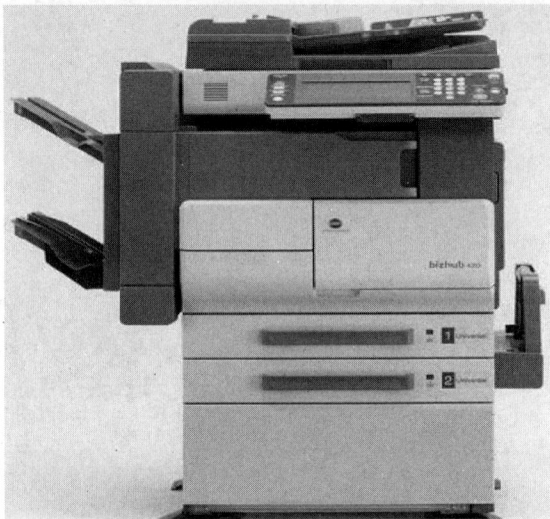

图 7-25　复印多功能机

图 7-26　喷墨打印多功能机

打印多功能机的处理能力、存储能力和网络功能都比较弱，人机交互也相对比较简单。

打印多功能机主要面向个人、小型工作组的办公应用，产品跨度比较大，有针对照片和文档处理的喷墨打印多功能机，也有针对办公应用的激光打印多功能机。

（3）传真多功能机

传真多功能机在多功能机市场上算是"新兵"，出现得较晚，如图 7-27 所示为传真多功能机。

传真机本身就具有数码扫描和打印功能，并且是组合在一起的，不能单独使用某一项功能。只要将扫描与打印功能分开，再增加与计算机通信的接口，就改造成了传真多功能机。

（4）扫描多功能机

扫描多功能机是以扫描仪为基础，以扫描应用为主体，集打印、复印、传真等多个功能于一体的多功能扫描仪，适合对扫描有特殊要求的用户。扫描多功能机并不多见，如图 7-28 所示为扫描多功能机。

图 7-27 传真多功能机　　　　　　　　图 7-28 扫描多功能机

2. 特点

技术的快速发展使得多功能机不再是多个设备的简单组合，而是采用了更先进的集成技术，将打印、扫描、传真等功能集于一身，使得每个部分都能稳定地运行。相对于传统的办公设备，多功能机具有功能多、费用低、节省时间和空间等优点，使用和维护也更加方便。

多功能机的功能集成基于打印、复印、扫描等工作原理的共性，比如打印和复印，可以用同一个成像系统，复印与扫描可以用同一个扫描器等，在功能配件和机壳上能够节省大量成本。虽然在整机价格上比单功能机高，但应用更为广泛，具有很强的性价比优势。相比购买多台单功能办公设备而言，购买多功能机可节约资金投入。

由于多功能机是集多种功能于一身的，用户不用再奔波于多台单功能设备之间，降低了用户的劳动强度，节约了办公时间。同时，相对于多台单功能办公设备，多功能机能够节约办公面积，减少设备连线，办公环境更易变得整洁。

多功能机虽然功能较多，但操作起来并不复杂，相对于操作多台单功能办公设备而言，多功能机的操作更易被用户所掌握。

在多台单功能设备共存的环境中，一般每台单功能办公设备都对应一个专门的服务商，某台设备出现故障，就要单独联系专门商家维修。采用多功能机后，无论哪个功能模块发生故障，都只需联系一家服务商即可。

多功能机功能全面，而且产品细分为不同的级别，几乎涵盖了所有适用人群，为用户提供了更多的个性化选择。

当然，也不能无视多功能机自身存在的一些不足。多功能机集成的功能越多，其发生故障的概率也就越高，并且一个功能出现问题，也会影响到其他功能的使用，所以服务商的响应时间和服务质量尤为重要。

多功能机集成的多种功能并非一定是用户所需要的，为多余的功能付出代价会提高用户成本，这也是用户所不愿接受的，所以就要求多功能机的厂商在开发设备时更加灵活，让功能的定制化成为可能，为用户提供多样化的选择，以不断满足用户的个性需求。

3．市场影响

多功能机集多种功能于一身，自然可以取代或淘汰很多单功能设备。

（1）传真机或将退市

在互联网的冲击下，很多传真业务都已转移到互联网上来，用户使用计算机就可以收发传真，传真机的市场占有率急剧下降。随着喷墨打印多功能机的不断进步，特别是其传真功能的增强，且价格逐渐趋于合理，喷墨打印多功能机将成为传统传真机的终结者。当然，传真多功能机完全取代传真机是不可能一蹴而就的，有可能需要一个较长的过程，毕竟传真机还大量存在，并拥有众多用户，而且传真机还具有价格上的优势。

（2）单功能机将受冲击

长期以来，复印多功能机市场的主流产品都是源于传统的模拟复印机，其技术特点决定了输出品质不稳定，需要经常维护和保养，无形中增加了用户的使用成本。在激光打印技术进入数码复合机市场后，其完美的输出品质、稳定可靠的打印特性逐渐获得市场青睐，长期困扰用户的成本和可靠性问题得到了很好的解决。打印技术替代复印技术是当前的趋势，多功能机取代复印机也是必然的。

不仅是复印机，其他单功能机也受到了类似的影响。市场经验表明，当打印机用户增加对复印或者扫描等功能的需求时，做得最多的是选择同品牌的多功能机来满足自己的需求。可以预见，只要技术的变革继续推进，帮助用户降低使用成本和提高输出品质将会成为未来多功能机市场的主要目标。

4．选购策略

多功能机集众多功能于一体，具有良好的适应性和较高的性价比。但不同多功能机的发展基础不同，因此其自身的主导功能也不同，对应的应用需求也会有所不同。另外，主导功能不同的多功能机对于同类功能，其购买和使用成本也存在很大差异，这也是选购多功能机时需要考虑的因素。

（1）确定主需求

购买多功能机不应一味地追求功能齐全，因为在实际使用过程中，用户以应用一两种功能为主，而对其他功能的使用频率较低，甚至很少用到，所以要根据自身的使用特点和需求合理选购多功能机。

多功能机有着各自的主导功能。以打印功能为主的多功能机，打印质量高，输出速度快，具有很好的纸张处理能力，适合一般的办公用户和家庭用户；以扫描功能为主体的多功能机，适合对扫描规格有特殊要求的用户；以复印功能为主体的多功能机，通常具有连续复印、缩放尺寸调整、纸张版式设定等功能，可以脱离计算机，独立完成操作，适合复印量大的用户；以传真功能为主的多功能机，有完善的控制面板，且带有相当容量的内存，可无纸连续接收、存储传真，可以脱离计算机独立运行，适合有大量传真通信的用户。

在选购之前，首先应从实际需要出发，遵循"实用、够用"的原则，确定主需求。明确主需求后，在选择设备时就要有所侧重，选择主导功能与主需求一致的多功能机。

（2）算清总成本

多功能机的总成本分为购置成本和使用成本两方面。

相比而言，复印多功能机的购置成本要远高于其他多功能机。从输出方式来看，激光多功能机的购置成本要高于喷墨多功能机。普通多功能机的工作负载能力有时无法满足大型工作组的需要，这种情况下需要购买多台机器，从而增加了整体购置成本。而复印多功能机虽然首次购置的成本较高，但是由于其速度高、性能好、能够胜任大量业务，反而会节约综合购置成本。

另外，普通多功能机的平均使用寿命不及复印多功能机的十分之一，因此设备更新产生的费用也将增加使用成本。

多功能机的单台购置成本高并不意味着使用成本一定高。

复印多功能机一般具有较高的打印负荷和大容量的进出纸处理能力。复印多功能机普遍使用了鼓粉分离的技术，其单张输出成本较低，长期来看使用成本占有更大的优势。复印机的打印负荷、进出纸处理能力都比较小，其单张输出成本都比较高。

出色的复印多功能机可以实现无纸化办公、双面复印等多种功能，通过减少耗材使用量、传真线路费用等，进一步节约了使用成本。

总之，购置多功能机，首先要满足主需求，其次再综合考虑包括购置和使用成本在内的总体成本。当然产品品质、外观和售后服务也应是重点考虑的内容。

7.3.2 一体化机

用户虽然已经习惯使用复印机获取原稿副本，但当需要大量复印时，其复印成本相当高昂，就会怀念旧时油印技术带来的经济实惠。一体化速印机（即一体化机，见图7-29）就是传统油印机的继承者，并从技术上革新了制版工艺，使一体化机不仅能够适应大量的印刷需求，而且还继承了油印机经济实惠的优点。

图 7-29 一体化机

1. 基本原理和结构

传统的油印技术采用蜡纸制版，制版就是根据原稿的图像在蜡纸上对应制成许多细微的小孔，印刷时油墨通过这些小孔渗透到纸张上形成图像。

我国早期使用木刻版印刷，先将图文反向刻在木板上，之后涂上墨再转印到纸张上。后来出现油印机，人们先用手工把图案刻在蜡版纸上，然后把白纸平放到蜡版下面，让墨筒从蜡版之上均匀滚过，油墨就会渗透到纸面上形成图案。再后来改用了计算机打印制版，但制版和印刷两个步骤依然各自独立开展。

一体化机通过数字扫描获取原稿图像，热敏组件制版成像，以及基本油印技术来实现速印。一体化机集数字制版和速印功能于一台机器，故因此得名。一体化机内部结构如图 7-30 所示。

印刷纸置于供纸盘中，在送纸装置的带动下进入一体化机，在内部完成印刷后再被输出到接纸盘中。

将印刷原稿放在稿台上执行制版功能，经过数字扫描后，其数码图像被暂存在一体化机中，利用控制面板可实施更多的控制。

一体化机使用热敏蜡纸作为版纸，根据安装及自动化的需求，蜡纸被做成圆筒状。在制版过程中热敏头在版纸上制作出非常细小的孔，以便能够印出高质量印刷品。当原稿被扫描后，蜡纸输送部分会将制作完成的蜡版自动安装到位于机器中央的印筒上。安装新版时，印筒上的旧版会被自动卸载到废版纸盒中。

一体化机的工作过程主要包括高速自动数字扫描、自动热敏制版、高速印刷等部分，其工作过程如图 7-31 所示。把印刷原稿放在稿台上并启动一体化机；图像扫描器对原稿进行数码扫描，再把原稿图像的光信号转换成数字信号；数字信号送交处理器处理，处理器命令激光体发出激光束控制热敏头烧制蜡版，在滚筒的蜡纸上直接形成图像；蜡版烧制完毕，被自动安装到印筒表面；印刷头向蜡版均匀喷涂油墨，同时控纸系统将纸张依次送入机器并附着在印筒表面的蜡版上，油墨渗透蜡版就可在纸张上精确成像，由此完成高速印刷。

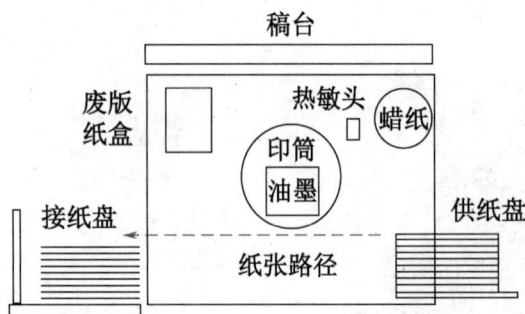

图 7-30　一体化机内部结构　　　　图 7-31　一体化机工作过程

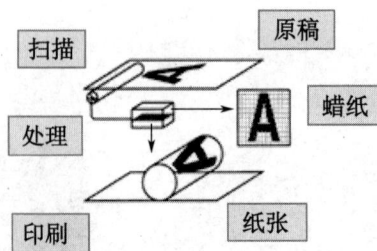

一体化机发展至今，已经能够很好地与前沿的 IT 技术相结合。不仅有数字化的图文处理方式，如对原稿进行缩放印刷、拼接印刷、自动分纸控制等，还表现在大多数一体化机都能与计算机连接，通过计算机打印直接输出数据。

2．主要技术指标

一体化机主要具有以下五个重点指标，掌握这些指标的正确含义，对了解和购置一体化机具有重要的指导意义。

（1）印刷幅面

和打印机一样，印刷幅面也是选购一体化机时首要考虑的因素。

一体化机的印刷幅面主要分为原稿支持幅面、用纸输出幅面和印刷输出幅面三种。原稿支持幅面是指一体化机稿台能够支持的最大扫描幅面；用纸输出幅面是指一体化机可以支持的最大输出用纸幅面；印刷输出幅面是指一体化机可以输出的最大文稿幅面，可输出的文稿幅面应该略小于或等于可输出的用纸幅面，这是因为印刷资料都会有一定的边距存在。

目前，主流的一体化机输入幅面是 B4～A3 幅面，输出幅面则基本以 A3 幅面为主。

（2）用纸质量

由于一体化机的印刷数量较大，能否支持较为经济的纸张，直接关系到使用成本。一款好的一体化机应该能够兼容使用多种质量的纸张，这样的话就可以满足不同用户、不同应用的需要。

（3）印刷速度

选择一体化机正是为了大批量的文稿印刷，速度是一个重要的参考指标。除成本低之外，一体化机最大的优势就在于它的印刷速度。目前，绝大多数一体化机的印刷速度都可以达到每分钟 100 张以上，并且还有多挡速度可以供用户选择。但在实际的应用中尽可能不要选择最高速度挡来运行，一般中挡或中高挡速度是最常用的。

（4）印刷清晰度

印刷清晰度关系到印刷的质量，和打印机一样，它也是用 dpi 来标识的，不过精度不像打印机要求那么高，一般来说 300～400 dpi 就已足够。

（5）缩放比率

一体化机可以将原稿放大/缩小后进行印制，缩放比率的范围越大越好。有的产品是有级缩放，而有的产品则是无级缩放，并且可以精确到小数点后 2～3 位。

3．选购实战

一体化机的技术指标比较多，在购置一体化机时，最需要关注的是印刷幅面、速度、清晰度和用纸质量，因为它们决定了产品的基本性能，尤其是用纸质量。对于一些印刷需求量非常大，同时对纸张的要求并不很高的用户来说，能够支持较为经济的纸张的产品可以让用户较大幅度降低使用成本。

50%～400% 的复印缩放比例是最常用的，如果不是特别需要的话，基本没有必要选择 800% 的产品。如果对于缩放比例要求不是特别高的用户，也不一定需要选择无级缩放的产品。

除基本技术指标的差别外，一体化机还具有许多特殊功能，不同的产品附带的功能是不同的，而功能的不同也直接影响到产品的价格，且影响较大。因此，用户在选购时应该根据自己的实际应用需求来进行选择。

和复印机、打印机相比，一体化机的油墨成本较低，因此纸张就成了影响使用成本最直接的因素。一款好的一体化机应该能够兼容多种质量的纸张，以满足不同用户、不同应用的需要。更重要的是能够支持较为经济的纸张，这样就可以直接降低使用成本。

选购产品，买得放心、用得省心是根本。一体化机的体积较为庞大，因此出现故障后送修是非常不方便的，厂商的上门维修是非常必要的。而且一体化机需要进行定期的维护和保养，在免费售后服务到期之后，厂商最好还能够提供质优价廉的有偿上门服务。

第 8 章

新型交互技术与应用

本章要点

　　除键盘、鼠标、扫描仪等常规输入设备外，人们还发明了一些新型交互输入技术，创造了一些新型交互输入设备。本章将重点介绍触摸屏、手写板、电子白板、大屏媒体交互系统、语音技术及有关应用。

8.1　触摸屏

　　20 世纪 70 年代，首次将触摸屏技术应用于军事领域，此后逐渐转向民用。随着网络技术的发展和互联网应用的普及，新一代触摸屏技术和产品相继出现。利用这种技术，用户只要用手指轻轻地触碰计算机显示器上的图标或文字，就能实现对计算机的操作。触摸屏显示器如图 8-1 所示。

　　触摸屏设备是继键盘、鼠标、扫描仪等输入设备后，较易被大众接受的计算机输入设备之一。同时，触摸屏设备也赋予多媒体崭新的

图 8-1　触摸屏显示器

面貌，是极富吸引力的全新多媒体交互设备。目前，这种最简单、方便、自然的人机交互技术已被推向众多领域，除了应用于个人便携式信息产品（见图 8-2 中的触摸屏手机），其应用领域还涉及信息家电、信息查询（见图 8-3 中的触摸屏查询机）、电子游戏、通信设备、办公设备及工业设备等。

图 8-2　触摸屏手机

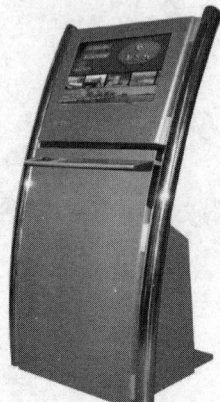

图 8-3　触摸屏查询机

8.1.1　触摸屏系统构成

触摸屏主要由触摸感应器和触摸控制器两部分组成，如图 8-4 所示。触摸感应器是一块透明屏，安装在显示器屏幕前面，用户可以透过它看到屏幕上的内容。触摸感应器可以感应用户的触摸动作和位置。触摸控制器的作用是接收触摸感应器感应到的触摸信息，将它转换成触点坐标并传送给计算机处理，同时接收计算机发送的指令并予以执行。

触摸屏是触控系统的关键组成部分，包括触摸屏在内，整个触控系统主要由五部分组成（触控系统硬件构成见图 8-5）。触摸感应器是触摸系统的感应部件；触摸控制器可以接收触摸信号并执行操作指令；主机是触摸屏系统的核心部件，用于处理触摸数据、发布操控指令；显示器是承载感应部件，并为感应部件提供触摸对象；软件驱动程序是触摸控制器和计算机主机之间通信的桥梁，可协助触摸控制器完成对输入内容的识别。

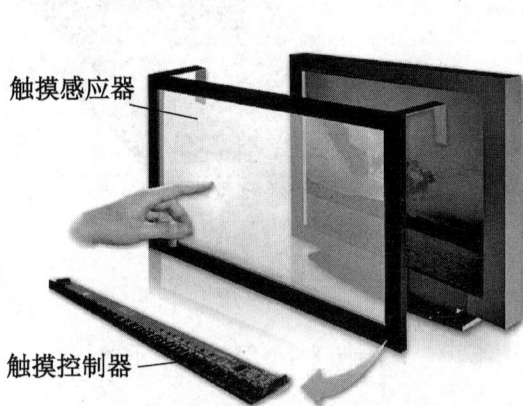

图 8-4　触摸屏组成

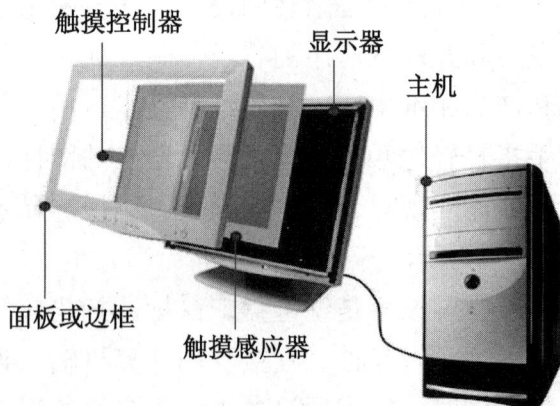

图 8-5　触控系统硬件构成

根据触摸感应器与显示器之间的结合方式，可将触摸屏分为以下三类。

（1）外挂式触摸屏

触摸感应器直接安装在显示器的前面。外挂式触摸屏安装简便，非常适合临时使用，也常用于商用查询系统。

（2）内置式触摸屏

根据显示器的外观特点，设计触摸感应器的形状和大小，使之能完美地整合到显示器中。相对于外挂式触摸屏，该类触摸屏看起来显得更加美观。

（3）整体式触摸屏

在制造显示设备时，将触摸感应器直接内置在显示器中，这样显示设备既具有显示功能，又具有触摸功能。

根据触摸感应器的工作原理，触摸屏又可分为五类：矢量压力传感式触摸屏、电阻式触摸屏、电容式触摸屏、红外线式触摸屏、表面声波式触摸屏。其中，矢量压力传感式触摸屏已退出历史舞台。

8.1.2　触摸屏工作原理

当手指或其他物体触摸安装在显示器前面的触摸屏时，所触摸的位置（以坐标形式表示）由触摸感应器传输到触摸控制器上，再通过接口传送到主机，主机的驱动程序判断转换后，最终在显示器上反映出相应的动作。

下面分别介绍红外线式触摸屏、电阻式触摸屏、表面声波式触摸屏和电容式触摸屏的工作原理。

1. 红外线式触摸屏

红外线式触摸屏（也可简称为红外触摸屏）的基本结构如图8-6所示。在显示器的前面安装一个电路板外框，电路板在屏幕四边排布了发射管和接收管。电路板工作时，发射管发出的红外线被相应的接收管接收，这样就在显示器表面形成了横竖交叉的红外线网，构成了一张虚拟的红外线屏。用户在触摸屏幕时，手指就会挡住经过该位置的横竖两条红外线，触摸控制器通过计算就可以判断出触摸点所在屏幕的位置。红外线式触摸屏工作示意图如图8-7所示。任何触摸物体都可改变触点上的红外线而实现触摸屏操作。

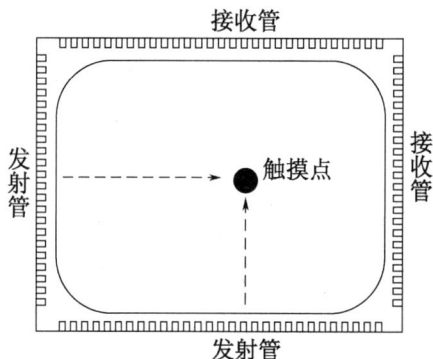

图8-6　红外线式触摸屏的基本结构　　　　图8-7　红外线式触摸屏工作示意图

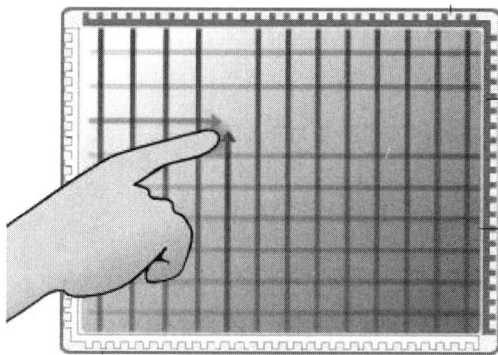

红外触摸屏不受电流、电压和静电干扰，适用于某些恶劣的环境，其主要优点是价格低廉、安装方便、响应迅速，可以用在各种档次的计算机显示器上。

早期的第一代红外触摸屏存在一些技术缺陷，如分辨率低、发射管和接收管易损坏、易受环境干扰而引起误操作等，因而曾一度淡出市场。此后第二代红外触摸屏解决了部分抗光干扰的问题，第三代和第四代在提升分辨率和稳定性能上有所改进。第五代红外触摸屏是全新一代的智能技术产品，它实现了高分辨率、多层次自调节和自恢复的硬件适应能力以及高度智能化的识别，可长时间在各种恶劣环境中使用。

2. 电阻式触摸屏

电阻式触摸屏的屏体部分是一层贴在显示器表面的多层复合薄膜（见图 8-8），由一层玻璃作为基层，表面有一层透明的导电层，上面再覆盖有一层外表面已硬化处理、光滑防刮的塑料层，其内表面也有一层导电层，在两层导电层之间有许多细小的透明隔离点把它们隔开以达到绝缘的目的。

当手指接触屏幕时，两层相互隔离的导电层发生接触，层间电阻发生变化，如图 8-9 所示。触摸控制器根据检测到的电阻变化来计算坐标，最后根据触点坐标执行相应操作。

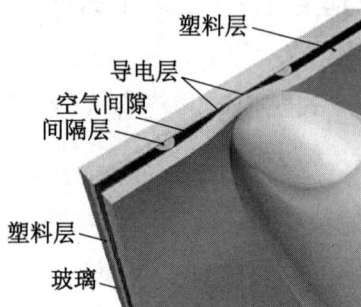

图 8-8　电阻式触摸屏的屏体　　　　　图 8-9　电阻式触摸屏工作示意图

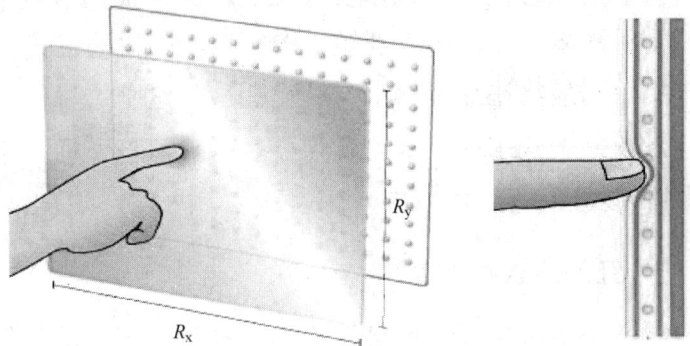

电阻式触摸屏价格低廉且易于生产，表面硬化处理可防擦刮及化学伤害；稳定性高，只需一次性校正。目前，电阻式触摸屏是人们较为普遍的选择。

电阻式触摸屏不受尘埃、水、污物的影响，能在恶劣环境下工作，可用硬物来触摸，可以用来写字和绘画，比较适合在工业控制领域及办公室场景中使用。

电阻式触摸屏的导电涂层太薄容易脆断，涂得太厚又会降低透光且形成内反射导致清晰度降低；导电层外虽有塑料层保护，但由于经常被触动，导电层有可能出现划伤、裂纹甚至变形，导电层一旦失去作用，整个触摸屏就会报废。

3. 表面声波式触摸屏

表面声波是一种超声波，是在介质（如玻璃或金属等刚性材料）表面浅层传播的机械能量波，通过设计可以做到定向、小角度的表面声波能量发射。

表面声波式触摸屏由基屏、发射器、反射器和接收器组成。触摸屏的基屏部分可以是一块平面、球面或是柱面的玻璃屏，安装在显示器屏幕的前面。基屏的左上角和右下角各固定了竖直和水平方向的发射器，右上角则固定了两个相应的接收器，如图 8-10 所示。玻璃屏的四个边刻有由疏到密、间隔非常精密的反射条纹。

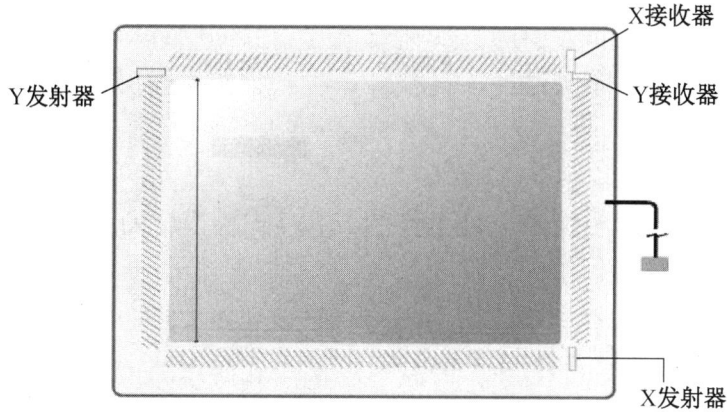

图 8-10　表面声波式触摸屏结构示意图

如图 8-11 所示，右下角 X 发射器发出的声波向左方表面传递，然后由玻璃板下边的一组精密反射条纹将声波能量向上反射到屏幕的均匀面。

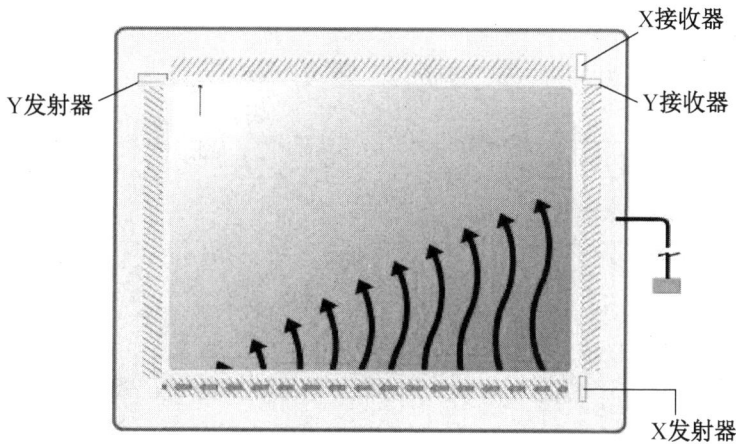

图 8-11　表面声波式触摸屏工作原理

声波能量经过屏体表面，再由上边的反射条纹聚成向右的线传播给 X 接收器，X 接收器将返回的表面声波能量变为电信号。

同样地，Y 发射器发出的声波能量，经玻璃屏左边的反射条纹反射，声波能量经过屏体表面向右均匀传播，再经右边的反射条纹反向后转发到 Y 接收器。这样，均匀向上的声波能量与均匀向右的声波能量相互交织，最终在屏体表面形成一张虚拟的声波网。

如图 8-12 所示，当手指碰触显示屏时，由于阻挡并吸收了部分声波能量，接收器接收到的信号与正常信号相比有些变化，触摸控制器依据信号的变化就可计算出触摸点位置。

表面声波式触摸屏不受温度、湿度等环境因素影响，分辨率极高，有

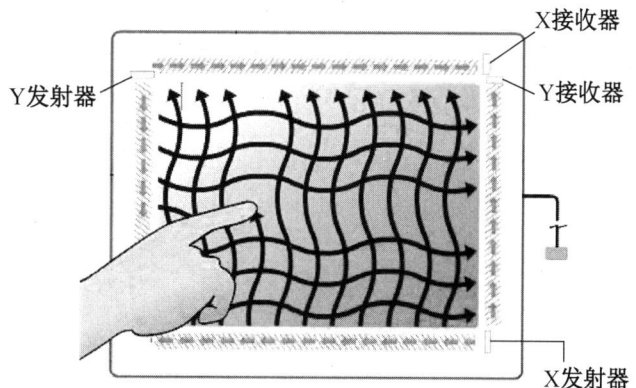

图 8-12　表面声波式触摸屏工作示意图

极好的防刮性，寿命长，透光率高且能保持清晰透亮的图像质量，适合公共场所使用。尘埃、水及污垢会严重影响其性能，需要经常维护该类触摸屏。

4. 电容式触摸屏

电容式触摸屏是通过电流感应来工作的。电容式触摸屏的感应屏是一块四层复合玻璃屏，如图 8-13 所示。

电容式触摸屏的最外层是一层薄薄的、透明的硬质保护层，其下是玻璃基层，玻璃基层的表面各有一层透明的导电层，即表层导电层和底层导电层。在表层导电层的四个角各安放了一个电极，电极充电后，微小直流电散布在屏表面，形成均匀的电场。底层导电层主要用来屏蔽屏后的干扰。

当用手指（或其他导体）触摸屏幕时，手指就会从触点"吸"走部分电流，如图 8-14 所示。这个电流分别从触摸屏四角上的电极中流出，并且流经这四个电极的电流与手指到四角的距离理论上成正比，触摸控制器通过对这四个电流比例的精确计算，得到触摸点的位置。

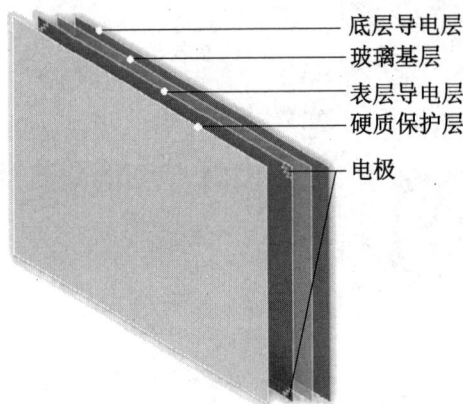

图 8-13　电容式触摸屏结构示意图　　　　图 8-14　电容式触摸屏工作示意图

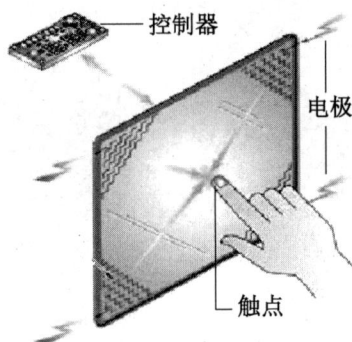

由于人体可以导电，当手指和触摸屏表面靠近时，就会形成一个耦合电容，对于高频电流来说，电容是直接导体，靠得越近，导电性越强，"吸"走的电流就越大。通过计算"吸"走电流的大小，可以确定手指在电容屏上施加的压力。

除了在触摸屏的四角安装电极，还可以在触摸屏的四边安装狭长的电极，如图 8-15 所示为上述两种电极安装方式。

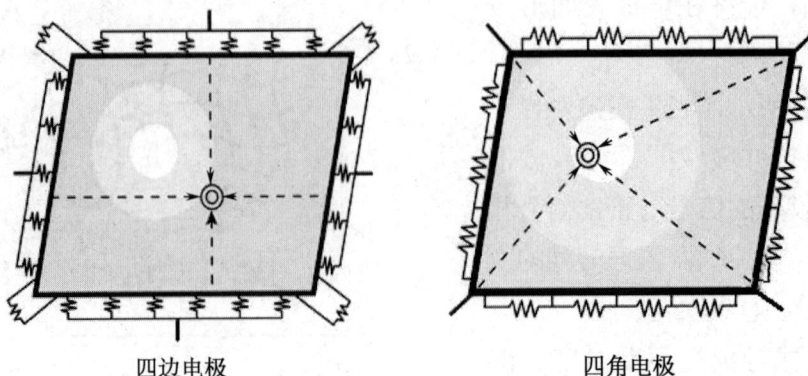

四边电极　　　　　　　四角电极

图 8-15　四边电极与四角电极安装方式

两种方式的工作原理是完全相同的，只是在确定触点的方式上有所区别。四角电极方式是通过计算触点与四个电极间的距离来确定触点坐标的，而四边电极方式则是通过计算触点与四边电极之间的距离来确定触点坐标的。

电容式触摸屏能很好地感应轻微及快速触摸，抗刮擦，不受尘埃、水及污垢影响，适合恶劣环境下使用。

电容式触摸屏反光严重，透光率不均匀，存在色彩失真，由于光线在各层间的反射，还会造成图像字符的模糊。当有导体靠近时，流走的电流足够大就会引起电容式触摸屏的误动作。在潮湿的环境下，这种情况尤为严重，此时使用绝缘笔触摸电容式触摸屏无反应。电容式触摸屏最主要的缺点是先天性漂移，当环境温度、湿度改变时，或者环境电场发生改变时，都会引起电容式触摸屏的漂移，造成不准确。当硬质保护层破损或伤及导电层时，电容式触摸屏将无法正常工作。

8.1.3　触摸屏的安装

触摸屏作为计算机的一种输入设备，使用前需要进行安装。触摸屏的安装包括硬件安装和软件安装两部分。触摸屏的硬件包括触摸感应屏和触摸控制器两部分，其中触摸控制器一般安装在计算机的主机中，触摸感应屏安装在显示屏的表面。

整体式触摸屏已由制造商在生产过程中将触摸屏与显示器集成在一起，无须用户进行安装。内置式触摸屏是将触摸屏安装在显示器外壳内的（显示屏之前），如图8-16所示。除非有显示器专业技术人员，否则不建议用户自行拆卸显示器并安装触摸屏。外挂式触摸屏的安装相对比较容易，如果能做到足够细致和耐心，用户完全可以自行安装外挂式触摸屏。

下面以外挂式触摸屏为例介绍触摸屏的安装过程。

打开计算机主机箱，将触摸控制卡安装到主机板上，再用软布（如眼镜布）分别清洁触摸屏和显示屏的表面，最后用触摸屏附带的专用双面胶分别贴在显示器外壳顶部和触摸屏的上边缘，如图8-17所示。

图8-16　安装内置式触摸屏　　　图8-17　在对应位置粘贴双面胶

拉出显示器顶端的外挂触摸屏的卡准（根据显示器不同而有所不同），如图8-18所

示，将触摸屏卡装在显示器的前表面。

将触摸屏的信号排线拉直并绕到显示器的后面，用双面胶将其固定在显示器的后面板上，如图 8-19 所示。将信号线连接到计算机接口中，并注意接地保护。

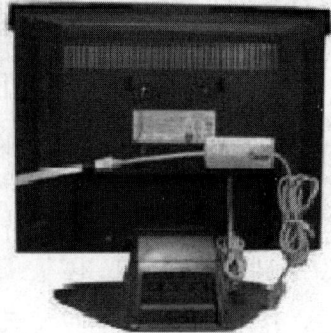

图 8-18　拉出卡准　　　　　　　图 8-19　将信号排线固定在显示器后面板

安装触摸屏驱动程序和应用程序，测试触摸屏的工作性能，并进行必要的校准。

触摸屏工作正常后，关闭计算机，沿显示屏四周边框粘贴一些双面胶，将触摸屏与显示器稳固地粘贴在一起。再经过一系列的整理后，触摸屏就可以正常地投入使用了。

8.1.4　触摸屏的使用和维护

触摸屏是多种设备高度集成的触控一体机，不论在什么场合使用，都存在使用和维护保养的问题。

触摸屏表面虽有保护膜，但也不应使用硬物或锋利的尖物接触触摸屏表面，以免划伤工作面，影响工作性能或停止工作。

触摸屏控制器能自动判断灰尘，但是积尘太多会降低触摸屏的敏感性，需要用干布把屏幕擦拭干净。触摸屏有脏指印或油污时，应使用玻璃清洁剂清洗触摸屏表面。

防止水滴或饮料洒落在触摸屏上，否则容易发生电路短路或触电事故，也会使触摸软件停止反应。

使用触摸屏系统更应严格遵守开关机顺序，否则触摸屏系统工作时容易发生异常。正常的开机顺序是先外设（如显示器等）后主机，关机顺序正好相反。需要注意的是，关机应先关闭计算机系统，然后再人工断开电源。

不同类型的触摸屏具有不同的特点，适合不同的应用场所，针对不同类型的触摸屏也应有针对性地采取不同的维护措施。

1．表面声波式触摸屏

表面声波式触摸屏适用于非露天的未知使用对象的场合，尤其适合环境较干净、灰尘少的场合。表面声波式触摸屏的感应介质是手指、橡皮等较软的能与玻璃完全吻合的物品。

在日常使用中，应尽量保持触摸屏表面的清洁干净，可用清洁剂及潮湿的抹布将触摸屏表面擦干净。触摸屏的反射条纹和内表面也会沉积灰尘，可定期用毛刷清洁发射条纹，必要时应请专业技术人员进行定期清洁。若触摸屏安装在显示器里，应经常用毛刷清洁触摸屏与显示器边框接触处的灰尘，如果出现触摸反应迟钝或触摸不准的现象，可将一张名片插在触摸屏与显示器外框之间的夹缝中（约 3 厘米），用手轻轻按住触摸屏，将名片靠紧触摸屏，沿显示器外框四周反复移动几圈，这样触摸屏即可恢复灵敏。

2．电阻式触摸屏

电阻式触摸屏适合用户单独操作使用。电阻式触摸屏只需施压就可工作，用手指、笔杆或其他物品均可进行滑动按压操作，但不能用尖锐和锋利的物品进行滑动按压操作。

如果在使用中发现触摸坐标总是固定在某一点，可能是因为显示器外框与触摸屏靠得太近，触摸屏局部受压所致。应打开显示器，对应调整一下螺钉，避免触摸屏始终受力，此步骤最好由专业人员处理。如果触摸屏外表过脏，可用湿抹布进行清洁。电阻式触摸屏最易划伤，一旦被划伤将影响触摸效果，有些电阻式触摸屏一旦被划伤，整个屏基本上就要报废了。触摸屏的某个位置长期被触摸，会造成局部透光度明显降低或表层皱软、起泡等情况，这时可请专业人员调试触摸软件，将触摸按键改到正确的位置即可。

3．电容式触摸屏

电容式触摸屏不适合在有电磁场干扰和要求精密的场合中使用。该类触摸屏利用人体的感应电流工作，可用手指进行触摸操作。

使用电容式触摸屏，除用于触摸的手指外，身体其他部分或其他导体都不应过于靠近触摸屏，否则会干扰触摸屏的响应。应避免用硬物刮划或敲击触摸屏，一旦破损如出现小坑或小缝，坑或缝的周围相当大的区域内将会出现触摸失灵现象。电容式触摸屏先天性的不足就是使用过程中经常会出现触摸不准的现象，这是由触控位置"漂移"引起的，一旦出现"漂移"现象，应及时通过校准程序进行校准。

4．红外线式触摸屏

红外线式触摸屏适用于无红外线干扰的、非露天的未知使用对象的场合。红外线式触摸屏的感应介质可以是任何可阻挡光线的物品，如手指、笔杆、小棍棒等。

红外线式触摸屏是靠阻挡光线的传播来确定触摸位置的，该类触摸屏的故障大多是由光路受阻引起的。如果红外线式触摸屏反应不灵敏，应检查触摸屏四周的透光部分是否清洁，并及时进行清洁。在确保光路通畅的情况下，如果触摸坐标始终被固定在屏幕的某行或某列，极有可能是对应屏幕四周的发射管或接收管出现了故障，此时应请专业人员进行维修。

8.2 ● 手写板

手写输入一般使用专业的手写笔（或手指）在特定的面板或区域内书写文字。信息系统通过各种方法将手写笔走过的轨迹记录下来，然后识别为文字。手写笔对于不喜欢使用键盘或不习惯使用中文输入法的人来说是非常有用的，因为它用起来几乎和普通笔一样，而且也不需要学习中文输入法。手写笔还可以用于精确制图、专业绘画等工作。

8.2.1 手写技术概述

熟悉计算机的用户对"手写"并不陌生。在 Windows 系统的画图程序中，用户利用鼠标可以任意在画布中手写涂鸦，如图 8-20 所示。不过可惜的是，画图程序无法识别所写的字。

图 8-20　在画图程序中手写

右击任务栏空白处，在弹出的快捷菜单中执行"显示触摸键盘按钮"命令，确保在任务栏的通知区域内显示"触摸键盘"图标，如图 8-21 命令所示。单击该"触摸键盘"图标后打开触摸键盘界面，再切换至手写功能，打开如图 8-21 所示的手写界面。在输入板中，按住鼠标左键并滑动，手写输入文字，最后再从识别后的候选字词列表中选择正确的文字即可。

在 Windows 系统中，手写输入解决了手写文字的识别问题，但用鼠标书写很不方便，识别结果大多需要人工选择，输入效率显然非常低。这种手写输入技术远远不能满足实际的应用需求。

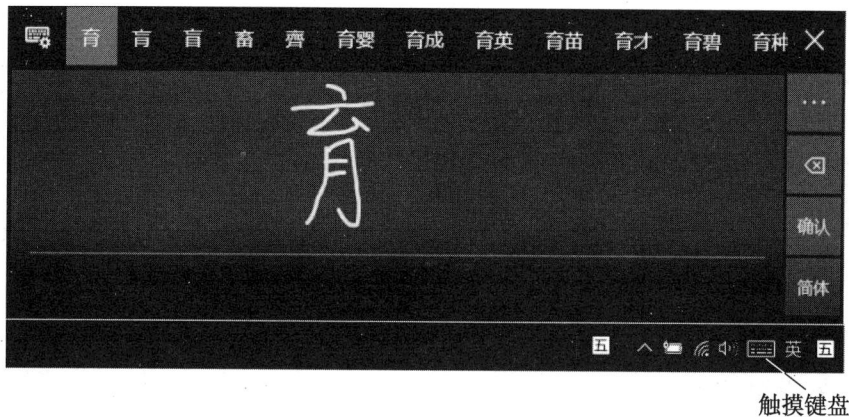

触摸键盘

图 8-21　手写界面

近些年来，手写市场出现了一种专门的手写输入设备，不仅很好地解决了手写输入和文字识别问题，而且用起来就和普通笔一样方便。

8.2.2　手写板的组成与分类

计算机正在影响和改变着人们的学习和生活方式。年轻的"计算机迷"对键盘加鼠标的输入方式已经相当习惯了。同时，还有一部分"计算机盲"，面对 26 个字母、百十个键盘按键和十余种汉字输入法，常会感到手足无措。手写板的出现，很好地解决了上述问题。如今，手写板使计算机的中文输入变得和日常写字一样容易，如图 8-22 所示，在"计算机盲"和计算机之间架起有效的沟通桥梁。手写板不仅仅用于输入文字，还可用于绘画和制图。

手写板产品投放市场已三十余年，从第一块中文联机手写板问世到现在，手写技术在不断进步，实用性稳步提高。

图 8-22　手写输入

目前，手写技术已日趋成熟，产品价格也日渐亲近民众，为手写产品的推广与普及奠定了基础。

手写板一般由两部分组成，一部分是与计算机相连的手写基板，另一部分是用来书写的手写笔。有些手写板通过信号线与计算机相连接，被称为有线手写板，如图 8-23 所示。有些手写板通过无线方式与计算机通信，被称为无线手写板，如图 8-24 所示。有线手写板在使用过程中受线缆长度的限制，而无线手写板可在较大的范围内无所约束地使用。

根据手写板的应用功能，手写板又可分为普通板和画板，前者主要用于文字输入，后者主要用于专业绘图。

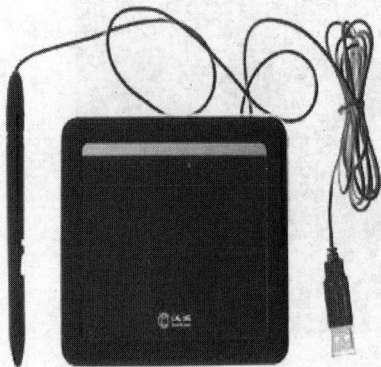
图 8-23　有线手写板

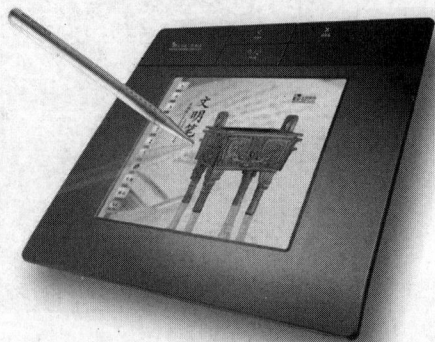
图 8-24　无线手写板

　　有些手写笔要从手写板上获取电源，尾部需要用一根线缆与手写板相连，这种手写笔被称为有线笔（见图 8-23）。有些手写笔在笔壳内配有电池，有些手写笔采用了特殊技术后不需要电源。手写笔和手写板之间不再需要使用线缆相连接，这种手写笔被称为无线笔（见图 8-24）。无线笔用起来更像真正的笔，可以自由挥洒、不受牵制。

　　另外，有些手写笔上还带有两个或三个按键，如图 8-25 所示，按键的功能与鼠标的功能键可做对应设置，可以模拟鼠标功能，如此用户在使用手写笔时就不用在手写笔和鼠标之间来回进行切换。有些手写笔还配置了语音功能，如图 8-26 所示，采用真人标准发音，手写板支持边手写输入边清晰地读出所写内容，提高了输入的准确性。

图 8-25　手写笔的按键

图 8-26　具有语音功能的手写板

图 8-27　不同压感的笔画

　　根据是否感应手写压力，手写板可分为压感手写板和无压感手写板两类。压感手写板可以感应用户使用手写笔书写的力度，从而产生粗细不同的笔画，如图 8-27 所示。手写压感技术被广泛地应用在美术绘画和银行签名等专业领域。市面上常见的手写板压感级存在多个档次，入门级一般为 1024 级或 2048 级，专业绘图级的一般都在 8192 级以上。

　　除了硬件，手写板的另一项核心技术是手写汉字的识别软件。目前，手写识别技术已相当成熟，识别率和识别速度完全能够满足实际应用的需求。

8.2.3　手写板的基本原理

手写系统在识别用户手写的文本时，需要从软件和硬件两个方面来实现。

在软件技术上，主要依赖于以下工作。首先，建立手写模板库和单字特征数据库；其次，提取手写字的特征（如笔画、形状、轮廓、偏旁等）；再次，利用模板对手写字进行模板匹配，匹配成功则直接选定，否则给出类似备选字；最后，选字成功后，利用单词库和语句库进行联想提示，以提高用户的输入速度。

在硬件技术的实现上，主要依据不同的工作原理，制造出不同类型的手写板产品。单纯从技术原理上说，手写板主要分为电阻压力式手写板（简称电阻板）、电容触控式手写板（简称电容板）和电磁压感式手写板（简称电磁板）。按照时间的先后顺序，电阻板技术最旧；电磁板技术最新，是目前最为成熟的技术；电容板技术虽然不旧，但曾经濒临淘汰，随着技术的进步，电容板技术又重新得到了应用。

1. 电阻板

电阻板与电阻式触摸屏的工作原理类似，其结构如图 8-28 所示。电阻板的基板中有上下两层电阻薄膜，两层电阻薄膜之间以空气间隔。基板上层电阻薄膜受压时可以轻微变形，下层电阻薄膜不易变形且被固定在基板座上。用手写笔触压上层电阻薄膜并使之变形，上层电阻薄膜变形与下层电阻薄膜接触，形成触点后产生一定强度的电流。经过计算，系统就可以获知手写笔在基板上的触点位置坐标。

电阻板工作原理简单、生产成本较低、价格实惠，可用手指书写，但手写板通过电阻薄膜变形接触才能确定触点，很难精确控制，分辨率比较低。电阻薄膜受压才能变形，用力小效果不明显，用力大用户容易劳累。变形材料容易损坏，产品使用寿命较短。电阻板表面容易被刮划，一旦表面刮划，整块电阻板可能就会报废。

2. 电容板

电容板与电容式触摸屏的工作原理类似，其结构如图 8-29 所示。电容板改进了电阻板不耐刮划的特点，在结构上，最外层为一层薄薄的透明的绝缘层；第二层为导电层，均匀地附在玻璃层的上表面；第三层是玻璃层；第四层为导电层，均匀地附在玻璃的下表面。玻璃层上表面的导电层通电后，会在玻璃层表面产生均匀的电场，人体可被视为带电体，当用手指（或其他导体）靠近电容板时，手指和电容板之间的触点就会发生电容变化。计算触点的电容变化位置就可以确定触点的位置坐标，再检测电容变化的大小，就可以感应出触点所受"压力"的大小。

电容板用手指和笔都能操作，使用方便，轻触即能感应，因此磨损小，性能稳定，使用寿命长；产品元器件少，技术成熟，成品率高，生产成本低；支持压感，压感级已达 1024 级以上。

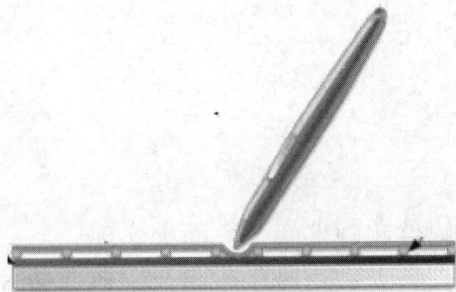

图 8-28　电阻板结构

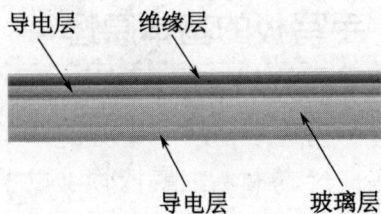

图 8-29　电容板结构

3．电磁板

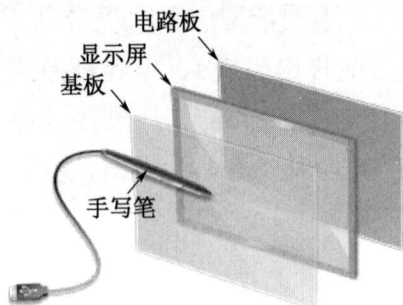

图 8-30　电磁板结构

电磁板结构如图 8-30 所示。电磁板的基板中有一块电路板，通电后会在基板表面形成一定的磁场。手写笔的笔尖带有电磁线圈，当笔尖靠近基板表面时，与其表面磁场交互，会引起基板表面磁场分布的变化。计算磁场变化便可得到笔尖的坐标位置，继而系统做出反应。由于电磁波能隔空传导，因此即使笔尖不接触基板，基板也能感知笔尖的动作。

电磁板也可以根据基板表面磁场变化的大小来感知用户在笔尖上施加的压力，"压力值"会被传给计算机，处理后计算机屏幕会显示出一定粗细的笔画。用力大则笔画粗，用力小则笔画细，用户会有使用真笔书写的感觉。

使用电磁板手写，书写流畅，手感良好，有压力感，可用于绘图。但电磁板也存在一些不足，主要表现为：对电压要求高，一旦电压达不到要求，就会出现不稳定或不能用的情况；抗电磁干扰较差，易被其他电磁设备干扰；手写笔笔尖是活动的，使用寿命短，一般仅为一年左右；不能用手指来替代手写笔进行操作。

比较手写板与触摸屏可以发现二者的工作原理基本类似。不同的是，触摸屏关注的是触摸点的坐标；而手写板虽然也关注触摸点的坐标，但更关注触摸点的变化轨迹。为触摸屏系统安装手写识别软件（如文字识别软件），触摸屏即可实现手写功能。手写技术既依赖于触控技术，又推动了触控技术的发展。

8.2.4　手写板主要技术指标与购置指南

手写板使用方便、价格适中，除用于手写输入外，还可用于专业绘图。全面了解手写板的主要指标和功能，对选购心仪的、满足需求的手写板有着极大帮助。

1．主要技术指标

手写板产品的性能主要依靠压感级、精度、手写区域和识别率等技术指标来衡量。

（1）压感级

手写板分为有压感和无压感两种，其中有压感的手写板可以感应到手写笔在手写板上书写的力度。压感级是评价手写板性能的一个重要指标，常见的压感级有512级、1024级和2048级等。目前，主流手写板的压感级已经达到了2048级以上，手写板的压感级数越高越好。

（2）精度

精度又称分辨率，是指单位长度上所分布的感应点数，精度越高，对手写的反应越灵敏，对手写板的要求也越高。

（3）手写区域

手写区域是一个很直观的指标，手写区域越大，书写的回旋余地越大，运笔也就越灵活方便，输入速度往往会更快，价格也就更高。手写板的尺寸大体有3.0英寸×2.0英寸、3.0英寸×4.5英寸、4.0英寸×5.0英寸和4.5英寸×6.0英寸等（1英寸≈2.54厘米）。

（4）识别率

识别率是指手写板对手写文字识别的成功率。一般来讲，书写越规范，识别的成功率就越高。但随着手写识别算法的不断优化，手写板具备了自学能力，即便用户采用连笔、简写或草写方式书写，手写板也都能正确识别。

2．主要功能

除手写输入外，用户还可能希望使用手写板完成更多的个性化操作，这就需要手写板具备更多的实用功能。

（1）鼠标控制功能

利用手写笔上的控制按钮替代鼠标按钮，模拟鼠标的操作，可以避免用户操作时不断更换鼠标和手写笔输入设备，提高用户工作效率。

（2）智能学习功能

使手写板具有智能学习用户笔迹的功能，这一功能会使手写板在使用一段时间后，手写识别率大大提高。

（3）全屏书写功能

用户可以在计算机屏幕上直接输入信息，信息输入的过程变得更直观。

（4）多种书写方式共存

手写板能同时识别连笔、草写、逐笔书写等，同时具有识别简体字和繁体字的功能，支持中文、英文和数字的混合输入。

（5）语义分析功能

可以自动修正输入的错字，缩短计算机辨别汉字的时间，加快输入速度。

（6）联想词库建立功能

用户可以自己建立联想词库和常用语句，在使用手写板时加快输入速度。

（7）倒插笔功能

用户在写字时往往会遗漏一些笔画，手写板会自动将遗漏的笔画补充上去，手写软件可以正常识别写入的文字。

（8）网络应用功能

随着互联网的发展，网络应用已越来越广泛，某些手写板能够发送手迹邮件，使手写板应用更加便捷。

3. 购置建议

在了解手写板的主要技术指标后，用户最重要的是分析个人需求，然后再根据自己的实际需求选购适合的手写板产品。

对于有一定计算机基础知识的用户来说，选择手写板的时候要多注重手写板的功能及附加功能，如控制计算机的功能、绘画功能等。对于专业的计算机绘画用户，还需要针对手写板的压感提出特别的需求，以求手写板表现出笔画的粗细和浓淡效果。对于刚接触计算机不久的用户，应该注重手写板的识别率和识别速度。

家庭用户通常对手写板的外观要求较高，适合选用功能简单实用、识别率相对较高的中档产品。办公型用户则要考虑对其办公软件的支持，并能完成如绘图输入等办公需求，适合选用功能强大、捆绑软件较多的高档产品。

从技术上来说，手写板已诞生了五代产品：碳膜板、电容板、ITO 板、电磁板和压感电磁板。建议选购电磁板或压感电磁板。如果在手写文字输入之余还想画图，则建议选择压感电磁板。

对于一款好的手写板来说，软件比硬件更为重要，特别是汉字比较复杂，个人的输入方式、习惯和握笔方式等各不相同，字体的辨别艰难，所以在购买的时候一定要亲手测试一下。对于具有绘画功能或作为鼠标进行计算机操控功能的手写笔，压感电磁板的敏锐程度、定位的快慢、精准的程度也非常值得重视。

除了手写板自身的功能，手写板附带的软件是否丰富，与手写笔之间的配合是否协调，都是决定其购买价值的重要因素。当然，售后服务也必须考虑在内。

8.3 电子白板

无论是在教学还是在商务演示中，投影仪的使用都已相当普及，但在使用过程中投影仪无法直观、清晰地与计算机进行交互，而电子白板的出现很好地解决了此类问题，它既可作为投影屏来展现多媒体资源，又可作为手写屏让用户在其上任意书写，还可作为触控屏来操控计算机系统。如图 8-31 所示展示了电子白板在课堂中的应用，利用电子白板演讲的同时，还可以

图 8-31 电子白板在课堂中的应用

方便操控多媒体设备和多媒体资源。

8.3.1 白板的由来

谈起白板，不得不提及在课堂教学中一直占据主导地位的黑板。教师在黑板上可以方便地书写，随意地勾画，轻易地擦除，如图 8-32 所示。黑板在使用过程中会产生粉尘，有条件的教室把黑板换成了白板，并改用专用墨水笔进行书写。然而，白板替代黑板并未产生实质变化，白板上的信息最终会被清除并无法保存，白板内仍然不能展示多媒体资源。

图 8-32 黑板

随着技术的发展，多媒体投影系统开始走进课堂。计算机中保存了图像、声音、视频、动画等多媒体资源，利用计算机等设备进行多媒体资源播放，再用投影仪将播放的内容放大展示，这样大大提高了教学效果。目前，多媒体投影系统已经在教育、会议、宣传等领域得到了广泛应用。

多媒体投影系统解决了多媒体资源的展示问题，曾在一定程度上替代了白板（或黑板），却失去了最该保留的交互特性。例如，在课堂中的投影屏幕上，教师不能任意地书写或标注，也不能改变投影内容，而这些恰恰是课堂教学中所需要的。当今的课堂教学迫切需要一种真正的多媒体交互系统，于是电子白板应运而生。

8.3.2 电子白板的分类

电子白板诞生于 20 世纪 90 年代后期，是集电子技术、软件技术等多种高科技手段于一体的产品。在电子白板中，用户能够用电子笔或普通笔进行自由书写，能将书写笔的运动轨迹送至计算机中进行处理并转化成图形数据，进而存储或输出等。

电子白板目前主要有复印式电子白板和交互式电子白板两种。

1. 复印式电子白板

复印式电子白板（见图 8-33）配有专用的打

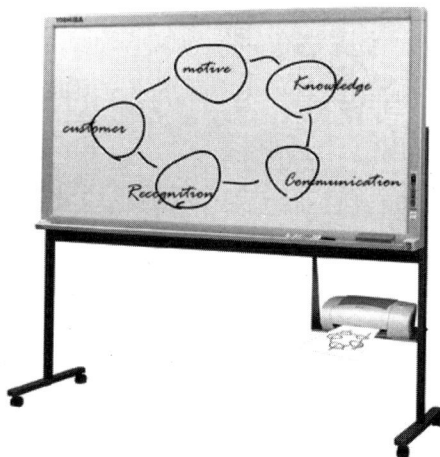

图 8-33 复印式电子白板

印机，可以把书写在电子白板中的内容直接打印到纸面上，如同一台复印机，因此而得名。

复印式电子白板主要由白板膜、图像感光器（如 CCD 或 CIS）、扫描控制器、图像处理器和打印机组成。用户在白板膜上进行书写，书写完毕启动输出功能，扫描控制器控制图像感光器逐行扫描白板膜表面上的内容，扫描信息经图像处理器处理后送至打印机输出。

部分复印式电子白板附有计算机数据接口，一方面可以把采集的图像数据送至计算机进行存储和处理（电子白板如同扫描仪）；另一方面，计算机还可以共享电子白板专用的打印机（视电子白板为打印机设备），有利于提高设备的利用率。

图 8-34　交互式电子白板

2. 交互式电子白板

交互式电子白板（见图 8-34）的主要特点是具有强大的人机交互功能。首先，它是一个大尺寸的显示屏，其中可以展示丰富的多媒体资源；其次，它像一个大尺寸的触摸屏，可以感知屏幕表面的触控动作并做出响应，从而使得用户可以操控系统产生变化；最后，它又像一个大尺寸手写板，可以跟踪屏幕表面的触控轨迹和力度，使用户可以在其中任意书写，甚至编辑多媒体资源。

交互式电子白板的实现原理与触摸屏、手写板类似，主要采用电阻压感技术、电磁感应技术、表面超声波技术或表面红外线（或激光）技术等。在构成上，交互式电子白板主要包括触摸感应器、触摸控制器等。

8.3.3　电子白板选购策略

电子白板是相对贵重、较为精密的电子设备，购买前，除需对电子白板产品有所了解外，还要注意关注其他问题。

购买电子白板产品，首先要注意选择产品类型，一方面要根据自身应用的特点决定是选用复印式产品还是交互式产品；另一方面要结合应用环境来决定适合的技术类型产品（如电阻压感式、电磁感应式等），因为不同技术类型的产品适用的环境有所不同。

购买交互式电子白板时，要注意选购适当的电子白板尺寸。使用电子白板的目的是在展示多媒体资源的同时还需进行有效的交互，无论是在电子白板上书写，还是在电子白板上投影，其目的都是为了将内容展示给他人，较大尺寸的电子白板更有利于向观众呈现演示效果和交互过程。当然，较大尺寸的电子白板价格也会相应较高。

购买交互式电子白板产品时，还要注意其接口类型的多样性。交互式电子白板必须结合计算机等多媒体设备才能使用，有时还可能需要连接其他影音设备（如实物展台等），产品接口越丰富，其扩展应用能力就越强。

交互式电子白板功能的发挥离不开电子白板软件的支持，电子白板软件越强大，越有利于电子白板发挥其功能。交互式电子白板的使用，还依赖于多媒体资源的数量和质量。在同等条件下，应选择购买软件功能强大、随机资源丰富或提供免费在线升级的产品。

无论是在教学还是在商务演示中，只有自然、连贯的操作才能使观众有良好的体验。操作简单、上手容易是普通操作者对于电子白板的基本要求，也是购买产品时必须重点兼顾的因素。

8.4 大屏多媒体交互系统

日常生活中所见的很多设备都属于多媒体交互系统，如智能手机、自动取款机等。本节将主要介绍以计算机为核心的用于大屏演示的大屏多媒体交互系统。

大屏多媒体交互系统主要由计算机、显示大屏、接收器、感应器和控制器等组成。多媒体资源保存在计算机中，其播放信号传送到显示大屏，向观众展示多媒体资源；显示大屏部署有感应器，使得观众可对其显示的界面进行操控；接收器接收感应信号并解读成控制信号，控制信号经控制器传至计算机，计算机解读控制信号后再进行响应（如更新显示界面）。其系统组成示意图如图8-35所示。

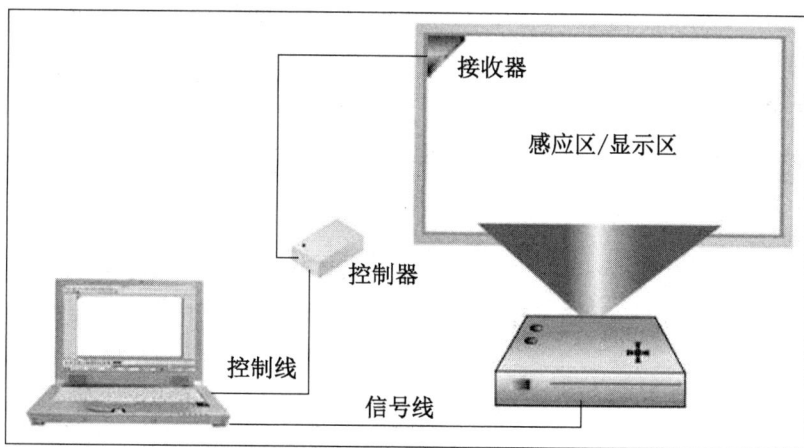

图8-35 大屏多媒体交互系统组成示意图

在当前技术条件下，大屏多媒体交互系统主要有交互电子白板型、触摸屏幕型和交互一体型三种类型。

8.4.1 交互电子白板型

交互电子白板型大屏多媒体交互系统主要由交互式电子白板、投影仪、计算机及电子白板软件等组成，如图8-36所示。

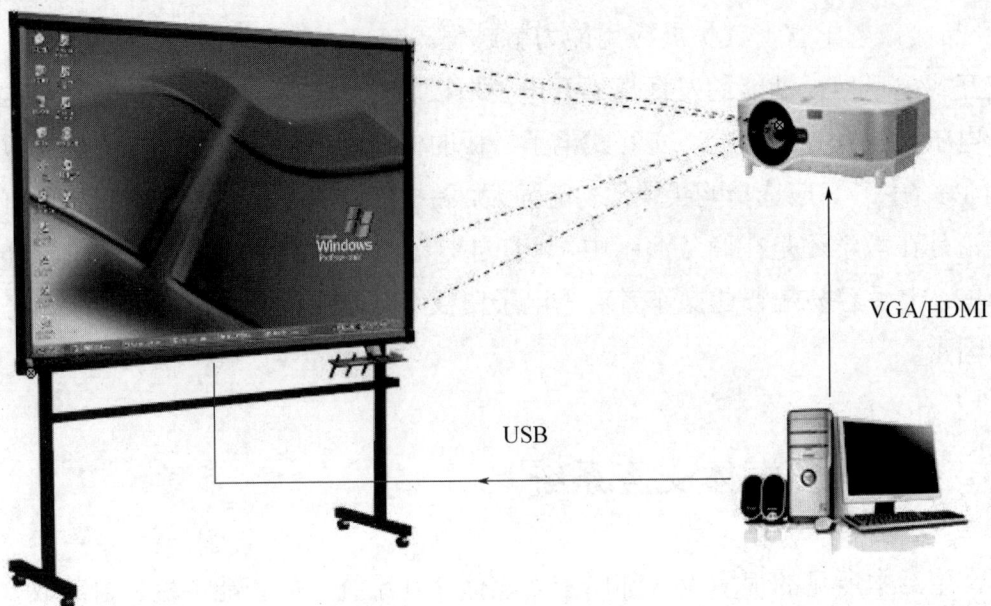

图 8-36　交互电子白板型大屏多媒体交互系统

　　将电子白板的驱动和管理软件安装在计算机系统中；计算机出现演示界面，并通过视频信号线将屏幕信息传至投影仪；投影仪将接收到的计算机屏幕信息投影到电子白板，并得到放大后的屏幕图像；用户在电子白板的图像界面上进行书写或操作，其表面的触控信息将通过与计算机相连的数据线传至计算机中进行处理；计算机对用户的触控动作进行响应，于是产生新的屏幕界面；新的屏幕界面再经投影仪投影到电子白板，电子白板显示的内容就得到了更新。如此往复，就实现了电子白板与计算机之间的交互操作。

图 8-37　投影空间对比图

　　在传统的投影系统中，为了获得较大面积的投影图像，投影仪与屏幕之间需要保持较大间距。如图 8-37 所示为两个投影仪的投影空间对比图，投影仪的投影光路会被人或物阻挡，造成投影图像的缺失而影响观感。为克服此类问题，在场地受限的应用场景中，常采用短焦投影仪（见图 8-37 中的左侧投影仪），其既能克服阻碍光路问题，又可在较小的空间内投影同样的面积。

1. 安装

　　交互电子白板型大屏多媒体交互系统的安装主要包括物理安装、设备连接和软件安装。

　　交互电子白板型大屏多媒体交互系统一般配有白板、接收器、控制盒、电子笔、USB数据线及有关配件，主要用于物理安装和设备连接。目前大多数电子白板型产品会将接收器、控制盒和白板集成为一体，以简化安装过程。电子白板的物理安装并不复杂，且一般由厂家负责现场安装。设备之间的连接比较简单，只需按照说明书的要求顺序连接或请专业人士连接即可。

电子白板与计算机连接完成后，先打开电子白板控制器电源，再启动计算机系统，计算机启动后在 Windows 系统中将提示"发现新硬件"，此时略过该提示，运行电子白板的安装程序，直到安装成功。

2．调校

初次使用电子白板前需要对其进行必要的初始化设置。初始化之前，应按照计算机外部设备的开机规范依次打开各设备的电源。

调校计算机设置，让投影仪同步显示计算机的屏幕界面，调整投影仪投影图像的显示效果，使其清晰地投影到电子白板的有效区域。如果电子白板的状态灯显示正常，任务栏中红外指示器可用，则表明电子白板与计算机联机成功，否则应检查 USB 数据线的连接有无异常，或者根据提示安装有关驱动程序。

初次使用电子白板时，电子笔触点位置与屏幕中指针定位可能不一致，需要进行校正。双击 Windows 任务栏内通知区域中的红外线图标，在弹出的快捷菜单中执行"校正设备"命令，在弹出的窗口中单击"校正"按钮。此时电子白板屏上将显示九个触控点，只需用电子笔准确地点击它们（部分设备还提供微调功能），直到调至指针定位满意为止。

3．基本使用

电子白板初始化结束，在正常使用之前，首先要启动电子白板程序。既可以在计算机端启动电子白板程序（双击桌面快捷方式或执行开始菜单中的相应菜单命令），也可以在电子白板端激活电子白板程序（用手指直接双击电子白板界面中的任意工具图标，或者直接拿起专门置于电子白板下侧的电子笔）。

在电子白板程序运行后，通过电子笔或鼠标播放课件或运行程序，就可以开始进行教学或商务演示了。用电子笔代替鼠标，可以直接在电子白板上控制计算机，并运行各种应用程序；用电子笔替代画笔，可以在电子白板上直接书写。

8.4.2 触摸屏幕型

触摸屏作为输入设备，自身具有较强的交互能力，将其覆盖在显示屏表面，在计算机的控制下就可实现一个完整的交互系统，将图 8-36 中的投影仪和交互式电子白板设备替换成触摸屏幕，就形成了触摸屏幕型的大屏多媒体交互系统，如图 8-38 所示。在此系统中，仅需计算机主机与触摸屏幕相连，如此可有效减少设备数量和设备间的连接，降低系统的安装和维护难度。

图 8-38　触摸屏幕型的大屏多媒体交互系统

由于触摸屏幕尺寸有限，此类交互系统适用于较小规模的信息交流，如小型会议、课堂教学等。

触摸屏幕型的大屏多媒体交互系统主要由触摸屏和计算机组成，其安装主要分为硬件安装和软件安装两部分。对于硬件安装，若是分离式触摸屏，只需先将触摸屏和显示屏组合起来再调整校准即可；然后连接线路，一是用视频信号线将计算机视频输出接口连接到触摸屏的输入接口，二是用控制线将触摸屏的控制信号输出接口连接到计算机的控制信号输入接口。软件安装主要是把触摸屏的驱动程序安装到计算机中。

8.4.3 交互一体型

交互一体型的大屏多媒体交互系统（简称交互式一体机）是将主机整合到液晶显示器中，再将显示器表面覆盖触摸屏，形成一套完整的交互系统，最后将整个触摸屏对应放大，如图 8-39 所示。

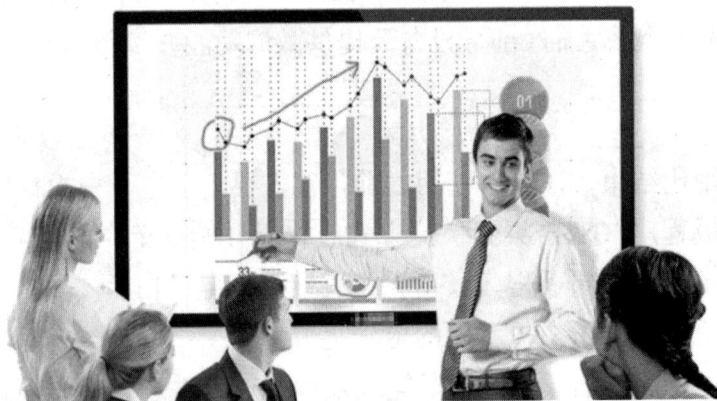

图 8-39 交互式一体机

交互式一体机本质上是计算机与触摸屏的集成设备，设备的安装和维护简单，应用门槛低，已逐步在小型会议、培训等场景中得到应用。

由于交互式一体机采用集成化设计，使用前不需要安装，只需将其安放到指定位置，接通电源即可使用。若需要实现更多功能，只需将其与其他周边设备相连或接入网络即可。

8.5 ► 语音技术

让计算机能听、能看、能说、能感觉，是未来人机交互的发展方向，其中语音成为最被看好的人机交互方式之一。

半个多世纪前，科学家们就曾梦想，临睡前对着计算机说："请关闭电灯和车库门。明早 7 点钟播放我所喜爱的歌曲来唤醒我，并提前为我煮好咖啡。明早 8 点钟打电话给我的老板，提醒他出席今天的会议。"

如今的语音技术发展速度惊人，应用遍地开花，各类智能机器人及语音设备不仅能听会说，还可以与人进行语音交流，如图 8-40 所示。

8.5.1　语音技术源起

与机器进行语音交流，让机器明白说的是什

图 8-40　语音技术

么，是人们长期以来梦寐以求的事情。

1952 年，贝尔实验室成功研制了世界上第一个能识别 10 个英文字母发音的 Audry 系统；20 世纪 60 年代，英国成功研制了计算机语音识别系统；20 世纪 70 年代，小词汇、孤立词的识别研究方面取得了实质性的进展；20 世纪 80 年代，识别研究的重点逐渐转向大词汇量、非特定人的连续语音；20 世纪 90 年代，语音识别技术在应用及产品化方面取得了很大的进展。

我国语音识别技术的研究起步于 20 世纪 50 年代，但在很长一段时间内都处于缓慢发展阶段，直到 20 世纪 80 年代，中国高科技发展计划（863 计划）启动，语音识别作为智能计算机系统研究的一个重要组成部分而被专门列为研究课题。在 863 计划的支持下，培育了科大讯飞等拥有全球领先语音识别技术的高科技公司，从此中国的语音识别技术进入了一个新的发展阶段。

8.5.2　语音技术简介

最早的语音技术是因"自动翻译电话"计划而产生的，包含了语音识别、语音合成和自然语言处理三项核心技术。

1. 语音识别

语音识别技术就是让机器通过识别和理解过程，把语音信号转变为相应的文本或命令的技术。语音识别过程主要包括特征提取技术、模式匹配准则技术及模型训练技术三个方面。

语音识别的研究突破了词汇量大、连续语音和非特定人三大障碍，现已真正成为"机器的听觉系统"。

2. 语音合成

语音合成技术是让计算机会"说话"的技术，从文本到语言是语音合成的核心应用之一，它将储存于计算机中的文本内容转换成语音输出，这项技术不仅能帮助有视觉障碍的人阅读计算机上的信息，还能增加文本的可读性。

3．自然语言处理

自然语言处理是使用自然语言同计算机进行通信的技术，是人工智能的分支学科，技术的关键是让计算机"理解"自然语言，所以又被称为自然语言理解。

自然语言理解从20世纪60年代初才开始研究，分为语音理解和书面理解两个方面。语音理解是指用口语语音输入，使计算机"听懂"语音信号，并用文字或语音合成输出应答。书面理解是指用文字输入，使计算机"看懂"文字符号并用文字输出应答。

在语音技术领域和应用市场中，国外一直以苹果的 Siri 为主流语音技术应用，国内有科大讯飞、阿里语音、百度语音等语音技术应用。Windows 系统中也内置有微软的语音技术应用。

8.5.3 Windows 语音应用

微软没有独立的语音产品，但从 Office 2003 和 Windows Vista 起也开始内置微软的语音功能模块；2009年微软发布内置语音技术的 Windows 7 操作系统，使得语音技术得到了推广。

在 Windows 平台及其办公应用中，语音技术应用是语音识别和语音合成的结合，基本上允许任何输入文本的地方都可使用微软语音输入，文本基本上可被机器识别出来。

1．Windows 语音识别

在 Windows 10 系统中，打开"Windows 设置"窗口，单击"轻松使用"按钮，进入"轻松使用"设置窗口，在其左栏中单击"语音"图标，窗口右栏切换至"语音"设置界面，如图 8-41 所示。

在"语音"设置界面中，打开"打开语音识别"开关，若用户首次打开，系统将启用"设置语音识别"向导，如图 8-42 所示。

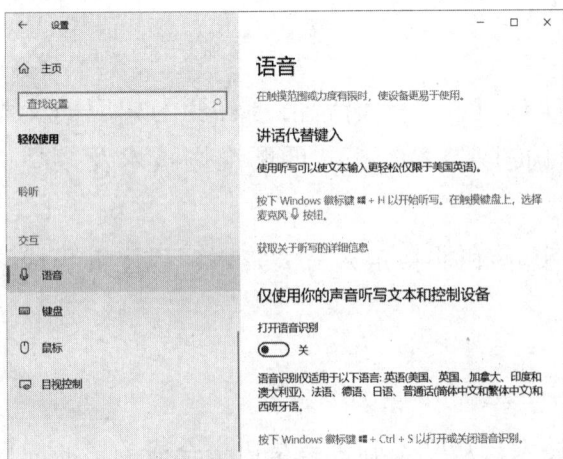

图 8-41　"语音"设置界面　　　　图 8-42　"设置语音识别"向导

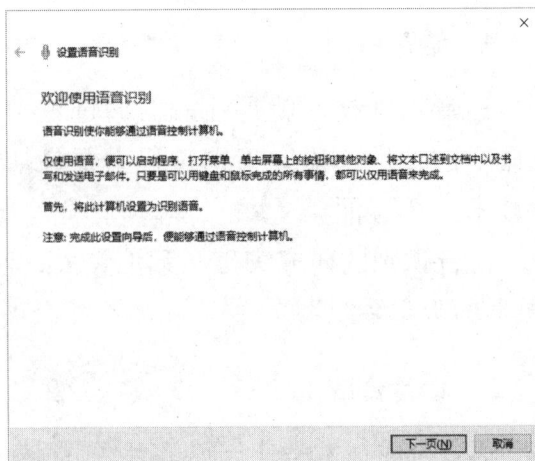

利用"设置语音识别"向导，可帮助用户逐步完成语音识别的软/硬件配置，如选

用麦克风类型（见图 8-43）、调整麦克风音量（见图 8-44）、改进语音识别的精确度（见图 8-45）和选择激活模式（见图 8-46）等。

图 8-43　选用麦克风类型

图 8-44　调整麦克风音量

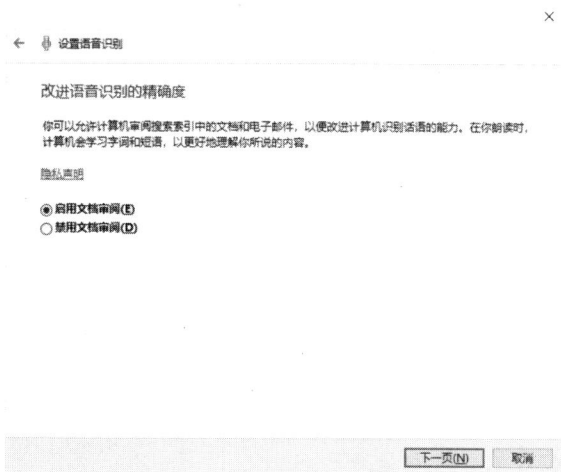

图 8-45　改进语音识别的精确度

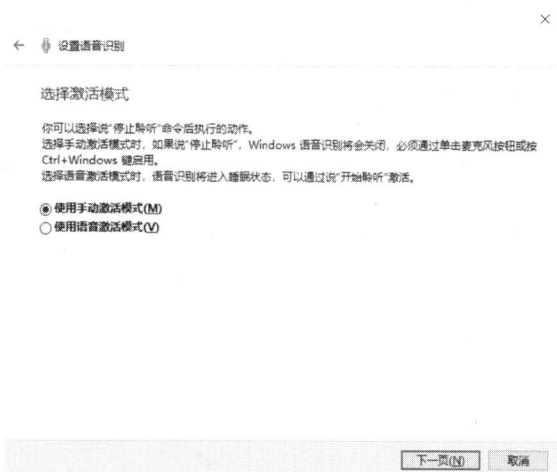

图 8-46　选择激活模式

　　向导配置完毕后，语音识别功能将被打开并处于聆听模式。语音识别显示框如图 8-47 所示，单击"启停"按钮可启停其聆听功能。

　　当语音识别处于聆听模式时，在其"听力"所及的范围内，计算机就可以识别用户的语音。当然，如果想让语音识别率提高，需要用户与计算机配合

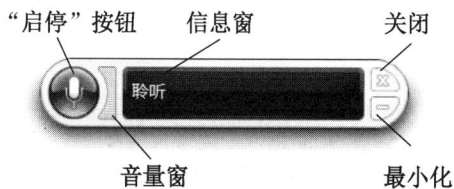

图 8-47　语音识别显示框

进行语音训练，训练越多，计算机采集的用户语音特点就越多，识别精确度就会越高。

　　在"控制面板"窗口中单击"轻松使用"→"语音识别"按钮，打开"语音识别"窗口，如图 8-48 所示。其中，单击"启动语音识别"按钮可开启语音识别；单击"设置麦克风"按钮可打开"麦克风设置"向导；单击"训练你的计算机以使其更了解你"按钮可打开"语音识别语音训练"向导，如图 8-49 所示，帮助用户进行语音识别训练。

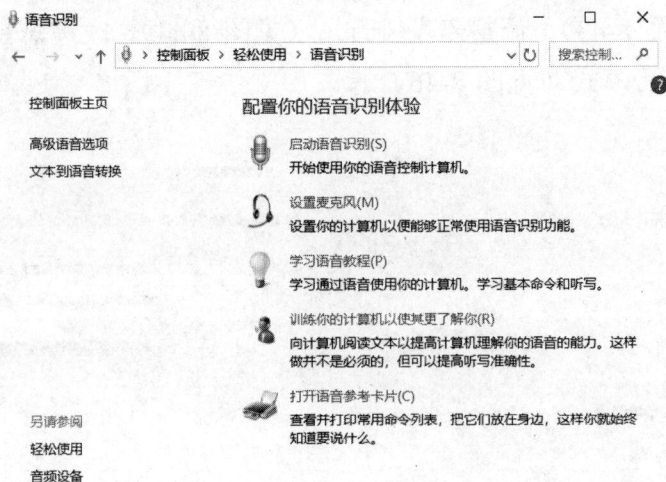

图 8-48　"语音识别"窗口

在"语音识别"窗口中，选择"高级语音选项"选项可打开如图 8-50 所示的"语音属性"对话框。其中，"语音识别"选项卡的"识别配置文件"选区中列出了目前可用的语音配置文件，每个配置文件都单独存放了一份语音特征数据。由于每个用户的声音特征不同，若多个用户共用同一配置文件，语音识别效果就会受到干扰。因此，最好的办法就是为每个用户创建一个独立的语音配置文件，这样语音识别系统就可以分别记录每个用户的声音特征，以确保每个用户的声音识别效果。

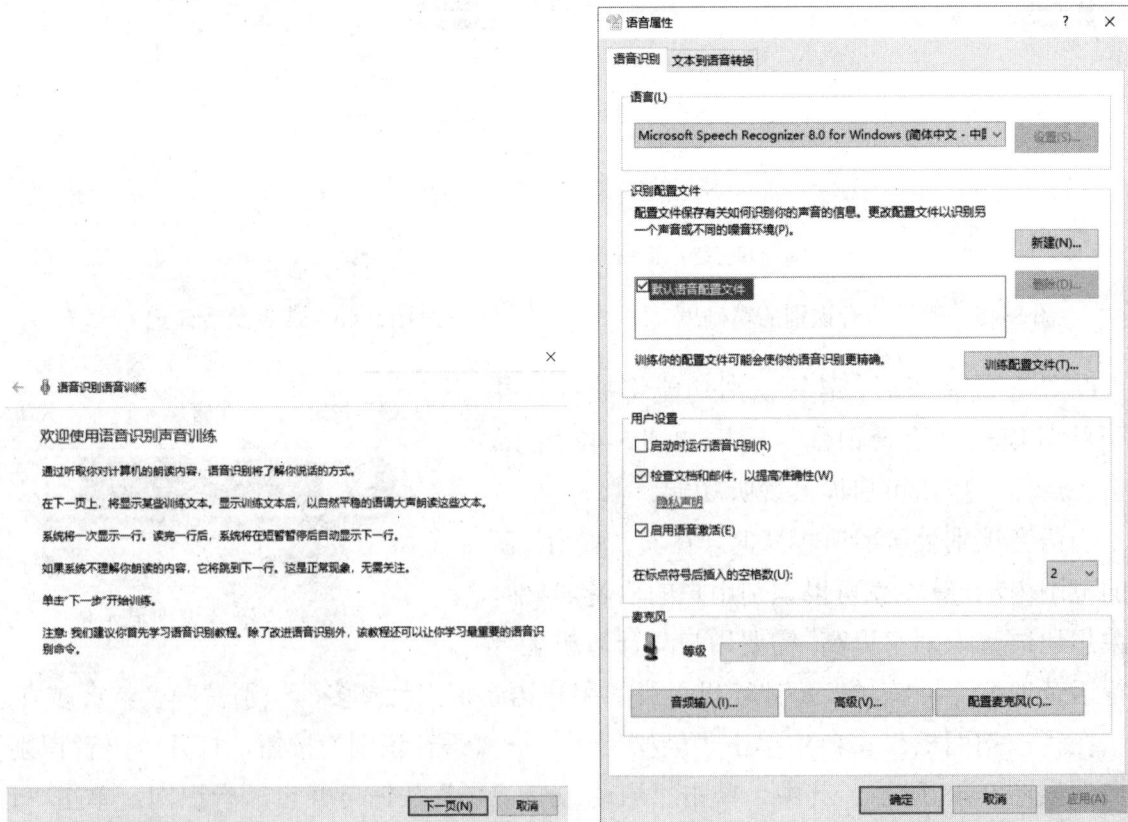

图 8-49　"语音识别语音训练"向导

图 8-50　"语音属性"对话框

在 Windows 系统及其办公软件中普遍支持两类语音应用：一类是语音输入，它可以把语音识别成文本；另一类是语音命令，利用它可以对特定的应用程序进行控制。

在 Windows 系统中，用户可发出"打开开始菜单""双击回收站""开始聆听""Ctrl 加 A"等语音命令；在 Word 软件中，用户可要求计算机执行"新段落""转到文档结尾"等语音命令，待计算机听懂后就可以执行相关操作。Windows 系统及其办公软件的语音命令较多，若需要使用，可自行到微软官网查看相关语音命令说明。

若想根据需要打开或关闭 Windows 的语音识别功能，除了在"语音"设置界面（见图 8-41）中切换开关，用户还可以使用"Ctrl+Windows+S"组合键，快速启用或停用语音识别功能。

2. Windows 讲述人

Windows 讲述人本质上是语音合成的具体应用，它可以读出屏幕中的元素，还可利用键盘、触摸板和鼠标对讲述人状态进行控制。

在"轻松使用"设置窗口左栏中单击"讲述人"图标，右栏将切换至"讲述人"设置界面，如图 8-51 所示。

单击"使用讲述人"下方的"开关"按钮，打开如图 8-52 所示的"讲述人"对话框（可设置不再显示），讲述人同时开始播报当前界面内容或操作变化等。单击"确定"按钮，返回"讲述人"设置界面，同时默认打开"讲述人"窗口。首次使用前建议学习讲述人相关知识，以便掌握讲述人的基本用法。

图 8-51 "讲述人"设置界面   图 8-52 "讲述人"对话框

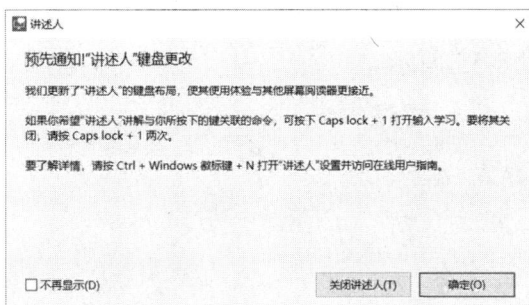

用户可用"Ctrl+Windows+Enter"组合键快速打开或关闭讲述人功能，前提是在"讲述人"设置界面中已勾选"允许使用快捷键启动讲述人"复选框（见图 8-51）。

在如图 8-50 所示的"语音属性"对话框中，切换到"文本到语音转换"选项卡，如图 8-53 所示，可对语音合成功能进行配置。

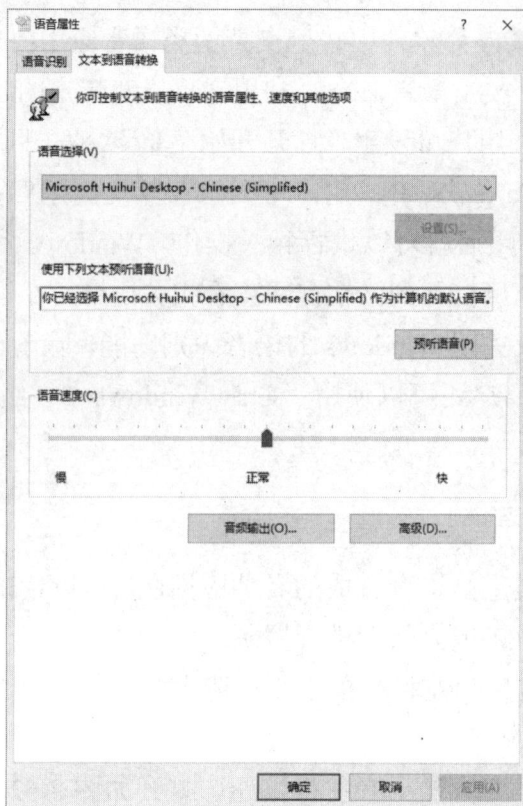

图 8-53   "文本到语音转换"选项卡

3．Cortana 语音助手

在 Windows 10 系统中，加入了全新的语音助手 Cortana。Cortana 集语音识别、语音合成和自然语言理解等技术于一体，可实现人机语音对话。其中，自然语音理解是其技术核心。

要使用 Cortana，必须使用微软账户登录 Windows 10 系统，默认位置是在桌面任务栏左侧，如图 8-54 所示。单击"Cortana"搜索框，就会弹出 Cortana 的欢迎界面，如图 8-55 所示。

图 8-54   "Cortana"搜索框

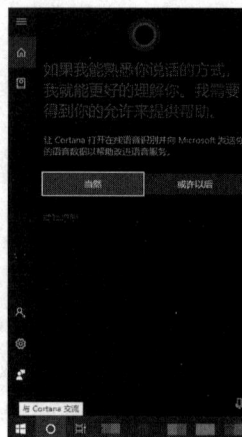

图 8-55   欢迎界面

初次使用 Cortana 语音助手，需要对其进行简单的初始化设置，此处不再详述，需要注意的是，在使用过程中要同意 Cortana 收集个人信息。

8.5.4　智能音箱

智能音箱是音箱升级的产物，是智能语音交互技术落地的第一代硬件产品，是消费者用语音进行上网的一个工具，目前也是智能家居的重要入口。实际上，用户完全可以把智能音箱视为具有类似 Cortana 功能的独立硬件产品。

1. 智能无屏音箱

智能音箱的代表产品为亚马逊智能音箱。2014 年亚马逊推出了一款全新概念的智能音箱 Echo（见图 8-56），其最大的亮点是将智能语音交互技术植入传统音箱中，使其在语音对话过程中拥有近似于人的能力，用户可以通过语音控制家电、购买商品、查询信息等。

在国内智能音箱市场中，科大讯飞是最早的跟进者。之后阿里旗下的天猫精灵智能音箱（见图 8-57），通过价格优势一炮而红，引领中国智能音箱蓬勃发展。此后小米、百度和华为等公司先后进入市场，现已形成小米、阿里、百度等诸强争雄的竞争格局，并占据国内超九成的市场份额。

图 8-56　智能音箱 Echo

图 8-57　天猫精灵智能音箱

2. 智能触屏音箱

最初的智能音箱只是传统音箱的升级，在音箱中加入一块屏幕是目前的发展趋势，也就是智能触屏音箱。如图 8-58 所示为小度在家智能音箱，如图 8-59 所示为亚马逊 2021 年第三季度发布的有屏智能音箱 Echo Spot。

图 8-58　小度在家智能音箱

图 8-59　Echo Spot

智能触屏音箱就是一个加了一块触摸屏的智能音箱，用户在发出语音指令后可通过屏幕直观地看到返回的结果，如网络搜索结果、音乐歌词、媒体播放、购物清单、日历、天气状况等。另外，用户可以利用触控屏与智能音箱进行交互，也可以实现用户之间的视频通话等。

3. 配置使用

智能音箱在首次使用前需要进行配置，为智能音箱接上电源，再打开其电源开关，这样即可开始进行初始配置，如图 8-60 所示。

图 8-60　配置智能音箱

首先，要在手机上开启蓝牙功能，下载并安装智能音箱 App，安装成功后运行智能音箱 App 并注册账户；其次，登录智能音箱 App，添加智能音箱设备，再根据提示为智能音箱输入无线网络账号和密码；最后，根据智能音箱 App 的引导，完成智能音箱的联网配置，就可以与智能音箱进行语音对话了。

市场上常见的智能音箱品牌都有自己个性化的昵称。例如，百度音箱叫"小度"，小米音箱叫"小爱"，阿里音箱叫"天猫精灵"，华为音箱叫"小艺"。

与智能音箱进行语音交流，首先需要通过呼唤其名字将其唤醒，然后再说出要求其做的事情。例如，对百度智能音箱说"小度小度"，等待其被唤醒且回应后，再说"今天的天气怎么样"，然后再等待"小度"给出回应。

4. 智能音箱生态

智能音箱发展至今，已经不再是单一的功能性产品，更多的是一种具有联动功能的交互中心，并以此形成新的应用生态，如图 8-61 所示。目前，智能音箱的主要功能包括语音交互、内容服务、互联网服务和智能家居控制四个部分。语音交互和智能家居控制功能的实现，使智能音箱成为全屋智能的入口。

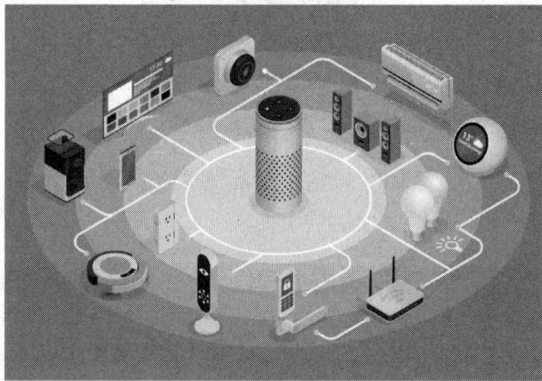

图 8-61　智能音箱生态图

利用智能音箱 App，可以轻松地为智能音箱绑定更多的外围设备，包括智能设备或某些非智能设备，如空调、电视机和冰箱等。

与连接智能音箱类似，通过智能音箱 App 就可以搜索并发现智能设备，与其连接后就可以与智能音箱完成绑定了。

WiFi 音箱之间可以实现多设备互联。例如，在客厅、卧室、厨房、卫生间组成一个音箱网络（需在同一 WiFi 环境下），智能手机能够通过控制让所有音箱播放音乐。此时，智能手机就变成了一个无线遥控器，能通过 App 来操控不同的音箱播放不同的音乐。

对于非智能设备，如利用红外遥控的空调、电视机、冰箱、电扇等电器设备，智能音箱需要借助专用红外模块来充当万能遥控器，通过控制红外模块发送遥控信号来实现对这类非智能设备的控制。

第 9 章

局域网及办公应用

本章要点

计算机网络在日常办公中发挥着重要作用。本章将主要介绍计算机网络基础知识，有线办公网和无线办公网的组建方法。在此基础上，进一步引导读者学习网络打印、远程控制、网络扫描、网络投影、网络监控及资源共享等办公应用技术。

9.1 计算机网络概述

随着计算机的普及，计算机网络正以前所未有的速度延伸至世界的每个角落，现代办公已进入一个以计算机网络为核心的信息化应用时代。

9.1.1 计算机网络概念

计算机网络是一种地理上分散的多台独立工作的网络终端设备（如计算机），通过通信线路互相连接起来，并在相应网络软件的支持下，实现数据通信和资源共享的系统。计算机网络示意图如图 9-1 所示。

（1）数据通信

数据通信是计算机网络的基本功能之一，用于实现计算机之间的信息传递。在计算机网络中，人们可以在网上收发电子邮件，发布新闻消息，进行电子商务、远程教育、远程医疗，传递文字、图像、声音、视频等信息。

（2）资源共享

计算机资源主要是指计算机的硬件、软件和数据资源。资源共享功能是组建计算机网络的驱动力之一，可以使网络用户克服地理位置上的局限性，共享网络中的计算机资源。共享硬件资源可以避免贵重硬件设备的重复购置，提高硬件设备的利用率；共享软件资源可以避免软件开发的重复劳动与大型软件的重复购置，进而实现分布式计算的目标；共享数据资源可以促使人们相互交流，达到充分利用数字资源的目的。

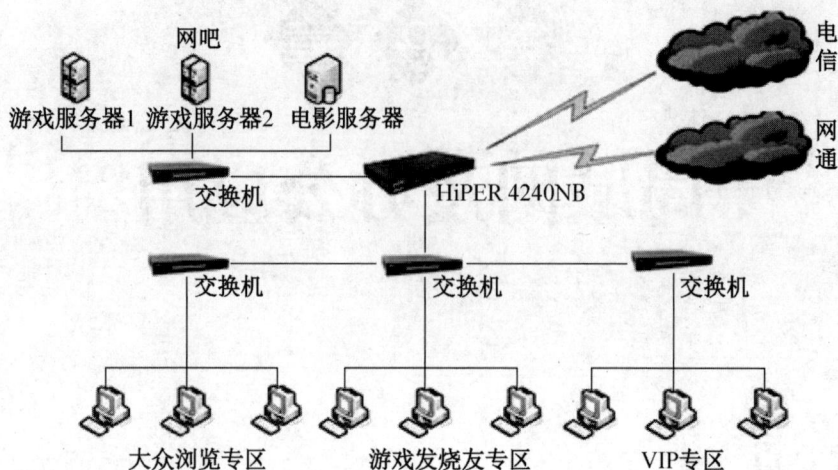

图 9-1 计算机网络示意图

9.1.2 计算机网络组成

计算机网络主要由传输介质、网络连接设备和网络终端设备等组成，各种网络终端设备依据某种规则并利用传输介质和网络连接设备相互连接在一起，如图 9-2 所示。

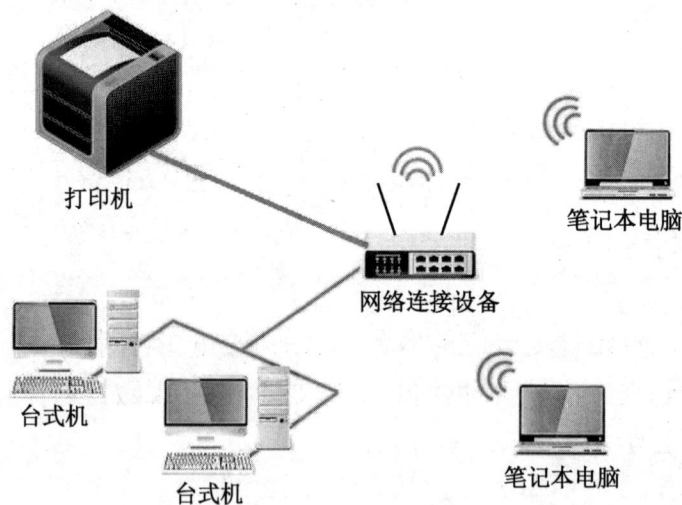

图 9-2 计算机网络组成

1．传输介质

传输介质是网络中传输信息的通道。目前，常用的传输介质有双绞线、光纤、同轴电缆等，另外还有蓝牙、红外线和微波等。

在办公网络中，常用的有线传输介质主要有双绞线（见图 9-3）和光纤（见图 9-4），其中以双绞线为主。双绞线采用 RJ-45 接口标准，单段传输距离最大可达 100 米，传输速率一般可达 100 Mbit/s 或 1000 Mbit/s；而光纤的传输距离可达几千米至几十千米，单根光纤传输速率可达 Gbit/s 级别。

图 9-3 双绞线

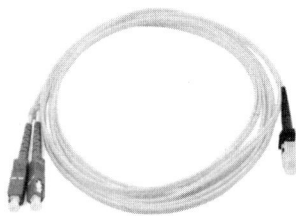

图 9-4 光纤

常用的无线传输介质为无线电（如 WiFi）和蓝牙，它们的标识分别如图 9-5 和图 9-6 所示，在办公应用中主要以无线电为主。

图 9-5 WiFi 标识

图 9-6 蓝牙标识

2. 网络连接设备

网络连接设备（可简称为"网络设备"）通过传输介质与网络终端设备相连。交换机（见图 9-7）是办公网络中常用的有线网络连接设备；无线接入点（Wireless Access Point，WAP），可简称为"无线 AP"，是办公网络中常用的无线网络连接设备，如图 9-8 所示。

图 9-7 交换机

图 9-8 无线接入点

交换机有多种接口类型，最常见的是与双绞线相连的 RJ-45 接口。交换机接口数量有 4 口、8 口、16 口、24 口等，传输速率有 10 Mbit/s、100 Mbit/s 和 1000 Mbit/s 等。

无线接入点以无线信号作为传输介质，用于组建无线网络。无线接入点本质上就是一个无线交换机。

在办公网络中，路由器也是常用的网络设备，用于连接不同的计算机网络。SOHO 路由器简单易用，通常用于家庭或小型办公网络，其实际上是交换机和路由器的集成产品。当网络规模较大或对安全性的要求较高时，就需要用到路由器，此时一般需要交给专业人士管理和维护。

3. 网络终端设备

网络终端设备既可以是计算机，又可以是能够接入网络且能独立运行的网络打印设备、存储设备等。网络终端设备中，有些设备为网络提供服务（如打印机），而有些设备消费网络服务（如笔记本电脑）。

在办公网络中常用的网络终端设备有台式机、笔记本电脑和服务器等，以及网络打印设备、存储设备、扫描设备和投影设备等。

网络终端一般都内置了网络接口卡（网卡），并在其接口面板中留有网络接口，如图 9-9 所示为笔记本电脑 RJ-45 接口，如图 9-10 所示为打印机后面板的 RJ-45 接口。

图 9-9　笔记本电脑 RJ-45 接口

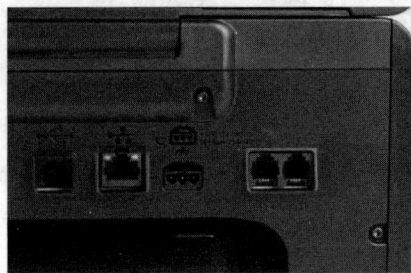

图 9-10　打印机 RJ-45 接口

另外，部分网络终端设备内置了无线网卡，并具有访问无线网络的能力；对未内置无线网卡的网络终端设备，可以通过安插无线模块的方式扩展其无线访问功能。如图 9-11 所示为无线扩展卡，如图 9-12 所示为通用无线扩展模块。

图 9-11　无线扩展卡

图 9-12　通用无线扩展模块

9.1.3　计算机网络分类

计算机网络具有多种分类标准，主要包含按网络覆盖范围分类、按网络拓扑结构分类等。

1. 按网络覆盖范围分类

（1）局域网

局域网的覆盖范围一般从几米到几千米不等，通常用于一个办公室、一层楼、一座建筑物或一个园区。局域网具有传输速率快、可靠性好的特点，可使用各种传输介质，建设成本较低。

（2）城域网

城域网是指一座城市范围内建立的计算机通信网，通常使用与局域网相似的技术，将同一城市内不同地点的主机、数据库和局域网连接在一起。

（3）广域网

广域网是更大范围内的网络，主要用于连接不同城市之间的局域网和城域网。互联网是覆盖全球的最大的广域网，它将各个局域网、城域网和广域网等互相连接在一起，实现全球范围内的数据通信和资源共享。

2. 按网络拓扑结构分类

网络终端设备通过网络连接设备和传输介质连接成网络。在网络终端设备和网络连接设备之间沿着网络信号的传输路径画线，可构成多种几何形状，即为网络结构。

（1）星形结构

星形结构由一个中心节点和若干普通节点组成，如图 9-13 所示，中心节点与普通节点可以直接通信，而普通节点之间要通过中心节点才能通信。

星形结构的中心节点多采用交换机和无线 AP 等网络连接设备。星形结构简单，扩展性好，容易增加和删除节点。星形结构中普通节点的传输线路是独立的，普通节点的故障不会影响其他节点的正常运行，容易管理和维护。星形结构的缺点也很明显，网络对中央节点的依赖性太强，中央节点一旦出现故障将导致全网瘫痪。

（2）环形结构

环形结构是指将节点连接在一个封闭的环路中，如图 9-14 所示。当一个节点发出信息时，该信息会按照既定方向依次通过所有的节点，其他节点在收到信息时，将对该信息的目标地址和本机地址进行比较，相同则接收，不同则拒收。

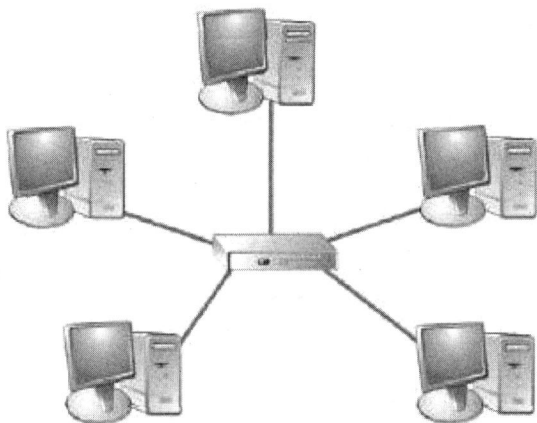

图 9-13　星形结构　　　　　　　　图 9-14　环形结构

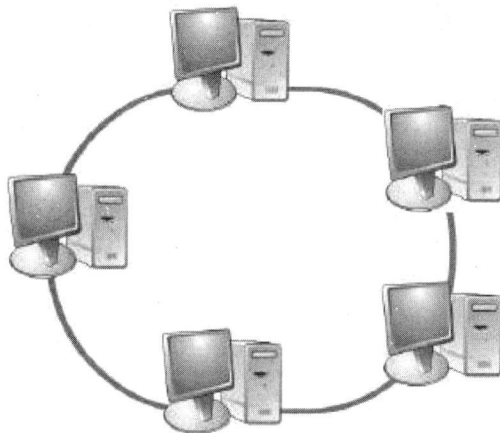

环形结构虽然具有信号强度不变、信号传输时间确定等优点，但网络中的任意一个节点出现故障都会引发网络故障，网络的管理和维护比较困难。

（3）总线型结构

总线型结构是指采用一根公共传输线作为总线，所有节点都连接到这条总线上并共享总线，其结构如图 9-15 所示。

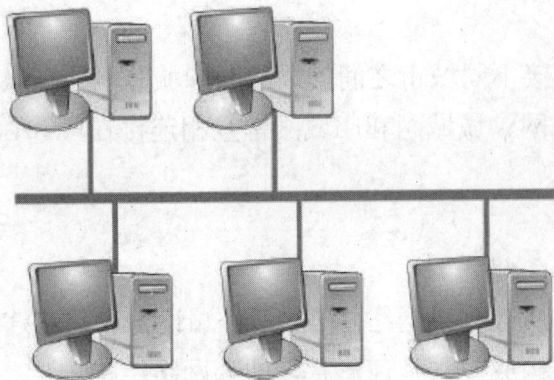

图 9-15　总线型结构

当一个节点发送信息时，该信息将通过总线广播到每个节点。其他节点收到信息后，分析信息的目标地址与本机地址是否匹配，匹配则接收，否则将拒收。总线型网络布线容易，便于扩充，总线中的任意一个节点出现故障都不会导致整个网络瘫痪，但故障诊断较为困难。

另外，根据采用的传输介质，计算机网络又可分为有线网络和无线网络，其中无线网络通常作为有线网络的重要补充，当然也可独立创建无线网络。

综上所述，对于办公网络而言，既可创建有线网络，又可创建无线网络，还可创建有线和无线的混合网络。在组建办公网络时，通常采用星形结构，同时其覆盖范围不大，基本上都属于局域网。

9.1.4　Windows 10 网络

在 Windows 10 系统中，执行"开始"→"设置"→"网络和 Internet"命令，打开系统的网络管理入口——"网络和 Internet"设置窗口，如图 9-16 所示。

在如图 9-16 所示窗口的右栏中，顶端显示的是当前计算机的联网状态，即当前计算机（左）通过专用网络（中）已经接入 Internet（右），表明该专用网络是通过 WLAN 无线连接实现的。单击"属性"按钮，将打开该 WLAN 无线连接的"设置"窗口，如图 9-17 所示，用户可以根据需要变更网络连接方式。

图 9-16　"网络和 Internet"设置窗口

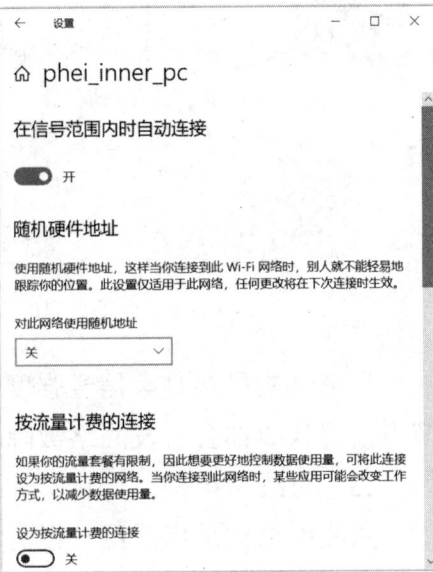

图 9-17　"设置"窗口

此处，在如图 9-16 所示窗口界面右栏的中部还提供有主要的网络管理工具，单击"显示可用网络"图标，将弹出如图 9-18 所示的网络连接面板；单击"网络和共享中心"图标，将打开如图 9-19 所示的"网络和共享中心"窗口，除显示了当前网络连接信息外，还进一步提供了网络管理工具。

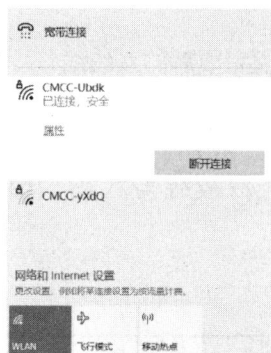

图 9-18　网络连接面板

图 9-19　"网络和共享中心"窗口

9.2 组建有线办公网

组建有线办公网通常采用双绞线连接。虽然市面上有成品的双绞线产品，但受长度和标准的限制，并不总能满足建网要求，故经常需要从制作双绞线开始。

9.2.1 双绞线制作

双绞线采用 RJ-45 标准，制作双绞线需要准备双绞线缆和 RJ-45 水晶头两种材料。

双绞线缆内部有 8 根金属丝，分别用橙、橙白、绿、绿白、蓝、蓝白、棕和棕白 8 种颜色的绝缘皮包住，如图 9-20 所示；水晶头由压线针脚、弹片和线槽等部分构成，如图 9-21 所示。

图 9-20　双绞线缆

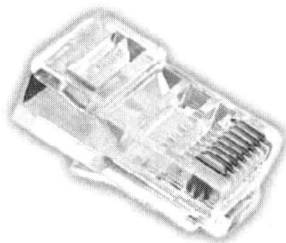

图 9-21　RJ-45 水晶头

制作双绞线就是把双绞线缆的 8 根线芯与 RJ-45 水晶头的 8 个压线针脚对应压制

在一起，RJ-45 水晶头 8 个压线针脚的编号顺序如图 9-22 所示。制作完成后的双绞线如图 9-23 所示。

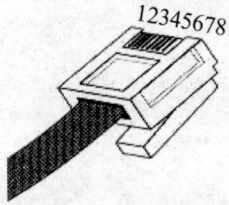

图 9-22　编号顺序

图 9-23　制成完成后的双绞线

　　制作双绞线需要遵循相应标准，T568A 和 T568B 两个国际标准约定了双绞线的各色线芯与水晶头 1～8 号压线针脚之间的对应关系，详见表 9-1。双绞线与水晶头相连时既可采用 T568A 标准，也可采用 T568B 标准。

表 9-1　双绞线制作标准

针脚号	1	2	3	4	5	6	7	8
T568A	绿白	绿	橙白	蓝	蓝白	橙	棕白	棕
T568B	橙白	橙	绿白	蓝	蓝白	绿	棕白	棕

　　两端都采用相同标准（多为 T568B 标准）的双绞线被称为平行双绞线，如图 9-24 所示。平行双绞线常用于不同类型设备（如计算机和交换机）接口之间的连接。

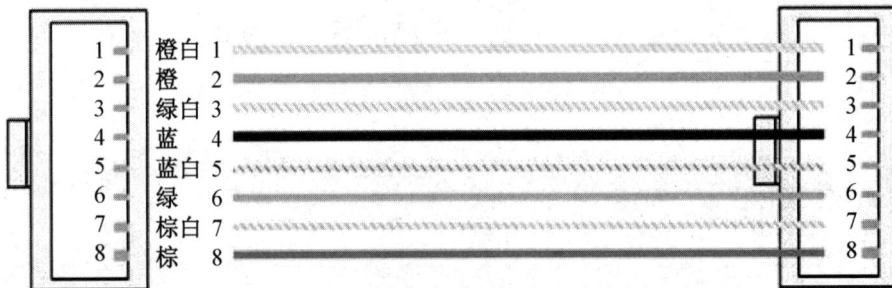

图 9-24　平行双绞线

　　一端采用 T568A 标准，另一端采用 T568B 标准的双绞线被称作交叉双绞线，如图 9-25 所示。交叉双绞线常用于同类设备（如集线器或交换机）接口之间的连接。

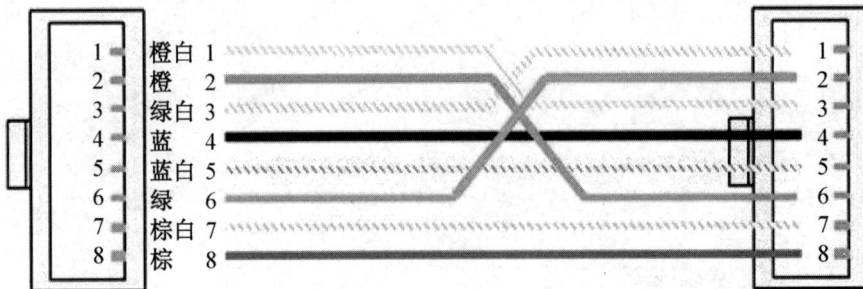

图 9-25　交叉双绞线

制作双绞线还需要准备压线钳（见图 9-26）和测线器（见图 9-27），前者用于剥制网线，后者用于检测制作效果。具体的制作方法请参考有关书籍或资料，此处不再详述。

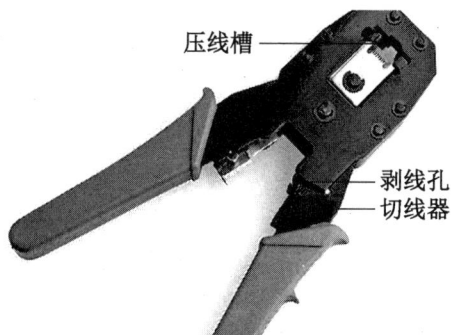

图 9-26　压线钳

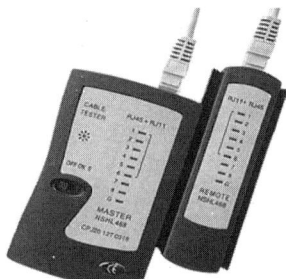

图 9-27　测线器

9.2.2　双机直连

双机直连是指两台计算机仅通过一条简单的数据线进行连接，组建成最小规模的计算机网络，如图 9-28 所示。

图 9-28　双机直连

两台计算机之间可以通过多种数据线相连，其中利用交叉双绞线组网最简便易行。首先要选购或制作一根交叉双绞线，其中一端采用 T568A 标准，另一端采用 T568B 标准；然后将该线的两端分别插入两台计算机的网络接口。当系统提示选择网络位置时，任意选择一个即可。

在其中一台计算机（如计算机 A）中打开"网络和 Internet"设置窗口（见图 9-16），单击"更改适配器选项"图标，打开如图 9-29 所示的"网络连接"窗口。

选中某个网络连接（如以太网 2）并打开其属性对话框，如图 9-30 所示。勾选"Internet 协议版本 4（TCP/IPv4）"复选框，再单击"属性"按钮，打开该协议的属性对话框，如图 9-31 所示，在其中选中"使用下面的 IP 地址"单选按钮并在"IP 地址"处输入"192.168.0.1"，在"子

图 9-29　"网络连接"窗口

网掩码"处输入"255.255.255.0"，单击"确认"按钮。

图 9-30　"以太网 2 属性"对话框

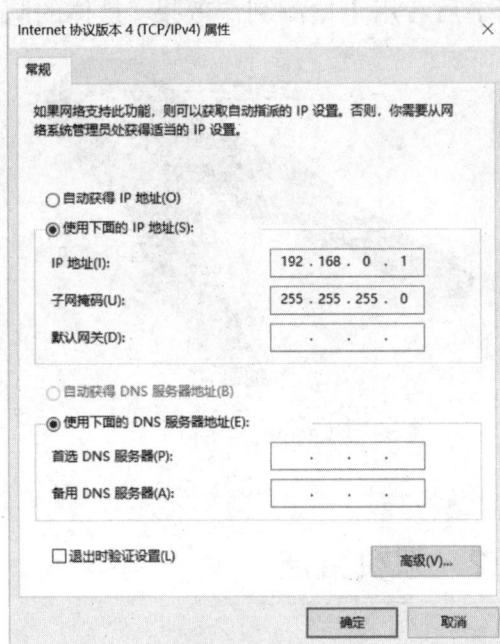

图 9-31　"Internet 协议版本 4（TCP/IPv4）
属性"对话框

在另一台计算机（如计算机 B）中进行相应设置，只是其中的 IP 地址设置应有所区别。例如，另一台计算机的 IP 地址可设为"192.168.0.2"。

在计算机 B 中，执行"开始"→"Windows 系统"→"命令提示符"命令，打开"命令提示符"窗口，如图 9-32 所示。利用键盘输入"ping 192.168.0.1"命令后按回车键，如果连续出现 4 条如图 9-32 所示的标注信息，则说明这两台计算机已连接成功。命令中的"192.168.0.1"表示对方计算机的 IP 地址。

两台计算机直连就组成了一个最简单的局域网络。双机成功连接后，就可以进行一些基本的网络应用了。

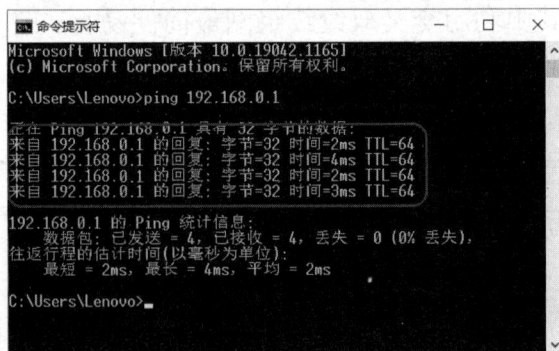

图 9-32　"命令提示符"窗口

9.2.3　组建办公网

双机直连仅限于在两台计算机之间组建简单网络，当办公环境中计算机数量较多时，就需要用到交换机等网络连接设备。办公网络一般为星形网络，其网络结构如图 9-33 所示。

首先，分别将计算机及交换机摆放到合适的、固定的位置。计算机的位置根据办公需要确定，交换机的位置要兼顾各办公计算机的位置及办公环境等因素，最好安放在既便于管理又不易被磕碰的位置。需要注意的是，交换机与计算机之间的布线距离不能超过双绞线的有效传输距离。

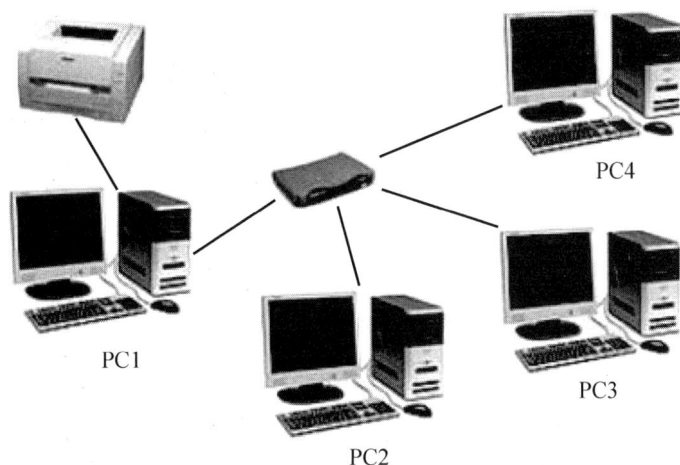

图 9-33 办公网络结构

其次，制作双绞线。将线缆分别沿布线路径摆放在交换机和各计算机之间，要求两端均多留出一定长度（如 20～30 厘米）的线缆；交换机与计算机分属不同的设备，二者之间应采用平行双绞线连接，双绞线两端均采用 T568B 标准制作；完成后，将双绞线两端分别插到交换机和计算机的网络接口中。

再次，要为各计算机规划和设置 IP 地址及子网掩码（见图 9-31）。IP 地址可设为"192.168.0.x"的格式，其中 x 为 1～254 中的任意整数。不同的计算机，其 x 的取值均不相同，子网掩码均设为"255.255.255.0"。

最后，在任意一台计算机中打开"命令提示符"窗口，利用"ping 192.168.0.x"命令测试本机与指定主机（"192.168.0.x"）的网络连通状态，直到所有计算机都能正常通信为止。

当办公网络中计算机数量不多且设备相对固定时，手工设置 IP 地址是不错的选择。但当办公网络中计算机数量较多，或者计算机设备经常变动（如计算机经常接入或断开）时，需要在网络中配置 DHCP 服务，实现自动为网络内的计算机等设备分配 IP 地址。

在家用或小型办公网络中，经常使用 SOHO 型路由器为办公网络分配 IP 地址。

路由器自身有一个管理 IP 地址（如 192.168.1.1），在其机身或使用手册中可以找到。用双绞线将某计算机与路由器的任意 LAN 接口相连，检查并设置计算机的 IP 地址，一般保证末位数不同而其他数据相同即可。

在计算机中打开浏览器，输入路由器的管理 IP 地址，进入登录界面，正确输入管理账户和密码（一般均为 admin 或从使用手册中查找），单击"登录"按钮后即可进入管理界面，从中找到 DHCP 服务相关设置项，设置分配地址的范围并启用 DHCP 服务，如图 9-34 所示（不同品牌和型号的路由器的管理路径及设置方式略有差异）。

打开"Internet 协议版本 4（TCP/IPv4）属性"对话框（见图 9-31），选中"自动获得 IP 地址"单选按钮，单击"确定"按钮。在如图 9-29 所示的窗口中右击所设置网络的网络图标，在弹出的菜单中单击"状态"选项后打开其网络状态对话框，单击"详细信息"按钮，打开如图 9-35 所示的"网络连接详细信息"对话框，可在该对话框中查看该网络连接已自动获取的 IP 地址等信息。

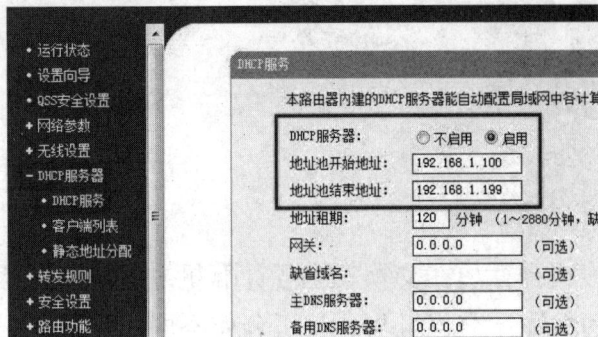

图 9-34　启用 DHCP 服务　　　图 9-35　"网络连接详细信息"对话框

如此，将办公网络内计算机的 IP 地址获取方式设为自动获得，直接或间接地连接到此路由器的 LAN 接口，办公网络内即可自动分配 IP 地址。

9.3　组建无线办公网

无线局域网一般作为有线局域网的重要补充，实际是在有线局域网的基础上，利用无线传输介质取代其中的有线线缆，并利用无线网络设备收发无线信号所构成的网络。

如图 9-36 所示为一个较为典型的有线和无线混合组建的现代办公网，本节将重点介绍无线网的组建。

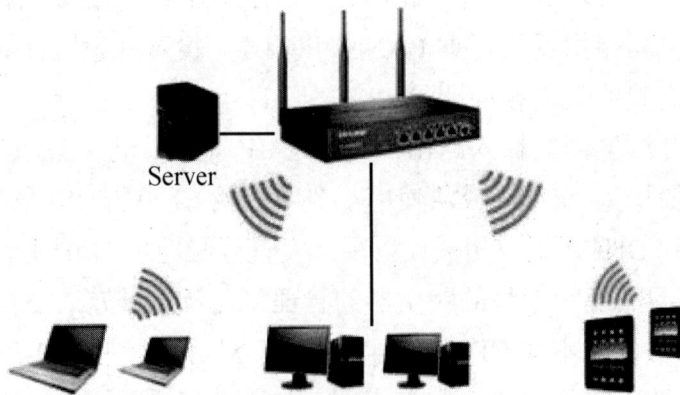

图 9-36　现代办公网

9.3.1 无线技术

无线局域网普遍采用 WiFi 技术标准，其标识如图 9-37 所示，是由 WiFi 联盟基于 IEEE 802.11 标准改进和制定的。无线局域网改善了无线网络产品之间的互通性，是当今使用最为广泛的无线网络传输技术之一。

采用 WiFi 的无线网络，其信号覆盖范围在空旷地带一般可达数十米或近百米。目前常见的 WiFi 标准有四种，其中，802.11a 和 802.11b 标准出现较早，对应的传输速率分别可达 54 Mbit/s 和 11 Mbit/s；802.11g 标准，传输速率可达 54 Mbit/s；802.11n 标准，传输速率可达 300 Mbit/s。

无线网络产品使用 WiFi 标准需要进行认证，不仅涉及无线介质，还涉及无线网卡、无线交换机（或无线路由器）等。如图 9-38 所示为某 WiFi 产品的认证标识，表示该产品可兼容 802.11a/b/g/n 四种标准。

图 9-37　WiFi 标识

图 9-38　某 WiFi 产品的认证标识

组建无线办公网还需要准备符合 WiFi 标准的无线接入点设备，同时要求网络终端设备具有访问 WiFi 无线信号的能力。

9.3.2 无线 AP 组网

无线 AP 组网是指以无线 AP 为中心，其他移动终端通过 WiFi 信号接入无线 AP。为便于实施，本节采用的设备为 SOHO 型无线 AP 设备。

无线 AP 组网步骤与 9.2.3 小节介绍的有线办公网的组网步骤基本类似。在配置无线 AP 之前，准备好无线 AP 设备、计算机和平行双绞线，用平行双绞线将计算机连接到无线 AP 的 LAN 接口，配置计算机的 IP 地址，使之能与无线 AP 进行通信。

查看和获取无线 AP 的管理 IP 地址、账户和密码后，在计算机中打开浏览器并访问无线 AP 的管理地址，利用管理账户和密码进行登录，登录成功后进入无线 AP 设置界面，如图 9-39 所示。

在无线 AP 设置界面中，重点要启用无线网络，指定无线网络标识（SSID），设置安全密码等。

完成对无线 AP 的设置后，在另一台具有 WiFi 联网功能的计算机（或其他网络终端）中启动 WLAN 联网功能，打开 WLAN 无线网络列表，并选中前面配置的 SSID 名称，再根据提示输入正确的安全密码即可接入网络，如图 9-40 所示。

图 9-39　无线 AP 设置界面　　　　　　　图 9-40　WLAN 无线网络列表

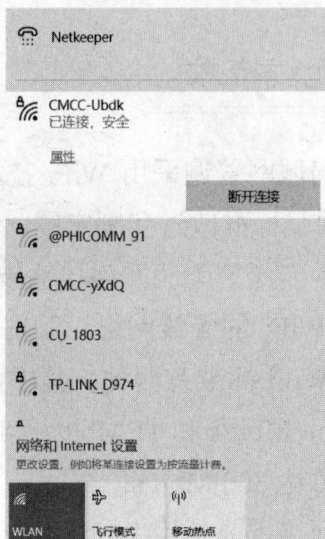

SOHO 型无线 AP 一般集成了 DHCP 服务。如果网络中尚未启用 DCHP 服务，则进入无线 AP 设置界面并启用该服务，以实现自动为网内终端分配 IP 地址。DHCP 服务启用后，无线网络终端在接入无线网络时，只需将其无线网络设置成自动获得 IP 地址即可。如果确实无法提供 DHCP 服务，则需要用户手工设置 IP 地址。手工设置 IP 地址前，建议联系网络管理员索要 IP 地址，否则接入网络时可能会发生 IP 地址冲突，影响网络正常应用。

9.3.3　虚拟 WiFi 热点组网

计算机无线网卡可工作在无线承载网络（Wireless Hosted Network）模式中，当无线网卡工作在此模式时，可以虚拟出无线 AP 并广播 WiFi 信号，为其周边的 WiFi 设备提供 WiFi 服务。

设置无线承载网络模式，以管理员身份打开"命令提示符"窗口，逐条输入下列命令并按回车键执行。

第一步：允许无线承载网络，命令格式如下。

```
netsh wlan set hostednetwork mode=allow ssid=热点名字 key=热点密码
```

命令中 ssid 后的热点名字可以自定义；key 后的热点密码长度不少于 8 位；mode=allow 表示启用，若为 mode=disallow 则表示禁用。

第二步：启用虚拟 WiFi 热点，命令如下。

```
netsh wlan start hostednetwork
```

两条命令成功执行后，"命令提示符"窗口显示信息如图 9-41 所示，"已启动承载网络"表示虚拟 WiFi 热点开启成功。

虚拟 WiFi 热点启用后，在"网络和共享中心"窗口的查看活动网络区域中出现"MyWiFi"的网络链接，如图 9-42 所示。

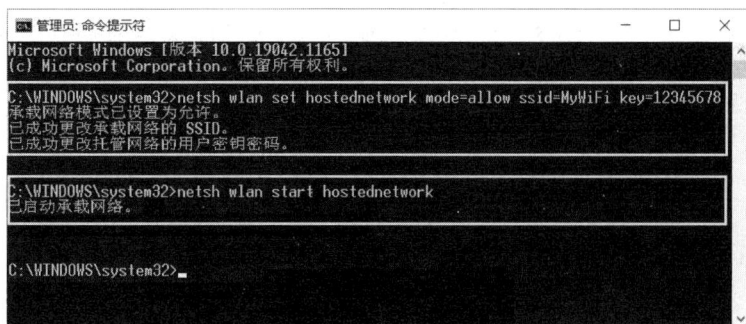

图 9-41 启用和配置无线承载网络

图 9-42 "网络和共享中心"窗口

虚拟 WiFi 热点启动后,本机虚拟 WiFi 连接默认 IP 地址为 192.168.137.1,周边 WiFi 网络终端就可以发现该虚拟无线 AP,并自动获得本网内的 IP 地址,这样 WiFi 终端和计算机就可以正常网络通信了。

需要说明的是,经虚拟 WiFi 热点组建的无线局域网,网内主机可以相互通信,但主机数量上限一般为 6~8 个。

9.4 办公网络应用

在网络办公环境中,经常需要共享网络资源,进行网络打印、网络扫描和网络投影等操作。在这些网络应用中,有些应用可以直接利用 Windows 操作系统的原生功能实现,有些功能需借助相关软件或设备才可实现。

9.4.1 使用飞鸽传书

在办公网内,常常需要通过网络交流信息、交换数据或共享资源;受互联网迅速普及和广泛应用的影响,国内致力于内网办公的产品并不多见,但飞鸽传书却是较为优秀的内网办公软件。

　　飞鸽传书是面向企业、学校、家庭的局域网免费即时通信软件，实现局域网内部消息/文件的高速传输、多媒体远程播放和飞鸽网络打印等功能，目前可实现 PC、手机、平板、智能电视平台基于网络的互联互通。

　　从官网下载飞鸽传书 Windows 平台最新软件，并以默认方式安装到计算机中。启动飞鸽传书，其主功能面板如图 9-43 所示；单击面板左下角的图标，将打开如图 9-44 所示的主菜单。

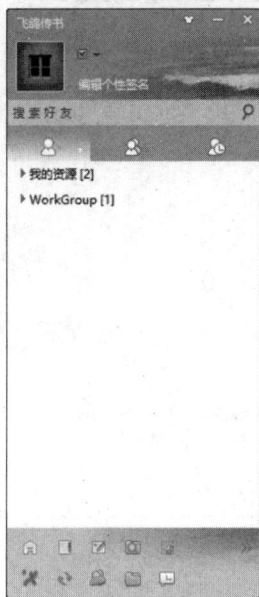

图 9-43　"飞鸽传书"主功能面板

图 9-44　"飞鸽传书"主菜单

　　执行主菜单中的"个人设置"命令，将打开如图 9-45 所示的对话框，用户可以更改个人姓名、部门和头像等信息。

　　从主功能面板中展开部门，双击某用户可打开如图 9-46 所示的会话框，利用它可与其他用户进行文字或语音的即时交流、文件传输，具体使用方法不再赘述；文件共享、远程协助、远程控制、网络打印等多种高级功能将在后续小节中进行详述。

图 9-45　个人设置

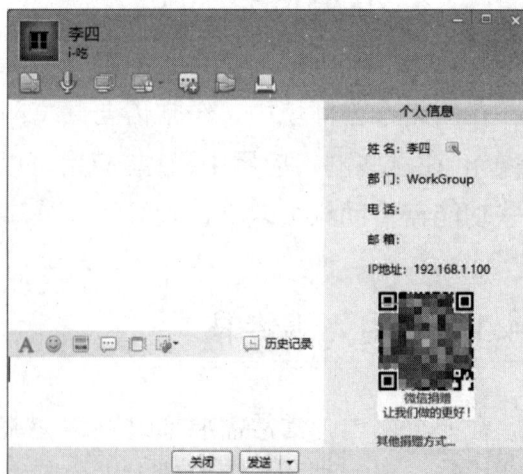

图 9-46　"飞鸽传书"会话框

选择"设置"对话框中的"系统设置"选项卡，或者执行主菜单中的"系统设置"命令，将打开如图 9-47 所示的界面，利用它可对飞鸽传书进行更多设置。

9.4.2 资源共享

所谓资源共享，是指将本地计算机的数据资源或硬件设备通过计算机网络分享给网络中的计算机用户使用，或者使用网络中已被共享的资源。

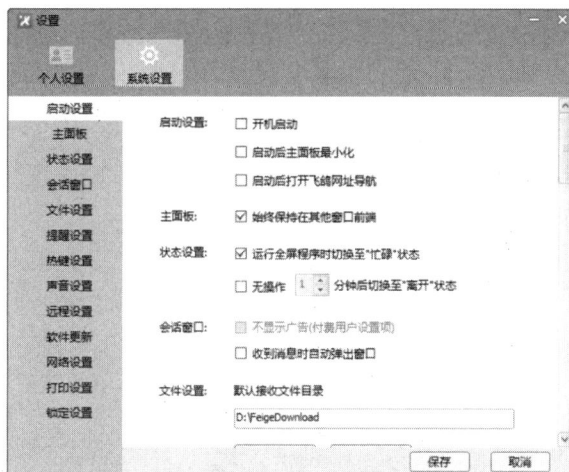

图 9-47 系统设置

在如图 9-48 所示的办公网中，PC1 连接了打印机设备。在传统的方式下，当其他用户需要打印文件时，可将文件复制到 PC1 中进行打印，或者断开打印机与 PC1 的连接，并将该打印机连接到自己的计算机上再进行打印。如果 PC1 把打印机通过设置将其共享到网络中，则其他用户就可通过网络共享打印机。类似地，网络中所有计算机的文件夹或部分设备也可以共享到网络中使用。

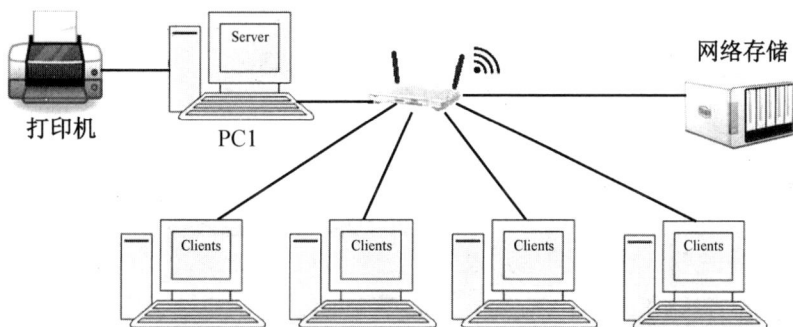

图 9-48 办公网

1．Windows 资源共享方案

为方便描述，约定网络终端中提供共享资源的一端为服务端，访问共享资源的一端为用户端。当用户端访问服务端的共享资源时，服务端负责身份认证并授权，因此服务端的设置是关键。

（1）服务端设置

首先，启用来宾账户（Guest）。在 Windows 10 系统中右击"开始"菜单，执行"计算机管理"命令，在打开的"计算机管理"窗口中选择"本地用户和组"→"用户"选项，打开如图 9-49 所示的用户管理列表。双击"Guest"账户图标，并在打开的对话框中取消对"账户已禁用"复选框的勾选，单击"确认"按钮。

其次，给来宾账户足够的权限。选择"开始"→"Windows 管理工具"→"本地安全策略"选项，在打开的"本地安全策略"窗口中选择"本地策略"→"用户权限分配"

选项，打开如图 9-50 所示的用户权限分配列表。双击"拒绝从网络访问这台计算机"图标，在打开的窗口中删除用户列表中的 Guest 账户后，单击"确定"按钮。从如图 9-50 所示窗口的左栏中选择"安全选项"选项，再从右栏中双击"网络访问：本地账户的共享和安全模型"图标，打开其属性对话框，将其网络访问模型改成"仅来宾—对本地用户进行身份验证，其身份为来宾"。

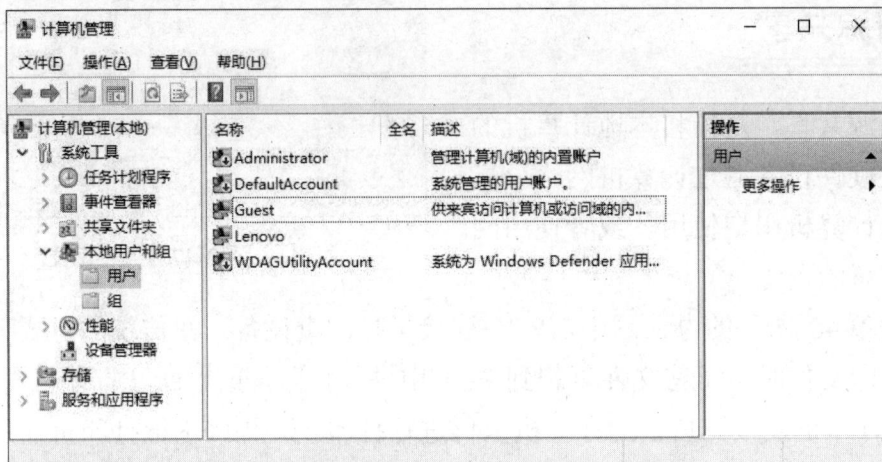

图 9-49　用户管理列表

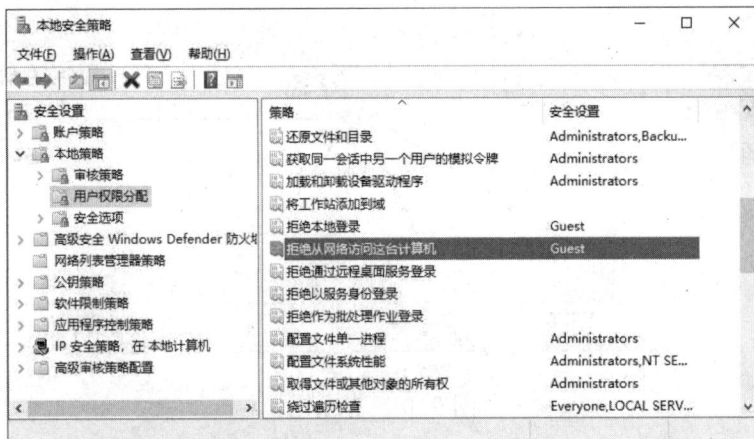

图 9-50　用户权限分配列表

再次，启动网络发现和文件共享功能，以便网络中的用户找到本计算机并为其提供共享资源。打开"网络和共享中心"窗口（见图 9-19），查看网络配置类型（如专用网络）。在窗口左栏中单击"更改高级共享设置"选项，打开如图 9-51 所示的"高级共享设置"窗口。展开对应的配置文件（如专用），选中"启用网络发现"和"启用文件和打印机共享"两个单选按钮。

最后，在网络中指定共享资源，主要有三种方式。

① 打开文件夹，在文件夹窗口顶部选择"共享"选项卡，并在其"共享"组中单击"特定用户"按钮，打开如图 9-52 所示的"文件共享"窗口。

单击输入框尾部的箭头并从中选择账户名，或者直接在输入框中输入账户名，单击"添加"按钮将其添加到用户列表中。单击该用户的"权限级别"列中的下拉按钮，在打开的下拉菜单中可改变其权限级别，最后单击"共享"按钮完成共享授权设置。

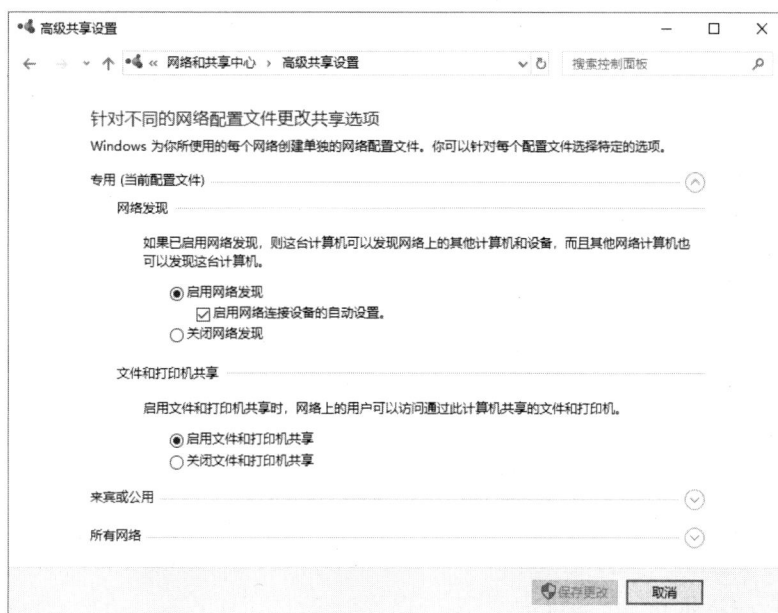

图 9-51 "高级共享设置"窗口

② 打开要共享文件夹的属性对话框，选择"共享"选项卡，如图 9-53 所示。

图 9-52 "文件共享"窗口

图 9-53 "共享"选项卡

单击"共享"按钮，启用方法①的文件共享设置过程。单击"高级共享"按钮，打开如图 9-54 所示的"高级共享"对话框，勾选"共享此文件夹"复选框，单击"确定"按钮即可完成共享。

若要控制用户访问权限，则在"高级共享"对话框（见图 9-54）中单击"权限"按钮，打开如图 9-55 所示的对话框，在其中单击"添加"按钮，将打开如图 9-56 所示的"选择用户或组"对话框，以便添加更多授权用户或组。

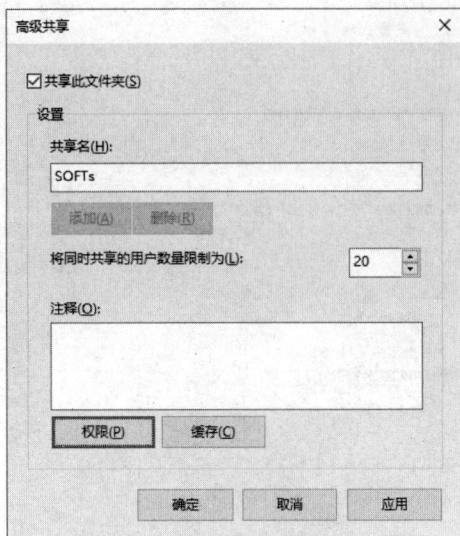

图 9-54　"高级共享"对话框

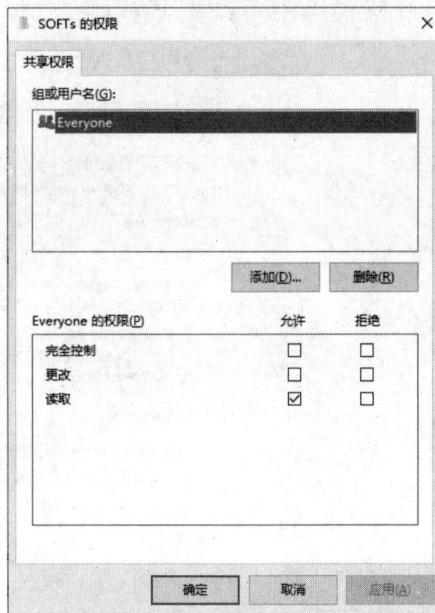

图 9-55　设置共享权限

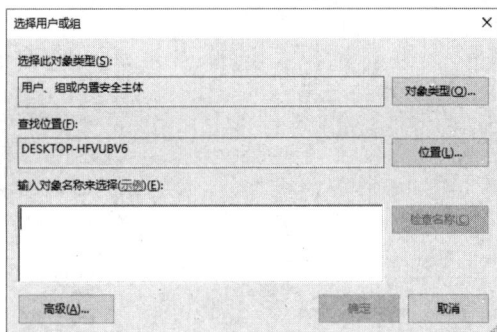

图 9-56　"选择用户或组"对话框

③ 右击"此电脑"图标，执行"管理"命令，打开"计算机管理"窗口，再选择"系统工具"→"共享文件夹"→"共享"选项，如图 9-57 所示，此时，在内容窗格中列出了系统当前所有的共享文件夹。

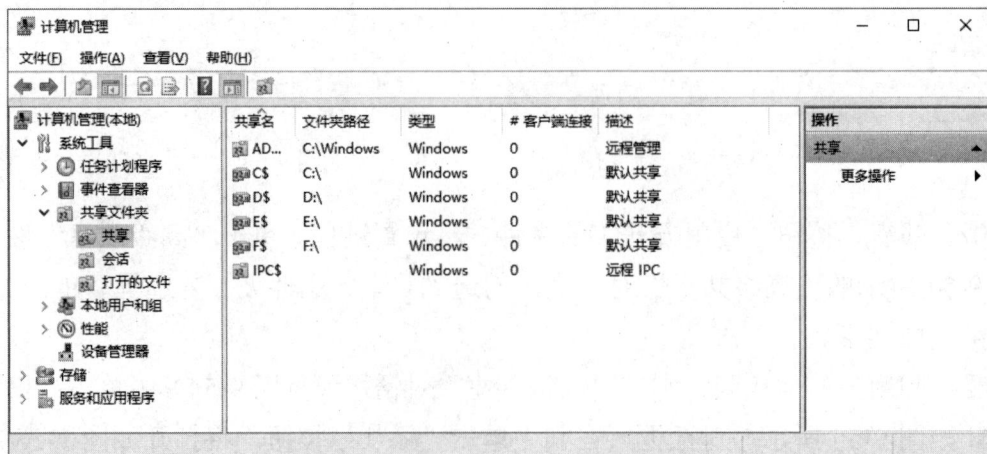

图 9-57　系统当前所有的共享文件夹

　　在内容窗格中右击空白处，在弹出的快捷菜单（见图 9-58）中执行"新建共享"命令，可以添加新共享；右击共享列表中的项目，在弹出的快捷菜单中（见图 9-59）执行"停止共享"命令，可以删除该共享。

　　（2）用户端应用

　　打开"此电脑"窗口，在其导航窗格中展开"网络"文件夹，并从中单击某计算机图标。若该计算机中共享了资源，则在内容窗格中将会看到如图 9-60 所示的网络资源，其中可能包括共享文件或共享打印机。

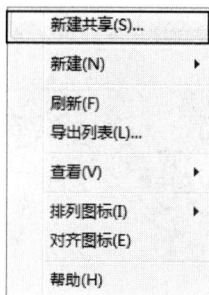

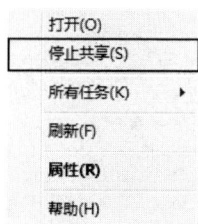

图 9-58　新建共享　　　　图 9-59　停止共享　　　　图 9-60　网络资源

　　如果需要经常访问某个共享文件夹，只需右击该共享文件夹，在弹出的快捷菜单中执行"映射网络驱动器"命令，打开如图 9-61 所示的"映射网络驱动器"对话框；在该对话框中指定驱动器（如 Z 盘），设置相关选项，单击"确定"按钮后此新驱动器将出现在"此电脑"窗口中。此后，利用此驱动器就可方便地访问对应的共享文件夹了。

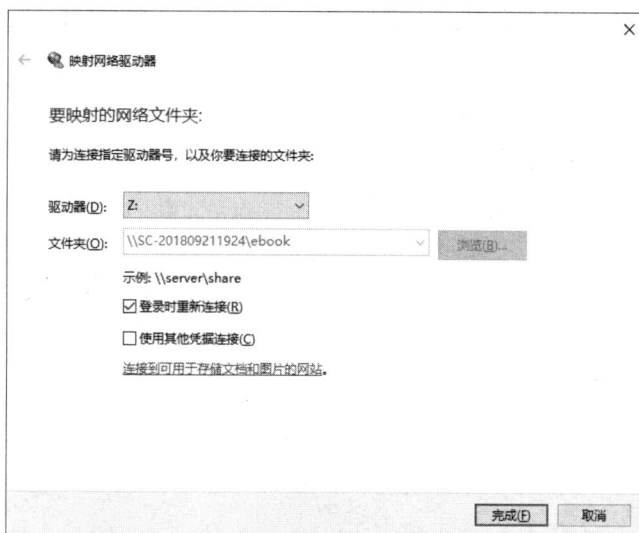

图 9-61　"映射网络驱动器"对话框

　　注意：受 Windows 系统兼容性及安全因素等限制，开启资源共享可能会不太顺利；遇到共享障碍时，请自行查阅有关资料，在此无法逐一列举。

2．飞鸽文件共享

　　打开"飞鸽传书"主菜单，单击"文件管理器"选项，打开如图 9-62 所示的窗口。

其中，"我的共享"选项卡用于管理自己共享的文件；"局域网共享"选项卡用于访问网络中其他用户共享的文件。

选择"我的共享"选项卡，单击"添加共享"按钮，打开"添加共享文件"对话框；选择文件或文件夹，单击"添加"按钮，打开如图9-63所示的"共享范围"对话框；选择共享给指定部门或成员（指定人），或者勾选"共享给局域网内所有用户"复选框，单击"确定"按钮。

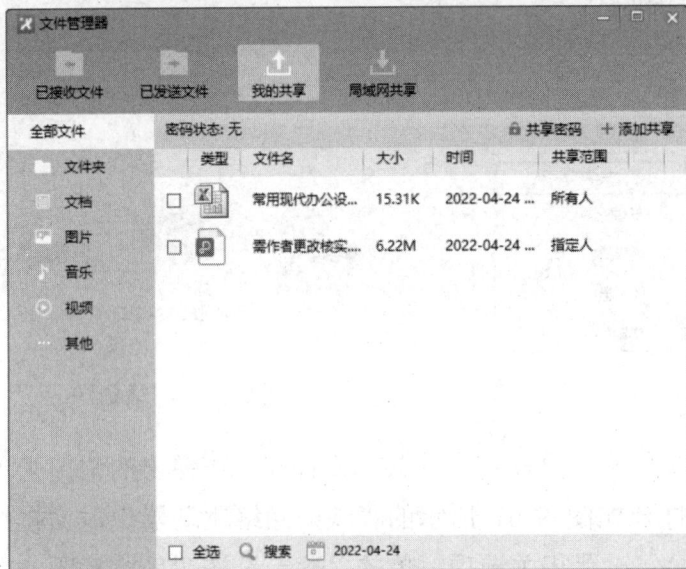

图 9-62 "文件管理器"窗口

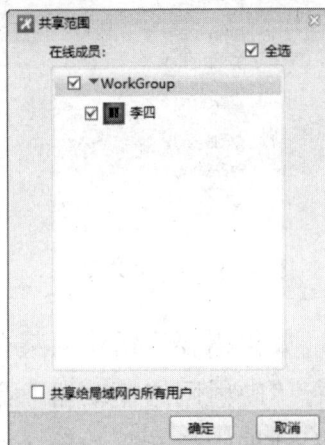

图 9-63 "共享范围"对话框

在"我的共享"选项卡中，单击"共享密码"按钮可为共享文件设置访问密码；单击文件所对应的共享范围，可重新指定对象的共享范围或取消共享。

选择"局域网共享"选项卡，可查看其他用户共享的文件，如图9-64所示；用户可以打开资源，也可将资源下载到本地计算机。

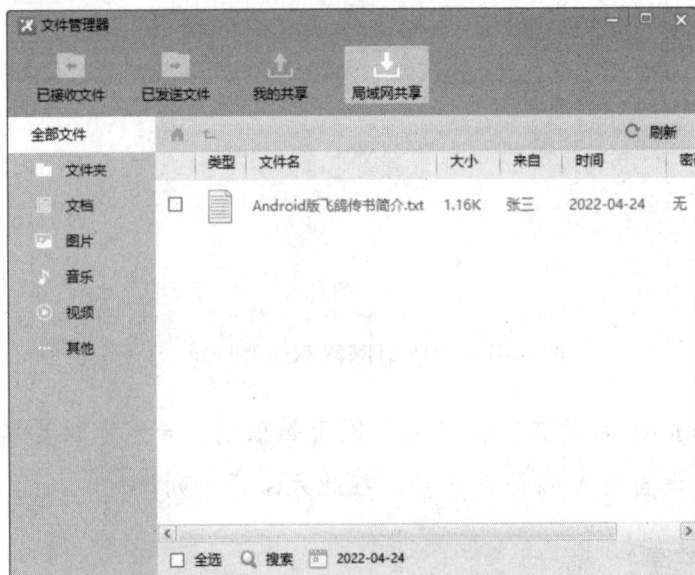

图 9-64 "局域网共享"选项卡

9.4.3　网络打印

随着网络技术的发展，办公网中对打印机的使用已由传统共享升级至网络共享。

1．Windows 打印机共享

打印机共享是指把安装在计算机上的打印机共享给网络内的其他计算机使用，仍属于资源共享的范畴。

（1）服务端设置

参考 9.4.2 小节中的 Windows 资源共享方案完成账户管理和授权，如 Guset 账户启用、访问授权等。

在安装有打印机的计算机上，打开"设备和打印机"窗口，选中拟共享的打印机并打开其属性对话框中的"共享"选项卡，如图 9-65 所示。勾选"共享这台打印机"复选框，输入打印机共享名，单击"确定"按钮，完成共享设置。

（2）用户端设置

单击"此电脑"窗口中的"网络"节点，显示网络计算机列表，如图 9-66 中的左侧窗格所示。选择某网络计算机标识，将在主窗格内显示该计算机中对应的共享资源。若打印机已成功共享，将会看到如图 9-66 所示的打印机。右击该打印机图标，执行"连接"命令，即可完成对网络打印机的安装，在控制面板和打印机窗口中即可看到该网络打印机。

图 9-65　"共享"选项卡　　　　　图 9-66　网络中共享的打印机

当然，用户端也可使用传统方法安装网络打印机。打开"添加打印机"对话框，勾选"按名称选择共享打印机"复选框，单击"浏览"按钮，打开"选择打印机"对话框，并自动检索网络中共享的打印机。选择被共享的打印机（如 MS Publisher Color Printer），单击"下一页"按钮，打开如图 9-67 所示的界面。

单击"下一页"按钮，系统将自动下载并安装驱动程序，打开如图 9-68 所示的界面后单击"下一页"按钮，直到完成打印机的安装。

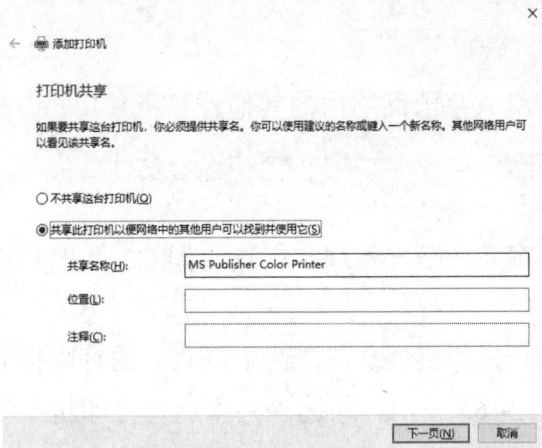

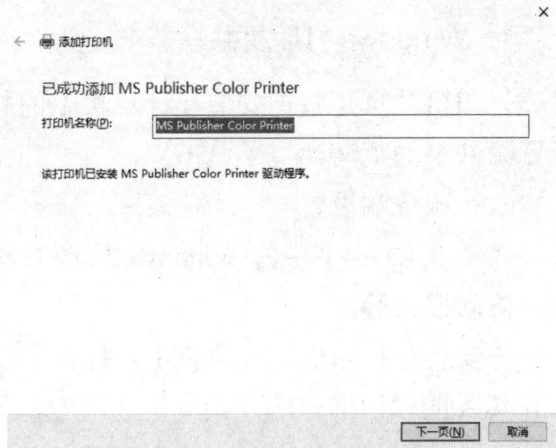

图 9-67　打印机共享　　　　　　图 9-68　共享打印机添加成功

网络打印机成功安装后，将显示在"设备和打印机"窗口中，其使用方法与普通打印机的使用方法类似，不同的是，它是通过网络共享的。

2．打印服务器

打印机共享方案的稳定性能不足，且在使用过程中容易出现问题，于是在网络应用中逐渐出现了专用打印服务器。将打印机连接到打印服务器上，打印服务器通过网络接口接入办公网，打印服务器方案如图 9-69 所示。当网络用户使用时，先把打印信息传送到打印服务器上，再由打印服务器管理和控制打印机执行打印任务。

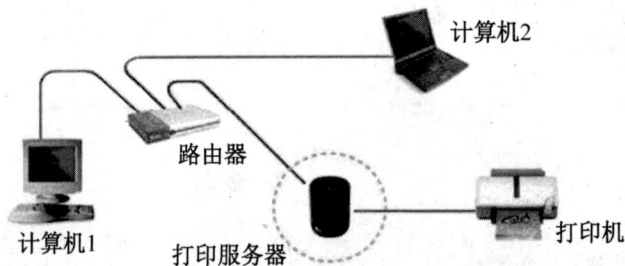

图 9-69　打印服务器方案

最初的打印服务器是把打印服务软件安装在计算机中，让计算机扮演打印服务器。此方案较打印机共享虽然具有一定的优势，但是仍需要依赖计算机不间断运行。

现在市场上售卖一种硬件服务器——USB 设备服务器，如图 9-70 所示，实际上就是将打印服务内置到此类特定硬件中，打印机连接打印服务器，打印服务器接入办公网络并分配 IP 地址，用户计算机通过 IP 地址访问网络打印机并进行网络打印。

打印服务器的品牌和类型较多，大多支持 Web 管理方式，并为打印机提供 USB

接口。

将 USB 设备服务器连接到办公网内，打印机通过 USB 线连接到 USB 设备服务器。将其驱动程序安装到计算机上，启动后其管理界面如图 9-71 所示。

图 9-70　USB 设备服务器

图 9-71　USB 设备服务器管理界面

双击列表中的设备，正确输入管理员账户和密码，为服务器指定 IP 地址，如图 9-72 所示。建议服务器采用静态 IP 地址，以防止地址变化而造成访问错误。

保存设置并重启服务器，当服务器与本地计算机位于同一网络时，程序将自动识别可用打印机，如图 9-73 所示。

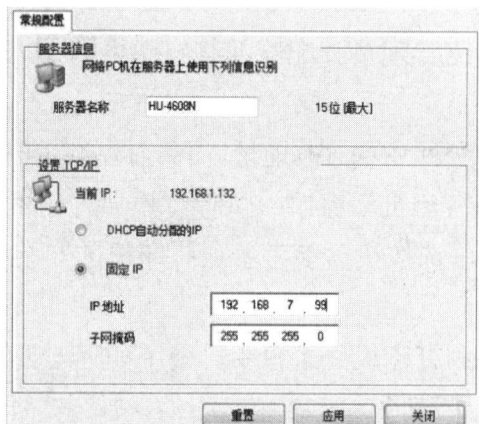

图 9-72　为服务器指定 IP 地址

图 9-73　可用打印机

选择打印机，执行"连接"命令，系统会自动引导安装打印驱动程序，直到安装成功。

打印程序安装完毕，选择打印服务器中的打印机，先执行"连接"命令，再执行"中断"命令，此时打印机后显示"自动连接打印机"。

类似地，在其他所有计算机中也安装服务器程序及打印驱动程序，直到程序界面中的打印机后显示"自动连接打印机"字样。

利用打印服务器进行网络打印时，首先要求用户计算机上运行服务器程序并正确识别打印机；在此基础上，就像使用普通打印机一样，执行打印任务时，选择网络打印机再发出打印指令，就可执行网络打印。

3. 网络打印机

随着技术的进步，现代办公市场中又推出了网络打印机（见图9-74）。网络打印机相当于把打印服务器集成到打印机内，并在打印机接口面板中预留有RJ-45网络接口（或无线访问模块）以接入办公网络。在办公网中，用户通过IP地址就可以访问和使用网络打印机。

使用网络打印机前，首先要对其进行配置，将网络打印机与计算机通过双绞线相连。查看打印机使用手册，获取打印机的默认IP地址（如192.168.2.100），将管理计算机的IP地址调整为同网IP地址（如192.168.2.101）。打开计算机的浏览器，在地址栏内输入网络打印机的IP地址后按回车键，打开"网络打印机管理"界面，如图9-75所示。

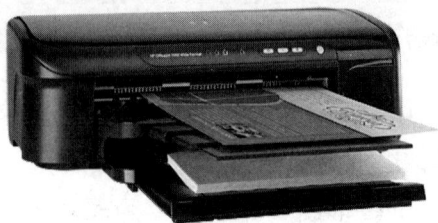

图9-74　网络打印机

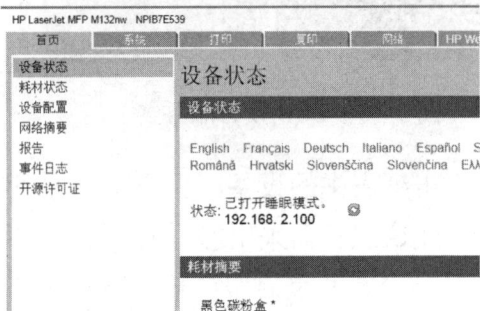

图9-75　"网络打印机管理"界面

单击其中的"连接"选项卡，可将其更改为网络管理员分配给网络打印机的IP地址，保存设置并重启网络打印机。

网络打印机配置完成后，恢复管理计算机在办公网中的IP地址，再连同打印机一并接入办公网络中。在用户计算机中打开"设备和打印机"窗口，执行"添加打印机"命令，启动打印机添加向导，选中"网络打印机"单选按钮后参考普通打印机的安装步骤完成安装。

网络打印机安装完成后，同样会出现在"设备和打印机"窗口中，使用和管理方法与本地打印机使用方法相同。

4. 飞鸽网络打印

使用飞鸽网络打印功能，无论是提供网络打印服务的飞鸽传书（服务端）还是使用网络打印机的飞鸽传书（客户端）都需要安装飞鸽网络打印组件。启动飞鸽传书，打开其系统设置对话框并切换至"打印设置"界面，若出现如图9-76所示的界面，则单击"安装飞鸽网络打印组件"链接进行安装，当显示如图9-77所示的界面时表示飞鸽网络打印组件安装成功。

打开"飞鸽"会话框，单击其顶部的"打印文件"按钮，选择文件并执行"打开"命令后，将向服务端发送打印请求，如图9-78所示。服务端收到打印请求后，打开如图9-79所示的"打印请求"对话框；从"打印机"下拉列表中选择本地可用打印机，单击"打印"按钮即可进行打印。

图 9-76 未安装飞鸽网络打印组件

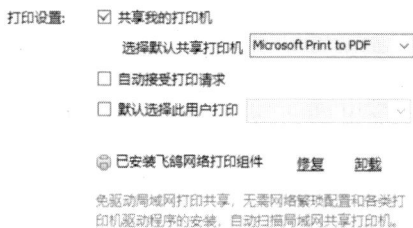

图 9-77 飞鸽网络打印组件安装成功

图 9-78 打印请求

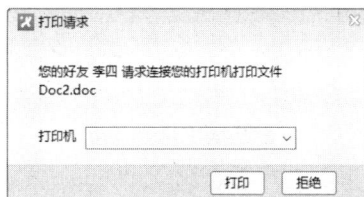

图 9-79 "打印请求"对话框

　　除此之外，飞鸽传书还提供了方便易用的打印机共享功能。在"打印设置"界面中（见图 9-77），勾选"共享我的打印机"复选框，并选择默认共享打印机，再根据实际需要勾选"自动接受打印请求"复选框并保存设置。

　　在需要使用网络打印的计算机上，打开欲打印的文件（如 Word 文档），执行"打印"命令，在"打印机"下拉列表中选择"飞鸽网络打印机"选项，如图 9-80 所示。单击"打印"按钮，打开"飞鸽网络打印"窗口，如图 9-81 所示，待打印的任务显示在窗口

图 9-80 选择"飞鸽网络打印机"选项

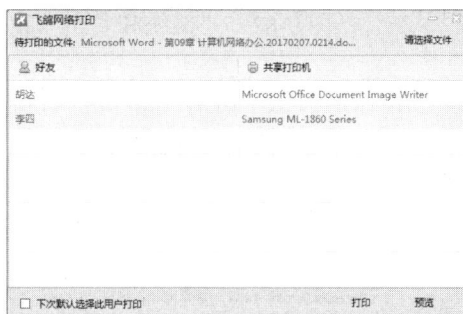

图 9-81 "飞鸽网络打印"窗口

顶端。由于办公网中共享的飞鸽网络打印机可能有多台，因此需要从中指定欲选用的打印机后，再单击对话框底部的"打印"命令，待对方同意后随即开始打印，直到完成。

　　为简化飞鸽网络打印操作过程，提高工作效率，用户可在打开的"飞鸽网络打印"窗口中指定打印机，勾选"默认选择此用户打印"复选框；在服务端的打印机设置中（见图 9-77），勾选"自动接受打印请求"复选框，以便实现无人值守地接受打印请求，提

高服务效率。

联想打印工厂也可实现网络打印，其使用和管理方法与飞鸽网络打印类似。

9.4.4　远端控制

远端控制是指用本地计算机（施控端）通过网络控制远程计算机（受控端）的运行，用户既可通过 Windows 系统的自有功能实现，也可利用飞鸽传书等第三方软件实现。

1．Windows 远程协助

（1）受控端准备

在受控端 Windows 系统中，执行"控制面板"→"系统和安全"命令，打开"系统和安全"窗口，如图 9-82 所示。单击"允许远程访问"图标，打开如图 9-83 所示的"系统属性"对话框，勾选"允许远程协助连接这台计算机"复选框，单击"确定"按钮。

图 9-82　"系统和安全"窗口

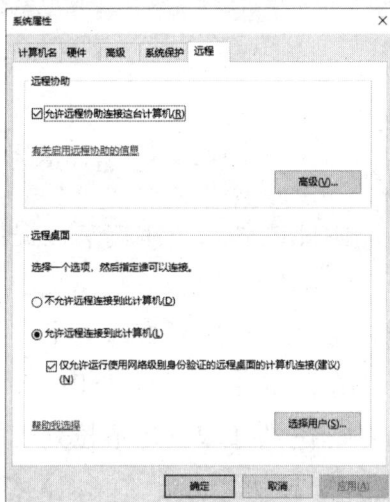

图 9-83　"系统属性"对话框

在"系统和安全"窗口中单击"启动远程协助"图标，打开如图 9-84 所示的"Windows 远程协助"向导，单击"邀请信任的人帮助你"选项，打开如图 9-85 所示的界面。

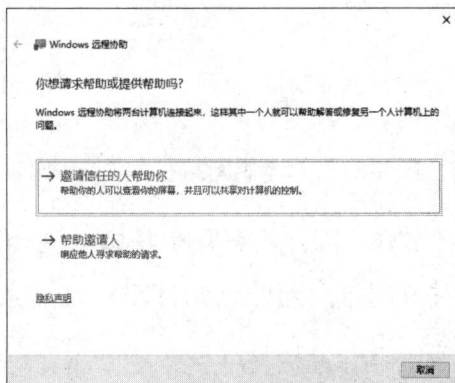

图 9-84　"Windows 远程协助"向导

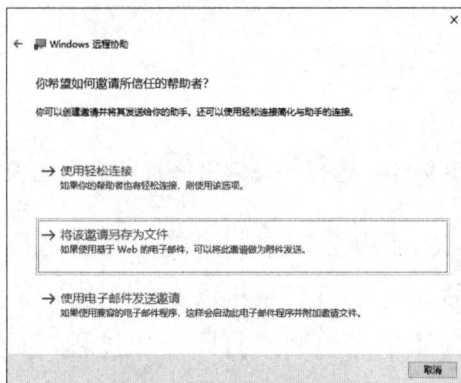

图 9-85　选择邀请方式

如图 9-85 所示，远程协助有三种邀请方
式，第一种和第三种对系统和网络有特殊要求，
在此不予详述。单击"将该邀请另存为文件"
选项，指定文件名和存储位置后生成邀请文件，
打开如图 9-86 所示的"Windows 远程协助"窗
口，在显示远程协助邀请码的同时等待施控端
连接此计算机。

图 9-86 "Windows 远程协助"窗口

邀请文件和密码仅当次有效，因此在等待远程协助过程中，应保证邀请文件和密
码的安全。

（2）施控端准备

施控端收到邀请文件后，进入"系统和安全"窗口并启动"Windows 远程协助"向
导（见图 9-84），选择"帮助邀请人"选项，在打开的如图 9-87 所示界面中选择"使用
邀请文件"选项，在打开的对话框中选择邀请文件后，将打开如图 9-88 所示的"远程
协助"对话框。

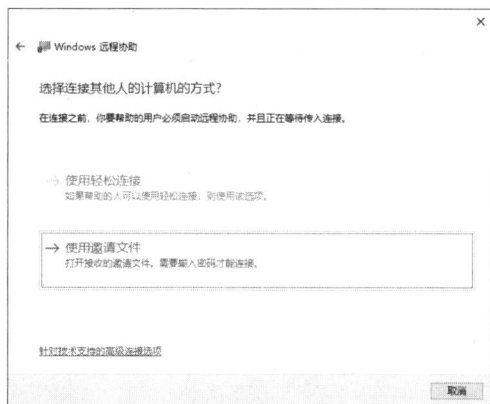

图 9-87 选择"使用邀请文件"选项

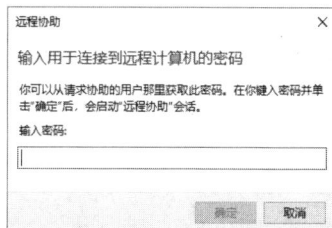

图 9-88 "远程协助"对话框

在输入框中准确输入远程协助密码并确定，待受控端允许后则打开如图 9-89 所示的
施控端工具界面，单击"请求控制"按钮，待对方允许后就可实现对受控端的远程协助。

受控端工具界面如图 9-90 所示，在远程协助过程中，受控端和施控端都可主动控
制共享状态，停止共享时施控端只可观看而不能控制受控端界面，双方也都可主动暂停
或断开（关闭）远程协助，此时相应的远程协助邀请文件和密码随即失效。

图 9-89 施控端工具界面

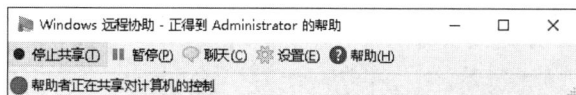

图 9-90 受控端工具界面

2．Windows 远程桌面

Windows 远程桌面是指本地计算机通过互联网用远程计算机上的账户和密码登
录远程计算机的应用，登录成功后可用本地计算机操控远程计算机，但受控端并不呈

现操作界面的变化。

（1）受控端设置

在如图 9-83 所示的"系统属性"对话框中，首先选中"允许远程连接到此计算机"单选按钮；然后单击"选择用户"按钮，为远程登录指定用户，用户可以是管理员也可以是其他用户，但用户的密码不宜为空。具体用户授权方法参见"9.4.2 资源共享"。

（2）施控端设置

在施控端计算机中，执行"开始"→"Windows 附件"→"远程桌面连接"命令，打开如图 9-91 所示的"远程桌面连接"窗口。在"计算机"文本框中输入远程计算机的 IP 地址（如 192.168.1.100），单击"连接"按钮。

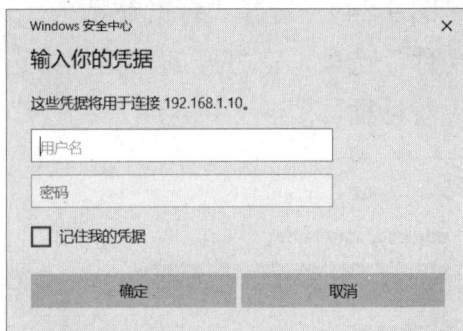

远程计算机连接成功，将打开如图 9-92 所示的"Windows 安全中心"对话框，输入账户名和密码，单击"确定"按钮。

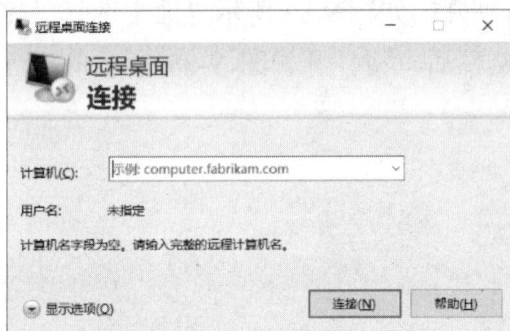

图 9-91 "远程桌面连接"窗口　　　图 9-92 "Windows 安全中心"对话框

若受控端计算机已启动远程桌面连接但尚未有用户登录，将直接打开如图 9-93 所示的"远程桌面连接"窗口，通过该桌面窗口就可对远程计算机实施控制。

Windows 虽然是多用户操作系统，但同时只允许有一个活动用户操控计算机。若用户已在远程计算机登录，当再通过远程方式登录时，远程桌面窗口将显示如图 9-94 所示的登录消息，并询问是否退出原登录。单击"是"按钮后，施控端开始等待受控端的登录响应。同时，受控端弹出确认是否允许连接的对话框。若允许则开始进行远程桌面连接。

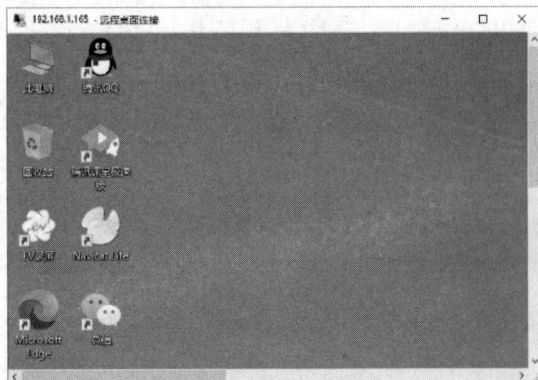

图 9-93 "远程桌面连接"窗口　　　图 9-94 询问受控端登录用户是否退出

远程桌面连接成功后，施控端（本地计算机）可以通过窗口或全屏方式打开远程计算机桌面，而受控端计算机的屏幕始终显示 Windows 欢迎界面。

3．飞鸽远程控制

远程控制是指本地计算机请求控制远程计算机。飞鸽远程控制分为普通控制和密码控制两种。

（1）普通控制

打开"飞鸽"会话框，执行"远程控制"→"普通控制"命令，打开如图 9-95 所示的界面；同时，受控端显示如图 9-96 所示的"受控端"界面。

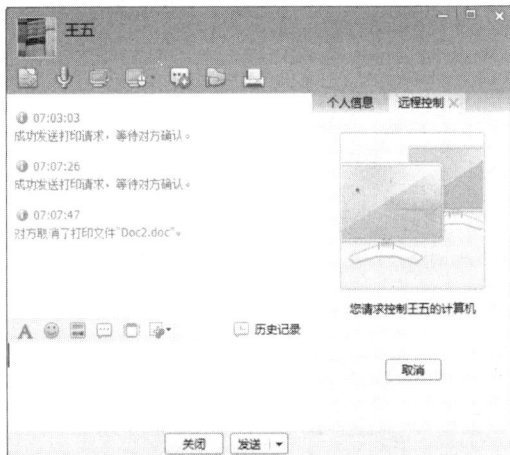

图 9-95　"施控端"界面　　　　图 9-96　"受控端"界面

受控端单击"接受"按钮则同意对方控制自己的计算机，同时其远程控制状态将变成如图 9-97 所示的界面。受控端可以允许双方进行"语音通话"；当任意方单击"结束"按钮时，将终止远程控制。

（2）密码控制

在受控端的"系统设置"对话框中，进入"远程设置"界面，如图 9-98 所示。勾选"允许密码控制本机"复选框，在密码框中设置密码并保存。

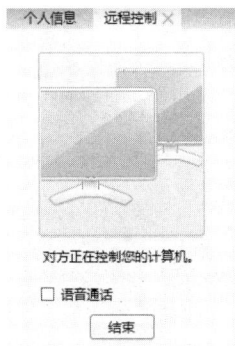

图 9-97　受控端状态　　　　图 9-98　"远程设置"界面

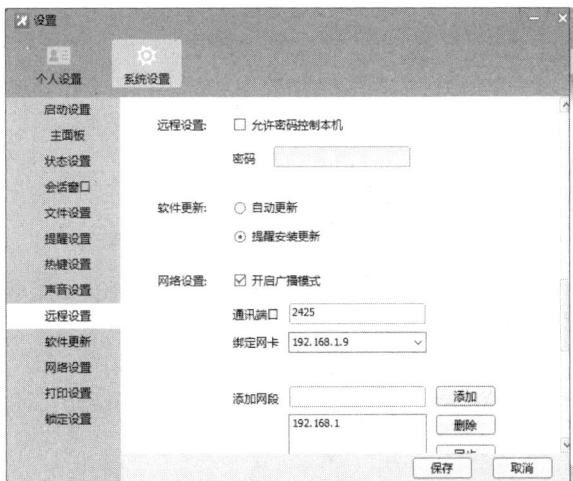

在施控端会话框中，执行"远程控制"→"密码控制"命令，正确输入密码后就可随时控制远程计算机。

4．飞鸽远程协助

远程协助一般是指自己请求他人帮助自己解决问题。在"飞鸽"会话框中，单击其顶端的"远程协助"按钮，将发起远程协助，如图 9-99 所示；同时对方将收到如图 9-100 所示的远程协助界面。

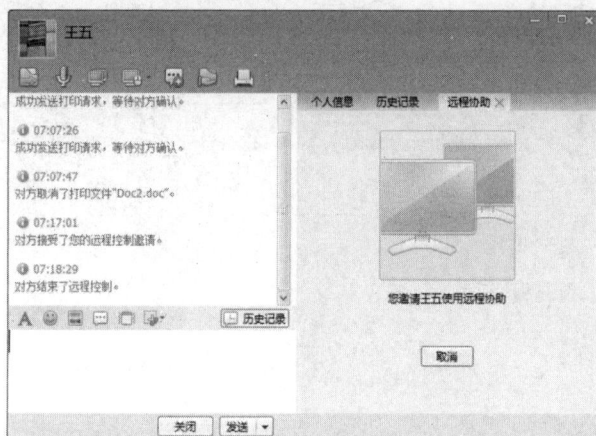

图 9-99　发起远程协助　　　　　　　图 9-100　收到远程协助

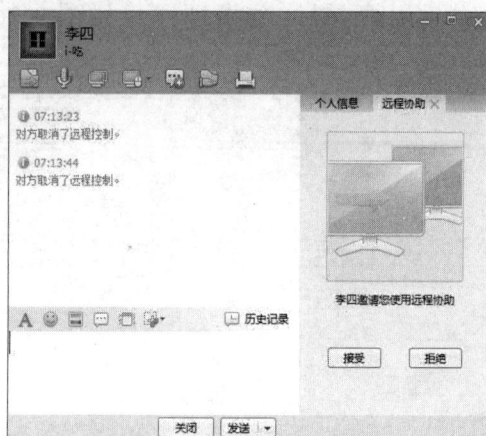

若单击"接受"按钮，将同意协助对方解决问题（控制对方的计算机），同时对方远程协助状态如图 9-101 所示。发起方可允许双方进行"语音通话"，拒绝"允许对方控制计算机"请求时对方只能观察而不能控制计算机；任意一方单击"结束"按钮，即可终止远程协助。

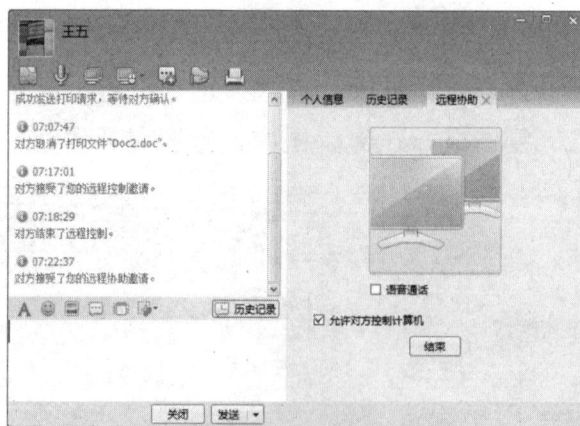

图 9-101　发起方状态

9.4.5　网络扫描

在办公网络中，扫描仪的共享不像打印机这么容易。一方面 Windows 系统并不直接提供扫描仪的共享方法；另一方面，并不是所有的扫描仪都支持网络共享功能，但是部分硬件厂商提供了具有扫描服务功能的专用服务器。

扫描服务器内置有扫描服务功能,是独立的硬件产品。与打印服务器地位类似,将扫描仪连接到扫描服务器上,扫描服务器连接到办公网中并获取 IP 地址,办公网中的其他计算机用户可通过办公网络实施网络扫描。

前文提到的 USB 设备服务器(见图9-70)除可提供打印服务外,一般还具备扫描服务和存储服务等功能。此类设备一般配有多个 USB 接口,可同时连接多个 USB 设备以便在网络中共享。

将扫描仪设备连接到 USB 设备服务器,在其程序界面中,单击"连接"按钮,程序将自动发现新硬件并进行安装。正确选择驱动程序后,程序将自动完成扫描仪的安装。完成后,单击"中断"按钮,以免影响其他用户使用。同样地,也可在其他计算机中安装扫描仪驱动程序,完成后单击"中断"按钮以释放对扫描仪的占用。

在办公网中计算机成功安装扫描仪驱动程序后,在服务器程序界面中单击"网络扫描仪"按钮,将启动"扫描向导"对话框,如图 9-102 所示,在此对话框的引导下可以比较容易地完成后续的扫描任务。

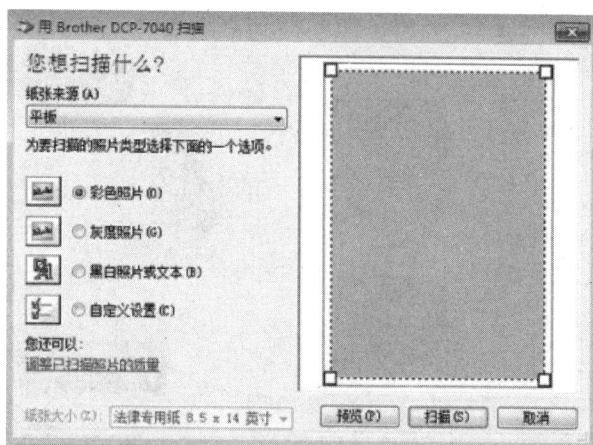

图 9-102　"扫描向导"对话框

9.4.6　网络投影

传统的投影方案中,计算机与投影仪之间用视频信号线(如 VGA)相连,计算机屏幕信息单向传输到投影仪并投影到屏幕进行演示。投影仪与计算机的摆放位置受电源线和视频信号线长度等条件限制,特别是相关设备位置固定后,变换演示内容、切换演示计算机和更换主讲人时都不太方便。

网络投影可以很好地解决此类问题。网络投影通过局域网技术,把投影仪等设备利用网络信号连接到网络中,同一局域网内的计算机都可以使用和管理投影仪。

1. 网络投影仪方案

目前网络投影技术正逐步在新品投影仪中普及,如图 9-103 所示为投影仪网络接口,有的投影仪还支持无线网络,有的投影仪甚至还提供无线 AP 服务。另有商家生产专用无线网络模块,将其接到普通投影仪的 USB 接口上就可扩展投影仪的网络投影功能。

如图 9-104 所示为网络投影系统,同一网络中有多台计算机和多台投影仪,既可通过有线网络连接,也可通过无线网络连接。每台计算机都可以单独使用和控制一台投影仪；一台计算机可以控制多台投影仪进行多屏显示，如图 9-105 所示；多台计算机的投影信号也可同时传送到同一台投影仪上进行分屏显示，如图 9-106 所示。

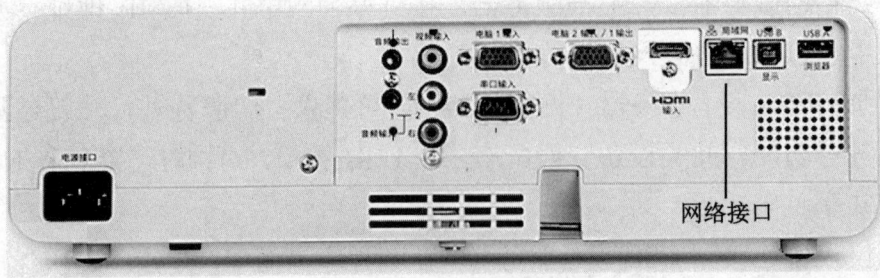

图 9-103　投影仪网络接口

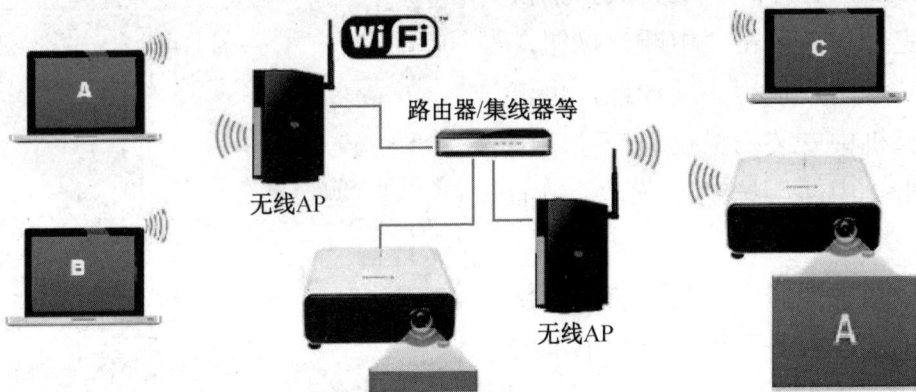

图 9-104　网络投影系统

图 9-105　多屏显示

图 9-106　分屏显示

打开投影仪后，待机界面中将显示其有线 LAN 地址或无线 LAN 地址，如图 9-107 所示。投影仪的网络地址可利用其菜单功能进行设置，其设置界面如图 9-108 所示。

在计算机端打开浏览器，通过访问投影仪的 IP 地址打开其管理界面，登录后可对投影仪进行远程管理。另外，在登录界面一般会提供网络投影客户端应用程序下载，安装后可利用其管理和使用投影仪。

图 9-107 投影仪的网络地址

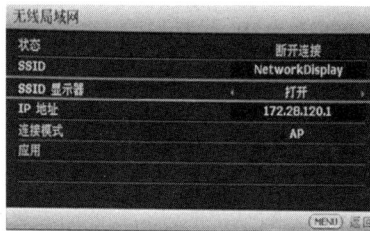

图 9-108 投影仪设置界面

后续使用时，只需将投影仪连接入网，打开网络投影客户端应用程序，就可控制和使用网络中的投影仪。如图 9-109 所示为某品牌投影仪应用程序界面，输入投影仪的 IP 地址后单击"连接"按钮，就可控制和使用指定投影仪。也可单击"搜索"按钮从网络中搜索投影仪，在搜索结果中单击某投影仪即可快捷连接。若同时选择多台投影仪，则表示同时控制多台投影仪。

打开如图 9-110 所示的特殊功能界面，可控制投影仪应用方式。在第一排的单选按钮中，"全屏"表示投影计算机的整屏信息，"可选"表示投影计算机选定的屏幕信息。在最后一排的单选按钮中，"全屏"表示投影不分屏，只由一台计算机进行控制；"L"和"R"表示投影分左右两屏，可由两台计算机同时控制，并要求选定当前计算机投影信息的位置；"1""2""3""4"表示投影分为四屏，可由四台计算机同时控制，并要求用户选定投影显示的位置。

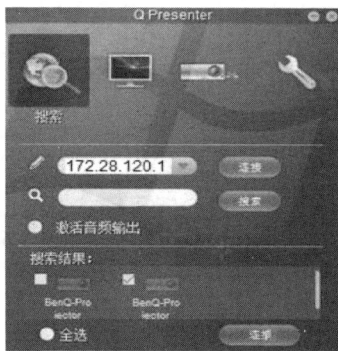

图 9-109 某品牌投影仪应用程序界面

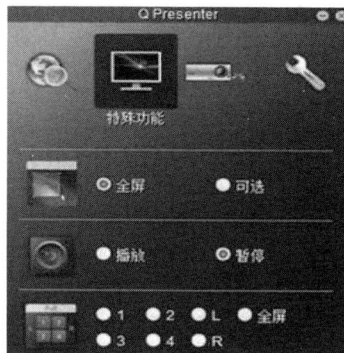

图 9-110 特殊功能界面

2．Windows 无线显示器方案

在 Windows 10 系统中内置有无线显示器，可接受来自网络的无线投影。

在接收端，执行"开始"→"设置"→"系统"→"投影到此电脑"命令，将打开如图 9-111 所示的"投影到此电脑"界面。

为兼顾安全性和每次投屏效率，在"投影到此电脑"界面的相应下拉列表中，选择"在安全网络中随处可用""所有位置可用""每次请求连接时"等选项，再把底部的开关按钮切换到"开"，以便其他终端能够发现该无线显示器。

在投影端按"Windows+P"组合键，打开投影面板（见图 4-96），再单击"连接到无线显示器"按钮，打开"无线显示器和音频设备"界面，如图 9-112 所示，在搜索结果中选择某无线显示器标识（图 9-112 中 SC-201809211924），开始尝试连接。

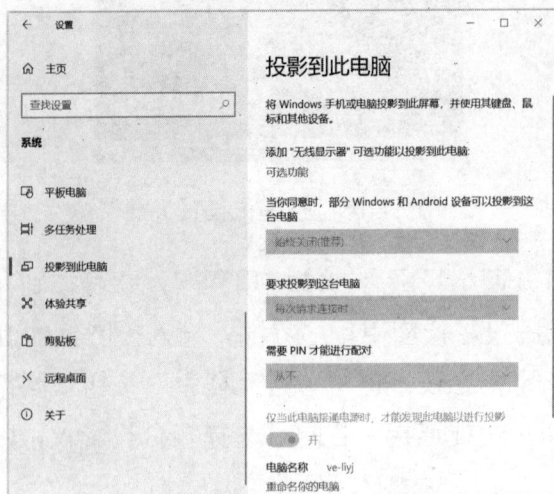

图 9-111 "投影到此电脑"界面

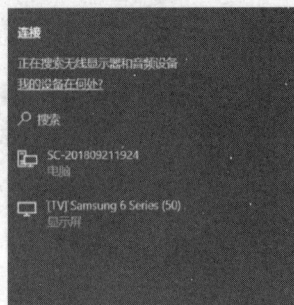

图 9-112 "无线显示器和音频设备"界面

此时，接收端弹出外部设备尝试投影提示，如图 9-113 所示，若选择"始终允许"或"允许一次"选项后再单击"确定"按钮则允许投影；若接收端未指定"需要 PIN 才能进行配对"为"从不"，则还会提示投影端正确配对 PIN（仅当次连接有效），如图 9-114 所示。

图 9-113 外部设备尝试投影提示

图 9-114 提示配对 PIN

当要求配对 PIN 时，无线显示器连接将变成如图 9-115 所示的状态，用户准确输入 PIN，单击"连接"按钮，此计算机开始向无线显示器投影连接，直至成功。

无线显示器投影成功后，可视为本地物理显示器进行使用和设置，实行多屏显示等操作，具体实现方法参见 4.7.3 小节内容。

无线显示器投影成功后，其连接状态如图 9-116 所示。勾选"允许从此设备进行鼠标、键盘、触摸和笔输入"复选框，表示允许接收端反向控制此计算机；单击"更改投影模式"链接，则打开"投影模式"面板，可在四种投影模式之间切换；单击"断开连接"按钮，可终止投影连接。

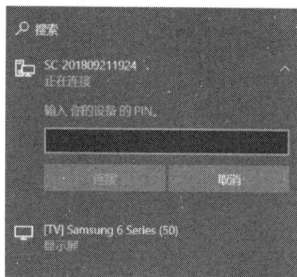

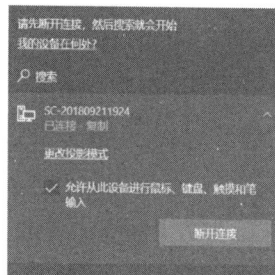

图 9-115 无线显示器连接 PIN 配对　　　　图 9-116 无线显示器连接状态（已连接）

9.4.7 网络监控

网络监控是指通过网络通信技术监视远程目标的景物，其需要网络摄像头等硬件设备。

网络摄像头是摄像机与网络视频技术相结合的新一代产品，一般用于安防监控或网络会议，如图 9-117 所示。网络摄像头除具备图像捕捉功能外，还内置有数字化压缩控制器和基于 Web 的操作系统，可以独立工作。网络摄像头的数据经压缩加密后，可通过网络通道传给存储设备或终端用户。

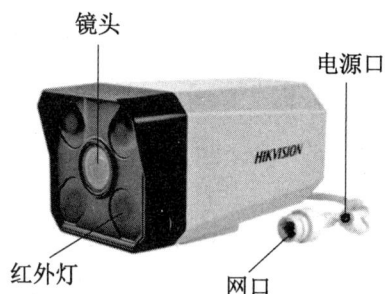

图 9-117 网络摄像头

网络摄像头接入网络并配置好 IP 地址后，网络上的终端用户可在计算机上利用浏览器访问网络摄像头的 IP 地址，之后就可实时监控目标现场的情况，对图像资料进行实时编辑和存储，还可以控制网络摄像头的云台和镜头，以便实施全方位监控。

网络摄像头也可接入网络安防系统（或会议系统），并成为其组成部分，如图 9-118 所示。与传统安防系统采用硬盘录像机（DVR）不同，网络安防系统的核心设备是网络硬盘录像机（NVR），多个网络摄像头通过网络先汇聚到网络交换机，交换机再接入 NVR 的网络接口。NVR 的其他功能与 DVR 类似，参见 6.3.2 小节中所述内容。

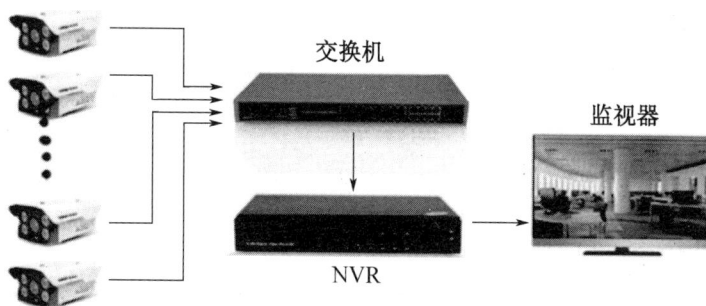

图 9-118 网络安防系统

第 ⑩ 章

互联网及办公应用

本章要点

　　本章主要介绍互联网基础知识、互联网接入方式和方法，以及以此为基础的远程共享、远程演示、远程控制、云存储和电子邮件等互联网办公技术及应用等内容。

　　网际协议（Internet Protocol，IP）和传输控制协议（Transmission Control Protocol，TCP）奠定了现代互联网的基础。随着互联网的发展、应用和普及，其早已经渗透到了人们日常的学习、工作、生活、娱乐等各方面，给用户带来了前所未有的便利。

10.1 互联网接入

　　互联网上有着大量的、丰富的资源和服务，在访问互联网资源和服务之前，计算机或其所在局域网要接入互联网。

10.1.1 互联网接入方式

　　计算机接入互联网的方式有多种，用户可根据现实情况和实际需要选择合适的接入方式。

1. 公用电话交换网

　　公用电话交换网（Public Switched Telephone Network，PSTN）是利用普通电话线路，通过一个被称为调制解调器的设备拨号接入互联网的技术，PSTN 连接示意图如图 10-1 所示。

　　公用电话交换网的缺点是传输速率慢，最高传输速率仅为 56 kbit/s，传输信号易受

互联网及办公应用 第 10 章

外界影响，传输质量难以保证。

2．综合业务数字网

综合业务数字网（Integrated Services Digital Network，ISDN）接入方式俗称"一线通"，也是利用普通电话线路连接网络的。不同的是，在同一条线路中拨打电话、收发传真的同时，还可以拨号上网，ISDN 连接示意图如图 10-2 所示。ISDN 有两条 64 kbit/s 的数字信道和一条 16 kbit/s 的控制信道，当有通话需求时，它会自动提供一个数字信道来处理电话、传真业务。

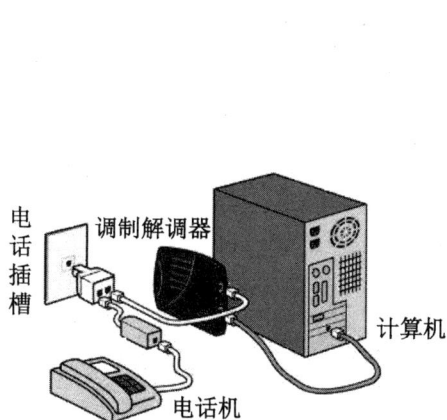

图 10-1　PSTN 连接示意图

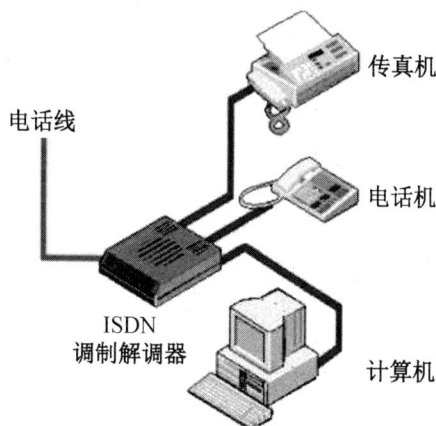

图 10-2　ISDN 连接示意图

3．非对称数字用户环网

非对称数字用户环网（Asymmetric Digital Subscriber Line，ADSL）是基于普通电话线路的宽带接入技术，是继 PSTN、ISDN 之后，一种全新的、高效的宽带接入方式，ADSL 连接示意图如图 10-3 所示。

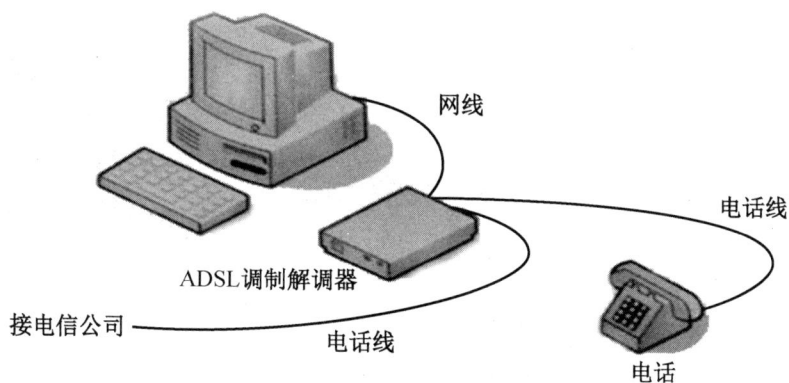

图 10-3　ADSL 连接示意图

ADSL 拥有下行信道、上行信道和语音传输信道，可以同时传输数据信号和语音信号。其下行信道传输速率范围为 1 Mbit/s～8 Mbit/s，上行信道传输速率范围为 640 kbit/s～1 Mbit/s，此即所谓的"非对称"，符合人们使用互联网的习惯。

4．社区宽带

社区宽带是指集团或部门利用局域网组网技术，在一定范围内采用光缆和双绞线进行综合布线，社区内计算机通过双绞线接入交换机，进而实现上网，如图 10-4 所示。

5．无线宽带

无线宽带即电信运营商在一些公共场所部署无线 AP，可以为信号覆盖范围内的用户提供 WiFi 上网功能，以方便用户访问互联网资源。目前各大电信运营商都已推出了无线宽带服务，其服务标识如图 10-5 所示。

图 10-4　社区计算机接入交换机

图 10-5　无线宽带服务标识

使用无线宽带上网，系统首先要进行身份认证，要求用户输入正确的个人账号和密码。成功认证后，用户就可以访问网络资源，与此同时系统开始计费，直到正常退出为止。

6．光纤接入

光纤接入是指采用光纤传输技术接入网络，即本地交换局和用户之间部分或全部采用光纤传输的通信系统，如图 10-6 所示。光纤具有带宽传输速率快、远距离传输能力强、保密性好、抗干扰能力强等优点，已成为重要的互联网接入方式。

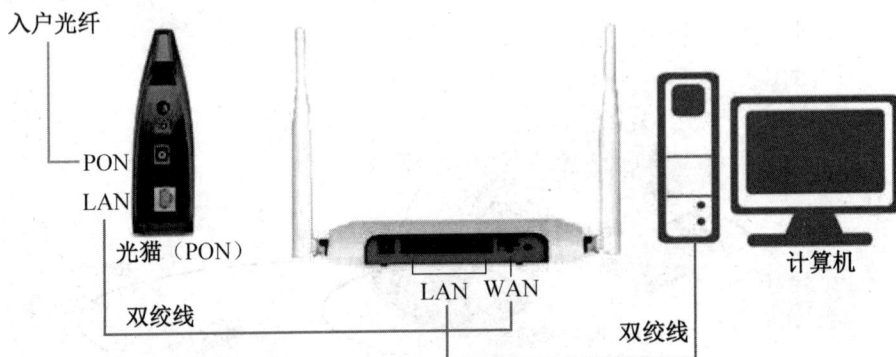

图 10-6　光纤接入

光纤接入可以面向集团或部门组建社区宽带，或者光纤直接入户供用户使用。

7．无线上网卡

无线上网卡接入（俗称无线上网）是以无线技术为传输媒体，向用户提供固定的或移动的终端服务业务。无线上网的计算机需要安装无线上网卡，如图 10-7 所示。目前各大电信运营商均可提供 4G 或 5G 的无线上网卡接入服务。

无线上网不受地理位置和设备的限制，但易受天气、距离和障碍物的影响，若信号不稳定，网络会容易断开。

图 10-7 无线上网卡

10.1.2 计算机连接互联网

随着用户上网需求的提高、宽带资费的降低和宽带业务的普及，用户一般采用 ADSL 和社区宽带的方式接入互联网，网络发展较好的区域采用光纤上网。在开通 4G 或 5G 的区域，可以采用无线上网卡上网；在未开通上述业务的区域，可考虑采用 PSTN 或 ISDN 等业务。

互联网接入的业务存在多种选择，但本小节主要介绍社区带宽连接、虚拟拨号连接、无线上网卡连接三种上网业务。

1. 社区宽带连接

社区宽带连接适用于服务商为用户提供 IP 地址、子网掩码、默认网关、首选 DNS 服务器和备用 DNS 服务器等参数的情形。

用户只需要打开网络连接（如本地连接或无线连接）的属性对话框（见图 9-30），准确填入上述信息即可。

当然，部分社区宽带网络中提供了 DHCP 服务，用户只需要设置自动获得 IP 地址和自动获得 DNS 服务器地址即可。

2. 虚拟拨号连接

虚拟拨号连接适用于服务商要求认证上网的宽带服务，如 ADSL、光纤入户、社区宽带、无线上网卡等。服务商为用户提供认证账号和密码，身份认证成功后就可以访问互联网。

针对不同的互联网接入方式，用线缆正确连接计算机和有关设备（如 ADSL 或光猫等），然后打开"网络和共享中心"窗口（见图 9-19），单击"设置新的连接或网络"图标后启动"设置连接或网络"向导，如图 10-8 所示。

单击"连接到 Internet"图标后，单击"下一页"按钮，打开如图 10-9 所示的界面，单击"宽带(PPPoE)"图标，打开如图 10-10 所示的界面。

图 10-8 "设置连接或网络"向导

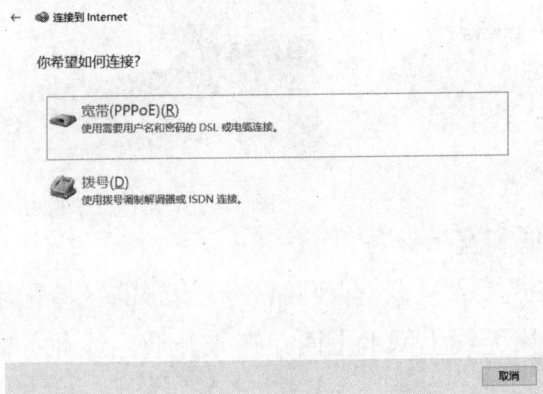

图 10-9　选择连接方式

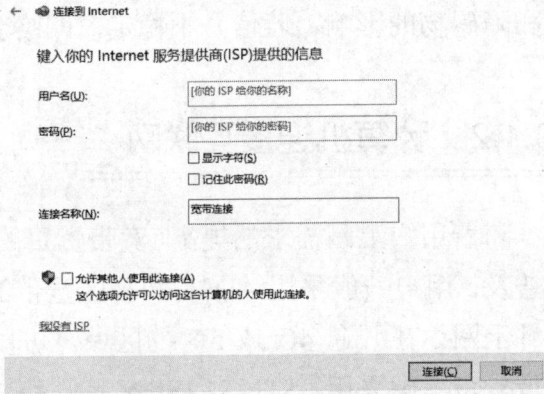

图 10-10　认证用户信息

准确输入用户名和密码，并根据实际需要设置其他选项。单击"连接"按钮后将开始进行连接。无论连接是否成功，新建连接（如宽带连接）到此都已建成，并将出现在网络连接面板中（见图9-18）。

虚拟拨号连接只需创建一次，当需要联网时只需对其执行"连接"命令即可。在可用网络中，双击宽带连接的图标，将打开如图10-11所示的界面，输入用户名和密码后，单击"连接"按钮。成功连接后，宽带连接图标默认显示在任务栏通知区中，至此计算机就可访问互联网了。

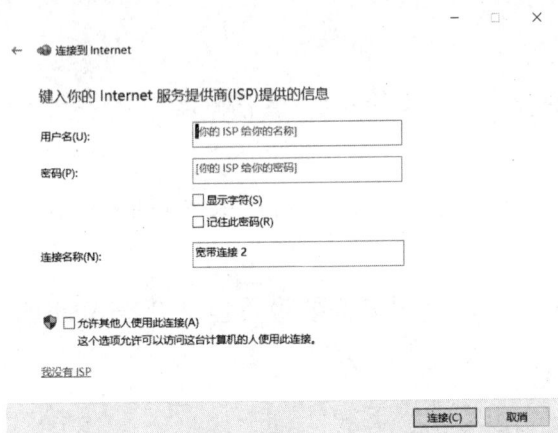

图 10-11　宽带连接拨号登录

3. 无线上网卡连接

无线上网卡连接是指计算机利用无线上网卡来实现无线上网。无线上网卡与无线网卡虽仅一字之差，但二者却有很大不同，前者用于无线远程接入，属无线广域网范畴；后者用于本地无线接入，属无线局域网范畴。

首先，向移动运营商申请无线上网业务并购买一张用户识别模块（User Identity Module，UIM）手机卡专用于无线上网，选择上网套餐；然后，购买一个类似U盘的无线上网卡；最后，把UIM卡插入无线上网卡的UIM卡槽内，如图10-12所示。

将无线上网卡插入计算机接口，Windows系统首先会对其进行硬件识别并安装驱动程序，直到提示"新硬件已安装并可以使用"。打开"此电脑"窗口，双击"无线上网卡"图标，打开"安装"向导，引导用户安装应用程序。

安装完成后，"开始"菜单或桌面中会出现无线宽带的图标。运行图标对应的程序，打开"无线上网卡客户端"主界面，如图10-13所示。无线上网卡信号正常，且成功登录后就可创建与互联网的连接。

图 10-12 无线上网卡中插入 UIM 卡

图 10-13 "无线上网卡客户端"主界面

10.1.3 办公网共享上网

办公网中的各计算机虽然都可以分别单独接入互联网，但由此引起的上网开支大增和网络管理不便会随之而来。如果办公网中的计算机都能共享同一条互联网接入线路，其费用和管理就不再是头痛的问题。

1. 路由器方案

路由器是互联网的主要节点设备，利用路由器组网也是最可靠的共享上网方式。

路由器的分类标准有多种，按性能档次可分为高、中、低档路由器；按功能地位可分为骨干级路由器、企业级路由器和接入级路由器。对于普通办公网络而言，采用低档的接入级路由器即可满足共享上网的需求。

如图 10-14 所示为一台 SOHO 型宽带路由器，适用于组建网络节点较少的小型办公网；若需提供 WiFi 服务，则应换用 SOHO 型无线宽带路由器，如图 10-15 所示。

图 10-14 SOHO 型宽带路由器

图 10-15 SOHO 型无线宽带路由器

小型办公网共享上网的连接方式通常如图 10-16 所示。路由器把计算机网络分隔成内网和外网两个部分，内端口（LAN）连接内部局域网，外端口（WAN）连接外网，内部局域网共享外部连接以访问外网。

如图 10-17 所示为一台小型接入路由器，可用于校园网或中小型办公网络等。当然，用户也可以选用其他性能较高的路由器来组网。由于内网中网络节点较多，一般需要利用多台交换机连接各终端；如果需要提供 WiFi 服务，则需在内网的适当位置部署无线交换机，中小型办公网络结构如图 10-18 所示。

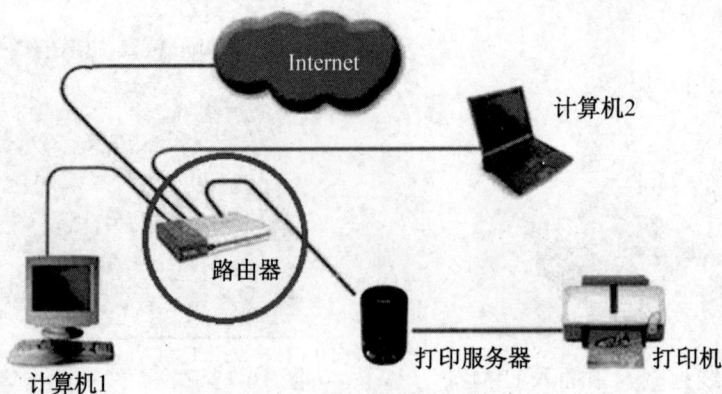

图 10-16　小型办公网共享上网的连接方式

图 10-17　小型接入路由器

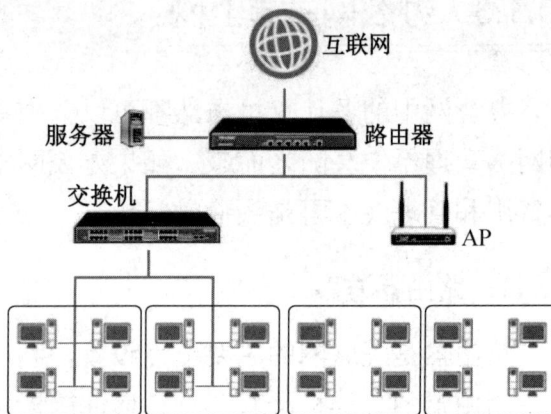

图 10-18　中小型办公网络结构

使内网通过路由器共享外网连接来访问互联网，关键在于对路由器的设置。

先将计算机与路由器内网接口通过平行双绞线相连，设置计算机的 IP 地址与路由器内网接口处于同一网段。在计算机中打开浏览器并在地址栏中输入路由器内网 IP 地址，在显示的登录界面中输入管理账号和密码，打开路由器管理界面。

对内网（LAN）的配置主要包括 DHCP 服务、无线 WiFi 等，用户可自主决定如何进行设置，并完成相应内网网络终端的设置，以保证内部网络正常工作，这里不再详述。

对外网（WAN）配置的关键是正确选择外网连接方式，如图 10-19 所示。

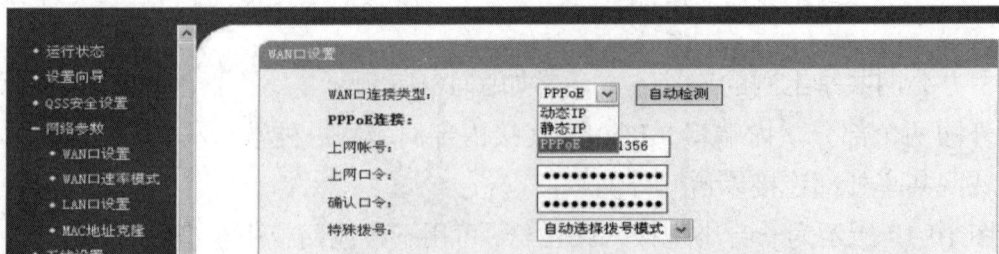

图 10-19　外网（WAN）配置

当内网工作正常，路由器连接外网正常，这时内网中各网络终端就可通过该路由器共享外网连接以访问外网资源。

2．Windows 网络共享

Windows 提供了网络连接共享功能，可以解决小型办公网共享上网的问题。此方案要求计算机配置有两个网卡，有线网卡或无线网卡均可，其中一个与外网连接，另一个与内网连接。共享上网是指内网中用户共享该计算机的外网连接。

在连接外网的计算机中，打开外网连接（如本地连接）的属性对话框，并切换到"共享"选项卡，如图 10-20 所示。勾选"允许其他网络用户通过此计算机的 Internet 连接来连接"复选框，并从"家庭网络连接"下拉列表中选择网络连接方式（如无线网络连接），保存设置并返回"网络连接"窗口。若本地连接的状态信息中出现"共享的"字样，则说明虚拟 AP 网中的无线终端可以通过计算机共享上网。

局域网共享上网还包括代理服务器上网、网关服务等多种解决方案，但超出了本书讨论范围，确实需要其他解决方案时，建议邀请专业人士帮助解决。

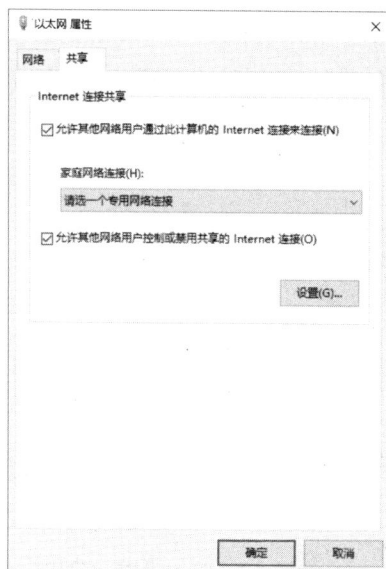

图 10-20　"共享"选项卡

3．Windows 10 移动热点

Windows 10 系统提供移动热点功能，可以向周边无线网络设备共享外网连接。

打开"网络和 Internet"设置窗口，单击左栏中的"移动热点"按钮，右栏将打开如图 10-21 所示的界面。

图 10-21　移动热点

在"共享我的以下 Internet 连接"下拉列表中指定拟被共享的网络连接（如 WLAN），在"通过以下方式共享我的 Internet 连接"中指定网络分享方式，顶部的"与其他设备共享我的 Internet 连接"按钮用于控制是否启用移动热点。

移动热点可提供 WLAN 和蓝牙两种分享方式。当选用 WLAN 方式分享时，该区域下方将显示 SSID 相关信息，单击"编辑"按钮可对其进行更改，开启后计算机就会向周围设备发射 WiFi 信号，周围的设备选择该 SSID 正常接入即可；当选用蓝牙方式时，要求计算机和周围设备都开启蓝牙，在完成配对后就可以共享网络了。

　　移动热点应该在设置后启用，如果设置无变化仅需设置一次即可。在任务栏右侧单击"网络"图标，打开网络连接面板（见图 9-18），单击其底部的"移动热点"按钮，可快速开启移动热点，如图 10-22 所示。

图 10-22　开启移动热点

10.2　互联网办公应用

　　自国际互联网建立以来，互联网应用一直在不断丰富。一方面，互联网的发展带动商业模式不断变化，各类创新型应用层出不穷；另一方面，互联网对大众生活的渗透程度不断深入，早已从休闲娱乐工具转变为日常工作、生活不可或缺的一部分。

10.2.1　互联网应用概述

　　在现代信息化社会中，互联网主要有以下典型应用。

1．网络媒体

　　互联网作为一种新兴的传播媒体，由于互动性良好、表现形式多种多样，成为继报纸、广播、电视之后的"第四媒体"，各大新闻网站、门户网站、企事业单位都相继开通了这一宣传通道。

2．互联网信息检索

　　在浩如大海的网络中，如何找到自己所需要的信息？网络搜索技术帮助人们收集各种各样的信息，只需要输入关键词，就可以通过它查询到所需要的相关信息。

3．网络通信

　　网络通信分为电子邮件和即时通信两大类。很多人使用网上免费的电子邮件，通过它与其他人交流。即时通信也在飞速发展，其功能也在日益丰富，正在成为社会化网络的连接点，而且也逐渐成为电子邮件、博客、网络游戏和搜索等多种网络应用的重要接口。

4．网络社区

　　网络社区的主要服务内容有交友网站、朋友圈和博客。通过交友网站，可以结交五湖四海的朋友；通过朋友圈和博客等个人社交账号，可以把自己在生活、学习、工作中的点点滴滴记录下来，放在网上，同网友分享。

5. 网络娱乐

网络娱乐主要包括网络游戏、网络音乐、网络视频等。

6. 电子商务

电子商务是与生活密切相关的重要网络应用，通过网络支付、在线交易，卖家可以用很低的成本把商品卖到全世界，买家也可以用很低的价格买到自己心仪的商品。国内影响力较大的电商平台有阿里巴巴、天猫、淘宝、京东等，此外抖音、快手等直播电商平台的影响力也在持续扩大。

7. 网络金融

网络金融方面主要有网上银行和网络炒股。通过网络开通网上银行的用户可以在网上进行转账、支付、外汇买卖等操作，股民可以在网上进行股票、基金的买卖和资金的划转等。

8. 网上教育

围绕教学活动开设的网络学校、远程教育、考试辅导等各类网络教育正渗透到传统的教学活动中。通过支付获得一个登录账号和密码，然后就可以随时登录网站学习或参加考试辅导。

10.2.2 使用腾讯 QQ

腾讯 QQ（简称 QQ）是腾讯公司开发的一款基于互联网的即时通信软件，目前 QQ 已经覆盖 Microsoft Windows、OS X、Android、iOS、Windows Phone 等多种主流平台。腾讯 QQ 以庞大用户群为基础，在即时通信的基础上又衍生出很多实用的互联网办公功能。

对 QQ 来讲，除靓号和特殊号外，QQ 号码均可免费申请。打开浏览器，访问 QQ 官网，单击其中的"立即注册"按钮，打开注册页面申请即可，如图 10-23 所示。

图 10-23 QQ 注册页面

启动计算机中的 QQ 程序并登录，登录成功后打开如图 10-24 所示的 QQ 主面板。QQ 用户可以相互成为好友，以便一对一交流。双击好友图标，弹出的好友会话窗口如图 10-25 所示。

QQ 提供了群和讨论组，就如同多人会议室，会议室内大家可以发言。QQ 用户可以加入群或讨论组，以方便同时与其他成员进行高效交流。

图 10-24　QQ 主面板

图 10-25　QQ 好友会话窗口

群和讨论组有相似之处，但二者并不相同。群是相对固定的组织，群成员规模从数百人到数千人，创建群的数量和规模受用户权限的制约；群中用户有群主、管理员和普通成员，群主可管理群成员、解散群、转让群，群和管理员可管理群成员和群内普通事务。讨论组（多人聊天）是临时性组织，成员最多不超过 50 名，成员没有身份区别；QQ 用户创建讨论组的数量不受限制；讨论组成员空或一定时间内（如六个月）无发言将被自动解散。

10.2.3　云存储

云存储也称网盘，是指服务商通过互联网提供的存储服务，用户通过互联网上传文件到云存储平台，也可利用互联网随时访问、管理、下载或分享云存储空间中的资源。

1. 微云存储

腾讯 QQ 默认为每个普通用户分配 10 GB 的微云存储空间，可用于永久存储用户文件。单击 QQ 主面板中的"打开应用管理器"图标，打开如图 10-26 所示的"应用管理器"窗口。从个人工具类中单击"微云"图标，打开如图 10-27 所示的微云存储管理器。用户可以对微云中的文件进行管理，也可通过创建多级文件夹来分类管理众多文件。

当用户要把本地文件存储到微云中时，只需打开微云存储管理器，单击其左上角的"＋上传"按钮，指定上传的文件或文件夹，然后执行"上传"命令即可。当然，把需要上传的文件或文件夹直接拖曳到微云存储管理器也能实现上传。

图 10-26 "应用管理器"窗口

图 10-27 微云存储管理器

用户需要使用微云中的文件时，可随时登录 QQ 并打开微云存储管理器，把鼠标指针悬于项目上，利用其浮动工具即可完成下载、分享、移动、重命名或删除等操作。

选中某个文件或文件夹，单击"分享"按钮，打开如图 10-28 所示的对话框，单击"复制链接"按钮，然后把链接通过某种方式发送给他人。对方利用浏览器访问该地址，打开如图 10-29 所示的界面，如此就可使用该共享资源。

图 10-28 设置微云分享

图 10-29 访问微云分享

在如图 10-28 所示的对话框中单击"添加访问密码"链接，打开如图 10-30 所示的界面。修改密码后，再单击"复制链接和密码"按钮，把链接地址和密码分发给他人。当对方访问时，必须正确输入密码才可以访问，这有利于提高被分享内容的安全性。

微云分享的链接默认有效期为 7 日，过期后将自动失效。在此期间，用户可以对已分享的链接进行管理。

单击微云存储管理器导航栏中的"分享的链接"选项卡，打开如图 10-31 所示的界面。鼠标指针在列表项目上悬动，利用其悬动工具可进行访问分享链接、复制分享链接、创建访问密码和取消分享链接等操作。单击列表顶部的"取消分享"按钮，则可取消对资源的分享。

可将微云文件发送给好友。在好友聊天窗口中，鼠标指针悬于"发送文件"图标之上，则显示如图 10-32 所示的"发送文件"菜单，执行"发送微云文件"命令即可；接收到的文件也可存到微云，如图 10-33 所示。另外，好友之间发送离线文件，将在"云"

中默认暂存 7 天；还有群相册、群文件等，也都与云存储有关。

图 10-30　加密设置云分享

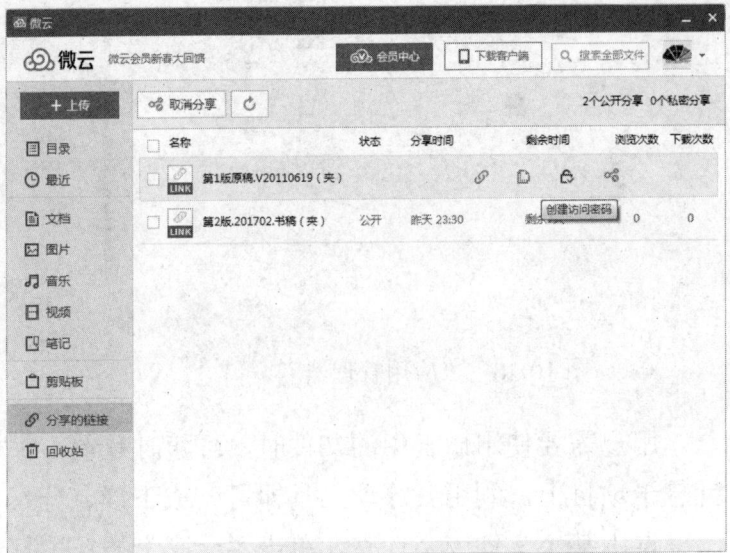

图 10-31　分享的链接

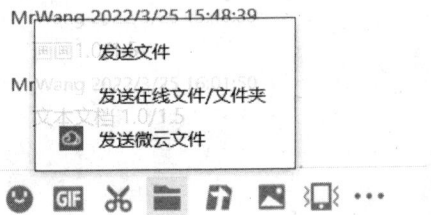

图 10-32　"发送文件"菜单

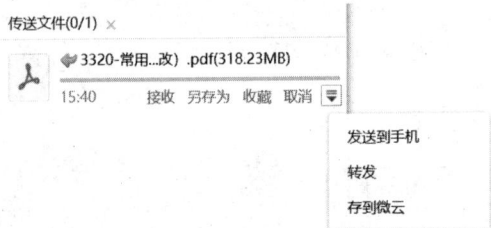

图 10-33　"接收文件"菜单

2. 百度网盘

百度网盘是百度推出的一项云存储服务。百度网盘个人版是百度面向个人用户的网盘存储服务，可满足用户工作和生活各类需求。用户在百度网盘可免费注册为会员，并能获得 2 TB 免费空间。

百度网盘支持多种平台，已覆盖主流计算机和移动终端，包括有 Web 版、Windows 版、Mac 版、Android 版、iPhone 版和 Windows Phone 版等，其 Web 版界面如图 10-34 所示。

百度网盘简单易用，用户可轻松地将自己的文件上传到网盘中，也可跨终端随时随地查看和分享文件。

随着净化互联网空间，我国加强了对存储和传播非法内容行为的打击力度，但云存储服务商对存储内容的监管上存在较大困难，因此很多服务商都陆续停止或调整了云存储服务。例如，腾讯微云关停了文件中转站服务，百度网盘调整了存储规划等。为此使用云存储的用户应提前做好存储规划和应对，在继续享用便捷的云存储服务的同时，注意备份好自己的重要文件。

图 10-34　百度网盘 Web 版界面

10.2.4　远程文件共享

远程文件共享是指允许被授权的互联网用户访问本地的共享文件，与网络共享允许局域网中被授权用户访问本地文件有所不同。

单击 QQ 主面板底部的"打开文件助手"图标，打开如图 10-35 所示的"文件助手"窗口。其中，"已接收文件"是指已接收并仍存储在本地的文件；"已发送文件"是指已发送且在本地留有副本的文件；"离线文件"是指仍在有效期内且暂存在文件助手（云）中的文件；"微云文件"是指转存微云中并仍保存在微云中的文件。

图 10-35　"文件助手"窗口

文件助手还管理文件共享，包括"我的共享"和"好友的共享"。前者指用户存储在本地计算机中的文件，后者指保存在好友的计算机中且被共享的文件；共享文件无须上传，只有当好友访问时才会从共享方传送给访问方。

1．我的共享

单击"我的共享"选项卡，打开如图 10-36 所示的界面，首次使用时共享文件为空。单击"＋新建共享"按钮，打开如图 10-37 所示的"新建共享"对话框。在"共享名称："文本框中输入共享名称（如"系部共享"），单击"添加成员"图标以添加成员，单击"确定"按钮。新建共享完成后，将自动进入新建的共享文件夹中，如图 10-38 所示。

图 10-36　"我的共享"选项卡

图 10-37　"新建共享"对话框

单击"＋添加新内容"按钮，在打开的"文件选择"对话框选择打算共享的文件（可多选或多次选），此时共享文件夹中出现要共享的文件列表，如图 10-39 所示。

图 10-38　新建的共享文件夹

图 10-39　要共享的文件列表

利用共享文件夹窗口中的工具，可添加、删除和排序共享文件，也可管理共享成员。单击顶部的"返回"按钮，将返回如图 10-40 所示的界面，利用该窗口用户仍可继续管理或添加共享。

2．好友的共享

单击"好友的共享"选项卡，可从互联网上查找自己有访问权的共享及其文件，当然，前提是好友在线且在发布共享的计算机上登录。

图 10-40　我的共享

10.2.5　远程控制

计算机通过互联网控制异地的计算机被称作远程控制。除 Windows 系统提供了远程桌面和远程协助两种方式外，腾讯 QQ 也提供了远程桌面功能。

1. Windows 远程控制方案

Windows 远程协助和 Windows 远程桌面已在 9.4.4 小节中有所讲述，它们不仅适用于局域网环境，也可在互联网情境下使用。

在互联网环境下实施 Windows 远程协助和远程桌面，要求受控端和施控端都接入互联网。对 Windows 远程桌面，还要求受控端具有互联网公共地址（如互联网），且可被施控端通过互联网访问。

2. QQ 远程桌面

打开 QQ 好友会话窗口，单击"远程桌面"图标，展开如图 10-41 所示的"远程桌面"菜单。

QQ 远程桌面既可请求控制对方计算机，又可邀请对方远程协助，分别与 Windows 远程桌面和 Windows 远程协助相对应，但实现起来更方便快捷。

图 10-41　"远程桌面"菜单

单击"请求控制对方电脑"按钮，则在会话窗口中向好友发出控制对方计算机的请求，如图 10-42 所示，并等待对方回应，而此时好友的会话窗口如图 10-43 所示，等待好友做出选择。

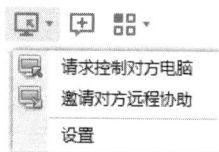

图 10-42　请求控制好友电脑

图 10-43　选择是否接受控制

若好友端单击了"接受"按钮，请求端将打开"远程桌面"窗口，并实时显示对方计算机的桌面，如图 10-44 所示。通过该窗口，还可远程操控对方计算机。

远程桌面连接期间，双方会话窗口仍可继续使用；任意一端单击会话窗口中的"断开"按钮，都将终止远程桌面；请求端单击远程窗口的"结束"按钮，也可终止远程桌面。

与"请求控制对方电脑"的控制方式相反，执行"邀请对方远程协助"命令，则好友端接受邀请后，可查看和控制请求端的计算机，直到双方断开连接为止。

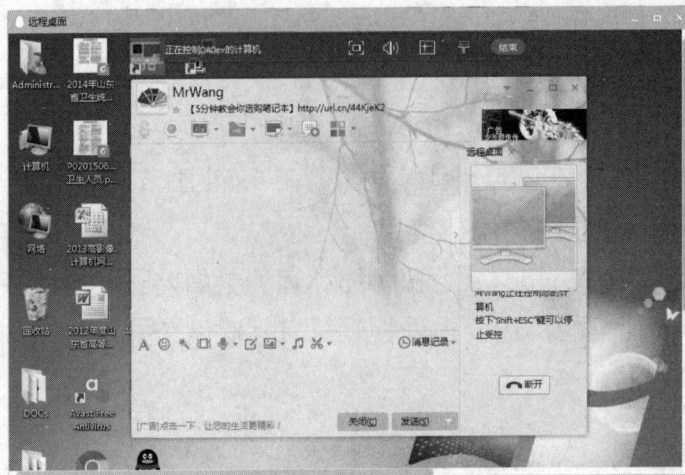

图 10-44　"远程桌面"窗口

10.2.6　远程演示

远程演示是指把本地计算机的显示图像实时地传送至远程计算机，可用于召开远程会议或组织在线教学等。

1. QQ 好友远程演示

在腾讯 QQ 好友聊天窗口顶部的工具条中，单击 ▣ 按钮，展开如图 10-45 所示的"远程演示"菜单，其中包括"分享屏幕"和"演示白板"两项功能，用于发起并邀请好友参加远程演示，好友端接受邀请后即可加入演示。为便于描述，将发起远程演示的一方称作演示端，受邀观看远程演示的一方称作观众端。

执行"分享屏幕"命令，聊天窗口的左侧出现远程演示的视频区，同时出现"选择分享屏幕方式"弹窗（见图 10-46），提供"全屏分享"和"选择区域"两种分享方式。对于"全屏分享"方式，选用后将直接启用全屏演示；对于"选择区域"方式，用户必须先用鼠标左键在屏幕中拖曳出一个演示区域，如图 10-47 所示，再单击"开始分享"按钮开启区域演示。在远程演示过程中，被分享区域将被红色边框包围，如图 10-48 所示，拖曳边框线可实时调整分享屏幕的演示区域。

图 10-45　"远程演示"菜单

图 10-46　选择分享屏幕方式

图 10-47　演示区域

图 10-48　分享区域

演示端向观众端发出远程演示的邀请后,观众端将出现如图 10-49 所示的受邀窗格,单击"接听"按钮开始连接并接收演示。

远程演示的参与各方连接成功后,演示端的视频区和观众端的视频区分别如图 10-50 和图 10-51 所示。在远程演示过程中,参与各方都可单击视频区顶部的"邀请好友"按钮邀请更多好友加入演示,也都可单击视频区底部的"挂断"按钮结束演示。

图 10-49　受邀窗格

图 10-50　演示端的视频区 1

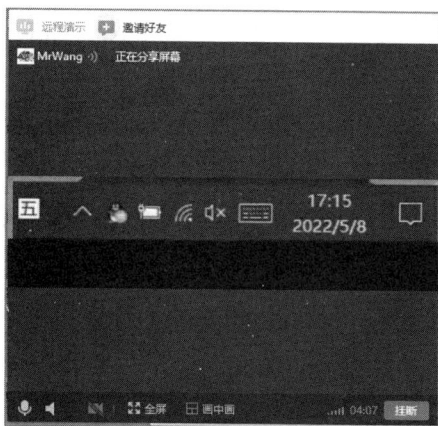

图 10-51　观众端的视频区

在演示端单击"结束分享"按钮,或者在如图 10-46 所示的界面中单击█按钮,演示端的视频区和观众端的视频区都将显示如图 10-52 所示的远程演示功能主界面,在此任何一方都可以发起新的远程演示。

在远程演示功能主界面中,单击"演示白板"按钮将启用电子白板演示,演示端的视频区如图 10-53 所示,演示端利用绘图工具可在电子白板内任意涂鸦,观众端则可同步观看,直到关闭白板。类似地,单击"开摄像头"按钮,可远程演示本地摄像头实时捕捉到的画面。

图 10-52　远程演示功能主界面

在 QQ 远程演示功能中,分享屏幕和演示白板不能同时使用,但在分享屏幕或演示白板的演示过程中,单击视频区底部的摄像头图标可追加或关闭摄像头的演示画面。当视频区中包含多个演示画面时,单击视频区底部的"宫格"或"画中画"按钮可改变多个画面的布局，图10-54展示的是包含一个分享屏幕画面和两个摄像头画面的"画中画"布局。

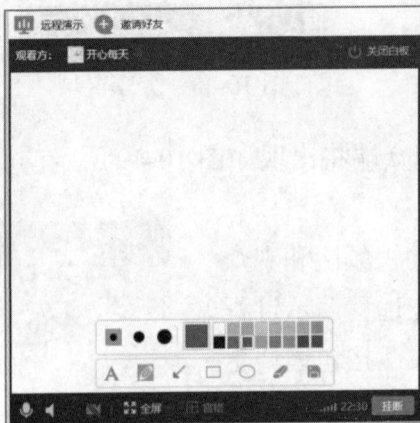

图 10-53　演示端的视频区 2

图 10-54　"画中画"布局

另外，若发起远程演示的计算机配有多个显示器，在执行"分享屏幕"命令时，首先会打开如图 10-55 所示的界面，选定需要分享的屏幕后单击"开始分享"按钮，接下来才会选择分享屏幕的方式（见图 10-46）。演示端的视频区如图 10-56 所示。

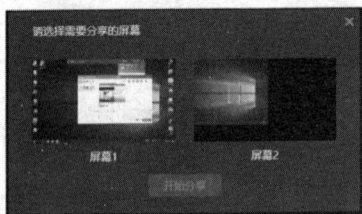

图 10-55　选择屏幕

图 10-56　演示端的视频区 3

2. QQ 群视频通话

在 QQ 群应用中，视频通话是腾讯为群成员专门打造的一种多人视频通话功能，适用于召开小型远程视频会议等。

在 QQ 群聊天窗口中（见图 10-57），单击其顶端工具条中的视频通话图标，将打开如图 10-58 所示的"选择联系人"对话框（默认选择所有成员）；选择联系人后，单击"发起通话"按钮，将打开本地摄像头并开启基于 QQ 群的视频通话；QQ 群中受邀好友接受邀请即可加入视频通话。

视频通话窗口底部工具条如图 10-59 所示，其中细线所框的三个图标分别对应开摄像头、分享屏幕和演示白板等远程演示功能，关闭所有演示画面后，其功能窗格将与图 10-52 的界面一致，群视频通话实际上就是基于 QQ 群的一种远程演示功能。

图 10-57　QQ 群聊天窗口　　　　　　图 10-58　"选择联系人"对话框

图 10-59　视频通话窗口底部工具条

3．QQ 群课堂

群课堂是腾讯为打造在线教育推出的一种功能，适用于召开远程会议或组织在线教学。

在群聊天窗口的工具条中，单击 图标将展开如图 10-60 所示的菜单；单击其中的"群课堂"选项，将打开如图 10-61 所示的 QQ 群课堂初始窗口。群课堂窗口分为左、右两个窗格，左窗格为视频区，右窗格默认显示课堂"群聊"信息，单击"在线"选项可显示在线用户列表。

图 10-60　QQ 群课堂功能菜单　　　　图 10-61　QQ 群课堂初始窗口

在群课堂初始窗口中，选择"录制课程"按钮意味着本次课堂将生成课程回放，以便成员课后回放观看；单击"开始上课"按钮，将弹出课前调试窗口（默认开启摄像头）；音视频调试正常后，单击"开始上课"按钮，群课堂进入"上课中"直播状态并等待群成员加入。此时课堂语音开启，摄像头关闭，视频区显示语音封面（默认为用户头像）。

上课后，群成员将收到加入课堂的邀请，接受邀请后加入群课堂。为便于描述，把发起群课堂的一方称为主持端，接受邀请的一方称为观众端。如图 10-62 所示为主持端的视频区界面（默认为语音封面），如图 10-63 所示为观众端的视频区界面。

图 10-62　主持端的视频区界面　　　　图 10-63　　观众端的视频区界面

群课堂视频区底部排列有群课堂的功能按钮。其中观众端群课堂中的功能按钮较为简明，由左向右分别是"音量控制"图标和"申请发言"图标；单击"申请发言"图标将向主持人申请在群课堂中发言。在主持端群课堂中单击"发言申请"图标将展开等待发言人列表，如图 10-64 所示，单击某成员对应的"同意"按钮后该成员方可发言；若单击"关闭申请"按钮，则禁止群课堂中的成员申请发言。

主持端群课堂工具栏中最右端是"结束课堂"按钮，单击它可结束群课堂；中部的功能按钮从左向右依次为"打开摄像头"、"分享"、"打开麦克风"、"设置语音封面"和"伴奏音"；单击"分享"按钮将展开如图 10-65 所示的菜单，用于分享不同类型的演示内容；单击"伴奏音"按钮将展开如图 10-66 所示的菜单（默认无伴奏）。

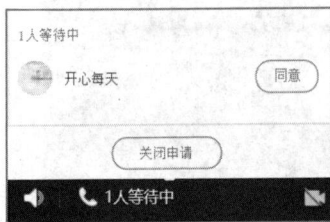

图 10-64　等待发言人列表　　图 10-65　"群课堂分享"菜单　　图 10-66　　"群课堂伴奏音"菜单

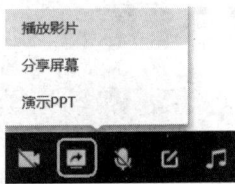

在主持端 QQ 群课堂初始窗口（见图 10-61）的标题栏右端，单击◙图标将打开如图 10-67 所示的"房间管理"对话框。

由"房间管理"对话框可知，群课堂应用是基于特定房间模式工作的，主要有自由模式、主持模式、麦序模式等三种模式，默认为主持模式。

（1）主持模式

在主持模式下，主持可自由发言，成员可申请排麦发言（音频或视频形式）。该模式的设置界面如图 10-67 所示，可以管理房间玩法、访客设置、排麦权限及排麦限时等项目。

图 10-67　主持模式的设置界面

（2）麦序模式

在"房间管理"对话框中单击"麦序模式"选项，其设置界面如图 10-68 所示，可分别管理访客设置、排麦权限及排麦限时等项目。麦序模式的默认初始界面如图 10-69 所示。

图 10-68　麦序模式的设置界面

图 10-69　麦序模式的默认初始界面

在麦序模式下，房间中管理员单击"立即排麦"按钮可排队成为主播。单击视频区顶部的"排麦"或"直播中"图标，将展开当前排麦队列，如图 10-70 所示。在房间的在线成员列表中，右击某成员将弹出"管理员设置"菜单，如图 10-71 所示，利用该菜单可以设置或取消成员的管理员权限。

图 10-70　排麦队列

图 10-71　"管理员设置"菜单

（3）自由模式

在"房间管理"对话框中单击"自由模式"图标，自由模式的设置界面如图 10-72 所示，其初始界面如图 10-73 所示。

图 10-72　自由模式的设置界面

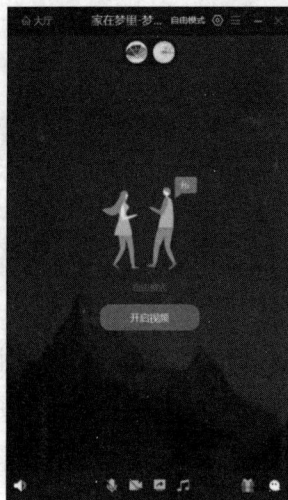

图 10-73　自由模式初始界面

在自由模式下，群中成员将自动加入房间，且都可自由语音发言，但语音发言方式取决于发言方式的设置（图 10-72）。若设为自由发言，群中所有成员都可不受限制地自由语音发言；若设为按键发言，则成员须在按住 F2 键后才可语音发言。

在自由模式初始封面中，单击"开启视频"按钮将打开摄像头并以视频方式参与演示，也可分享更多类型的演示内容或播放伴奏声音等。

综上所述，QQ 群视频和群课堂等应用功能都是对 QQ 远程演示的扩展应用，远程演示主要用于好友间双向演示，群视频主要用于 QQ 群内小范围的交互演示，基于不同房间模式的群课堂又分别适用于单主播、排麦主播和无主播的 QQ 群应用场景。

此外，许多第三方网络直播软件（如腾讯课堂、腾讯会议、钉钉会议、Zoom 等）也具有远程演示功能，虽各具特点但演示功能大体类似，读者可根据自身需要选用，不再赘述。

10.2.7　电子邮箱

电子邮箱是指通过网络电子邮局为网络用户提供网络交流的电子信息空间。电子邮箱具有存储和收发电子信息的功能，利用它可以不受时空限制地收发电子邮件，有利于提高工作效率。

电子邮局由邮件服务商负责维护和运营，126/163、新浪、QQ、搜狐等网站都提供免费服务，用户在网络电子邮局中申请账户即可获得电子邮箱。完整的电子邮箱由账户名和电子邮局组成，格式为"账户名@电子邮局"（"@"符号表示"在"）。例如，abc@126.com 表示在"126.com"电子邮局中名为 abc 的账户的电子邮箱。

QQ 电子邮局是腾讯公司运营的，每位 QQ 用户都默认拥有一个免费的 QQ 邮箱。例如，QQ 号 123456 的用户，其邮箱默认为 123456@qq.com。

本小节以 QQ 邮箱为例简单介绍邮箱的用法，其他邮箱读者可参考 QQ 邮箱使用。

1．基本用法

打开浏览器并在地址栏中输入 QQ 电子邮箱地址，打开如图 10-74 所示的 QQ 邮箱登录界面。

图 10-74　QQ 邮箱登录界面

正确输入用户名（QQ 号）及登录密码，单击"登录"按钮，即可登录 QQ 邮箱，同时也支持手机 QQ 扫码登录。成功登录后，将打开个人的 QQ 邮箱，其主界面如图 10-75 所示。

图 10-75　QQ 电子邮箱主界面

单击左侧导航栏中的"收件箱"图标，可以查看已收到的邮件，且可对已收到的文件进行删除或移动等操作。单击导航栏中的"写信"图标，将打开写信界面，如图 10-76 所示。

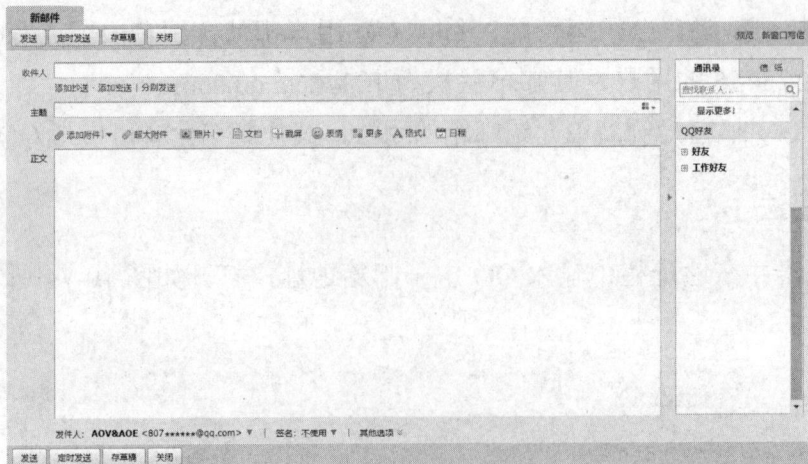

图 10-76　写信界面

在"收件人"栏中输入收件人的电子邮箱地址，在"主题"栏内输入邮件标题，在"正文"区域中输入邮件的具体内容。单击"发送"按钮，即可将新编辑的电子邮件发送给收件人。另外，单击主题栏下的各个图标，用户就可以为电子邮件附加各种文件作为附件。

在邮件编写的过程中，单击"存草稿"按钮，可将当前邮件暂存到草稿箱中，以便后续编辑修改。

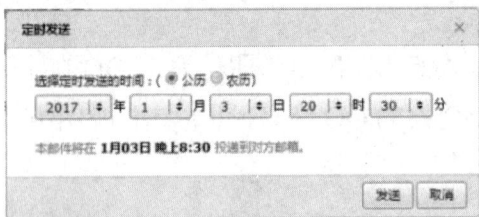

图 10-77　"定时发送"对话框

邮件编辑完毕后，单击"定时发送"按钮，打开如图 10-77 所示的"定时发送"对话框。设置定时发送完毕后单击"发送"按钮，当前邮件将会被存到草稿箱内，等到指定时刻将会立即发送；而在此之前，用户可以随时修改邮件或取消发送。

2．个性化设置

单击邮箱顶部的"设置"按钮，在"常规"选项卡中的"个性签名"选区中，单击"添加个人签名"按钮，在打开的界面中分别设定签名标识（如工作签名）及签名内容，如图 10-78 所示，单击邮箱底部的"保存更改"按钮予以确认。之后再次写信时，该签名将自动出现在邮件正文的尾部，如图 10-79 所示。

在"设置"界面的"常规"选项卡中还可设置假期自动回复，如图 10-80 所示。启用并保存修改后，在收到符合条件的来信时，将自动回复指定的信息。

在"设置"界面的"常规"选项卡中还可设置邮件自动转发，如图 10-81 所示。当需要指定他人或通过其他邮箱处理邮件时，可在"自动转发到"文本框中输入其他电子邮箱，同时可设定对邮件的处理方法，启动并保存修改后邮件转发功能将自动生效。

图 10-78 设置个性签名

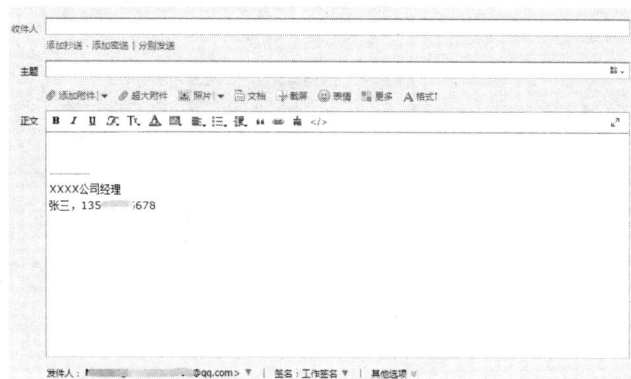

图 10-79 应用个性签名

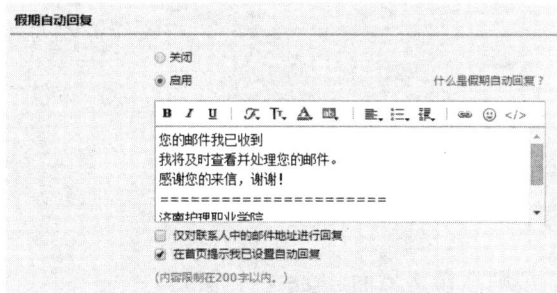

图 10-80 设置假期自动回复

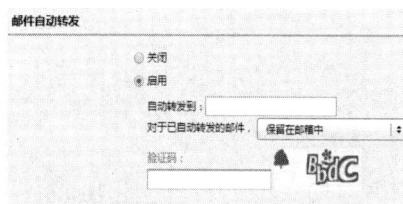

图 10-81 设置邮件自动转发

在"设置"界面的"文件夹和标签"选项卡中，单击"系统文件夹"按钮后可查看系统文件夹列表及存储状态，如图 10-82 所示。执行"我的文件夹"→"新建文件夹"命令，可创建文件夹，以便分门别类地管理众多邮件；执行"标签"→"新建标签"命令，可创建多个标签，以便对特殊邮件添加标记。创建完成后，邮件导航栏将会出现如图 10-83 所示的导航菜单，其中横线的上方部分是固定的系统文件夹，横线的下方部分则是自定义的文件夹及标签。

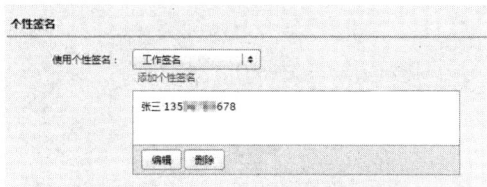

图 10-82 系统文件夹列表及存储状态

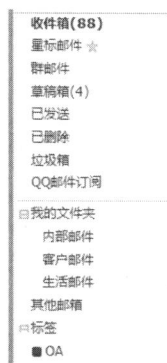

图 10-83 导航菜单

在"设置"界面的"收件规则"选项卡中，单击"创建收信规则"按钮后可打开如图 10-84 所示的"创建收信规则"设置界面，用户可以根据发件人、收件人、邮件主题、邮件大小等设置邮件筛选条件，以及满足筛选条件时对邮件的处置及自动回复信息等。

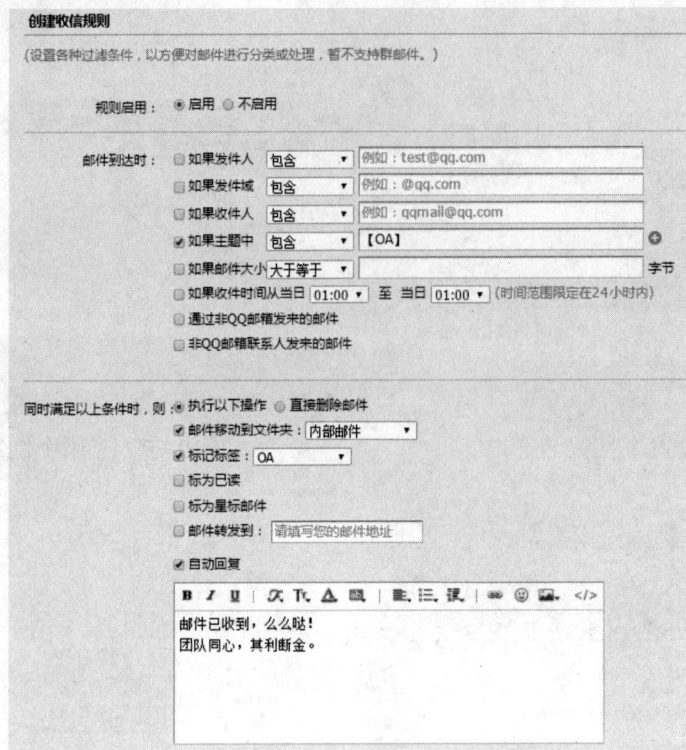

图 10-84　"创建收信规则"设置界面

　　假设公司约定职工之间发信时主题均以"OA"开头，收到邮件后统一转发到"内部邮箱"并标注为"OA"标签。启动规则并保存上述设置后，当收到符合条件的邮件时，"内部邮件"文件夹及"OA"标签内均会显示该邮件。

第 11 章

智能终端移动办公

本章要点

随着移动通信产业与互联网产业的飞速发展，移动办公成为新一代的办公方式。本章先简单介绍移动办公概念、移动办公终端、移动数据连接等基础知识，进而介绍移动即时通信、移动识别、移动文件交流、移动打印、移动支付及移动投屏等新型办公应用。

11.1 移动办公概述

即便在信息技术飞速发展的今天，传统的办公模式还是会把员工局限在一个相对固定的办公环境里，工作人员一旦离开特定的工作环境，就不得不中断手头的工作，影响工作的连续开展。传统的办公模式已不能完全满足现代办公需要，人们期盼新的移动办公方式出现。

11.1.1 移动办公概念

通俗地讲，移动办公就是在可移动的环境中办公，是一种新型的办公模式。借助移动智能终端设备的运算能力和无线访问能力，利用信息化软件，结合计算机网络构建移动办公系统，如图 11-1 所示。移动设备用户可以摆脱"线"的束缚，不受时空的限制，随时随地实现远程的管理和沟通，对提高效率、增进协作、实现效益最大化具有重要的现实意义。

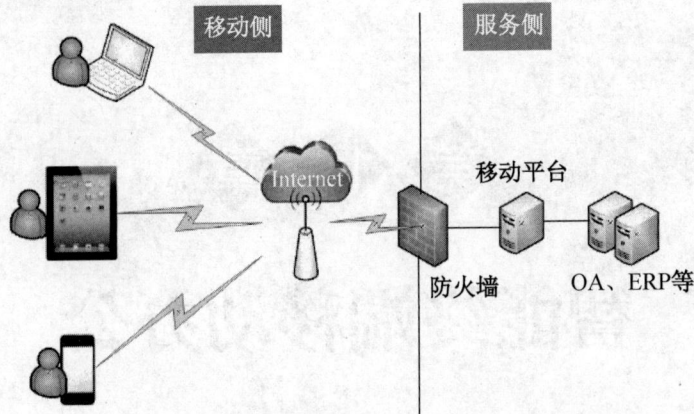

图 11-1　移动办公系统

如图 11-2 所示为某公司的移动应用办公系统界面。利用该系统，员工借助移动智能终端设备（如平板电脑等），在有网络的地方都可利用移动通信技术方便地开展办公业务。

图 11-2　某公司的移动应用办公系统界面

11.1.2　移动智能终端

随着移动互联网的发展，特别是 4G 业务推出以来，各大设备厂商都开始大力发展移动智能终端技术，推出了大量的移动智能终端产品。

移动智能终端简称智能终端，由硬件（智能设备）和软件（移动操作系统和应用软件）组成。

智能设备即智能终端硬件设备，常用的便携式智能终端主要有智能手机、平板电脑（PAD）、智能穿戴式设备等。

1. 智能手机

智能手机是将计算机的一些功能和手机相结合而产生的，如图 11-3 所示。智能手机与只有传统功能的手机不同，除具有独立的操作系统外，还可以通过安装和卸载应用软件来定制自身功能，并且可以利用移动互联网访问网络应用。

当前，智能手机是使用最为普遍的智能终端之一。

2．平板电脑

平板电脑是一种小型、方便携带的计算机，如图 11-4 所示。平板电脑在功能和用法上与智能手机类似，在运算性能和处理能力上一般都高于智能手机。

图 11-3　智能手机

图 11-4　平板电脑

平板电脑的概念是由微软公司的比尔·盖茨提出的。在微软看来，平板电脑是没有翻盖功能、无须键盘、小到可以放入手袋但却功能完整的个人计算机。

3．智能穿戴式设备

小型化、便携化的智能终端已经解决了用户随身携带的问题，但人们的需求不仅限于此，用户还希望可以把智能终端穿戴在身上。目前，已有越来越多的科技公司开始研发智能眼镜（见图 11-5）、智能手表（见图 11-6）和智能手环等智能穿戴式产品。

可以预见，未来将会有更多的智能终端可以穿戴在人们身上，如智能鞋、智能衣、智能裤、智能手套、智能腰带、智能戒指等，智能穿戴式设备如图 11-7 所示。

图 11-5　智能眼镜

图 11-6　智能手表

图 11-7　智能穿戴式设备

11.1.3　移动操作系统

智能终端要在移动操作系统的管理下才能运行和管理应用软件。在智能终端发展的过程中，涌现出一大批优秀的操作系统，如塞班（Symbian）、黑莓（BlackBerry）、Microsoft Mobile、安卓（Android）和 iOS 等。

随着移动互联网的快速发展，移动操作系统之间的竞争不可避免。目前主流的移动操作系统以谷歌的 Android 和苹果的 iOS 为主，但随着华为推出鸿蒙系统（Harmony OS）并开源后，Harmony OS 已成为第三大移动操作系统。

1. iOS 系统

iOS 是由苹果公司开发的移动操作系统，来源于最初的 Mac OS 系统。iOS 最早发布于 2007 年，最初是为 iPhone 手机设计的，曾被命名为 iPhone OS，但后来由于 iOS 又被陆续用到 iPod touch、iPad 等产品上，所以现在统一改称为 iOS，其标识如图 11-8 所示。

iOS 在一定范围内是封闭运营的。这种封闭运营模式曾一度被认为是安全的代名词，但最终也未能逃脱用户对安全隐患的质疑。因为封闭性太强，用户无法安装 iTunes 之外的应用程序，系统对自带功能也限制过多。

2. Android 系统

Android 是由谷歌公司领导开发的一种自由和开放源代码的操作系统，其标识如图 11-9 所示，主要应用于各种智能终端，如智能手机和平板电脑等，现已逐渐扩展到智能电视、数码照相机、游戏机等相关领域。

图 11-8　iOS 标识

图 11-9　Android 标识

Android 的开源降低了移动互联网的"门槛"，让更多的用户享受到移动互联网发展的成果，不过 Android 的开源同时也带来了安全隐患。

3. HarmonyOS 系统

HarmonyOS 是一款全新的面向全场景的分布式操作系统，其标识如图 11-10 所示，旨在创建一个万物互联的世界，将人、设备、场景有机地联系在一起。目前主要支持手机、平板、汽车等智能终端设备。

图 11-10　HarmonyOS 标识

HarmonyOS 是由我国的华为公司开发的具有自主知识产权的操作系统，其最核心的基础架构代码已全部捐赠给工业和信息化部主管的开放原子开源基金会，并命名为 OpenHarmony。开源的 OpenHarmony 可应用在计算机、智能手机、电视等智能终端上，全球有兴趣、有需要的组织和个人都可以参与到该项目，实现共商、共建、共享、共赢。目前，鸿蒙系统已获得国内外众多软/硬件厂商的支持。

11.2 智能终端连接

计算机具有强大的处理能力，计算机网络拥有丰富的资源，智能终端具备超强的移动性和便携性。智能终端与计算机、智能终端与智能终端之间的互连，可以达成很好的互补作用。

11.2.1 USB 线缆连接计算机

USB 技术的发展，使得计算机和周边设备能够通过简单的方式，将各种需要进行数据传输的设备连接在一起。USB 接口有多种类型，如图 11-11 所示，可以满足不同设备的连接需求。其中，计算机通常配备 A 型接口，外围设备和智能终端多数配备有其他类型接口。

USB 标准很好地解决了计算机与 U 盘、移动硬盘、打印机、扫描仪等外围设备的连接问题。一般连接 U 盘、移动硬盘等简单设备时不需要单独安装驱动程序；而连接其他复杂的外围设备时，则需要专门安装其驱动程序。

利用 USB 线缆将智能终端（如智能手机、平板电脑等）连接到计算机上，此时，智能终端将成为计算机的外围设备，同时在其屏幕通知区显示 USB 连接信息，如图 11-12 所示。由图 11-12 可知，该智能终端利用 USB 线缆连接到计算机后，除可充电外，还具有查看照片、管理文件和 U 盘存储等功能。

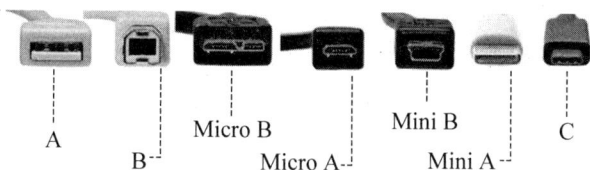

图 11-11　USB 接口类型

图 11-12　智能终端 USB 连接信息

智能终端通过 USB 线缆连接到计算机，并在计算机的控制下进行数据交换。例如，选择 U 盘存储时，计算机会把智能终端的 SD 存储卡作为 U 盘来使用。

智能终端首次连接计算机时都会自动安装其驱动程序，首次选择某项连接功能时，一般还会自动安装相关管理程序。

11.2.2 OTG 线互连

USB 接口主要用于计算机连接外围设备，计算机是设备之间进行信息交换和操作的中心，一旦离开计算机，所有的交换和操作都无从谈起。

OTG 是在 USB 技术基础上发展起来的，主要用于不同设备或智能终端之间的连接，并进行数据交换。

OTG 技术改变了设备连接必须依赖计算机的情况，使得设备间可直接连接和操作。例如，数码相机通过 OTG 技术直接连接打印机，拍出的相片可立即打印出来。OTG 设备连接主要是通过 OTG 转接线（见图 11-13）或 OTG 转接头（见图 11-14）实现的。

图 11-13　OTG 转接线

图 11-14　OTG 转接头

理论上，OTG 的功能相当丰富，通过 OTG 连接存储器、读卡器等，可以方便地从各类终端中存取文件；通过 OTG 连接智能终端的外围设备，如键盘、鼠标、游戏柄，可以方便操控智能终端；通过 OTG 还可以给其他设备充电。智能终端连接外围设备如图 11-15 所示。

当较多设备需要通过 OTG 技术与智能终端相连时，可以使用一种叫作 OTG/USB 集线器的设备扩展连接，如图 11-16 所示，图中产品有一个 OTG 接口及多个 USB 接口，这样就可以实现多样化应用。智能终端扩展外围设备如图 11-17 所示，用 OTG 接口连接智能手机或平板电脑，再利用 USB 接口连接键盘、鼠标等，此时用户通过使用键盘或鼠标就可以轻松地使用智能手机或平板电脑了。

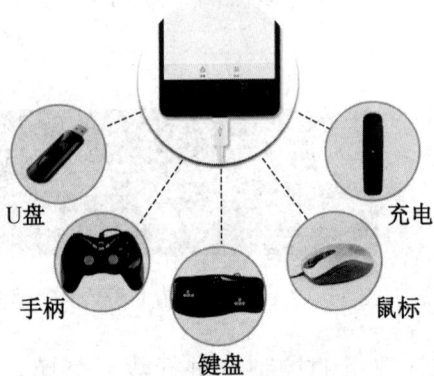

图 11-15　智能终端连接外围设备

图 11-16　OTG/USB 集线器

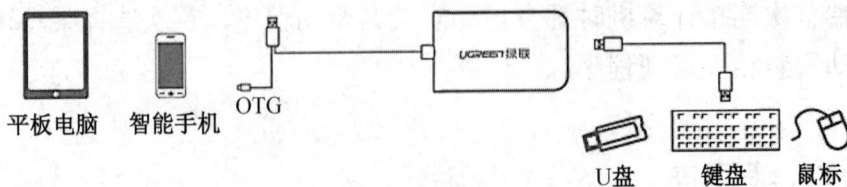

图 11-17　智能终端扩展外围设备

随着 OTG 技术应用的普及，市面上还出现了一些创新型产品。OTG/USB 双用 U盘如图 11-18 所示，它既可连接到计算机上使用，也可连接到智能终端上使用；OTG 读卡器可以方便智能终端读/写外部存储卡内容或扩展终端存储容量，如图 11-19 所示。

图 11-18　OTG/USB 双用 U 盘　　　　图 11-19　OTG 读卡器

11.3　智能终端无线上网

　　智能终端无线上网的需求无处不在，在开通上网业务后，只要在有移动信号的地方，用户都可以利用智能终端方便地访问网络资源以实现移动办公。

11.3.1　单终端上网

1. 移动上网技术

　　移动上网技术主要有濒临淘汰的 2G 网络和 3G 网络，广泛使用的 4G 网络，以及更好、更快、更稳的 5G 网络。

　　2G 网络：主要有中国移动推出的基于 2.5G 的通用分组无线业务（GPRS）、中国联通推出的基于 2.5G 的码分多址技术（CDMA）和中国移动为抗衡 CDMA 而基于 2.75G 技术推出的增强型数据速率 GSM 演进技术（EDGE）。目前，2G 网络正在逐渐退出商用市场。

　　3G 网络：主要有中国移动的时分同步码分多址技术（TD-SCDMA），中国电信的 CDMA2000 技术和中国联通的宽带码多分址技术（WCDMA）。3G 无线网络较以前 2G 网络的带宽有了很大提高，如中国联通 WCDMA 的理论传输速率为 7.2 Mbit/s～14.4 Mbit/s，实际传输速率也高达 200 kbit/s～2 Mbit/s。

　　4G 网络：是集 3G 与 WLAN 于一体并能够传输高质量视频图像的技术。4G 系统能够以 100 Mbit/s 的传输速率下载，上传的传输速率也能达到 20 Mbit/s，能够满足大多数用户对于无线服务的需求，是目前应用最广的移动通信网络。

　　5G 网络：采用高频传输技术，传输速率峰值高达 20 Gbit/s，比 4G 网络的传输速率快数十倍，能够适应多种复杂的应用场景，且保持高速稳定的传输。全球许多国家都曾竞相展开 5G 网络的技术研究和开发，我国的华为公司在 2016 年凭借极化码拿下了 5G 时代的话语权，目前正推广商用，用户数量持续增长。

2．无线宽带技术

如同计算机可以借助无线宽带技术连接互联网一样，各种智能终端也都具有利用 WiFi 访问无线 AP 的能力。在无线宽带信号覆盖的范围内，智能终端开启 WLAN 功能，搜索无线宽带网络，通过身份认证后就可访问互联网。

CMCC 是中国移动专为智能手机上网提供的 WLAN 标识，ChinaNet 是中国电信的 WLAN 标识，ChinaUnicom 是中国联通的 WLAN 标识。智能终端连接到上述网络后，基本上都有两种身份验证方式：一种是在智能终端上安装服务商提供的客户端软件，利用客户端登录进行身份认证（App 认证），认证界面如图 11-20 所示；另一种是利用浏览器打开网页进行登录认证（WAP 认证），认证界面如图 11-21 所示。

图 11-20　App 认证界面

图 11-21　WAP 认证界面

11.3.2　移动共享上网

随着移动互联网的快速发展及移动应用的快速普及，用户对移动互联网的依赖程度越来越高。虽然用户可以开通数据流量包等业务，但数据流量难免有使用完的时候。此时，特别是在室外，用户就非常希望能获得朋友分享的网络流量。移动无线路由器和 WLAN 热点就应运而生。

1．便携式热点

智能手机和平板电脑都具有便携式热点功能，其本质就是将智能终端当作无线 AP 使用。打开智能终端的便携式热点，智能终端就向周围广播 WiFi 信号，其他具备 WLAN 功能的设备连接 WiFi 信号，就可与热点设备组成无线个人区域网（WPAN）。

从 5.1.1 版开始，iOS 系统中就有了便携式热点功能（曾被称为"个人热点"）。在苹果手机中，打开如图 11-22 所示的"设置"界面，点击"个人热点"选项，打开"个人热点"界面，如图 11-23 所示，设置热点 SSID 及密码，开启个人热点。

图 11-22 "设置"界面

图 11-23 "个人热点"界面

在 Android 系统中，便携式热点常被称作"便携式 WLAN 热点"。打开"全部设置"界面，如图 11-24 所示，执行"无线和网络"→"设置"→"移动网络共享"→"便携式 WLAN 热点"命令，打开如图 11-25 所示的界面。点击"配置 WLAN 热点"选项，设定 SSID 热点名称和密码，即可启动 WLAN 热点。

图 11-24 "全部设置"界面

图 11-25 "便携式 WLAN 热点"界面

便携式热点启动后，热点设备附近的 WiFi 设备就可以搜索到该热点的 SSID，以正常方式接入即可完成连接。

大多数情况下，创建便携式热点的目的是共享热点的数据流量。在热点设备上开启移动网络连接并启用共享，则该连接及其数据流量将被共享给接入热点的无线终端。

2. 虚拟 WiFi 热点

虚拟 WiFi 热点的开启和使用已在 9.3.3 小节中进行了详细描述，即让某台计算机无线网卡工作在无线承载网络模式，将其虚拟成无线 AP 并广播 WiFi 信号，其他 WiFi 终端连接该虚拟 AP 即可成功加入该无线局域网，通过共享连接还可以接入互联网。

在虚拟 WiFi 热点所在的主机上，对于连接互联网的外网连接（如本地连接），打开其属性对话框并切换到"共享"选项卡（见图 10-20）。勾选"允许其他网络用户通过此计算机的 Internet 连接来连接"复选框，并从"家庭网络连接"下拉列表中选择虚拟的 AP 连接，保存设置即可；当外网连接的状态信息中出现"共享的"字样，则说明连入虚拟 AP 的无线终端已可以共享上网。

3. 移动无线路由器（MiFi）

图 11-26　中国移动定制的
4G 移动无线路由器

移动无线路由器最早诞生于 3G 时代，大小与信用卡相当，如图 11-26 所示为中国移动定制的 4G 移动无线路由器。MiFi 的目的是让更多用户分享移动网络，并将移动网络转化为 WiFi 网络，从而为多个 WiFi 终端同时接入互联网服务。

使用 MiFi 服务，首先需要购买 MiFi 设备，再向运营商申请 SIM 卡并办理 MiFi 业务。将 SIM 卡插入 MiFi 设备特定插槽，开启电源后即可提供 WiFi 服务。将设备的 SSID 和认证密码告知有需要的用户，通过身份认证后即可共享 MiFi 流量并访问互联网。

目前，市售的 MiFi 设备大多都具备管理功能。一般利用智能终端接入 WiFi 后，用移动浏览器访问特定的 IP 地址，打开登录界面并输入管理员账号和密码，登录后进行管理即可。各 MiFi 设备默认的 IP 地址（一般为 192.168.1.1 或 192.168.0.1）、管理员账号（一般为 admin）和密码都应以用户手册为准。部分 MiFi 设备要通过专用软件进行管理，需另行下载并安装相关 App 软件。

移动无线路由器和便携式热点，都可为用户提供共享移动网络。相对来讲，MiFi 方案的网络运行相对稳定可靠，同时资费相对优惠，但前期需要投资购买 MiFi 设备。而智能终端便携式热点方案简便易行，但资费相对较高，稳定性受制于提供热点的设备，且需要热点设备持续提供服务，服务成本相对较高。

11.4　移动应用

移动应用是日常应用在智能终端上的延伸。随着移动互联网的快速发展，移动应用的种类和数量均呈爆炸式增长，移动应用软件的分类也多种多样：依据应用形式，移动应用可分为 App 应用（安装客户端后使用）和 WAP 应用（用浏览器访问）；依据应用运行平台，移动应用可分为苹果应用、安卓应用和 WAP 应用；根据应用的功能和用途，移动应用又可分为社交、娱乐、搜索、推广、办公、通信、阅读、电商和支付等应用。

11.4.1 移动办公软件

随着移动办公需求的增加，移动办公软件不断涌现，在国内移动办公软件中，金山 WPS Office 应用最为广泛，其次还有微软移动 Office 等。

1. 金山 WPS Office

金山 WPS Office 在 Windows 平台的办公软件中占有重要的地位，同时在移动办公领域成为智能手机或平板电脑的标配软件，其标识如图 11-27 所示。

金山 WPS Office 能够完美支持 doc、docx、wps、xls、xlsx、ppt、pptx、pps、ppsx、txt 等多种格式文档的查看及编辑，打开文件速度快，显示效果好。金山 WPS Office 结合金山的快盘云存储服务，能够方便用户打开网盘里保存的文件。

2. 微软 Office

在智能手机、平板电脑中安装较多的移动办公软件当属微软 Office 了，每个版本的软件都包含有核心的 Word、Excel、PowerPoint 等组件。

微软 Office 并存有多个系列。Microsoft 365 前身是 Office 365，是一种订阅式的跨平台办公软件，其中包含最新版的 Office 套件，其标识如图 11-28 所示。Office Mobile 应用程序运行在 Windows 手机和平板电脑上。适用在 iPad 和 iPhone 上的微软 Office 需要运行在 iOS 14.0 或更高版本的系统中，另外还有 Office for Android™可以运行在 Android 系统的平台中。

图 11-27 金山 WPS Office 标识   图 11-28 Microsoft 365 软件标识

3. 永中 Office

永中 Office 是一款优秀的国产办公软件，支持文字处理、电子表格、简报制作三大应用，可直接打开 Word、Excel、PowerPoint 等 Office 文档文件，查看功能界面友好，编辑功能强大，但其对终端的硬件配置要求较高。

上述移动办公软件各有特点，其中微软 Office 需要用户根据自身需要求订购使用；其他几款软件则为免费移动办公软件，读者可根据终端设备的性能和实际需要来选用。

选用金山 WPS Office 或永中 Office 一般可获得类似桌面办公的功能和体验，其中金山 WPS Office 适用于普通配置的智能终端，而永中 Office 更适合于中高端平板电脑。

11.4.2　移动即时通信

即时通信原指能够即时发送和接收互联网消息的业务，自 1998 年面世以来，已得到迅速发展，现已从单纯的聊天工具发展成集交流、资讯、电子商务、办公协作和客户服务等为一体的综合信息平台。在我国，腾讯的 QQ 和微信应用占有重要地位。

1．手机版 QQ

手机版 QQ（见图 11-29）是由腾讯公司打造的移动互联网领航级手机应用，目前已经全面覆盖至各大手机平台，服务数亿活跃用户。

手机版 QQ 诞生于 2003 年，是由桌面版 QQ 软件迁移而来的，当时主要运行在功能机上，功能仅限于好友在线聊天。随着智能终端硬件水平和运行能力的增强，特别是触控技术、语音技术、光学字符识别（OCR）技术等应用于智能手机，手机版 QQ 的应用也越来越丰富，功能越来越强大。

2．微信

微信（WeChat）是腾讯公司的即时通信产品（见图 11-30）。该产品专注于移动互联网应用，专为智能终端设计，于 2011 年推向市场，在智能手机、平板电脑、智能手环及其他智能终端上都可见其身影。微信为用户提供免费的即时通信服务，除此之外还可以通过朋友圈、收发红包、扫一扫、摇一摇等形式参与互动活动。腾讯也推出桌面版的微信，可以和移动版同时在线，同步收发信息。

微信与 QQ 都是腾讯旗下的社交产品，在功能上存在重叠之处，但二者定位并不相同。如果桌面版 QQ 是传统互联网的明星，手机版 QQ 则是继承传统互联网基因的"星二代"；而微信则是移动互联网时代的产物，是当前移动互联网的明星，旨在引领移动新生活。

图 11-29　手机版 QQ

图 11-30　微信

3．飞鸽传书

飞鸽传书是一款局域网即时通信软件（参阅 9.4 节中飞鸽传书相关内容），现已经覆盖 Windows/Mac/Linux/Android/iOS 等主流操作系统平台，既可安装在计算机上，又可安装在智能终端上。

在智能手机上运行飞鸽传书，其主界面如图 11-31 所示，软件自动扫描网络中在线的飞鸽用户并列在主界面中。点击右上角的无线图标，打开如图 11-32 所示的界面，可在该界面创建或访问无线热点。点击飞鸽用户图标，打开如图 11-33 所示的"会话"窗口，可在局域网内与其他智能终端进行即时交流。

图 11-31　"飞鸽传书"主界面　　图 11-32　"无线热点"界面　　图 11-33　"会话"窗口

11.4.3　移动识别

智能终端体积通常比较小，输入相对困难，特别是在早期，只能靠物理按键或屏幕虚拟键盘来完成。后来，随着触摸屏的应用，智能终端采用了手写识别技术，输入文本变得容易起来。

在智能终端的输入方法中，除常用的触摸控制、手写识别之外，应用较为广泛还有语音识别、扫码识别和光学字符识别（OCR）等。

1．语音识别

通俗地说，语音识别就是让智能产品能够识别（听懂）人说的话，并在此基础上控制设备的运行或转变为文字输到智能产品屏幕中。

语音识别可分为语音控制和语音输入，其中语音控制一般属于智能终端自身的功能，用于控制智能终端的运行状态，如"拨打小明的电话""关机"等；语音输入通常集成在应用程序中，如集成在地图搜索输入框中（见图 11-34）或集成在输入法中（见图 11-35）。应用程序所含的麦克风图标表示具有语音输入功能，适用于向智能终端中输入文字的情形。

图 11-34　集成在地图搜索输入框中

图 11-35　集成在输入法中

2．扫码识别

扫码是指对特别编码图形进行扫描识别，主要有条形码和二维码两种编码形式。

（1）条形码

条形码是将宽度不等的黑条和空白按照一定的编码规则进行排列，用于表达一组信息的图形标识符，条形码及其扫描枪如图 11-36 所示。

条形码中的信息通常需用扫描枪识读，现代智能终端也可加载条码扫描功能。条形码的主要特点：提高信息录入速度快，信息差错率小；条形码的数据容量较小，最多 30 个字符；可表达的字符有限，只能包含字母和数字；尺寸相对较大，空间利用率较低；信息可靠性不高，遭到损坏后无法识读。

（2）二维码

二维码是利用特定的几何图形，按一定编码规则，在水平和垂直两个方向排列深浅相间的图形以记录数据符号信息，如图 11-37 所示。二维码可存储汉字、数字和图片等信息，应用领域较广。

二维码扫描器（见图 11-38）用于识读二维码中的信息（一般同时可识读条形码），在智能终端上也经常搭载二维码扫码功能。利用智能终端扫描二维码时，可对某类信息进行自动处理，如扫描网页地址后直接访问浏览，扫描软件（文件）地址时将其自动下载。需要注意的是，二维码本身无害，但容易成为手机病毒、钓鱼网站传播的渠道，需要加强防范，不随意扫码访问不良网站，不随意扫码下载来源不可靠的软件。

图 11-36　条形码及其扫描枪

图 11-37　二维码

图 11-38　二维码扫描器

3．光学字符识别

光学字符识别（OCR）技术用于识读图片中包含的文本信息，并将其转变成可被编辑的文本。该技术最初用于向计算机中输入文本，目前已成为移动应用的组成部分。

目前，很多网站都提供在线 OCR 服务，用户只需向 OCR 网站提交图片，网站就会从提交的图片中识别出文字并反馈给用户。

除在线 OCR 外，还有一些移动 OCR 应用软件可以把智能手机、平板电脑等智能终端变成移动扫描仪，如 Office Lens、扫描全能王（CamScanner）等。

（1）Office Lens

Office Lens 是微软公司推出的，支持中文 OCR 文字识别功能的专业移动扫描软件，可运行在计算机和智能终端中，在 Office Lens 的帮助下智能终端可变成口袋中的扫描仪。再利用 OCR 技术，就可以将图像中的文字符号等识别出来，供用户复制和编辑使用。

Office Lens 主界面如图 11-39 所示，底部的圆圈是拍照按钮，在拍照之前可选择拍摄类型（照片、文档、名片和白板），右上角是闪光灯开关功能菜单"："。点击"功能"菜单按钮，将展开如图 11-40 所示的功能菜单。

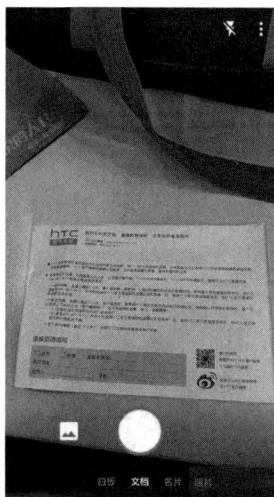

图 11-39　Office Lens 主界面

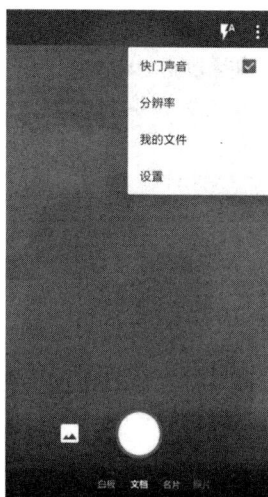

图 11-40　Office Lens 功能菜单

拍摄照片或打开图片后如图 11-41 所示，用户可利用界面顶部的工具对图片进行截取、翻转、擦除等操作，对亮度、对比度等进行调整；满意后点击右下角的"√"按钮进行确认并识别，将识别结果保存时打开如图 11-42 所示的界面，选择文件格式后，被识别的文本符号就会导出到对应的文件中。

（2）CamScanner

CamScanner 可将智能手机、平板电脑等变身为随身携带的扫描仪，通过 OCR 技术，CamScanner 可将图片中的文字瞬间转变成可处理的文本，让输入变得更方便、更轻松。CamScanner 有免费版与收费版，免费版可免费使用但功能受到限制。

CamScanner 软件界面如图 11-43 所示，操作方法与 Office Lens 基本相似，不再赘述。

在 QQ、微信等即时通信软件的聊天窗口中，也提供了对图片进行文字识别的功能，读者可自行体验和应用。

图 11-41　Office Lens 识别范围

图 11-42　Office Lens 识别导出

图 11-43　CamScanner 软件界面

11.4.4　移动文件交流

1. 飞鸽传书交流文件

在局域网办公环境中，各类终端之间可以相互交换文件。

移动端飞鸽传书通过"共享文件"与计算机相互访问文件。启动飞鸽传书，点击主界面中的"我的资源"图标，将展开如图 11-44 所示的界面，其中"我的共享"和"局域网共享"的含义与桌面端飞鸽传书一致。

在"局域网共享"界面中，用户可查看网内其他飞鸽用户分享的文件资源列表，如图 11-45 所示，可查看文件或将其下载到本地保存。在"我的共享"界面中，用户可查看已经共享的文件，如图 11-46 所示。点击右上角的"…"按钮，用户可以添加共享或设置共享密码。

图 11-44 "飞鸽传书"界面   图 11-45 "局域网共享"界面   图 11-46 "我的共享"界面

2. 同账户 QQ 交流文件

QQ 允许用户在桌面端和移动端同时登录；当同一账户在两种终端同时登录时，桌面端 QQ "我的设备"联系人分组中将出现移动端设备，如图 11-47 所示，移动端 QQ "我的设备"联系人分组中出现"我的电脑"，如图 11-48 所示。

图 11-47 桌面端 QQ 中的移动终端   图 11-48 移动端 QQ 中的"我的电脑"

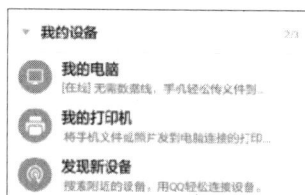

在移动端 QQ 或桌面端 QQ 任意一端选择对方设备图标，将打开"会话"窗口，既可进行即时交流，也可相互传递文件。

在移动端 QQ 中，点击左上角的个人头像，或向右滑动主界面，在打开的界面中点击"我的文件"图标，打开如图 11-49 所示的界面。

在移动端 QQ "我的文件"窗口中，点击"电脑文件"按钮，将要求输入访问密码，如图 11-50 所示，准确输入密码并点击"确定"按钮后可以看到桌面端 QQ 所在计算机的资源，如图 11-51 所示，继而用户可以读取其中的资源。

移动端 QQ 首次访问"电脑文件"时，将打开如图 11-52 所示的界面。点击"申请授权"按钮，桌面端 QQ 弹出"权限请求"对话框，如图 11-53 所示。在桌面端 QQ 设置访问密码，并单击"确定"按钮，移动端 QQ 将自动切换成输入密码界面。

图 11-49　"我的文件"界面　　　图 11-50　输入密码　　　图 11-51　桌面端 QQ 所在计算机的资源

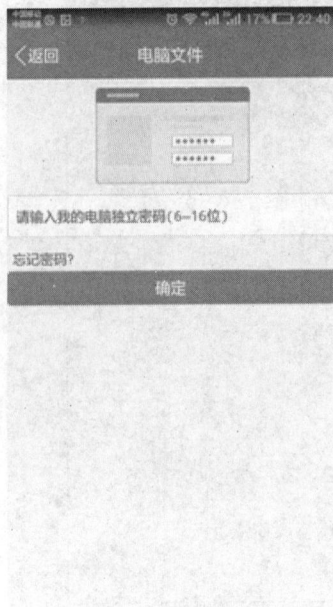

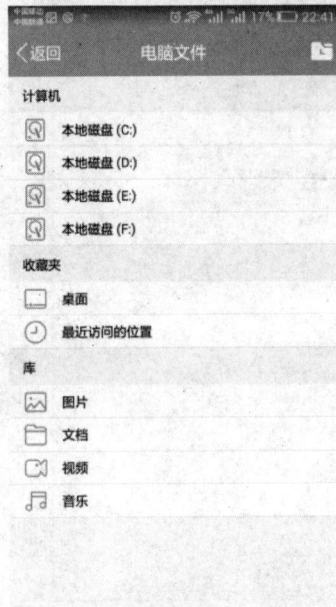

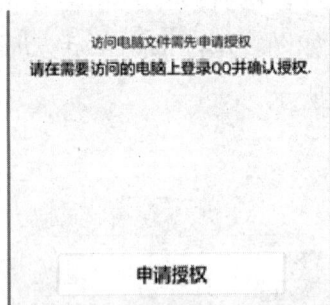

图 11-52　移动端 QQ 申请授权　　　　　图 11-53　"权限请求"对话框

3．QQ 面对面快传

移动端 QQ 从 5.1 版开始加入了面对面快传功能，在文件发送端启用 WiFi 热点，文件接收端连接 WiFi 热点，使两个终端位于同一个 WiFi 环境中，传送文件快速且无须流量。

分别点击两个智能终端界面右上角的"+"按钮，在展开的功能菜单中点击"面对面快传"按钮，打开如图 11-54 所示的"面对面快传"界面。

在"面对面快传"界面中，在发送端点击"发文件"按钮，打开如图 11-55 所示的界面。文件选择完毕后，点击"确定"按钮，将打开如图 11-56 所示的界面，期间移动 QQ 将自动断开原有无线连接并启用 WiFi 热点，在接收端点击"收文件"按钮后，将开始快速传输文件，直到结束。若接收方先执行"收文件"命令，则接收方将处于等待发送状态，如图 11-57 所示。

图 11-54 "面对面快传"界面 图 11-55 选择快传文件 图 11-56 等待对方接收

面对面快传除可以通过"搜索附近"的方式传送外，还可以通过"二维码"的方式传送。点击图 11-56 中的"二维码发送"按钮，打开如图 11-58 所示的二维码；此时接收端只需利用如图 11-59 所示的扫描功能扫描该二维码即可接收文件。

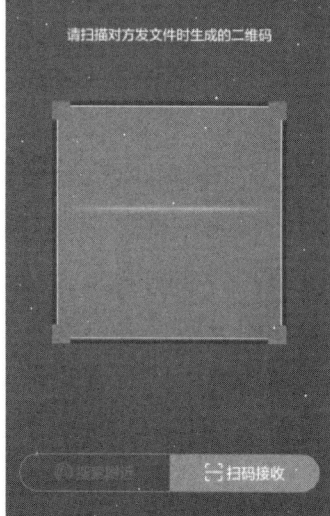

图 11-57 等待对方发送 图 11-58 二维码 图 11-59 扫描二维码

11.4.5 移动打印

现代生活中智能手机、平板电脑等各种智能终端已成为必需品，并潜移默化地改变着人们的生活。伴随着智能终端的爆发式发展和应用，移动打印需求也正在出现爆炸式增长。打印也已经从传统的计算机打印转变成移动打印并快速普及。

1. 移动打印概述

移动打印是利用近距离无线通信技术，由智能终端向打印设备传送打印数据的方式。移动打印是当前打印行业的热点，惠普、佳能、富士施乐和爱普生等厂商，都在其打印机中置入了移动打印的功能。

目前，移动无线打印尚无统一标准，但依据其工作方式大体可总结为以下三种方案。

（1）无线打印服务器方案

无线打印服务器方案如图 11-60 所示，无线打印服务器内置有 WiFi 热点和打印接口（如 USB、LPT 等），打印机可以通过有线或无线的方式连接到打印服务器，智能终端以无线的方式接入无线打印服务器的 WiFi 热点。如此，智能终端就可将打印信号通过无线方式发送给无线打印服务器，无线打印服务器处理后再转发给打印机执行打印命令。

图 11-60　无线打印服务器方案

（2）无线打印机方案

无线打印机内置无线模块和打印服务模块，智能终端可以通过无线方式连接到无线打印机，或者将智能终端和无线打印机都连接到第三方的无线接入点。

（3）移动端 App 方案

打印机内置无线模块，在智能终端安装和使用专用打印 App 软件，如图 11-61 所示，智能终端或以无线方式直接连接到无线打印机，或者二者都以无线方式连接到第三方无线接入点。

图 11-61　移动端 App 方案

2. 移动 QQ 打印

腾讯公司在移动端的 QQ 软件中推出了"我的打印机"功能，以适应用户趣味打印、照片打印等新型移动打印需求。

将普通打印机连接到计算机并确保其能正常工作。用同一账号分别登录桌面端 QQ 和移动端 QQ，在移动端 QQ 中依次执行"联系人"→"设备"→"我的打印机"命令，打开"我的打印机"界面，如图 11-62 所示。执行"打印文件"或"打印照片"命令，从中选择需要打印的文件，点击"确认"按钮，打开如图 11-63 所示的"打印选项"界面，在其中选择打印机，设置份数及单双面后，执行"打印"命令即可。

图 11-62　"我的打印机"界面

图 11-63　"打印选项"界面

3. QQ 物联打印

为便于移动端 QQ 使用移动打印，惠普打印机厂商和腾讯 QQ 联手设计推出惠普 QQ 物联打印机，如图 11-64 所示。每台惠普 QQ 物联打印机都有唯一的二维码身份，移动 QQ 扫描该二维码将打印机添加为好友；移动端 QQ 向打印机发送文件，就可以实现多用户、多终端、跨互联网的移动打印，其工作过程如图 11-65 所示。

图 11-64　惠普 QQ 物联打印机

图 11-65　工作过程

4. 飞鸽移动打印

移动端飞鸽传书利用飞鸽网络打印组件，可以实现局域网内的移动打印。

实现飞鸽移动打印，首先要在移动端安装飞鸽传书 App 并接入无线局域网；其次需要在计算机上安装并设置打印机共享（参照 9.3.2 小节中飞鸽网络打印部分）。移动端飞鸽传书将会自动扫描局域内在线飞鸽用户并自动发现共享打印机。

启动移动端飞鸽传书，点击其主界面底部的"文件"选项卡，依据分类找到需要打印的文档，如图 11-66 所示。选择文档，点击"打印"按钮后打开如图 11-67 所示的"飞鸽打印选项"界面，在其中指定可用的打印机并设定打印份数，点击"打印"按钮后开始进行打印。

图 11-66　"打印"功能界面　　　　　图 11-67　"飞鸽打印选项"界面

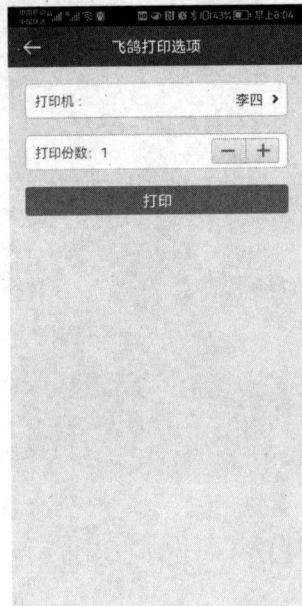

5. 打印工场

打印工场是由联想公司开发的远程打印软件，能够帮助用户实现智能手机、计算机等设备中文件的打印。打印工场对打印机兼容性较强，除支持联想全系列的打印机外，还支持大部分品牌的打印机。

智能手机、平板电脑中的文档和图片，以及通过微信、微博等访问到的内容，都可以通过联想打印工场实现移动打印，只需要一个能上网的智能终端、一台与计算机连接的打印机、一个联想账号即可实现打印。联想打印工场软件适用于家庭、企业及政府行业等。

打印工场软件包括桌面端和移动端两部分。在连接打印机的计算机中下载并安装打印工场，启动后其界面如图 11-68 所示；界面分左右两栏，左栏列出了当前计算机中的打印机列表，勾选相关打印机的复选框以便供网络打印使用。

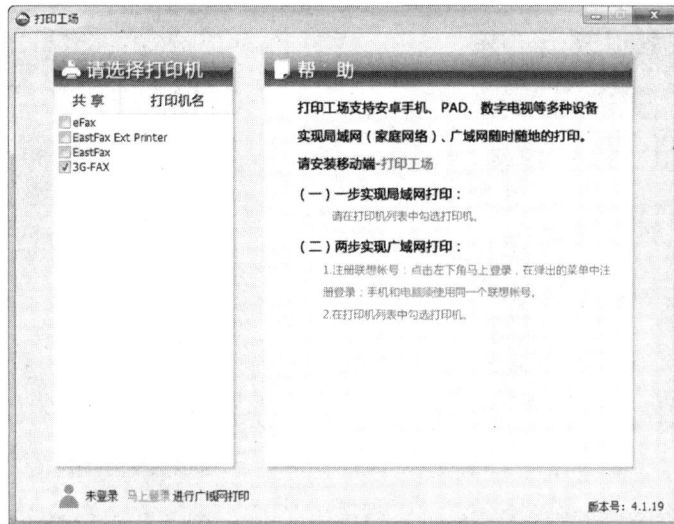

图 11-68 "打印工场"界面

移动端打印工场要安装在智能终端上；首次启用时需要用户登录，如图 11-69 所示，请读者自行注册并登录。首次登录时，软件将自动从局域内搜索可用打印机，如图 11-70 所示。

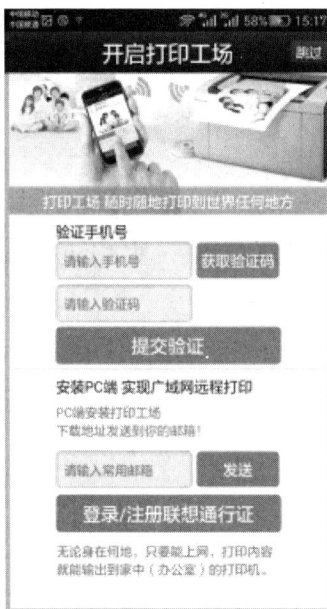

图 11-69 登录打印工场

图 11-70 搜索可用打印机

从搜索到的打印机列表中选择打印机，将返回"打印工场"主界面，如图 11-71 所示。从"打印工场"主界面点击要打印的文件类型（如 Word 文档）和选定打印文件后，打开如图 11-72 所示的"打印选项"界面；从中设定好打印参数，执行"立即打印"命令，打印数据将被传送到指定网络打印机进行打印。

如果想希望通过 Internet 互联网进行云打印时，必须保证移动端和计算机端使用相同的联想账号登录，因为打印工场只能检索同一账号下打印工场所共享的打印机。

图 11-71　"打印工场"主界面

图 11-72　"打印预览"界面

6. 云打印

云打印以互联网为基础，整合打印设备资源，构建共享打印平台，向全社会提供随时随地的标准化打印服务。由此，用户可以通过任意智能终端进行打印，而无须安装任何驱动程序或软件。

2011 年谷歌宣布推出云打印计划，即任何可在 Chrome OS 中运行的应用程序，都可通过应用编程接口进行云打印。这不但可让远程打印成为现实，更解决了智能终端打印不方便的难题。

惠普将其云打印命名为 HP ePrint，并发布了支持云打印的无线打印机，每台惠普云打印机都拥有独一无二的邮件地址，用户只要向其发送邮件就可实现远程打印。

11.4.6　使用移动支付

移动支付是指交易双方由于某种货物或者服务，以智能终端设备为载体，通过移动通信网络实现的商业交易。在我国移动支付市场，线下智能终端的扫码消费基本以支付宝和微信为主。

1. 支付宝

支付宝是支付宝官方推出的集手机支付和生活应用于一体的手机软件，通过加密传输、手机认证等安全保障体系，让用户可随时随地进行淘宝交易付款、手机充值、转账、信用卡还款、彩票购买、水电煤缴费等操作。

如图 11-73 所示为"支付宝"主界面，界面功能简单且明确。例如，在主界面中，付款人点击"收付款"按钮，生成如图 11-74 所示的付款二维码，收款人点击主界面中的"扫一扫"按钮，扫描付款方的二维码，输入收款金额并确认后，完成收款。

图 11-73　支付宝主界面

图 11-74　付款二维码

2．微信钱包

微信钱包是集成在微信客户端中的支付功能，用户可以通过智能终端快速完成支付流程。微信支付以绑定银行卡的快捷支付为基础，向用户提供安全、快捷、高效的支付服务。目前，微信支付已实现扫码支付、公众号支付、App 支付，并提供了企业红包、代金券、立减优惠等营销新工具，满足用户及商户在不同支付场景的需求。

在微信的界面中，点击右上角的"+"号，弹出包含"收付款"的下拉菜单（见图 11-75），在"我"界面中点击"服务"选项，打开如图 11-76 所示的"服务"界面，其中包含收付款、钱包、信用卡还款等金融功能。

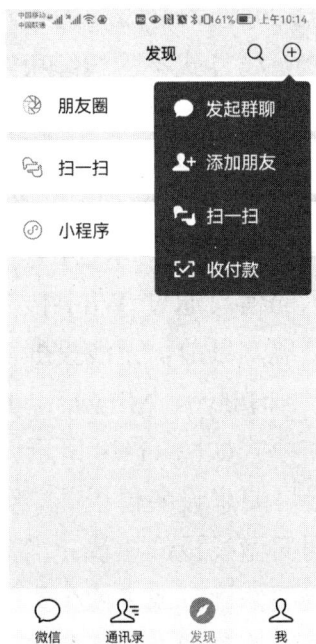

图 11-75　包含"收付款"的下拉菜单

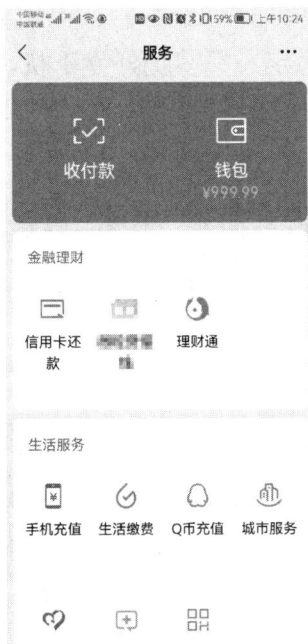

图 11-76　"服务"界面

3．银联云闪付

银联云闪付是银联的移动支付，支持智能手机、智能穿戴式设备及银联 IC 卡支付，且已分别针对安卓用户（Android4.4.2 以上版本）、苹果 iPhone/AppleWatch/iPad 用户（iOS6 以上版本）、三星用户、华为用户和小米用户等推出了相应的闪付产品，银联云闪付体系如图 11-77 所示。

银联云闪付是采用 NFC 技术进行交易的，当持卡人使用具有"闪付"功能的金融 IC 卡或支持"银联云闪付"的智能设备时，只需将卡片或智能设备靠近受理终端的"闪付"感应区，无须软件、无须联网即可完成支付，NFC 支付过程如图 11-78 所示。同时，中国银联以云闪付为基础推出小额免密免签业务，更是免去了在支付过程中输入密码和签名确认的过程。

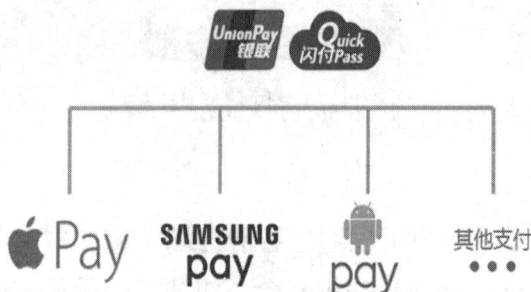

图 11-77　银联云闪付体系

图 11-78　NFC 支付过程

11.4.7　使用移动投屏

移动投屏常指小屏投大屏，用于将智能终端上的图片、视频资源等投送给较大屏幕的设备（如计算机显示器、电视机等）。根据其传输方式可分为有线和无线两种，有线方式性能稳定、不易受外界干扰，但受限于线缆束缚；无线方式不受线缆束缚，移动自由但易受外界信号干扰。

图 11-79　AirPlay、Miracast、DLAN 工作模式

1．无线投屏技术

无线投屏产品基于 WLAN 技术，将当前屏幕显示的信息通过 WiFi 传输到其他显示设备中呈现。目前，无线投屏协议主要有隔空播放（AirPlay）、Miracast、DLAN 等，其各自工作模式如图 11-79 所示。

无线投屏要求设备位于同一无线网络且能支持相同的无线投影协议。当下，无线投屏的软件或硬件设备或多或少集成了多种协议，并在协议的基础上形成各自不同的投屏功能。

（1）AirPlay 协议

AirPlay 是苹果开发的一种无线技术，利用 WiFi 将 iPhone、iPad 等 iOS 设备上的图片、音频、视频通过无线的方式同步传输到支持 AirPlay 协议的设备。随着 AirPlay 协议逐步普及，国内越来越多的网络机顶盒、智能电视都集成了 AirPlay 协议，其屏幕镜像效果最佳。

（2）Miracast 协议

Miracast 协议是由 WiFi 联盟于 2012 年所制定的，是以 WiFi 为基础的无线投屏协议。Miracast 协议采用的技术都是由 WiFi 联盟的电子制造商和芯片制造商的团队研发出来的，其兼容性强、应用性广，国内大多数 Android 智能终端、智能电视都支持 Miracast 协议。

（3）DLNA 协议

DLNA 协议是索尼、英特尔、微软等公司发起的一套在计算机、移动设备、消费电器之间互联互通的协议。DLNA 与苹果的 AirPlay 比较相似，但不支持屏幕镜像，只支持将智能终端中的照片和视频投送到大屏幕中。

除上述主流协议外，还有谷歌开发的与 DLNA 类似的 Chromecast 协议，用于解决 HDMI 无损传输的 WDHI 协议，以及各公司开发的以安装软件为主的私有协议等。

另外，在 Windows 10 的无线显示器采用 WiDi 协议，用于实现计算机之间无线投屏。

2．同屏和投屏

我们平时所说的投屏实际上是一个笼统说法，按其投影效果实际上可分为投屏和同屏两种功能。

投屏是指将小屏设备中的图片、视频等资源地址等投送给大屏幕设备，用户可在大屏设备中控制媒体资源的播放、切换等，而此时小屏设备则可解放出来继续做其他事情 DLNA 协议就属于此类。

同屏也称屏幕镜像，是指大屏和小屏设备的屏幕内容是同步显示的，在小屏设备上对显示界面进行操作，大屏设备中的显示内容也会同步变化。对部分设备而言，在投影的大屏幕上进行操控，也会反映到小屏设备的屏幕中。Miracast 和 AirPlay 无线协议都支持同屏功能，可将小屏设备的实时画面投放到智能投影。

3．无线投屏实现

基于无线投屏协议，在实际投影时可采用投屏、同屏或"投屏+同屏"等方式，应针对不同的情形选择不同的实现方案。

（1）Windows 10 内置投屏方案

此方案可以将智能终端的小屏同屏显示到的无线显示器。

在"投影到此电脑"设置窗口中，按需要配置好有关选项，详细参见 9.4.6 小节中"Windows 无线显示器方案"部分。

在 Android 系统中，从桌面屏幕顶端下滑进入控制中心，如图 11-80 所示，点击"无线投屏"按钮，显示无线投屏可用设备列表，如图 11-81 所示，从中选择某个可用投屏设备（如 SC-201809211924）连接即可。

图 11-80　Android 控制中心

图 11-81　Android 无线投屏可用设备

在 iOS11 系统中，从屏幕右上角向下滑进入控制中心，如图 11-82 所示，点击"屏幕镜像"按钮，显示无线投屏可用设备列表，如图 11-83 所示，从中选择某个可用设备连接即可。

图 11-82　iPhone 控制中心

图 11-83　iPhone 无线投屏可用设备

在 Android 系统或 iOS 系统中对无线投屏设备发起连接后，Windows 10 系统桌面将弹出外部设备尝试投屏的接受连接提示，如图 11-84 所示。

此时，用户可选择接受方式，如"始终拒绝""始终允许"等。选择"允许一次"选项并单击"确定"按钮，则开始投屏，Windows 10 系统界面将显示如图 11-85 所示的 PIN 码等信息。在移动端设备输入正确的 PIN 码并确认后，移动端设备小屏显示的信息将在计算机屏幕中同步显示，直到移动端设备断开无线投屏为止。

图 11-84　接受连接提示

图 11-85　提示 PIN 码

在移动端设备的无线投屏可用设备列表中（见图 11-81 或图 11-83），用户也可选择向智能电视、电视机顶盒、无线投影仪等大屏设备进行投屏，一般也可实现投屏或同屏显示。

（2）无线同屏器硬件方案

无线同屏器是可以将小屏设备的显示界面通过无线连接的方式传输到计算机、电视、投影仪等大屏设备上的专用设备，按性能可分为消费级和专业级两大类。

消费级无线同屏器结构一般比较简单，如图 11-86 所示，一般实现一对一同屏。同屏器一般作为接收端，有充电接口（多为 USB）和媒体信号接口（多为 HDMI 或 USB），媒体信号接口用于连接大屏设备，消费级无线同屏器连接如图 11-87 所示。消费级无线同屏器内置 WiFi 模块，既可接入 WLAN，也可作为 WiFi 热点供其他设备无线连接。在小屏设备和大屏设备都接入同一 WLAN 后，即可开始进行无线投屏，但鉴于消费级无线同屏器设备繁多，发起投屏方式各异，具体实施方法请自行参考有关说明书，在此不宜逐一详述。

图 11-86　消费级无线同屏器　　　　　图 11-87　消费级无线同屏器连接

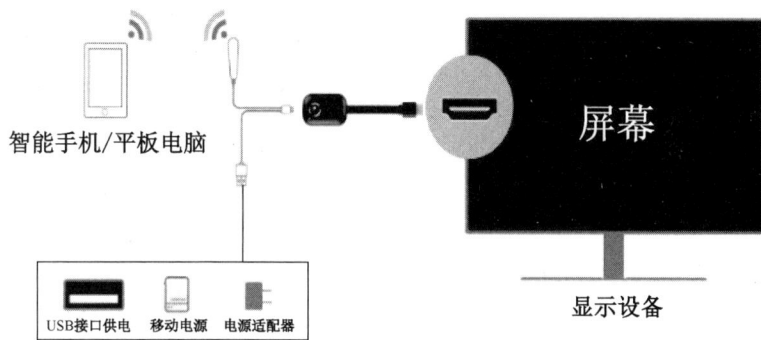

专业级无线同屏器一般由一台高性能、高稳定性的接收主机和若干发送器组成，如图 11-88 所示，可以实现多对一同屏。接收主机通过 OSB、HDMI 等线缆与大屏设备连接，小屏设备利用投屏功能向接收主机发送投屏信号以实现同屏，其连接如图 11-89 所示。对不具备投屏能力的计算机，可外接发送器并接入 WLAN，再用发送器发起投屏即可。

图 11-88　专业级无线同屏器

另外，专业级无线同屏器一般都支持多画面同屏，即允许多台设备同时发起同屏，支持的画面数量与具体的机型和配置有关。

智能电视或电视机顶盒等设备也支持投屏或同屏，可将其视为内置有支持特定协议的接收器，用于接收小屏设备的投映请求。

（3）第三方投屏软件方案

Windows 内置投屏方案仅限于投影到 Windows 10 系统中，同屏器方案又受限于硬件制约，而采用第三方投屏软件方案则不受上述限制。

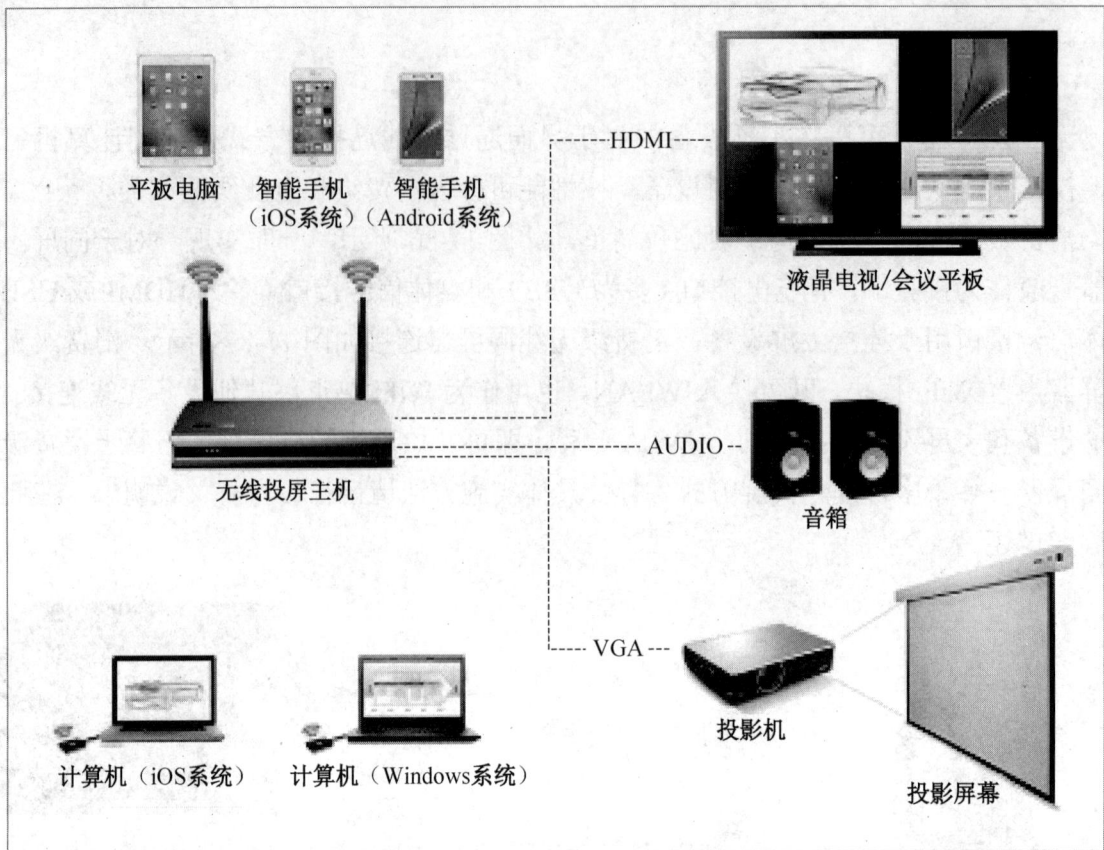

图 11-89　专业级同屏器连接

第三方投屏软件众多，一般都分为接收端软件和发送端软件。接收端软件需要安装到计算机中，发送端软件需要安装到智能终端。接收端设备可通过 USB 等线缆或 WiFi 无线信号进行连接。

傲软投屏是一款国产投屏软件，采用主流 WiFi 无线投屏及稳定的 USB 有线投屏技术，支持安卓、苹果系统设备。投屏稳定流畅，音画同步，可体验极致 2K 分辨率画质。下面将以该软件为例简要介绍此类软件的基本用法。

打开傲软官网，下载傲软投屏软件，完成安装后运行该软件，其主界面如图 11-90 所示。

将计算机和智能终端（如智能手机/平板等）置于同一个 WiFi 环境中，单击安卓或苹果图标可分别显示对应 App 的下载二维码，扫描后即可下载 App 到智能终端。

在智能终端中安装傲软投屏 App 并将其运行，安卓版 App 运行主界面如图 11-91 所示，点击"投屏"按钮后将打开如图 11-92（a）所示的无线投屏界面。

傲软投屏 App 会自动搜索无线投屏设备，在列表中选择投屏计算机，打开如图 11-92（b）所示的界面，用户在此界面中选择投屏方式。点击"手机投电脑"按钮，并在弹出如图 11-92（c）中所示的提示框中点击"立即开始"按钮，即可实现无线投屏。

类似地，在 iOS 系统中运行傲软投屏 App 后，选择 WiFi 连接后等待搜索获得可用投屏设备，从列表中选择与投屏计算机对应的设备标识，iOS 系统的画面就会同屏到计算机上。

图 11-90　主界面 1　　　　　　　　　　　　图 11-91　主界面 2

（a）无线投屏界面　　　　　　　（b）投屏方式　　　　　　　（c）等待开始

图 11-92　傲软投屏 App

另外，无论 Android 系统还是 iOS 系统，都可以通过开启快捷中心的无线投屏功能，直接搜索并使用可用投屏设备来实现无线投屏。例如，在 iOS11 系统中，打开控制中心，开启"屏幕镜像"功能，然后直接从可用投屏设备清单（见图 11-93）中选择"Apowersoft"开头的计算机标识，即可快速实现同屏。

由傲软投屏的功能界面可知，除支持手机投计算机（或电视、机顶盒）外，还支持计算机投手机（计算机可投屏到华为、小米、OPPO 等安卓设备）、计算机投电视等。除支持 WiFi 连接外，还支持 USB 连接投屏和云投屏等其他连接方式。在 WiFi 连接时，除支持快捷投屏外，还支持投

图 11-93　可用投屏设备清单

屏码投屏和扫码投屏等。另外，该软件还支持 VR、AR 等更多智能设备，更多玩法有待读者自行发掘。

需要注意的是，傲软投屏已由之前的免费服务模式改为收费服务模式，注意其商业授权条款，避免侵权行为的发生。

（4）其他投屏方案

除前面所述投屏方案外，还有更多的投屏方式。例如，借助 Android 系统的无线投屏、iOS 系统的屏幕镜像，可以将设备自身存储的图库、音乐和视频资源直接投放到大屏终端设备（智能电视、电视机顶盒等）中播放。又如，平时常见的移动端媒体播放器，如爱奇艺视频、优酷视频、腾讯视频、哔哩哔哩、央视频等，都具有投屏功能，在播放视频时点击其投屏标识（见图 11-94），即可投屏到大屏设备中播放。

图 11-94　投屏标识